유럽 속
이슬람 유산

기억의 장소

유럽 속
이슬람 유산

기억의 장소

서강대 유로메나연구소 기획
박단 · 이수정 외 지음

기억의 장소: 유럽 속 이슬람 유산

이 책은 유럽 곳곳에 남아 있는 이슬람 세계의 '기억의 장소'를 따라가는 여정이다. 유럽은 단순한 지리적 경계로 정의될 수 없다. 오늘날의 유럽은 유럽이라 자처하는 지역과 사람들의 다층적인 역사와 기억이 축적되어 형성된 공간이다. 다시 말해, 유럽의 역사는 수많은 만남과 교류, 그리고 갈등이 오랜 시간 동안 켜켜이 쌓인 결과이다. 그중에서도 이슬람 문명과의 접촉과 교류는 유럽이 오늘날의 문명적 구조를 갖추는 데 있어 핵심적인 역할을 해왔다.

유럽은 단일하고 고정된 문명권이 아니다. 오히려 끊임없이 경계를 넘나드는 문화적 흐름 속에서 형성된 복합적인 문명 공간이다. 철학, 수학, 화학, 천문학, 의학, 음악 등 오늘날 유럽 고유 전통으로 여겨지는 학문과 기술의 상당 부분은 이슬람 문명을 통해 수용되고 발전되었다. 문화적 측면에서도 이슬람의 흔적은 분명하다. 오늘날 유럽인들이 일상적으로 소비하는 커피, 오렌지, 레몬, 설탕, 향신료 등은 중세 이슬람 세계를 통해 유입되었다. 의복에서는 실크와 면직물, 건축에서는 정원과 분수의 개념, 언어에서는 아랍어, 페르시아어, 터키어에서 유래된 수많은 어휘가 유럽의 다양한 언어 속에 깊이 스며들어 있다. 특히 독일어와 스페인어에는 이 같은 차용어가 다수 존재하며, 이는 지금도 살아 있는 문명 간 접촉의 생생한 증거다.

이 책의 저자들은 유럽에 남겨진 '이슬람 세계의 기억의 장소'를 탐색한다. 이 여정을 통해 우리는 이슬람의 흔적을 네 가지 범주로 나누어 살펴보았다: "종교의 기억", "역사·문화의 기억", "사상·언어의 기억", 그리고 "일상의 기억"이다.

"종교의 기억"은 영국, 프랑스, 헝가리에 남은 모스크와 히잡을 쓰고 유럽 도시를 걷는 여성의 모습으로 재구성된다. "역사·문화의 기억"은 중세 이후 유럽 역사에 각인된 엘 시드의 노래, 로제루 2세의 대관복, 알람브라 궁전, 오스만 제국에서 유래한 무기인 세이버뿐 아니라, 베네치아, 리보르노, 파리에 남아 있는 문화 예술의 흔적에서 되살아난다. "사상·언어의 기억"은 아베로에스와 이븐 할둔의 사상, 이슬람 천문학 등의 지적 유산과 함께, 독일어·스페인어 속 아랍어 어휘와 같은 언어적 교류의 흔적을 포함한다. "일상의 기억"은 플라멩코, 홀바인 카펫, 독일의 대표 음식으로 자리잡은 케밥, 불가리아 포막족의 결혼식 풍습 등 다양한 일상 문화에서 드러난다.

이 책은 21명의 유럽 및 이슬람 세계 전문가들의 협업을 통해 완성되었다. 이들은 현대 유럽 사회 속에 살아 있는 이슬람 유산이 단지 외부에서 유입된 것이 아니라, 오랜 세월에 걸쳐 형성된 유럽 내 상호

작용의 결과임을 보여준다. 유럽이 이슬람 세계에서 받은 영향만큼, 이슬람 세계 또한 유럽으로부터 적지 않은 영향을 받았다. 비잔틴 제국의 예술과 건축은 초기 이슬람 미술에 스며들었고, 기독교적 상징과 건축 기술은 모스크와 궁정 문화의 형성에 중요한 역할을 했다. 유럽과 이슬람 세계는 때로 충돌했지만, 정치, 경제, 문화, 종교의 다양한 경로를 통해 지속적으로 연결되어 왔다.

이 책에서 말하는 '기억의 장소'는 단지 과거의 흔적만을 의미하지 않는다. 그것은 오늘날의 유럽을 어떻게 이해하고, 미래의 유럽을 어떻게 상상할 것인가에 대한 문화적 열쇠다. 유럽은 이제 더는 단일한 기독교 문명의 공간이 아니라, 다양한 문화가 뒤섞이고 충돌하며 화해하는 역동적 무대이다. 이슬람은 이 무대의 외부자가 아니라, 유럽 문명을 구성하는 필수적인 조각 중 하나이다. 따라서 이 책은 유럽에 남아 있는 이슬람의 흔적을 단순한 유물로 보지 않고, 지속적으로 작동하는 기억의 장치이자 문화적 상호작용의 상징으로 조명하고자 한다.

'기억의 장소'는 과거에 대한 단순한 회상이 아니라, 공존과 공감의 방식을 묻는 문명적 질문이다. 잊힌 것들을 돌아보는 일은 과거의 복원에 그치지 않는다. 우리가 살아갈 미래를 새롭게 사유하는 행위이기도 하다. 이슬람의 흔적이 깃든 유럽의 기억 속에서 우리는 다문화 시대의 공존이라는 오늘의 과제에 한 걸음 더 가까이 다가갈 수 있을 것이다.

이 책이 세상에 나올 수 있었던 것은 많은 분의 아낌없는 도움과 헌신 덕분이다. 공동 편집자인 서강대학교 유로메나연구소 이수정 박사는 기획 단계부터 출간에 이르기까지 전 과정을 깊은 정성과 열정으로 이끌어 주었다. 특히 이 박사의 헌신적인 노력 덕분에 국내외 이슬람 전공자들의 적극적인 참여를 이끌어낼 수 있었다. 21명의 유럽 및 이슬람 전문가들이 집필한 글을 하나의 책으로 엮어내는 지난한 1년여의 작업이 결실을 맺을 수 있었던 것은, 무엇보다 각 필자들의 성실한 참여와 헌신 덕분이다. 이 자리를 빌려 한 분 한 분께 깊은 감사를 드린다. KC FEED 정한식 대표께도 특별한 감사의 마음을 전하고자 한다. 정 대표의 각별한 관심과 케이씨 장학재단의 아낌없는 재정 지원 덕분에 저자들이 직접 만나 학술대회를 열고, 전체 구성과 방향에 대해 심도 있는 논의를 진행할 수 있었다. 끝으로, 어려운 출판 환경 속에서도 인문학의 가치에 깊이 공감하며 본서를 정성껏 만들어주신 '틈새의시간'의 대표님과 편집장님께 깊은 감사를 드린다.

2025. 5. 30.

필진을 대표하여 박단 씀

머리말 4

part 1 종교의 기억

김지영 | 헝가리의 이슬람 기억의 장소   15
　_페치(Pécs)의 여코발리 허싼(Jakováli Hasszán), 가지 카심(Gazi Kasim) 모스크를 중심으로

김희원 | 영국의 샤 자한(Shah Jahan) 모스크   35
　_영국에 새겨진 이슬람 문화의 기억

박 단 | 파리 대모스크   58
　_무슬림 병사 '추모 공간'에서 프랑스 국민 모두의 '화합 공간'으로

염운옥 | 히잡   83
　_불편한 기억의 터

박현도 | 초승달과 별로 읽는 유로메나   107

차 례

part 2 문화의 기억

민원정 | **엘 시드의 노래** 133
　　　　_기독교와 이슬람의 조우 속 저항의 기억

양정아 | **로제루 2세의 대관복** 150
　　　　_9세기 이후 시칠리아에 남은 아랍-이슬람 문화

이수정 | **알람브라 궁전이 전하는 과거와 현재의 기억** 169

남종국 | **르네상스 시대 베네치아 예술** 190
　　　　_이슬람 세계를 보여주는 거울

윤덕희 | **세이버(sabre), 악마의 무기에서 근대화의 상징까지** 215
　　　　_유럽에 남긴 오스만의 군사적 유산

임동현 | **〈네 명의 무어인 상(像)〉** 240
　　　　_리보르노의 무슬림 노예들

김유정 | **파리 아랍 세계 연구소** 264
　　　　_프랑스와 아랍 세계를 연결하는 '문화의 집'

part 3 사상·언어의 기억

홍용진 | **아베로에스와 중세 서유럽의 지적 대변동**   291

최성철 | **이븐 할둔**   315
      _주목받아야 할 생소한 기억

이진현 | **코페르니쿠스의 『회전』에 나타난**   341
      이슬람 천문학의 흔적

김형민 | **독일어 속 아랍어 차용어**   361
      _'문화 간 협력'의 결과물

이강국 | **스페인어 속의 아랍어**   384

part 4 일상의 기억

김재희 | 플라멩코 409
　　_아랍 부모에게서 태어난 스페인 춤

최선아 | 홀바인 카펫 425
　　_유럽인의 일상 공간에 색을 더하다

이하얀 | 포막족의 결혼식 450
　　_불가리아 내 이슬람 문화의 증언

윤용선 | 되너 케밥 476
　　_'기억의 장소'에서 독일의 국민 거리 음식으로

주　　　　　　　　　　　　　　　　　　　499
그림일람　　　　　　　　　　　　　　　　511
참고문헌　　　　　　　　　　　　　　　　516

일러두기

※ 각 글의 키워드를 이루는 명사는 붙여쓰기를 원칙으로 하되 경우에 따라서는 가독성을 고려하여 띄어쓰기를 했다.

※ 외국어 발음 표기는 국립국어원의 외래어 표기법을 기준으로 하되 꼭 필요한 경우 원어 발음을 따랐다.

※ 인명·지명의 경우 최초 표기에서 한글과 외국어 병기를 원칙으로 하되 저자별 독립된 글임을 감안하여 중복 병기한 경우도 있다.

※ 단행본은 「 」로, 간행물에 실린 글, 논문, 기사 등은 「 」로, 잡지와 총서는 《 》로, 일간지명, 예술작품 및 영상물의 타이틀은 〈 〉로 표시하였다.

※ 주석은 각 꼭지별로 미주로 한다.

part 1

종교의 기억

헝가리의 이슬람 기억의 장소

페치(Pécs)의 여코발리 허싼(Jakováli Hasszán),
가지 카심(Gazi Kasim) 모스크를 중심으로

김지영

헝가리와 이슬람 문화

이 글에서는 피에르 노라가 제창한 '기억의 장소'라는 개념을 바탕으로 헝가리에 존재하는 이슬람 유적과 유산을 검토하여 헝가리와 메나(MENA) 지역의 문명교류, 접변의 역사를 살펴보고자 한다. 또한 이를 통하여 이슬람의 유산이 헝가리인의 문화, 특히 역사적 기억 속에 어떤 인상으로 자리하고 있는지 살펴보고자 한다. 주지하다시피 '기억의 장소'란 프랑스 역사학자 피에르 노라에 의해 제안된 개념으로, 그에 따르면 '기억의 장소'는 국가의 기억이 농축되어 국가를 체계화하고, 결정화하는 장소이다.[1] 이 개념을 헝가리에 남아 있는 오스만 제국의 유산에 적용하여 헝가리와 오스만 제국(이슬람 세계), 나아가 기독교 문명과 이슬람 문명이 서로 교류하는 과정에서 형성된 '기억의 장소'를 파악해보고자 한다. 이를 통하여 헝가리와 오스만 튀르크의 역사적 교류 및 문화적 접변의 양상을 살펴볼 수 있을 것이다. 특히 헝가리와 오스만 제국과의 관계에 대한 '역사적 사실'을 조망하는 것에서 한 걸음 더 나아가 헝가리와 오스만 제국, 오스만 제국과 헝가리 간 '상호 문화적 영향과 혼용'을 확인할 수 있는 '기억의 장소'를 확인해보고, 그 현재적 의미에 대해서도 조사해보고자 한다.

헝가리인의 오스만 제국에 대한 인식은 양가적이다. 헝가리인에게 오스만 제국은 역사적으로 헝가리를 가장 고통스럽게 했던 제국으로 인식되어 있다. 그러나 오스만 제국의 후예인 튀르키예에 대한 현재 헝가리인의 인식은 유럽에서 헝가리와 유사한 성정을 가진, 헝가리인에 대해 우호적인 국가라는 것이다. 헝가리가 유럽에 정착한 10세기 말 이래로 헝가리와 접경을 공유하고 있던 오스만 제국과의 투쟁은 역사적으로 필연적이지만, 현재 헝가리인에게 우호적인 유럽의 국가는 튀르키예라는 인식도 상존하고 있다. 아마도 16세기 중엽부터 17세기 말까지 한 세기 반의 시간 동안 헝가리를 통치했던 오스만 제국의 역사적 경험과 이에 대한 저항의 기억이 오스만 제국에 대한 기억의 한 측면일 것이고, 또 한 측면은 19세기 말부터 헝가리에 불기 시작한 민족주의적 열풍 속에서 오스만 제국의 존재와 역할, 교류와 접변의 경험이 헝가리 전통문화의 한 측면과도 연결된다는 인식이 그것일 것이다.

중세부터 시작된 헝가리와 오스만 제국의 관계는 17세기 말 오스만 제국이 헝가리 땅에서 완전히 물러나면서 직접적인 갈등과 투쟁의 국면은 종료되었다. 그러나 16세기 중반 이후 약 150년에 걸쳐 헝가리를 통치한 오스만 제국의 영향은 헝가리의 사회, 문화 등 전 방면에 걸쳐 많은 영향을 주었다. 헝가리와 오스만 제국은 부정적이든 긍정적이든 역사적 교류와 협력, 갈등과 투쟁이라는 접변의 양상을 통해 역사적 관계를 지속해왔다고 할 수 있다.

다수의 헝가리인은 헝가리 스스로를 이슬람 세계의 침략에 맞서는 '기독교 세계의 수호자'라고 인식하고 있으며, 이러한 역사적 역할에 대해 자랑스럽게 여기고 있다. 헝가리인에게 기독교 세계의 수호자라는 자의식은 헝가리인이 스스로 자신을 규정하는 자의식이기도 하다. 물론 중세 이후의 기록과 문헌에 따르면 헝가리가 '기독교 세계의 수호자'라는 명칭을 일관되게 부여받기에는 다소 어려운 측면이 있다는 점도 발견할 수 있다.

오스만 제국은 1299년 나라를 세운 후 사방으로 세력을 확장해 가던 중 1396년 헝가리와 최초로 조우한다. 기실 헝가리 자신의 의지였다기보다는 나날이 강대해지는 오스만 제국에 대항하여 기독교 세계인 유럽 국가들이 헝가리 왕국을 중심으로 오스만 제국에 저항하는 니코폴리스 십자군을 결성한 것이다. 이 당시 헝가리 왕국은 룩셈부르크 왕가의 지기스문트 왕이 통치하고 있었으며, 기독교 세계의 서쪽 끝이라는 지리적 위치에서 기독교 세계의 수호자 역할을 하고 있었던 점은 분명하다. 그러나 1396년 니코폴리스 십자군은 오스만 제국의 군대에 대패하였는데, 그 이유는 전술의 불리함과 지휘부의 무능함도 있었지만, 통일되지 않은 기독교 세계의 전투력이 오스만 제국의 그것에 비교할 수 없을 정도로 형편없었기 때문이다. 특히 헝가리와 연합군을 이루었던 유럽의 기독교 연합군은 헝가리 군대만을 최전방

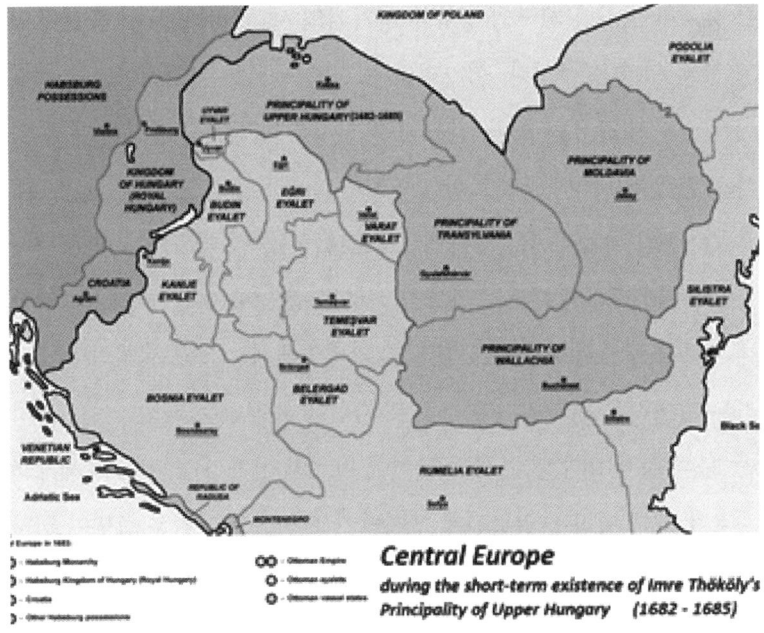

17세기 중부 유럽 지도.

에 배치한 채 모두 후방으로 후퇴해버려 헝가리 혼자서 오스만 제국의 군대와 전투를 치렀고, 패배의 쓰라림을 겪어야 했다. 이때부터 헝가리인에게는 유럽인이 '불리한 상황 속에서 언제든 자신을 외면하고 도망갈 수 있는 비겁자'라고 인식되었고, 이러한 인식이 헝가리인이 자신을 여타 유럽인과 구분 짓는 요소 중의 하나가 되었다.

현대 유럽은 역사적, 문화적으로 그리스-로마 문명에서 시작하여, 기독교 문명, 이슬람 문명의 영향을 받아 형성되었다. 현재 유럽의 문화에서 이슬람 문명의 영향을 배제하고 논의를 이어가는 것은 매우 어려운 일이다. 특히 헝가리의 문화 속에는 '오스만의 유산/잔재'로

호칭되는 이슬람 문화의 영향이 상당 부분 남아 있다. 특히 부다페스트, 페치, 세게드 등 주요 대도시를 비롯하여 헝가리 전역에 산재해 있는 이슬람 문화의 유산/흔적을 발견하는 것은 그리 어려운 일이 아니다. 또한 현재 헝가리의 영토, 영역인 지역을 차치하고라도, 역사적으로 헝가리의 영토였던 지역, 즉 헝가리가 유럽에 정착한 9세기 말 이후 1918년까지 헝가리의 영역이었던 트란실바니아(현재의 루마니아 서부지역), 보이보디나(현재 세르비아 중부 및 북부), 크로아티아(자그레브 지역까지)에서 이슬람의 유산을 발견하는 것 역시 어렵지 않다.[2]

이 지역의 이슬람 문화유산까지도 고려한다면 아마도 1918(45)년 이전의 역사적 헝가리는 유럽 국가 중에서 이슬람 유산과 흔적이 가장 많이 남아 있는 국가라고 해도 과언이 아닐 것이다. 여기에 더하여 모스크나 무덤 등 외형적으로 드러나는 특징을 갖춘 유산 외에도 헝가리의 언어, 문화 속에도 이슬람의 문화유산과 영향이 종종 발견된다. 대표적으로 헝가리 언어 속에 들어와 있는 오스만 제국의 언어, 헝가리인의 전통 공예 속에 나타나는 이슬람식 모티브, 헝가리의 의상문화에 나타나는 이슬람적 영향, 구야시(굴라시)로 대표되는 헝가리 음식 문화 속에서 우리나라의 고추와 같은 위상을 점하고 있는 파프리카, 깜짝 놀랄 만큼 쓰디쓴 헝가리식 에스프레소 커피 등은 모두 이슬람 문명의 산물이거나 무슬림이 헝가리에 남겨놓은 문화유산이다.

사상적, 정신 과학적 차원에서의 헝가리인의 이슬람 문화에 대한 인식은 중층적이며 복합적이다. 특히 헝가리의 문화 속에 존재하는 오스만의 문화적·지적·예술적 유산과 영향에 대한 헝가리인의 인식은 복합적이다. 세계적으로 현대 음악의 거성으로 알려진 헝가리인 작곡가인 버르토크 벨라는 헝가리인의 전통 민요에 자주 사용하는 5성 음계(pentaton hangsor)가 헝가리 고유의 것으로서 유럽적인 문화 속에서는 발견되지 않는다고 강조하며, 이러한 화음 혹은 음률은 이슬람적 혹은 아시아적 특성이라고까지 주장하였다.

이와 유사한 이론이나 가설들은 언어학, 철학, 민속학 분야에서는 종종 발견할 수 있다. 인류학적으로 헝가리인은 자신의 인종적 기원이 아시아계라고 믿으며, 이러한 정체성이 그들을 유럽 내에서 독특한 존재로 만든다고 여긴다. 이는 단순한 혈통적 인식이 아니라 헝가리가 지리적으로 유럽의 가장 동쪽에 있으며, 역사적으로 오스만 제국과 직접 접촉할 수밖에 없었던 환경에서 비롯된 것이다. 헝가리인은 이러한 상황을 자연스럽게 받아들이는 것이 생존의 필수 조건이었다는 자기 합리화를 내면화해왔으며, 이는 그들의 집단적 의식의 기저에 자리하고 있는데, 이러한 외적 조건이 헝가리인이 감내해야 하는 운명이고, 당대의 강대국 오스만 제국에 대한 다중적인 행태를 보이도록 한 이유라는 것이다.

헝가리인의 정체성과 관련하여 이슬람 문화, 혹은 동방 문화(아시아 문화)에 대한 우호적인 시각과 반대로 이들에 대한 혐오와 배제의 감정이 공존하는 이유를 헝가리의 문화비평론자들은 헝가리인이 직면했던 아시아와 유럽의 중간자, 혹은 교량의 역할이라는 운명론적 관점에서 분석하곤 했다. '문화적 중층성'이라고 표현되는 이러한 언설들은 사실 저급한 민족주의적 감정과 맞물려 현재 헝가리인의 극우 민족주의적 정서를 구성하는 하나의 요소가 되기도 한다. 이러한 점에서 헝가리인의 정체성, 헝가리 문화의 특징과 관련된 논쟁에서 오스만 제국, 이슬람 문화에 대한 시각이 항상 '뺄 수 없는 목의 가시 같은' 역할을 하고 있다는 네메뜨 라슬로(Nemeth László)의 지적은 매우 적절해 보인다.

이 글에서는 헝가리의 유·무형 유산 속에 남아 있는 이슬람 문명의 흔적을 찾아 헝가리 문화의 혼종적인 특성을 밝혀보고자 한다. 특히 이슬람 문화가 영향을 미친 지역에서 대부분 나타나는 가장 중요한 유적인 모스크를 중심으로 헝가리의 이슬람 문화유산을 검토해 본다. 따라서 이 글에서는 헝가리의 이슬람 문화유산 중 가장 분명하고 독특한 존재감을 보여주는 헝가리 남부의 문화 중심도시로서 유럽의 문화 수도로 지정되기도 했던 페치(Pécs)의 이슬람 유적인 여코발리 허싼(Jakováli Hasszán), 가지 카심(Gazi Kasim) 모스크를 소개한다. 헝가리 내에 다른 이슬람 문화유산 또한 많이 존재하지만 그럼에도 페치의 이슬람 유산을 소개하고자 하는 이유는 현재 헝가리에 남아 있는 이슬람의 문화유산 중 원형을 가장 잘 보존하고 있기 때문이다.

헝가리의 대표적 이슬람 문화유산
: 페치시 여코발리 허싼, 가지 카심 모스크

오스만 제국은 15세기 초, 중엽 룩셈부르크 왕가의 지기스문트 왕 통치 기간에 헝가리 왕국을 침략하기 시작했다. 이때 지기스문트 왕은 오스만 군대를 저지하기 위해 헝가리 남부에 전초 기지를 건설하고 새로운 세금 제도를 도입하였다. 새로운 세금 제도의 도입 목적은 오스만 제국이 헝가리 남부 지역 침략할 경우, 이를 방어할 군대를 유지하기 위한 것이었다. 이러한 정책에 힘입어 오스만 제국은 지기스문트 왕의 생존 시에는 헝가리를 침략하려는 시도를 거의 하지 않았다. 그러나 지기스문트 왕의 사후 왕위 계승을 둘러싼 내부 갈등이 고조되었을 때, 이 시기를 틈타 오스만 제국의 군대가 헝가리의 남부와 동부 트란실바니아 쪽에서 헝가리를 침략하였다. 1441년부터 트란실바니아의 총독이자 헝가리 최대 지주였던 후녀디 야노시가 헝가리 남부의 국경을 방어하는 지휘관이 되어, 오스만 제국군의 침공에 저항했으나, 오스만 제국의 군대를 막기에는 역부족이었다. 결국 기독교 세계의 지원군이 도착하지 않았고, 그들의 도움 없이 헝가리의 분투는 대패로 끝났다.

  1453년 콘스탄티노플이 오스만 제국에 함락되었고, 제국의 다음 목표는 난도르페헤르바르(베오그라드)를 점령하는 것이었다. 오스만 제국은 1456년의 난도르페헤르바르 침공이 실패로 끝난 후, 오랫동안 헝가리를 공격하지 않았다. 그러나 1526년 오스만 제국이 모하치에서 헝가리와 기독교 연합군을 괴멸적으로 물리치고, 1541년 헝가리 왕국의 수도 부다를 정복하고, 헝가리 동부의 서포여이 야노시의 왕국에 속했던 테메시쾨즈(현재의 세르비아와 루마니아)마저 오스만 제국으로 편입된 1552년부터 이후 150여 년간 헝가리는 오스만 제국의 서쪽 끝에 위치한 유럽과의 경계 지역이 되었다. 이러한 상황은 1686~1699년 합스부르크 제국이 오스만 제국을 몰아낼 때까지 계속되었다. 이 시기 헝가리 왕국은 오스만 제국이 지배한 카르파티아 분지의 일부였다. 오스만 제국이 점령한 지역에는 현재의 헝가리 대부분과 크로아티아 및 세르비아 북부가 포함되었다.

헝가리의 이슬람 문화는 주로 오스만 제국의 지배 시기(16세기 중반에서 17세기 말)에 형성되었다. 이 시기 헝가리는 오스만 제국의 중요한 영토 중 하나로, 다양한 이슬람 문화 요소들이 도입되었다. 이러한 영향은 건축, 예술, 종교 등 여러 방면에서 나타나며, 오늘날에도 그 흔적을 찾아볼 수 있다. 헝가리에 오스만 제국의 건축 양식이 전체적으로 지대한 영향을 미쳤다고 보기는 어렵다. 물론 헝가리에서 볼 수 있는 오스만 시대의 건축물들이 뛰어난 예술적 수준을 자랑하지는 않아도 헝가리 도시의 경관을 이국적으로, 특히 이슬람적인 분위기로 보이게 했다는 점은 인정해야 할 것이다. 그러나 헝가리 예술사나 건축사에서는 오스만 제국의 점령기에 건설된 대부분의 유적을 소홀히 다루거나 일부만 언급하는 경향이 있다.

오스만 제국의 이슬람 문화는 이슬람교의 금기(인물 묘사의 제한)로 인해 조각과 회화에는 큰 영향을 미치지 못하였다. 대신 기존 기독교 교회의 비유적 장식과 가구가 있는 제단이 파괴되고, 벽화가 하얗게 칠해졌으며, 사용 중인 건물도 파괴되었다. 오스만의 통치자들은 기존 건물을 개조해 사용하기도 했지만, 새로운 유형의 건물이 필요한 곳에는 이슬람 건축물을 새로 지었다. 따라서 그들이 새로 지은 이슬람 형식의 건물은 양적으로는 많지 않았다. 그러나 돔과 날렵한 첨탑이 강조된 이슬람 건축물은 오스만 제국에 점령된 도시들의 외관을 동양적인 풍경으로 변화시키는 데 지대한 역할을 하였다.

오스만 제국 시기에는 건축뿐만이 아니라 제국의 목욕 문화도 헝가리에 도입되었다. 부다페스트에는 루다시(Rudás) 목욕탕과 키라이(Király) 목욕탕 같은 오스만 시대의 목욕탕이 현재까지도 운영되고 있다. 이들 목욕탕은 전통적인 오스만 시대의 목욕 문화를 체험할 수 있는 장소로 인기를 끌고 있다.[3]

헝가리에서 오스만 제국의 유산은 다양한 영역에서 발견된다. 언어적으로, 오스만 제국 통치 시기 동안 헝가리어에는 많은 수의 오스만어 단어가 유입되었다. 이러한 단어들은 주로 군사, 외교, 상류층의 생활, 음식 등 여러 분야에서 사용되었다. 문학적으로도 오스만 제국의 시와 운문(특히 시)에서 영감을 받았으며, 일부 작품에서는 이슬람 문화와 관습이 묘사되기도 하였다. 오스만 제국의 영향으로 헝가리 음식 문화에도 변화가 생겼다. 헝가리의 전통 음식 중에는 오스만의 요리법과 재료가 반영된 것들이 많다. 예를 들어, 헝가리 '구야시(Gulyás)'는 오스만 제국의 스튜와 조리법이 유사하다. 또한 오스만 제국 시기의 디저트인 바클라바(Baklava)와 터키쉬 딜라이트(Turkish Delight)는 현재까지도 헝가리에서 인기를 끌고 있다.

오스만 제국은 다양한 종교와 민족이 공존하는 다문화사회를 형성했다. 헝가리에서도 이 시기 동안 이슬람교와 기독교, 유대교 등이 비교적 평화롭게 공존할 수 있었다. 또한 이슬람의 사회적 관습과 법률이 헝가리의 도시 생활과 상업 활동에 일부 영향을 미쳤다. 또한 헝가리의 예술 작품, 특히 공예에서도 이슬람 문화의 흔적을 찾아볼 수 있다. 오스만 제국 시기에 제작된 도자기, 직물, 금속 공예품 등은 이후 헝가리 문화의 특징적인 한 양상이 되었다. 전술하였듯이 헝가리의 전통 음악에도 오스만 음악의 요소가 포함되어 있다. 이러한 오스만적 특성은 헝가리의 민속 음악과 군악대의 음악에서 특히 잘 드러난다.

이처럼 오스만 제국 시기와 그 이후, 헝가리와 이슬람 문화 간의 상호작용은 지속적으로 이어져 왔으며, 헝가리의 음식, 음악, 예술 등 다양한 분야에서 영향을 미쳤다고 볼 수 있다. 현재 헝가리의 여러 대학과 연구소에서는 이슬람 문화와 역사에 관한 연구가 활발하게 이루어지고 있는데, 헝가리가 가장 친근하게 여기는 나라 중의 하나도 현재의 튀르키예이다. 이러한 양상은 헝가리와 이슬람 세계 간의 역사적 관계를 이해하는 데 중요한 역할을 한다. 헝가리의 이슬람 문화는 오스만 제국의 지배 시기에 뿌리를 두고 있으며, 이슬람 건축물과 문화적 유산은 헝가리의 풍부한 역사와 문화적 다양성을 잘 보여주는 중요한 요소라고 할 수 있다.

한 가지 중요한 점은 헝가리와 트란실바니아가 서유럽의 전통적인 고딕 양식 건축의 동쪽 경계를 대표하는 동시에 지방색이 가미된 오스만-이슬람 건축의 서쪽 경계 또한 대표했다는 점이다. 헝가리의 서부를 제외한 중부와 동부, 남부의 거의 중요한 도시마다 첨탑이 건설되면서 도시들은 동양적인 색채를 띠게 되었다. 그러나 오스만의 정복이 끝나자 일부 지역을 제외하고는 금세 유럽 도시의 외형을 회복했다는 점 역시 주목할 만하다.

실제로 헝가리에서 이슬람 문화의 흔적은 거의 완전히 파괴되었다. 이는 남동쪽 발칸 지역(예: 보스니아, 세르비아, 불가리아)에서 오스만 제국이 물러난 후에도 이슬람 종교를 비롯한 정신적 영향이 깊이 뿌리내려 지역 문화에 영구적으로 통합된 점과 상당히 대조적이다. 발칸 지역에서는 이슬람이 여전히 중요한 종교로 남아 있지만, 헝가리에서는 그 흔적이 희미한 편이다. 아마도 헝가리의 기저에 자리하고 있는 서유럽적 문화와 사고방식 외에도 정복당한 지역의 인구 감소와 '내륙'에서의 끊임없는 전투로 인한 황폐화, 그로 인한 주민들의 이슬람 문화에 대한 본질적인 적대감도 중요한 역할을 했을 것이다.

16~17세기 페치와 오스만 제국, 가지 카심 모스크, 여코발리 허싼 퍼셔 모스크

16세기부터 17세기까지 페치는 헝가리 남부에서 중요한 전략적 요충지로서, 오스만 제국의 지배 아래 많은 변화를 겪었다. 이 시기는 페치의 역사에서 매우 중요한 전환점으로 도시의 정치적, 사회적, 문화적 구조가 크게 변형되었다.

16세기 초반까지만 해도 페치는 헝가리 왕국의 중요한 도시 중 하나로 가톨릭교회의 중심지였다. 여러 교회와 수도원이 자리 잡고 있었지만, 모하치 전투(1526) 이후 술레이만 1세의 군대가 페치를 약탈하고 불태운 뒤 철수했다. 이후 헝가리의 왕위 계승 전쟁에서 페치는 합스부르크 제국의 페르디난트 황제를 지지했다. 그러나 1527년 여름 페르디난트가 셔포여이의 군대를 물리치고 페헤르바르에서 헝가리의 왕으로 즉위했는데, 이후 페르디난트는 페치의 충성심에 보답하여 세금을 면제해주었다. 이러한 조치는 장기적으로 페치가 재건되고 도시의 기능을 다시 정비하는 기반을 만들어주었다.[4)] 그러나 이후 오스만 제

가지 카심 모스크.

국이 헝가리를 재침공하여, 1542년 부다가 오스만 제국에 점령당한 후, 페치도 1543년 6월 오스만 군대에 항복했다. 오스만 정복자들은 점령한 페치를 헝가리 동부의 오스만 도시로 요새화했다. 페치에 남아 있던 교회는 모스크(자미)로 개조되었다.

이후 페치는 오스만 제국의 지원 아래 발칸의 나라들과 무역하는 주요 상업 도시가 되었다. 도시의 번성과 그에 따른 도시의 화려함은 자주 이스탄불과 비교되기도 했다. 페치는 오스만 제국의 부유한 무역 도시로서, 주변에서 자주 발생한 전쟁의 혼란 속에서도 100년 동안 평화를 누렸다. 이후 약 150년간 페치는 오스만 제국의 중요한 행정 및 군사 기지로 발전했고, 도시의 규모와 위상에 걸맞은 여러 행정 관청과 군사 시설이 건설되었다.

　　오스만 제국은 페치에 여러 모스크, 목욕탕, 학교 등 이슬람 건축물을 세웠다. 이는 도시의 건축적 양식과 구조를 크게 변화시켰다. 그러나 1664년 헝가리의 귀족이자 장군이 즈리니 미클로시 군대가 페치에 진입하였다. 즈리니는 페치를 점령하더라도 이 도시가 이미 오스만 제국의 영역 깊숙이 들어와 있어서 점령할 수 없다는 것을 알고 있었다. 즈리니는 페치를 약탈하고 불태웠지만 성을 점령하는 데는 실패했다. 오히려 페치는 1686년 부다 해방 이후, 기독교 군대에 의해 파괴되고 약탈당하였다. 결국 오스만 제국의 군대는 페치를 지킬 수 없다는 것을 알고 도시를 불태우고 후퇴했다. 비엔나 왕실도 페치를 파괴하려 했지만, 아직 오스만 제국의 영향력 아래 있던 시게트바르의 위협을 상쇄하기 위해 이 도시를 유지하기로 결정했다. 따라서 페치의 이슬람 유적들도 남아 있게 되었다.

　　페치의 대표적인 건축물이 가지 카심 파샤 모스크이다(가지 카심 퍼셔 자미아). 16세기 중반에 건설된 이 모스크는 페치의 중심에 위치하며 페치의 랜드마크 역할을 하고 있다. 17세기 말 헝가리가 오스만 제국으로 해방된 이후부터 현재까지는 성모 마리아 성당으로 사용되고 있다. 페치의 중심에 있는 이 모스크는 헝가리에서 가장 큰 오스만 모스크 중 하나이다. 원래는 가톨릭의 성당이었으나, 16세기 중반부터 1579년경 모스크로 개조되었다. 페치가 오스만 제국의 지배를 받던 시기의 상징적인 건물인 이 모스크는 오스만 제국의 군사 지도자이자 페치의 통치자였던 가지 카심 파샤(Gázi Kászim Pasha)가 건축한 것으로 둥근 돔과 미나렛(첨탑)이 특징이다.

가지 카심 모스크는 중세에 존재했던 성 바르톨로메오 교회 터에 지어졌는데, 주된 건축재료는 석재이다. 현재 헝가리에서 가장 큰 오스만 시대의 모스크로서 내부 높이는 22m이고, 16.5m의 돔이 있다. 페치 도시 경관의 중심인 세체니 광장의 기념비적인 중심 건물이며, 팔각형 돔과 큐폴라로 장식된 정사각형 평면은 1753년에 철거된 가느다란 미나렛 옆으로 열린 로비와 연결되어 있다. 모스크는 바로크 시대에 재건되어 여러 번 복원되었으며 1939~1942년에 현대적인 반원형 돔이 추가되었다.

    1686년 오스만 제국이 페치를 떠난 후, 이 모스크는 로마 가톨릭 교회인 성모 마리아 교회로 개조되었다. 이러한 변화에도 불구하고, 건물은 원래의 오스만 건축 요소를 대부분 유지하고 있다. 또한 헝가리에서 가장 잘 보존된 오스만 건축물 중 하나로, 당시의 건축 기술과 예술적 감각을 엿볼 수 있는 중요한 유산이다.

    이 모스크는 헝가리와 오스만 제국의 역사적 관계와 두 문화의 융합을 잘 보여주는 사례이다. 특히 건축적, 역사적, 문화적으로 페치의 중심부에서 페치의 과거와 현재, 이슬람과 기독교 문화를 연결하는 중요한 역할을 한다. 모스크의 중심에 있는 큰 돔은 오스만 건축 양식의 대표적인 특징이다. 이 돔은 원래 예배당의 중심 공간을 덮고 있었고, 현재도 그 모습을 유지하고 있다. 원래 건물에는 미나렛이 있었지만, 현재는 남아 있지 않다. 미나렛은 이슬람 예배를 위해 신을 호명하는 장소로 사용되었다. 내부는 오스만 제국 시대의 이슬람 장식 양식을 따르고 있으며, 벽에는 아랍어로 된 경전 구절과 복잡한 기하학적 모양이 그려져 있다. 이러한 장식은 건물의 역사적 중요성을 강조

허싼 퍼셔 모스크.

한다. 현재 성당으로 개조되면서 내부에 십자가와 기독교 상징들이 추가되었지만, 원래의 이슬람 건축 요소들은 대부분 보존되어 있다.[5]

    다음으로 페치의 이슬람 문화를 보여주는 대표적인 건축물은 여코발리 허싼 퍼셔 모스크(Jakováli Hasszán pasa dzsámi)이다. 여코발리 허싼 퍼셔 모스크는 페치의 중심부에서 약간 서쪽에 있다. 이 모스크는 오스만 제국의 헝가리 지배 시기에 지어진 것으로, 현재까지도 그 원형을 잘 유지하고 있는 몇 안 되는 모스크 중 하나이다. 이 건물은 여전히 이슬람 신자들이 예배를 드리는 장소로 사용되고 있다. 여코발리 허싼 퍼셔 모스크는 16세기 후반, 대략 1570년대에 건설되었는데, 여코발리 허싼 파샤에 의해 세워졌다. 오스만 제국이 퇴각한 후에도 이 모스크는 큰 변형 없이 보존되었다.

여코발리 허싼 퍼셔 모스크의 중앙에 있는 전형적인 오스만 양식의 돔은 내부 공간을 덮고 있다. 돔은 내부의 음향 효과를 증대시키며 건축적 아름다움을 배가한다. 모스크 내부는 오스만 제국의 이슬람 예술 양식을 따르고 있다. 벽과 천장은 아랍어 경전 구절과 기하학적 무늬로 장식되어 있는데, 이를 통하여 당시의 예술적 감각을 확인할 수 있다. 넓은 기도실은 신자들이 예배를 드릴 수 있도록 설계되었으며, 현재도 예배 장소로 사용되고 있다. 헝가리에서 이슬람 문화의 지속성을 보여주는 사례라 할 수 있다. 이 모스크는 전반적으로 잘 보존되어 있으며, 원래의 건축적 요소들 역시 대부분 유지되고 있다. 이는 페치의 역사적 건축물 중에서도 독특한 사례로 평가받는다. 다만 이러한 문화적 의미와 별개로, 최근 들어 페치에서 이 모스크가 이슬람 교도 난민들의 모임과 교류의 장소로 주목받고 있다는 점은 헝가리인들에게 불편한 과거의 기억을 떠올리게 한다는 점도 간과할 수 없다.

헝가리 문화 속의 오스만 제국의 정복과 통치의 유산

헝가리는 중부 유럽 혹은 서유럽 국가 중에서도 오스만 제국과 가장 길고 오랜 문화적 연결고리를 가진 나라로 여겨진다. 헝가리인들 또한 자신들의 역사와 문화 속에 이슬람적 요소가 혼재해 있음을 부정하지 않는다. 앞서 살펴본 건축물들은 이러한 인식과 의식을 상기시키는 '기억의 장소' 역할을 하고 있는데, 현재 헝가리의 사회적 상황과 맞물려 어떠한 의미로 다가오는지 주목할 필요가 있다.

역사적으로 헝가리의 민족 지도는 오스만 제국의 통치 아래 근본적으로 변화했다. 헝가리인이 유럽에 정착한 9세기 말 이후 중세까지 헝가리 지역 전체 인구의 약 75~80퍼센트를 차지했던 헝가리인들은 16세기 오스만 제국의 정복 이후 점차 그 비율이 줄어들기 시작했다. 특히 16세기 말부터 시작된 헝가리 주요 가톨릭 지역의 황폐화, 즉 수도원 폐쇄와 이에 따른 주변 마을, 지역 공동체의 파괴로 인하여 헝가리의 인구는 급감하였다. 이러한 인구 감소는 약 한 세기에 걸쳐 서서히 진행되어, 17세기 말 오스만 제국의 세력이 헝가리에서 물러난 시기에 이르러서는 현실적으로 헝가리인의 숫자가 눈에 띄게 줄어들었다. 이후 헝가리를 통치하게 된 합스부르크 제국의 이민정책, 즉 외국인의 헝가리 이주 정책이 시행되면서 이러한 상황은 더욱 심각해졌다. 합스부르크 황실에 의해 추진된 비(非)헝가리계 민족의 헝가리 이주는 주로 17세기 말부터 시작되었는데, 주로 작센 지역의 독일인 농부들을 비롯해 남슬라브인, 서슬라브인 등 다수의 민족이 헝가리에 정착하였다. 이는 당시 합스부르크 황실의 정책에 호응한 헝가리 통치자들의 관대한 정책에 기인한 바 크다. 이들의 대규모 이주로 인해 헝가리인의 비율은 점점 줄어들었고, 17세기 말에는 현재와 유사한 민족 경계와 인구 분포 지도가 완성되었다. 18세기에 들어서면서 헝가리의 민족 구성은 좀 더 다양한 양상으로 변모하였는데, 외국인의 이주와 이에 대한 헝가리인의 환대는 헝가리인의 특징을 잘 보여주는 현상이기도 하다. 한때 헝가리는 유럽에서 '손님을 환대하는 민족'이라는 호칭을 들을 정도로 개방적인 성향의 민족으로 인식되었다. 그러나 이러한 외국인과 타지인에 대한 개방성이 간혹 문제가 되기도 하였는데, 특히 제1차 세계대전 시기와 이후 전간기 시기에 나타난 외국인에 대한 혐오와 배제의 양상에서 그러한 모습이 목격되기도 한다. 특이한 점은 사회주의로부터 체제 전환을 이룩한 20세기 후반에도 외국인 배타주의, 협애한 민족주의적 정서가 나타난다는 점은 주목할 필요가 있다.

　헝가리에서 오스만 제국의 통치와 그들과의 오랜 공존의 결과가 헝가리 문화에 어떠한 극적인 역할을 했는지 파악하는 것은 쉽지 않다. 헝가리와 오스만 제국의 공존 기간이 중세 이후 근대 초기까지 150여 년이었다는 점을 기억해보면, 오스만 제국의 다양한 문화적 영향을 받았음을 짐작하기는 어렵지 않다. 당시 헝가리어에 차입된 오스만 제국의 어휘, 오스만 제국의 멜로디에 맞춰 쓰인 발라드, 운문(시), 동양적인 옷, 아름다운 꽃문양의 자수나 도자기, 모스크와 목욕탕은 오스만 제국의 문화적 유산이 분명하고, 헝가리인의 일상에 영향을 준 것을 부정할 수 없다. 그러나 문화적인 부분을 제외하면, 오스만 제국의 통치가 헝가리인에게 부정적으로 인식되고 있는 점도 간과할 수 없다. 150년간 지속된 오스만 제국의 헝가리 통치는 헝가리인의 의식 속에 헝가리가 오스만의 속국이자, 유럽으로부터 따돌림을 받은 민족이라는 의식을 갖게 하였고, 헝가리인의 소외의식 형성에 영향을 주었다. 특히 헝가리 역사상 가장 참혹한 패배를 당한 모하치 전투와 관련된 기억은 오늘날까지도 헝가리인들에게 깊은 역사적 상흔으로 남아 있다. 모하치 전투에서 헝가리가 오스만 제국군에 포위되어 전멸하게 되었을때, 기독교 연합군이 한발 늦게 당도하여 헝가리 군대의 전멸을 수수방관할 수밖에 없었던 상황은 헝가리의 역사에서 가장 슬픈 장면이기도 하다.

모하치 전투에서의 참패는 헝가리인에게 있어, 오스만 제국과의 기억 속에서, 유럽 국가와의 기억 속에서도 가장 고통스러운 것이라도 할 수 있다. 따라서 모하치 전투가 헝가리인에게 재앙이었다는 헝가리인의 인식은 쉽게 변하기 어려울 것이다.

영국의 샤 자한(Shah Jahan) 모스크

영국에 새겨진 이슬람 문화의 기억

김희원

영국의 샤 자한(Shah Jahan) 모스크:
영국에 새겨진 이슬람 문화의 기억

영국은 유럽의 대표적인 다문화사회로 무슬림 공동체는 영국 사회의 중요한 구성원으로 자리잡고 있다. 2021년 영국 인구 총조사 자료에 따르면 영국의 무슬림 인구는 약 4백만 명으로 영국 전체 인구의 6퍼센트 정도를 차지한다. 이는 2011년과 비교해 백만 명 이상 증가한 수치로, 영국 사회의 급격한 인구 변화를 보여준다. 주목할 만한 점은 영국 통계청 자료에서 무함마드(Muhammad)라는 이름이 신생아 이름 순위에서 꾸준히 상위권을 차지하고 있다는 것이다. 이는 지난 20여 년간 영국 내 무슬림 인구가 2백만 명 이상 증가한 점을 고려하면 그리 놀라운 현상이 아니다.

이러한 변화를 반영하듯, 오늘날 영국의 도시 곳곳에서는 이슬람 문화의 상징인 모스크를 쉽게 찾아볼 수 있다. 그중에서도 샤 자한 모스크(Shah Jahan Mosque)는 1889년 영국 워킹(Woking)에 건립된 영국 최초의 모스크로 영국 내 이슬람교 전파와 초기 무슬림 공동체 형성을 상징하는 중요한 공간이다. 이 모스크는 단순한 종교 건축물을 넘어 영국이 다문화사회로 발전해 온 복합적인 역사적 경험을 보여주는 기념비적 장소이다. 무슬림 이민자들에게는 타지에서도 자신들의 신앙을 지켜나갈 수 있는 예배당이자 교육과 사교, 문화 교류의 중심지 역할을 했다. 또한 영국에 정착한 무슬림들이 자신들의 정체성을 형성하고 유지해나갈 수 있는 공간이기도 했다. 더 나아가 이 모스크는 지역 사회와 화합을 도모하는 소통의 장이자, 주요 정치 인사들이 방문하는 장소로서 정치적 상징성을 갖기도 했다. 이러한 다층적인 역할은 영국의 다문화사회 형성의 초석이 되었다.

피에르 노라(Pierre Nora)의 '기억의 장소' 개념은 이러한 역사적, 사회적, 문화적 변화를 이해하는 중요한 이론적 틀을 제시한다. 노라에 따르면, 기억의 장소는 단순한 물리적 공간을 넘어 집단의 정체성과 역사적 경험을 응축하는 상징적인 공간이다. 샤 자한 모스크는 바로 이러한 기억의 장소의 전형적인 예로, 영국 내 이슬람 문화의 역사적 변화와 현대 영국의 다문화사회로의 발전을 상징적으로 보여준다. 이 글에서는 노라의 기억의 장소 개념을 바탕으로 영국-인도 간 상호 교류의 역사적 현장이자 영국 다문화사회 형성의 토대가 된 샤 자한 모스크를 살펴보겠다. 이를 위해 먼저 모스크의 설립 배경과 건축적 특징을 분석하고, 이어서 이 모스크가 영국과 인도 사이의 복합적인 관계를 담은 기억의 장소로서 갖는 상징적 의미를 고찰하려고 한다. 마지막으로, 제국주의 이후 기억의 재구성 과정에서 바라본 샤 자한 모스크의 문화적, 사회적 의미와 현대 사회에서 가지는 의의를 논의하고자 한다.

샤 자한 모스크의 설립 배경 및 건축적 특징

영국 사회에 '무슬림의 공간(Muslim space)'이 등장하기 시작한 것은 19세기로 거슬러 올라간다. 당시 영국의 인도 식민 통치로 인해 많은 인도인이 영국으로 이주했는데, 그들 중 상당수는 무슬림이었다. 이들은 영국에도 자신들의 신앙을 이어갈 예배 공간이 필요하다고 생각했다. 따라서 정착 초기에는 자신들이 살던 집에 기도 공간을 마련하거나 주택을 개조해 임시 예배당으로 사용했다. 하지만 정식 모스크는 존재하지 않았다.

이러한 상황에서 헝가리계 영국인 교육자 고틀립 빌헬름 레이트너(Gottlieb Wilhelm Leitner, 1840~1899)가 중요한 역할을 하게 된다. 그는 영국령 인도의 라호르(Lahore, 현재의 파키스탄) 지역 대학에서 교무과장으로 재직하며, 수많은 학교와 도서관을 설립했다. '동양적'인 것에 관심이 많았던 레이트너는 인도에서 근무하는 동안 인도 문화에 심취하여 이를 심도 있게 연구했다. 그 과정에서 문화 간 대화와 이해의 중요성을 인식하게 되었는데, 특히 동양의 학문과 문화가 서구에 보다 정확하게 알려지고 올바르게 이해될 필요성을 절감했다. 이를 위해 그는 학술적 기반을 마련하고자 노력했다. 은퇴를 앞두고 본국으로 귀국할 계획을 세우던 레이트너는 동양의 언어와 문화, 역사를 공부할 수 있는 학술기관을 영국에 설립하기로 결심했다. 이는 훗날 영국 워킹에 위치한 오리엔탈 인스티튜트(Oriental Institute)로 실현되었다. 그러나 레이트너의 동양에 대한 관심과 열정은 단순한 학술기관 설립에 그치지 않았다. 그는 이곳에서 수학할 인도 유학생들을 위한 모스크 건립도 함께 구상했다. 이러한 계획은 모스크 건립이 단순한 종교시설을 넘어 타문화 간 상호 이해를 도모할 수 있는 상징적인 공간을 만들고자 했던 레이트너의 의도를 보여준다.

레이트너의 모스크 건립 프로젝트를 실현하는 데에는 인도 토후국 보팔의 여성 지도자 샤 자한 베굼(Shah Jahan Begum)의 재정적 후원이 결정적인 역할을 했다. 문화 간 이해와 교류에 대한 레이트너의 비전에 깊이 공감한 샤 자한은 그를 재정적으로 지원하였고, 이를 통해 그는 런던 근교 워킹의 미사용 대학 건물을 매입해 1889년 무굴제국의 건축 양식을 딴 모스크를 건립할 수 있었다. 이는 기존 주택을 개조한 방식이 아닌, 순수한 이슬람 사원 용도로 지어진 영국 최초의 모스크였다. 그리고 후원자에 대한 존경의 표시로 이 모스크를 '샤 자한 모스크'로 명명하였다. 샤 자한 모스크 건립은 단순한 건축적 성과를 넘어선 의미를 지닌다. 이슬람 문화에 대한 인식이 제한적이었던 당시 영국 사회에서 이 모스크는 이슬람 문화가 가시성을 얻고 문화적 다양성이 확장되는 중요한 전환점이 되었다.

샤 자한 모스크의 건축은 영국과 인도 간의 문화적, 건축적 교류를 상징하는 복합적인 의미를 지닌다. 레이트너와 샤 자한의 협력은 19세기 말 제국주의 시대에 쉽게 찾기 어려운 문화 간 이해와 협력의 사례이다. 건축을 매개로 서로 다른 문화와 종교 간의 소통과 존중을 촉진하는 상징적인 공간이 탄생한 것이다. 당시의 시대적 배경을 고려할 때 이는 매우 혁신적이고 진보적인 프로젝트였다. 특히 주목할 점은 이슬람 건축에 조예가 깊었던 기독교인 윌리엄 챔버스(William Chambers)가 모스크 설계를 맡았다는 사실이다. 이는 샤 자한 모스크가 단순한 건축 프로젝트를 넘어 제국주의 시대의 문화적 소통과 상호 작용을 보여주는 중요한 사례라고 할 수 있다. 건축미, 특히 건축의 화려함에 열정이 남달랐던 챔버스는 모스크 설계에 앞서 무굴 양식과 이슬람 전통적 건축 양식을 조화롭게 반영하는 데 중점을 두고 인도 및 중동지역의 모스크를 광범위하게 연구했다. 그가 채택한 16~18세기 무굴 건축 양식은 당시 남아시아 통치자들의 정교한 건축 감각을 반영한 것이었다. 챔버스는 이러한 양식의 아름다움을 영국 땅에 재현하고자 했고, 18세기 말 무굴 시대에 유행했던 건축 스타일을 샤 자한 모스크에 그대로 반영하였다.

    샤 자한 모스크는 양파 모양의 돔, 중앙 포르티코 입구, 아치형 문으로 대표되는 무굴 양식의 정수를 보여준다. 특히 델리와 그 주변 지역의 초기 무굴 건축물에서 볼 수 있는 고전적인 형태와 느낌은 인도의 데칸 지역 남부에 지어진 무굴 스타일 건물들에서 더욱 두드러진다. 챔버스는 이러한 특징을 반영하고자 샤 자한 모스크의 양파 모양 돔을 훨씬 더 구형으로 만들었으며, 포르티코의 반곡선 아치, 트레포일 모양의 정문 아치, 네 귀퉁이에 큐폴라가 있는 날렵한 미나렛, 웅장한 홀, 섬세한 장식 등을 모스크 설계에 포함하여 무굴 건축의 아름

샤 자한 모스크 스케치.

다움을 영국 땅에 제대로 구현하는 데 집중했다. 샤 자한 모스크에서 10세기 이집트에서 발견된 건축 양식이 아주 일부 발견되기도 하지만, 전반적으로는 무굴 양식이 지배적이다.

    챔버스가 이러한 건축 양식을 채택한 배경에는 당시 유럽인들이 지녔던 동양에 대한 인식이 깊이 연관되어 있다. 19세기 유럽인들은 동양을 신비롭고 환상적인 곳으로 생각했다. 그들에게 동양은 독특한 관습, 화려한 의상, 이국적 정서가 가득한 곳이었다. 챔버스는 유럽인들의 동양에 대한 이미지를 누구보다 잘 이해하고 있었고 이를 충족시키고자 노력했다. 이러한 맥락에서 샤 자한 모스크는 오리엔탈리즘적 상상이 건축적으로 구현된 사례라고 할 수 있다. 이 모스크는 단순한 종교 건축물을 넘어 문화적 판타지와 제국적 상상력이 교차하는 상징적 공간이었다.

결국, 샤 자한 모스크는 영국 식민지 시대의 문화적 역학을 반영하는 공간으로 레이트너의 문화적·학문적 비전, 샤 자한 베굼의 재정적 후원, 챔버스의 건축적 해석이 만나 탄생했다. 이 모스크는 빅토리아 시대 영국과 식민지 인도 간의 문화적 교류와 상호 이해, 그리고 상호 존중을 보여주는 산물이다. 영국 본토에 이슬람 문화를 구현한 이 모스크는 제국주의 시대 영국과 인도 간의 복합적인 관계를 떠올리게 하는 동시에 이슬람 공동체의 존재를 시각적으로 드러내는 중요한 장소였다.

지배와 종교적 공존 사이: 모순의 공간

샤 자한 모스크는 다문화주의와 종교적 다양성을 상기시키며, 과거와 현재를 연결하는 기억의 장소로서 중요한 역할을 한다. 이 모스크는 영국 사회에서 이슬람 문화를 시각적으로 상징할 뿐만 아니라 비무슬림들에게 다른 문화와 종교를 인식하고 이해할 기회를 제공하는 중요한 매개체로 기능한다. 이러한 측면에서, 샤 자한 모스크는 제국주의 시대를 넘어서는 문화적 교류의 상징이자 식민지 문화의 구현과 식민지 기억을 보존하는 장소로서 의미를 지닌다.

샤 자한 모스크의 독특한 의미는 노라의 기억의 장소 개념을 통해 더욱 명확해진다. 앞서 언급했듯 기억의 장소는 단순한 물리적인 공간을 넘어 집단적 기억과 정체성이 중첩되어 역사적, 문화적, 상징적 의미를 지닌 장소를 의미한다. 샤 자한 모스크는 이 정의에 부합하며 다양한 시기를 거쳐 복합적인 역할을 해왔다. 특히 제국주의 시기에는 영국과 인도의 관계를 반영하며 제국주의적 권력 역학이 드러나는 상징적인 공간이었다.

샤 자한 모스크는 영국 제국주의의 통제 전략이 반영된 공간으로 식민시대의 기억, 특히 영국과 인도 간의 복합적인 관계를 물리적으로 구현한 상징적 장소였다. 지배국의 중심부에 설립된 식민지의 문화유산인 샤 자한 모스크는 표면적으로는 영국의 종교적 다양성과 상호 존중, 이해, 종교 간 화합을 상징하는 듯 보였다. 그러나 그 이면에는 복잡한 권력관계가 존재했다. 즉 이 모스크는 단순한 종교시설을 넘어 식민주의 시대의 복잡한 권력관계를 드러내는 상징적 공간이었다.

레이트너의 모스크 관리 방식은 영국 제국주의의 미묘하고 은밀한 통제 전략을 극명하게 드러냈다. 그가 영국 땅에 최초로 모스크를 설립한 사실은 타종교에 대한 포용과 관용적 태도로 보일 수 있으나 실제로 그는 철저하게 계층 간 차별과 배제 전략을 활용하여 모스크를 운영했다. 레이트너는 대체로 무슬림에게 호의적인 태도를 보였지만, 실제로는 상류층 무슬림들과 상위 카스트 출신의 힌두교도들에게만 모스크 출입을 허용함으로써 종교적, 사회적 경계를 명확히 했다. 이러한 방식은 영국이 식민지에서 펼친 '분할통치(divide and rule)' 정책을 떠올리게 한다. 종교적 상징을 이용하여 피지배 집단 내부에 위계질서를 만들고 이를 유지하며 강화하는 방식이다. 그는 이 모스크를 영국의 관용적 태도를 보여주는 사례라고 칭하며 감사하고 경건한 마음으로 사용해야 한다고 주장했다. 동시에, 이 모스크가 영국 이슬람의 중심으로 언급되는 것은 경계했다. 또한 레이트너는 모스크를 사용하는 목적에 대해서도 자신만의 철칙이 있었는데 이 모스크에서 영국인을 이슬람으로 개종시키거나, 이슬람의 교리를 설파하거나, 종교적·정치적 프로파간다를 퍼뜨리는 행위 등은 허용하지 않았다. 또한 무슬림과 영국 여성 간의 결혼식을 목적으로 모스크를 사용하는 것 역시 허용되지 않았다. 즉, 레이트너가 승인한 자들만이 레이트너가 허용한 목적하에 이 모스크를 사용할 수 있었다. 이러한 규제 방식은 단순한 종교적 통제를 넘어 문화적, 사회적 경계를 엄격히 유지하려는 식민지배자의 권력을 여실히 드러낸다. 당시 인도계 무슬림들이 이러한 그의 절대적 권한에 이의를 제기하지 못했다는 사실은 이러한 통제 방식이 원활하게 작동했음을 보여준다. 이는 물리적 강제력뿐 아니라 지배자의 권력이 피지배자들에게 내면화되고 수용되는 복잡한 심리적 통제 역시 작용했음을 의미했다.

    레이트너의 통제 방식은 당시 인도가 영국의 식민 통치하에 있었다는 시대적 배경을 고려할 때, 영국이 인도에서 사용한 식민 지배 전략이 본국에서도 지속되었음을 보여주는 단적인 사례이다. 레이트너는 식민지에서 오랜 경험을 통해 축적한 통제 기술을 지배국인 영국 본토에서도 그대로 적용했다. 그는 피지배자들의 종교시설을 통제, 관리, 감독하며 식민시대의 권력관계가 지리적 경계를 넘어 작동했음을 보여주었다. 표면적으로 샤 자한 모스크는 영국의 종교적 관용과 상호

샤 자한 모스크.

존중을 상징하는 공간처럼 보였다. 그러나 실상은 정교하게 설계된 권력 장치이자 식민 권력이 초국적으로 작동한 장소였다. 레이트너 생전에 이 모스크가 그리 자주 사용되지 않았다는 사실은 이러한 통제 방식이 얼마나 효과적이었는지를 방증한다. 결국, 샤 자한 모스크는 단순한 종교 건축물이 아니라 식민 권력이 작동하는 방식의 복잡성과 미묘함을 보여주는 생생한 역사적 장소였다. 권력, 종교, 문화가 얽혀 있는 제국주의 역사의 축소판이었던 것이다.

제국의 상흔과 다문화 정체성이 공존하는 공간

샤 자한 모스크가 지닌 기억의 장소로서의 의미는 세계대전을 거치며 더욱 깊어졌다. 제1차 세계대전에 참전한 무슬림 군인은 약 88만 5천 명으로 추산되는데, 그중 40만 명이 영국령 인도군 출신이었다.

이 숫자는 단순한 전쟁 참여 규모를 넘어 제국과 식민지 사이의 복잡한 관계를 나타낸다. 서부전선에 참전했던 인도 출신의 영국군 병사들이 잉글랜드 남부의 병원으로 이송되면서, 샤 자한 모스크는 이들에게 특별한 의미를 지닌 장소로 부상하기 시작했다. 특히 1914년 워킹에서 최초의 인도인 무슬림 병사의 장례식이 거행되었는데 이는 영국 사회에 무슬림의 존재를 가시화하는 상징적인 순간이었다. 이후 진행된 또 다른 인도 출신 무슬림 군인의 장례식에는 이맘(Imam, 지도자)의 요청에 따라 50여 명의 영국군이 참석해 영국군 전통 방식과 이슬람 의식이 혼합된 형태의 특별한 의례가 펼쳐지기도 했다.

전쟁이 진행되면서 전사자 수가 점차 증가하자 샤 자한 모스크의 이맘은 영국 정부에 모스크 인근 부지를 인도군 전사자 매장지로 지정해줄 것을 요청했다. 이에 따라 1915년 워킹 무슬림 전쟁 묘지(The Woking Muslim War Cemetery, 현재는 Woking Muslim Burial Ground on Horsell Common)가 건립되었다. 이 묘지는 영국 본토에서 전사한 무슬림 군인들이 이슬람 전통에 따라 장례를 치를 수 있게 마련한 최초의 공식 매장지였다. 또한 샤 자한 모스크와 비슷한 무굴 양식으로 설계되어 돔 형식의 아치형 출입문과 장식용 미나렛을 갖추었으며, 시신의 방향도 이슬람 전통을 따라 메카의 카바 방향으로 안치되었다. 모스크의 건축 양식을 계승하고 이슬람 전통을 따르는 이 묘지는 당시 샤 자한 모스크가 영국 사회에서 핵심적인 '무슬림의 공간'으로 자리잡았음을 보여준다. 이처럼 샤 자한 모스크는 영국과 식민지 출신 무슬림 군인들의 기억과 역사를 담아내며, 제국주의적 맥락 속에서도 문화적 통합과 상호 이해의 가능성을 제시한 상징적 공간이었다.

전간기 동안 런던 주재 무슬림 지도자들의 활발한 활동과 세계 각지의 저명한 무슬림 지도자들의 방문이 이어지면서 샤 자한 모스크의 위상은 점차 높아졌다. 특히 사우디아라비아의 파이살 빈 압둘아지즈(Faisal bin Abdulaziz) 국왕, 파키스탄 무함마드 알리 진나(Muhammad Ali Jinnah) 총독, 에티오피아 하일레 셀라시(Haile Selassie) 황제 등 국제적으로 영향력 있는 인사들의 방문을 통해 샤 자한 모스크는 유럽 이슬람의 중심지로서의 위상이 더욱 공고해졌다. 이는 단순한 외교적 행위를 넘어 당시 국제 사회에서 이슬람의 위상과 영향력을 보여주는 중요한 순간들이었다.

제국주의 시대의 전쟁이라는 혼란 속에서도 샤 자한 모스크는 무슬림 공동체의 종교적 연대와 정체성을 유지하는 중요한 거점으로 기능했다. 제2차 세계대전 중에도 이슬람의 금식월인 라마단(Ramadan)이 끝난 것을 기념하는 이드(Eid)와 이슬람에서 성스러운 날로 여겨지는 금요일에 금요 기도를 계속 이어갔고, 인도 원정군 소속 무슬림 군인들은 전쟁의 혹독한 상황 속에서도 모스크를 찾아 영적 안식과 위로를 얻었다. 특히, 1940년, 샤 자한 모스크는 인도 원정군과 파견대를 위해 첫 휴가 행사를 개최하여, 전쟁의 고통 속에서 무슬림 군인들의 공동체적 유대감을 강화하고 그들의 정신적 치유를 지원하는 역할을 했다. 이는 모스크가 단순한 종교시설을 넘어 국가적 위기 상황에서 사회적, 정신적 지원 기능 역시 담당했음을 보여준다.

당시 모스크를 통해 발행된 〈이슬람 리뷰 Islamic Review〉와 같은 간행물은 영국에서 이슬람에 대한 이해를 넓히고, 영국 사회와의 소통을 촉진하는 매개체 역할을 했다. 이 월간지는 이슬람 사상과 문화를 소개하고 종교 간의 대화를 장려하는 등의 역할을 하고 있었는데, 특히 전시에는 참전 군인들의 편지가 실리기도 했다. 전쟁의 여파로 불안과 공포가 가득하던 이 시기에 기독교를 믿던 군인들이 이슬람에 관심을 갖게 되었다거나 개종했다는 내용이었다. 이는 당시 불안과 공포가 가득했던 시대상과 더불어 이슬람이 제공한 정신적 위안과 그 영향력을 생생하게 보여주는 중요한 사례이다. 이와 같은 편지들은 전쟁 중 모스크가 무슬림 병사들에게 공동체적 유대감을 결속하고 정신적 치유를 받는 공간으로 작용했음을 보여준다. 또한 영국 내 무슬림 공동체에도 정신적 지지와 안정감을 제공하고 그들의 정체성을 강화하는 역할을 담당하기도 했다. 결국, 샤 자한 모스크는 세계대전이라는 극한의 역사적 상황 속에서 영국 내 무슬림 공동체의 정체성 재구성과 사회적 연대를 강화하는 중심지로 자리잡았다. 이곳은 인도 식민지 출신 무슬림 병사들의 집단적 기억을 담는 공간이었으며, 전쟁의 기억과 희생을 상징하는 공간이기도 했다. 전쟁을 겪으며 모스크는 영국 내 무슬림 공동체의 정체성과 영국 제국주의 역사 사이의 연결고리를 재구성하는 기억의 장소로 발전했다.

 샤 자한 모스크는 영국 내 다문화사회 형성을 상징하는 공간으로, 초기 이슬람 공동체와 지역 사회 간의 교류를 이끌어냈다. 모스크 프로젝트를 담당했던 레이트너 박사가 1899년 사망한 후, 모스크는 1913년까지 공식적으로 사용되지 않았는데 이 14년간의 공백기는 샤 자한 모스크의 역사에서 중요한 전환점이 되었다. 1910년 설립된 런던 모스크 기금(London Mosque Fund)은 워킹 모스크 신탁(Woking Mosque Trust)을 통해 모스크의 소유권과 건물 및 관련 재산의 관리를 맡게 되었고 이는 영국 내 초기 이슬람 공동체의 제도적 기반을 공고히 하는 계기가 되었다. 이러한 모스크 운영의 제도화는 단순히 관리 주체가 변경되는 것을 넘어, 모스크가 공적인 성격을 갖게 되고 지역 사회와의 교류가 본격화됨을 의미했다. 이러한 과정은 모스크가 무슬림들만을 위한 폐쇄적인 공간이 아닌 다문화적 대화와 상호 이해의 장소로 진화하는 과정을 상징했다. 샤 자한 모스크의 이러한 변화는 훗날 영국 사회가 다문화사회로 발전하는 중요한 토대가 되었다.

모스크의 새로운 전환점은 카슈미르 출신 인도인 변호사 콰자 카말우딘(Khwaja Kamal-ud-Din)이 이맘으로 임명되면서 시작되었다. 그의 리더십 아래 모스크는 전통적인 종교 시설을 넘어 문화적 교류의 중심지로 변모했다. 특히 1900년대 초부터 중산층을 비롯한 왕실 구성원들이 잇따라 모스크를 방문하면서 샤 자한 모스크는 런던을 넘어 영국 이슬람의 중심으로 부상했다. 주목할 만한 방문객으로는 브리티시 무슬림 소사이어티를 설립한 헤들리 경(Lord Headley)과 코란을 최초로 영어로 번역한 마르마두케 픽탈(Marmaduke Pickthall) 등이 있다. 이들의 모스크 방문은 당시 영국 사회 지도층 사이에 이슬람에 대한 관심이 촉발되고 개종 사례가 발생하고 있다는 것을 상징적으로 보여주었다. 이들 외에도 제1차 세계대전 전후 수많은 영국의 지식인, 탐험가, 관료, 귀족들이 이슬람교로 개종한 사례는 쉽게 찾을 수 있다.

모스크를 중심으로 한 문화적 대화와 상호 이해의 중요성은 이드 축제를 통해 더욱 선명하게 드러났다. 샤 자한 모스크에서 진행된 이드 행사에는 영국 전역의 무슬림이 참석했다고 해도 과언이 아니었다.

이 축제에는 인도계 무슬림뿐만 아니라 이집트, 말레이시아, 인도네시아, 아랍 국가 출신의 무슬림들도 대거 참석해 진정한 무슬림 화합의 장이 되곤 했다. 일부 무슬림들은 이드 아침 특별 예배를 놓치지 않기 위해 전날 밤에 기차를 타고 이동해 근처에서 머물다 기도에 참석하기도 했다. 이 모스크는 약 500명가량을 수용할 수 있었는데 영국 전역의 무슬림들이 행사에 참석할 때는 대형 천막을 추가로 설치해야 할 정도로 붐볐다. 이러한 상황은 당시 축제의 규모와 모스크의 중요성을 잘 보여준다. 궂은 날씨에도 모스크를 찾는 무슬림들의 발길이 끊이지 않아 모스크는 항상 러그나 히터를 구비해두어야 했다. 특히 런던 거주 무슬림들이 기차로 한 시간이나 걸리는 거리를 마다하지 않고 워킹을 찾았다는 사실은 이 모스크가 그들에게 단순한 종교시설 이상의 의미였음을 잘 보여준다.

　모스크에서 주최한 라마단 기간에 행해진 단체 기도와 이프타르(Iftar, 해 질 녘에 금식을 해제하는 의식) 행사 역시 무슬림 공동체의 결속을 강화하는 역할을 했다. 결혼식과 장례식 같은 주요 의례가 이곳에서 거행되었으며, 마드라사(madrasa)를 통한 이슬람 방식의 교육이 이어지면서 샤 자한 모스크는 영국 무슬림들의 일상에서 깊은 의미를 갖게 되었다. 또한 모스크는 식민지 출신 이주민들이 영국에 정착하는 과정에서 핵심적 역할을 했다. 초기 이슬람 네트워크의 중심지로서 정보 교환과 상호교류의 장이 되었으며, 실질적으로 이주민들의 정착을 지원하기도 했다. 이는 모스크가 단순한 종교시설을 넘어 이주민 공동체의 사회적 안전망 역할도 했음을 보여준다. 특히 샤 자한 모스크에서 출판된 영어권 국가에서 널리 읽히는 영어 꾸란 번역본은 모스크가 종교적 기능을 넘어 지식과 문화 교류의 장으로도 기능했음을 보여준다.

샤 자한 모스크는 노라의 기억의 장소 개념을 선명하게 구현하는 공간으로, 영국과 인도 사이의 복합적이고 중층적인 역사적 관계를 물리적, 상징적으로 드러내는 장소이다. 제국주의적 통제 전략, 세계대전을 통해 형성된 기억의 심화 및 재구성, 그리고 지역 사회와의 교류를 통해 다문화사회로의 변모를 아우르는 다층적 의미를 지니는 것이다. 즉, 샤 자한 모스크는 단순한 건축물을 넘어, 역사적 흔적과 문화적 교류의 살아 있는 증거로서 영국의 식민지 유산을 이해할 수 있는 중요한 매개체 역할을 하고 있다. 이제, 오늘날 샤 자한 모스크가 영국 내 다문화적 통합과 사회적 화합의 상징으로서, 어떻게 살아 있는 기억의 장소로 기능하고 있는지 알아보자.

제국주의와 후속적 기억의 재구성

샤 자한 모스크는 영국 내 이슬람 공동체의 이주 역사를 상징하는 공간으로, 과거 제국주의 시대의 기억에서 현대 다문화사회로의 변화까지 포괄하는 상징적인 공간이다. 노라가 제시한 기억의 장소 개념을 통해 볼 때, 샤 자한 모스크는 영국 내 초기 이슬람 이주민들의 집단적 경험과 연대를 상징하며, 과거와 현재를 연결하는 살아 있는 매개체로 작용한다. 이 모스크는 단순한 제국주의 시대의 유산을 보여주는 데 그치지 않고, 현대적 맥락에서 새로운 문화적, 사회적 의미를 지속적으로 부여받고 있다.

영국 제국주의와 식민지의 기억을 담은 공간인 샤 자한 모스크는 제국주의 시기 영국 내에서 이슬람 문화를 받아들이는 상징적 공간으로 시작되었다. 이는 영국이 단순히 지배자로서 식민지를 착취하는 데 그치지 않고 식민지 문화의 특정 요소를 자국으로 들여온 독특한 사례로 볼 수 있다. 인도 이슬람 건축 양식을 도입해 식민 지배국의 영토에서 식민지 문화를 구현한 샤 자한 모스크는 이국적인 아름다움을 보여주는 것을 넘어, 영국 제국주의의 문화적 정복과 동시에 식민지 문화가 역으로 영국 사회에 통합되는 과정을 보여준다. 이를테면 모스크의 이름을 '샤 자한'으로 명명한 것은 식민지의 문화유산을 영국의 중심부에 위치시킴으로써 제국과 식민지 간의 상호작용을 상기시킨 장치라 할 수 있고, 모스크를 무굴 양식으로 지은 것 역시 제국의 영광을 가시화하는 의미도 지닌다.

하지만 제국주의의 모순적 성격도 드러난다. 예를 들어 빅토리아 여왕은 인도 무슬림 출신인 비서 압둘 카림을 단순한 비서가 아닌 개인 교사이자 조언자로 대우하며 그를 통해 인도 문화와 우르두어를 배우려는 의지를 보였다. 이러한 관계는 표면적으로 영국이 피지배 민족과 문화에 대한 관심과 포용을 실천한다는 인상을 심어주었다. 특히, 무슬림인 카림과의 친밀한 관계는 대외적으로 영국이 인도의 종교적, 문화적 다양성을 존중하는 이미지를 만드는 데 중요한 도구가 될 수 있었다. 그러나 이는 실제 식민지 통치 현실과 뚜렷한 대조를 이루었다. 영국은 식민지 인도에서 분할통치(divide and rule) 정책을 통해 힌두교도와 무슬림 간의 갈등을 전략적으로 이용했으며, 소수의 무

빅토리아 여왕과 압둘 카림.

슬림 엘리트는 협력자로 삼았지만 대다수의 무슬림에게는 냉담하거나 적대적이었다. 압둘 카림이 샤 자한 모스크를 방문했다는 사실은 이러한 모순을 상징적으로 보여준다. 카림은 여왕의 총애를 받으며 영국 왕실에서 문화적 가교역할을 수행했지만, 정작 그가 속한 인도의 무슬림 공동체는 영국의 지배 아래 감시와 차별의 대상이었다. 결국 샤 자한 모스크는 영국이 문화적 존중 및 포용을 내세워 제국주의적 지배를 정당화하면서도, 실제로는 종교적 차별과 통제를 통해 식민지 권력을 유지했던 제국주의의 모순적 성격이 집약된 공간이었다.

탈식민지화 이후, 샤 자한 모스크는 영국 내 이슬람 공동체의 현대적 정체성을 구축하는 중요한 공간으로 자리잡았다. 과거 제국주의 시대의 유산이 현대 영국 사회에서 무슬림 공동체의 존재와 목소리를 상징하는 자산으로 변모한 것이다. 예를 들어, 인도, 파키스탄, 방글라데시 출신 무슬림들뿐 아니라 아프리카나 중동 출신 무슬림도 이 모스크를 사용한다는 점은 다양한 문화적 배경을 가진 무슬림 공동체가 서로의 정체성 통합하고 확인하는 장으로 활용되고 있음을 시사한다. 이는 영국 내 이슬람 공동체의 역사적 경험과 다문화적 정체성을 동시에 반영된 공간임을 보여준다. 과거 영국의 식민 지배로 형성된 이민자 공동체는 현대 영국 사회의 중요한 구성원이었으며, 샤 자한 모스크는 이러한 변화의 구심점이었다. 이는 과거 제국주의의 흔적이 오늘날 다문화주의와 이민의 역사로 재구성되는 과정을 보여주는 살아 있는 증거로, 샤 자한 모스크를 현대 영국 사회의 다문화적 정체성을 재확립하는 상징적인 장소로 자리매김하고 있다. 현대에 이르러 샤 자한 모스크는 단순히 과거를 상기시키는 공간을 넘어 새로운 사회적 가치를 창출하는 장소로 진화했다. 2015년, 샤 자한 모스크와 유사한 무굴 양식으로 설계된 인도 출신 영국군 전사자 매장지가 '평화공원'으로 재개장된 것이 그 예이다. 이곳은 제1, 2차 세계대전에서 희생된 무슬림 군인들을 추모하며, 과거 제국주의적 전쟁의 기억을 현대적 관점에서 재조명하는 상징적 장소로 자리잡았다. 이전까지 단순한

평화 공원.

매장지였던 이곳은 이제 무슬림 공동체의 역사적 기여와 집단적 정체성을 기리는 공간으로 기능한다. 특히 기존 27개의 무덤을 상징하는 27그루의 히말라야 나무를 심는 방식으로 과거와 현재를 잇는 상징적 의미를 더했다. 또한 영국군, 서리(Surrey) 의회, 샤 자한 모스크, 오만 정부 등의 다각적인 후원은 이 공간이 단순한 무슬림 추모지가 아니라 서로 다른 종교·문화 간 대화와 상호 이해를 증진하는 개방적이고 포용적인 공간이자 문화적, 역사적, 그리고 공동체적 가치를 아우르는 다층적 공간임을 입증한다. 같은 해 11월 공작을 비롯한 여러 이맘, 역사가, 군인들이 참석한 공식 개원식은 이 장소가 지닌 역사적 의미와 현대적 가치가 조화롭게 공존하는 순간을 상징적으로 드러냈다.

또한 2018년에는 샤 자한 모스크가 영국 문화재 보호 체계에서 이슬람 예배 시설 최초로 최고 등급인 Grade 1 보호 건물로 지정되었다. 잉글랜드와 웨일스의 건축 문화재 보호 등급 중 Grade 1은 버킹엄 궁전(Buckingham Palace)이나 브라이턴 파빌리온(Brighton Pavilion)과 같이 탁월한 역사적, 건축적 가치를 지닌 건축물에만 부여되는 최상위 등급이다. 샤 자한 모스크가 이 등급을 획득했다는 것은 보존의 중요도가 최고 수준으로 분류되었음을 의미하는데, 이는 유지·보수에도 엄격한 심의와 승인이 수반되어야 한다는 뜻이다. 샤 자한 모스크의 Grade 1 지정은 단순한 행정적 등급 상승을 넘어 영국 사회의 집단 기억이 재구성되고 문화적 정체성이 재정의되는 주요 전환점이었다. 영국을 대표하는 버킹엄 궁전이나 브라이턴 파빌리온과 동등한 역사적 위상을 부여받음으로써 집단의 기억과 영국의 다문화적 정체성이 형성되는 데 터닝 포인트가 된 것이다. 이는 영국의 문화적 기억이 단일한 정체성에서 벗어나 점차 다원화되고, 다양한 배경과 역사를 가진 공동체의 목소리가 통합되는 과정을 선명하게 드러내는 중요한 사례가 되었다.

　이처럼 샤 자한 모스크는 제국주의 시대와 후속적 기억이 어떻게 재구성되는지 탐구할 수 있는 좋은 사례이다. 식민지 지배라는 역사적 맥락 속에서 탄생한 종교적, 문화적 교류의 산물인 모스크가 탈 식민지화 이후 현대 영국 사회의 다문화 정체성 형성의 초석이 되고 과거의 유산을 새로운 의미로 재구성하는 살아 있는 증거로서 기능하는 모습을 보여주기 때문이다. 이는 제국주의의 흔적이 단순한 과거의 유물로 남는 것이 아니라, 현대에 이르러 사회적 통합과 문화적 화합에 기여하는 매개체로 재탄생될 수 있음을 보여주는 사례로, 샤 자한 모스크는 역사적 유산이 현대적 맥락에서 어떻게 재해석될 수 있는지를 잘 증명한다.

샤 자한 모스크: 살아 있는 기억의 상징

　샤 자한 모스크는 단순한 종교시설을 넘어, 영국의 과거와 현대를 아우르는 다층적 기억의 장소로 확고히 자리잡고 있다. 이 모스크는 빅토리아 시대 영국-인도 문화 교류를 보여주는 상징물이며, 식민시대 지배국에서 나타난 제국주의적 주종 권력관계의 표상이자, 동시에 영국 무슬림 공동체의 정착과 진화를 통해 현대 다문화사회로의 변화를 보여주는 살아 있는 증거이기도 하다.
　건축사적으로, 샤 자한 모스크는 영국에서 정통 이슬람 건축 양식을 도입한 최초의 모스크로, 이슬람 문화를 영국 사회에 물리적으로 각인시키는 역할을 했다. 이 공간은 무슬림 공동체의 집단적 정체성 형성과 사회적 연대를 강화하는 중심지로서 종교적 의례뿐 아니라 지역 사회를 위한 공공시설로도 기능해 그 역할을 확장했다. 특히, 코로나19 동안 지역 사회 전체를 지원하는 비종교적 활동을 수행하며 공공시설의 역할도 톡톡히 해냈다. 덕분에 샤 자한 모스크는 단순한 종교시설 이상의 의미를 지닌 존재로 자리매김하게 되었다.
　오늘날 샤 자한 모스크는 영국 내 무슬림 공동체와 현대 다문화사회를 연결하는 중요한 매개체다. 과거 식민지의 일부였던 무슬림 공동체가 현대 영국 사회의 일부로 통합되는 과정을 상징하며, 과거 제국주의의 유산이 영국의 다문화적 정체성으로 변형되는 과정을 물리적으로 보여준다. 이 모스크는 무슬림 공동체 내에서 종교적 정체성과 연대감을 강화하는 역할을 수행하며, 집단 기억의 재생산이 이루어지는 장소인 동시에 비무슬림들에게도 개방되어 종교 간 대화와 상호 이해를 촉진하는 공간으로도 기능하고 있다.

결론적으로 샤 자한 모스크는 영국의 식민주의의 역사, 탈식민지화 과정, 그리고 현대 다문화사회로의 전환을 아우르는 복합적인 공간이다. 이 모스크는 과거의 기억을 보존하고 과거와 현재를 연결하며, 이를 재해석하여 영국 사회의 정체성과 다문화사회를 구성하는 핵심적인 문화유산이다. 역사적, 문화적, 사회적 의미가 중첩된 이 공간은 끊임없이 새로운 의미를 생성하고 재해석되는 살아 있는 기억의 장소로 기능하고 있다.

파리 대모스크

무슬림 병사 '추모 공간'에서
프랑스 국민 모두의 '화합 공간'으로

박단

프랑스와 이슬람

파리 센강 좌안 중심부에 위치한 팡테옹(Panthéon)과 국립자연사박물관(Musée national d'histoire naturelle) 옆에 '파리 대모스크(La Grande Mosquée de Paris)'라고 불리는 커다란 이슬람 사원이 자리 잡고 있다. 현재 프랑스 전국에는 2,000여 개의 이슬람 사원이, 파리에는 20여 개의 이슬람 사원이 있는데, 파리 한복판이라고 할 수 있는 5구에 위치한 이 대모스크는 15세기 말 알 안달루스의 몰락 이후 서유럽의 첫 번째 모스크로 프랑스에서 가장 오래된, 프랑스를 대표하는 이슬람 사원이기도 하다.

'교회의 맏딸'로 불리는 프랑스에, 그것도 수도 한복판에 왜 이슬람 사원이 설립되었을까? 사실 프랑스는 알제리를 정복한 1830년 이후부터 이미 이슬람과 떼려야 뗄 수 없는 관계가 되었다고 할 수 있다. 그 이전까지 프랑스는 732년 푸아티에 전투, 프랑수아 1세 시기 오스만 튀르크와의 우호적 외교 관계, 그리고 1798년 나폴레옹 보나파르트 장군의 이집트 원정 등으로 이슬람과 역사적으로 비교적 밀접한 관계를 맺고 있었다. 하지만 오랫동안 이슬람 세력이 지배하고 있던 지중해 건너편 '알제리'를 정복하고 식민 통치하면서 이슬람과 우호적 관계를 지속하기는 쉽지 않은 상황이 되었다.

프랑스대혁명 이후 프랑스는 공화국 정신에 따라 식민지인들의 동화정책을 적극 추진했다. 여기서 '동화'라고 하는 것은 사실상 무슬림을 기독교인으로 개종시키는 것과 같았는데, 이슬람을 믿는 알제리 식민지인들을 '프랑스인'으로 완전히 동화시키는 일은 절대 쉽지 않았다. 게다가 제3공화국(1870~1940) 시기, 프랑스 정부는 가톨릭 교권주의와 왕당파의 영향력을 차단하고 공화국의 정체성을 지켜내기 위해 정교분리 정책을 강화했다. 마침내 집권한 급진공화파는 '1905년 정교 분리법'을 통하여 가톨릭을 정치에서 완전하게 분리하는 데 성공했다. 하지만 이 정책은 식민지 알제리에는 동일하게 적용되지 않았다. 오히려 프랑스 정부는 알제리의 무슬림을 통제하기 위해 정교분리 정책을 유예했다. 알제리의 무슬림들은 프랑스 본토와 마찬가지로 엄격한 정교분리 정책이 시행되기를 원했지만, 프랑스 정부는 그렇게 하지 않았다.

이러한 상황에서 제1차 세계대전 후 프랑스 정부는 정교분리 정책을 '위반'했다는 비판을 감수하면서까지 전쟁 중 프랑스를 위해 헌

파리 대모스크 전경.

신한 무슬림 식민지 병사들을 위해 파리 한복판에 대모스크를 건립했다. 이 모스크는 정말 식민지 병사들을 추모하고 프랑스에 거주하는 무슬림의 신앙 활동을 돕기 위해 건립된 것일까? 즉 프랑스 내 무슬림을 위한 공간이었을까?

이렇게 건립된 파리 대모스크는 제2차 세계대전 중에는 유대인의 피신처 역할을 했다는 '신화'를 갖고 있다. 통상 그리 우호적이지 않은 무슬림과 유대인의 관계를 고려할 때 역사적 사실이냐 신화냐, 라는 논쟁이 있지만, 그 수가 적으냐 많으냐의 문제이지 실제 파리 대모스크가 유사한 역할을 한 것은 확실해 보인다. 이를 통해 파리 대모스크가 오직 무슬림만을 위한 배타적 공간이 아니었음을 알 수 있다.

1973년 제4차 중동전쟁 이후 프랑스의 '가족 재결합 정책'으로 인해 프랑스에서 '이슬람'과 '이민' 문제는 커다란 사회적 이슈가 되었고, 프랑스에서는 그 어느 때보다 반이슬람 정서가 크게 확산되었다. 이러한 정황에서 무슬림 여학생들의 히잡 착용 문제, 이라크 테러 단체에 억류된 프랑스 기자들의 인질 석방 문제 등과 관련하여 파리 대모스크가 '프랑스의 이슬람', '공화국의 이슬람'으로서 프랑스 정부의 입장과 궤를 같이했다는 점은 분명 대모스크가 더 이상 무슬림만을 위한 배타적 종교 공간이 아니라는 점을 보여준다.

이 같은 맥락에서 보면 1926년에 건립된 파리 대모스크는 시기마다 서로 다른 기억을 보유하고 있다고 할 수 있다. 한때는 프랑스에 헌신한 무슬림 식민지 병사를 추모하는 공간으로, 또 다른 때에는 위기에 처한 유대인의 은신처로, 그리고 오늘날에는 이슬람 원리주의에 맞서 '프랑스 공화국'을 대변하는 공간으로 말이다. 즉, 파리 대모스크는 단지 무슬림만을 위한 예배 공간으로서의 기능보다는 어려울 때 급진주의에 맞서 주류 프랑스인들과도 함께하는 공간으로 안착한 모습이다. 이 글에서는 파리 대모스크 설립 이후 100년 동안 그것이 프랑스인들에게 어떤 '기억의 장소'로 인식되고 각인되었는지, 그리고 향후 어떤 '기억의 장소'로 남을 것인지 100년의 역사를 되짚어보고자 한다.

파리 대모스크, 무슬림 병사의 추모 공간

　프랑스 정부는 파리 대모스크 설립의 대의명분을 '전쟁 중 희생된 무슬림 병사를 추모'하기 위해서라고 강조했지만, 실제로는 프랑스에 체류 중인 식민지인들을 통제하려는 목적도 있었다는 것이 일반적인 평가이다. 따라서 우리는 이러한 점을 염두에 두면서 파리 대모스크가 건립 전후 프랑스인들에게 어떤 장소로 기억되었는지 설립 동기와 과정을 중심으로 살펴볼 필요가 있다.

　파리 대모스크 설립은 그 자체로서 많은 논란과 함께 유무형의 기억을 담고 있다. 그 가운데 프랑스인들에게 가장 깊은 인상을 남긴 것은 무슬림 식민지 병사의 희생과 이들에 대한 프랑스 정부 차원의 추모 의무였다. 제1차 세계대전 동안 프랑스 식민지 병사로 알제리인을 포함한 무슬림 병사가 약 30만 명 참전했고, 그 가운데 약 3만 6천 명이 전사했다.[1)]

　무슬림 병사들의 희생은 프랑스인들에게 상당한 감동을 불러일으켰다. 이는 1922년 파리 대모스크 기공식에서도 다양한 애도의 표현으로 나타났다. 이 행사에서 한 파리 시의원은 1914년 전쟁이 발발했을 때, 프랑스인들이 아프리카 무슬림 병사들이 위험에 처해 있는 프랑스의 요청에 어떻게 반응했는지 잘 알고 있다고 말하며, 충성과 헌신을 보여준 '아프리카 형제들'에게 진심 어린 감사의 마음을 표현했다. 그는 문명을 수호하고 프랑스를 위해 죽은 무슬림 병사들을 기념하기 위해 프랑스가 팡테옹 옆에 대모스크를 설립하게 되었다는 점을 강조하였다.

정부 관료들 또한 전선에서 사라져간 무슬림 병사들을 향해 다양한 찬사를 쏟아내었다. 그런데 여기에는 북아프리카 출신이나 흑인 병사의 구분은 따로 없었다. 오직 무슬림 병사에 대한 찬사만 있었을 뿐이다. 전쟁 기간 중 전쟁부 장관(1916~1917)이었고, 기공식 당시 모로코 총독이었던 리요테(le Maréchal Hubert Lyautey) 원수는 모스크의 초석을 놓으며 다음과 같이 말하였다.

"미나렛(Minaret)이 도시의 옥상 위로 솟아오를 때, 일 드 프랑스의 아름다운 하늘에 있는 또 다른 예배의 상징, 즉 노트르담 성당의 가톨릭 양식 탑들은 절대 질투하지 않을 것입니다. 미나렛을 보는 모든 프랑스인은 […] 아르투아와 샹파뉴 지방에 위치한 샤를루아(Charleroi)와 몽드망(Mondement)의 아프리카 대대, 베르덩의 챙 없는 모자(chéchia)를 쓴 용감한 병사들, 이제르강의 세네갈 병사들, 플랑드르 간척지의 모로코 병사들을 떠올릴 것입니다. […] 전투 중 포화의 한가운데서 알라에게 감사드리기 위해 잠시 멈춰 선, […] 영광스럽고 위대한 신앙인들 말입니다."[2]

하지만 이들 추모를 위한 모스크 설립이 일사천리로 이루어진 것은 아니었다. 이와 같은 우호적 분위기에도 불구하고, 파리시와 프랑스 정부가 주도하는 모스크 설립은 20세기 들어 프랑스 정부가 가장 강력하게 추구했던 '정교 분리법'(1905) 문제로 커다란 논란이 되었다. 즉, 대모스크 설립이 '1905년 법' 제2조인 '국가나 지방자치단체가 특정 종교에 재정 지원할 수 없다.'는 규정을 위배하지 않는가, 하는 점이

제1차 세계대전에 참전한 세네갈 병사.

논란의 핵심이었다. 당시 집권 세력은 논란이 된 '1905년 법'을 어떻게 피해갈 수 있었을까?

프랑스 정치인들의 찬사 속에 기공식을 마친 파리 대모스크는 '1905년 정교 분리법'의 엄격한 적용을 일부 완화한 '1907년 법'의 적용 대상이 되기 위해 단순한 예배 공간을 넘어서는 복합 문화시설(complex)이 되도록 했다. 즉 이슬람 사원이라는 종교적 기능 외에 도서관, 회의실, 카페-레스토랑, 터키식 목욕탕, 골동품 상점, 건강진료소 등을 포함하여 설계했고, 일부 시설은 파리 시민 모두에게 개방하였다. 프랑스 정부는 '종교단체가 문화단체 형태로 존속할 때 정부의 예산지원을 받을 수 있다.'는 1901년 법과 1907년 법을 이용하였다. 파리 대모스크는 단순한 이슬람 사원이 아닌 무슬림연구소를 포함한 문화복합시설로 설립됨으로써 결국 정부의 재정지원을 받는 문화 결사(l'association culturelle)가 될 수 있었다. 파리 대모스크는 단순히 예배 공간이라기보다는 학습의 장소이자 문화시설의 역할을 했기에 그곳에서 제공하는 공공서비스에 '1905년 법'의 예외 조항 적용이 가능했던 것이다.

프랑스 국민이 자신들을 위해 희생한 식민지 무슬림 병사들의 헌신에 감사하기 위해 모스크 건립을 추진한 것은 사실이지만, 과연 이것만이 유일한 건립 동기였을까? 파리 대모스크 건립은 비단 프랑스 정부만의 숙원이 아니었다. 모스크의 축성식에 참석한 모로코 술탄 물라이 유세프(Moulay Yusef ben Hassan, 1882~1927) 역시 대모스크의 건립을 크게 환영했다. 그는 1926년 축성식을 위해 프랑스를 방문하여 프랑스 본국, 그리고 식민지에서 온 해외 귀빈들, 프랑스 국민을 향해 프랑스가 모로코 국민과 무슬림들에게 보여준 호의에 진심으로 감사를 표했다. 그는 프랑스가 이 모스크를 건립함으로써 이슬람과 프랑스의 가치가 양립할 수 있음을 세상에 보여주었다는 메시지를 전달했다. 게다가 모스크 건립은 파리에 거주하거나 파리를 방문하는 모든 이슬람 신자에게 정신적, 물질적 도움을 줄 수 있기에 더욱 그 가치가 크다고 보는 것이 상식적이다.

하지만 프랑스 정부는 이 외에도 대모스크를 통해 북아프리카의 반식민 활동을 감시하고 통제하면서, 무슬림들을 한곳으로 모아 훨씬 수월하게 식민지인들을 관리하고자 하는 의도를 갖고 있었다. 이 때문에 무슬림들은 모스크가 처음 설립될 때부터 식민주의와 프랑스가 깊이 연결되었다는 점에서 모스크의 정통성에 의문을 가졌다. 많은 무슬림이 파리 대모스크를 진정한 공동체의 공간이나 예배 장소로 보기보다는 식민지 종속의 상징으로 인식하여 의심의 눈초리로 바라보았던 것도 한편으로는 당연했다. 즉, 무슬림의 정체성과 독립성을 진정으로 대표할 수 있는지에 대해서 적지 않은 사람이 의구심을 표한 것이다. 이러한 인식으로 파리 대모스크는 프랑스 거주 무슬림 공동체 내에서 성소로 완전히 받아들여지지 못하였다.

결과적으로 이 모스크는 정통성과 공동체 내의 위치에 대해 논란의 여지를 제공했다. 사실 프랑스는 표면적으로는 식민지 출신 이민자들을 포용하는 정책을 내세웠지만 그 이면에 다른 생각을 품고 있었던 것으로 보인다. 무슬림들은 자신이 프랑스의 일반 국민처럼 대우받으며 생활하기를 바랐지만, 프랑스 정부는 그들이 이슬람의 테두리 안에서만 생활하도록 강제했다고 볼 수 있다.[3]

프랑스 정부가 파리 대모스크를 설립한 배경을 단순히 전쟁 중 희생된 무슬림 병사의 공헌을 기리거나 식민지 무슬림을 통제하기 위한 방안으로만 해석할 수는 없다. 무엇보다도 프랑스의 핵심 목표는 식민지 유지와 국제 정치에서 열강으로서의 지위를 공고히 하는 것이었다. 제1차 세계대전 이후 프랑스는 식민지 지배를 더욱 확고히 할 필요가 있었다.

전쟁 당시 프랑스를 포함한 연합국과 독일 주도의 동맹국은 메나

(MENA, 중동 및 북아프리카) 지역의 무슬림을 자기편으로 끌어들이고자 치열하게 경쟁했다. 독일은 전 세계 무슬림의 상징적 수장인 오스만 제국의 칼리프를 이용하여 지하드를 선동하고자 오스만 튀르크를 동맹국으로 끌어들였다. 한편 영국은 오스만 제국 지배하에 있던 아랍인을 이용하고자 메카의 샤리프 후세인(Hussein bin Ali al-Hashimi, 1854~1931)을 회유하였다. 이러한 유럽 정세 속에서 독일뿐 아니라 영국과도 물 밑 경쟁을 벌이던 프랑스는 북아프리카 제국의 유지와 발전을 위하여 식민지 무슬림들과 우호적 관계를 맺는 데 신경을 쓰지 않을 수 없었다. 이처럼 무슬림을 둘러싼 급변하는 외부 정세가 파리에 대모스크를 세운 또 하나의 배경이 되었다고 할 수 있다.

나치 점령 시기 파리 대모스크의 유대인 구출, 역사인가 신화인가?

제1차 세계대전 이후 여러 논란 속에 세워진 파리 대모스크는 제2차 세계대전 동안 무슬림들의 예배 공간으로만 운용되지 않았다. 오늘날 파리 대모스크는 창립 주도자 가운데 한 명인 시 카두르 뱅가브리트(Si Kaddour Benghabrit)의 주도로 나치의 통치에 저항한 장소로도 기억된다. 이 공간은 적게는 100명, 많게는 1,500명의 유대인 및 레지스탕스 대원들을 구출해냈다는 신화를 품고 있다. 이 같은 사실은 역사적으로 명확하게 검증되지는 않았으나, 파리 대모스크를 둘러싼 중요한 '기억' 가운데 하나로 존재한다.

유대인의 피난처 역할을 한 것으로 알려진 파리 대모스크를 그 책임자 뱅가브리트와 떼어놓고 이야기하기는 어렵다. 파리 대모스크 설립의 주도적 인물이자 초기부터 모스크를 실질적으로 운용해온 카두르 뱅가브리트(1868~1954) 사무총장(recteur)은 제2차 세계대전 당시 북아프리카 출신 유대인들과 레지스탕스 대원들을 구출하는 데 주도적 역할을 한 것으로 알려져 있다.

알제리에서 태어나 모로코 국적과 프랑스 국적을 함께 보유한 뱅가브리트는 신학자이자 보호령 모로코와 프랑스의 외교관이었다. 그는 앞서 설명한 대로 파리 대모스크와 무슬림연구소를 설립함으로써 프랑스에서 가장 중요하고 유명한 무슬림이자 유럽 전체를 통틀어 가장 영향력 있는 아랍인 가운데 한 명으로 위상을 높였다. 그런 연유로 뱅가브리트 사무총장은 1926년 프랑스 대통령 가스통 두메르그(Gaston Doumergue, 1863~1937)가 참석한 가운데 파리 대모스크에서 올린 첫 번째 예배를 주재하기도 했다.

하지만 그가 오늘날 파리 대모스크와 관련해 중요한 인물이면서도 논쟁적 인물로 회자되는 데에는 또 다른 이유가 있다. 바로 나치 점령 당시 유대인 및 레지스탕스 대원들의 구출과 관련해 그가 벌인 행동 때문이었다. 1940년 독일군이 프랑스를 침공했을 때 대부분의 프랑스인과 마찬가지로 북아프리카와 파리의 많은 아랍인이 반유대주의적인 비시정부 및 독일 당국에 일부 협력했다는 것은 잘 알려진 사실이다. 반면 당시 상당수 카빌리아(Kabylia) 출신 알제리인이 프랑스 레지스탕스에 합류해, 파리 대모스크의 지하실에서 비밀리에 진행되었던 반파시스트 작전에 참여했다는 사실, 그리고 뱅가브리트 덕분에 이들 저항군이 유대인과 자신들의 동료들을 자유롭게 모스크에 데려와 안전한 피난처로 삼을 수 있었다는 사실은 잘 알려지지 않았다.

1941년 5월부터 외국 국적을 가진 유대인 남성들이 체포되기 시작했고, 이후 여성과 프랑스 국적 유대인들로 체포 대상이 확대되었다. 나치 점령하의 프랑스에서는 이러한 박해가 비점령 지역으로까지 확산되었다. 이 시기에 파리 대모스크의 이맘 시 카델 뱅가브리트는 체포당할 위험에 처한 유대인들을 위해 세 가지 구출 작전을 전개했다. 첫째, 유럽과 알제리 유대인들에게 무슬림 가정이 거주하는 아파트에 피난처를 제공하고, 둘째, 이들이 유대인이 아닌 무슬림임을 증명하기 위해 위조 신분증을 만들어주었다. 이렇게 북아프리카 출신 유대인들에게 무슬림 신분증을 주는 것이 가능했던 것은 이들이 흔히 북아프리카 기원의 성을 가지고 있었다는 점과 아랍어를 구사할 수 있었기 때문이었다. 실제로 비시정부의 경찰과 독일 점령군은 이들을 식별하는 데 커다란 어려움을 겪은 것으로 알려졌다. 마지막으로 그는 모스크 아래의 지하실과 터널을 탈출로로 활용했다. 모스크에 숨어 있던 유대인들은 모스크 아래의 하수구와 터널을 기어가거나 땅을 파서 카빌리아인들이 운영하는 빈 와인 바지선과 배가 밀반출을 위해 대기하고 있는 센 강변으로 향할 수 있었다.

파리 대모스크의 '저항'에 대한 소문이 퍼지면서 뱅가브리트는 게슈타포에 의해 여러 차례 심문을 받았지만 독일군 상급 지휘부는 매번 그를 석방하라고 명령했다. 이는 독일군이 북아프리카에서 알제리인의 폭동이나 파리의 무슬림 폭동 위험을 무릅쓰고 북아프리카를 점령할 수는 없었기 때문이다.

유대인 문제와 관련하여 가장 널리 회자되는 것은 아마도 1942년 7월 16일 경찰의 급습으로 파리에서 4,000명의 어린이를 포함한 13,000명의 유대인이 체포된 '벨디브의 일제 검거(rafle du Vél'd'Hiv)' 사건 후 그가 쓴 글일 것이다. 이 글은 다음 날 파리의 이민자 숙소 곳곳에서 읽을 수 있었다고 전해진다.

"어제 새벽, 파리의 유대인들이 체포되었습니다. 노인, 여성, 아이들까지. 우리는 같은 망명자이자 같은 노동자이며, 이들은 우리의 형제이기도 합니다. 그들의 아이들은 우리 아이들과 같습니다. 이들 가운데 누군가를 만난 사람은, 불행이나 슬픔이 지속되는 한 그 자녀에게 쉼터와 보호를 제공해야 합니다."[4]

파리 대모스크의 유대인 구출 신화는 영화로도 제작되었다. 2011년 9월 28일에 개봉한 이스마엘 페루키(Ismaël Ferroukhi) 감독의 영화 〈자유로운 사람들(Les hommes libres)〉이 그것이다. 이 영화에서 앞서 언급한 뱅가브리트와 파리 대모스크의 유대인 구출 모습이 매우 사실적으로 그려진 덕에 그가 유대인과 레지스탕스 운동가들을 도운 구체적인 사례를 볼 수 있다.[5] 그중 뱅가브리트가 유대인 어린이를 구하는 모습은 가히 인류애적 본보기로 제시된다. 뱅가브리트는 부모가 체포된 후 파리 대모스크에 유대인 어린이 두 명이 오게 되자, 그 위험성을 이야기하는 모스크 직원에게 이들을 보호할 것을 지시하며, "이 아이들은 우리의 아이들입니다!"라고 말한다. 이 얼마나 감동적인가?

알제리 출신의 베르베르계 유대인으로, 북아프리카 노래의 인기

가수였던 살림 할랄리(Salim Halali)는 나치 점령기 프랑스에서 체포 위기에 놓였다. 영화에 묘사된 바에 따르면, 살림 할랄리는 무슬림으로 위장했지만 나치의 의심을 완전히 피하기는 어려웠고 결국 나치 당국에 의해 체포된다. 이때 뱅가브리트는 살림 할랄리의 아버지가 파리 북쪽에 위치한 보비니(Bobigny) 무슬림 공동묘지에 묻혀 있다며 할랄리의 아버지 성이 새겨진 비석을 가짜로 세워 나치의 의심을 피해 가게 하는 기지를 발휘했다. 덕분에 그는 목숨을 건질 수 있었다. 이처럼, 나치의 프랑스 점령 당시 뱅가브리트는 모스크의 행정 직원이 북아프리카계 유대인들에게 무슬림 신분증을 발급해 체포와 추방을 피할 수 있게 함으로써 살림 할랄리를 비롯한 100여 명의 유대인의 생명을 구한 것으로 알려졌다.

하지만 이러한 영화 속 이야기에서 '출처'가 명확하지 않다는 것이 문제였다. 증거라고는 살림 할랄리 본인의 증언이 전부였기에 진술의 신빙성을 의심받을 수밖에 없었다. 예를 들어, 영화는 살림 할랄리가 나치가 자행한 유대인 학살의 심각성을 깨닫지 못하고 노래만 부르는 무심한 인물로 묘사한다. 또한 살림 할랄리의 여동생 베르트(Berthe Valaix)는 1943년 드랑시(Drancy)에 수용되었으며, 같은 해 아우슈비츠로 이송되어 사망한다. 만약 영화 속 모스크의 전략이 실제로 사용되었다면, 그녀의 생명을 충분히 구할 수도 있었을 것 아닌가? 하지만 그녀는 결국 희생되었기에 파리 대모스크가 실제로 얼마나 많은 유대인을 보호했는지에 대한 의구심이 생길 수밖에 없는 것이다. 게다가 영화 시나리오가 주인공 가족의 운명에 대해 언급하지 않는 점 또한 대중의 의문을 증폭시키는 결과를 가져왔다.

할랄리는 자신이 축구 경기장에서 체포되어 아우슈비츠 비르케나우(Auschwitz Birkenau)로 이송되었다고 주장하지만 정확한 날짜를 기억하지도 못한다. 그는 그곳에서 마리아 칼라스(Maria Callas)와 시몬느 베유(Simone Veil)를 만났다고 주장하고, 에른 프레이어(Ern Frayer)라는 독일 장교에 의해 구출되었다고도 주장하는데, 이 장교가 파리에서 그를 구했는지, 체포 후인지, 아니면 아우슈비츠에서 구한 것인지도 분명하지 않다. 이 장교의 존재에 대한 다수의 언급은 할랄리가 노후에 거주하던 장기 요양 센터의 직원들에 의해 전해졌을 뿐이다. 마침내 2002년, 할랄리가 고령에 접어들면서 일부 심리적 문제로 인해 진술의 신빙성을 확증할 수 없다는 결론이 내려졌다. 시몬느 베유 또한 할랄리가 자신을 만났다는 에피소드를 명백히 부인했다.

하지만, 영화의 서사가 완전히 창작된 것은 아니다. 1940년 9월 24일, 비시정부의 외교부 기록에 따르면 "점령군 당국은 파리 대모스크 직원들이 유대인들에게 이들이 무슬림이라는 신분증을 부정하게 발급하고 있다고 의심한다. 당국은 이맘에게 이러한 행위를 중단하라고 엄중히 경고했다. 실제로 많은 유대인이 자신들의 정체성을 숨기기 위해 갖가지 술수를 쓰고 있다."고 적혀 있다. 즉, 파리 대모스크가 실제로 유대인들을 보호하려 했다는 점은 역사적 기록으로 확인된다. 그러나 살림 할랄리의 개인적인 구출 과정이 정확히 그와 일치하는지는 불분명하다.

심지어 이러한 '신화'는 일부 다큐멘터리로 제작되어 훨씬 더 구체적인 내용을 생산해내기도 했지만 계속해서 논쟁의 대상이 되었다. 파리 대모스크의 유대인 구출과 관련하여 영화 제작자 데리 베르카니

영화 자유로운 사람들의 한 장면(이맘 뱅가브리트와 독일군 장교).

(Derri Berkani)는 영화 〈자유로운 사람들〉이 개봉되기 이전인 1991년 프랑스 3(France 3) 방송의 29분짜리 다큐멘터리 〈파리 모스크, 망각된 저항(La Mosquée de Paris, une résistance oubliée)〉을 방영했다. 여기에서는 주로 공산주의자와 노동자로 구성된 알제리 저항군(Francs-tireurs et partisans, FTP)이 유대인들을 보호하기 위해 이들을 파리 대모스크로 데려왔다는 주장이 전개되었다. 알제리 저항군의 임무는 영국인 낙하산 부대원들을 구출하고 보호하며 피난처를 찾아주는 것이었는데, 이들은 자신들이 아는 유대인 가족이나 지인의 요청에 따라 자유 지대로 가거나 지중해를 건너 마그레브로 가기 위해 서류를 준비하는 동안 이들을 파리 대모스크에서 보호하는 방식으로 도움을 주었다는 것이다.

또 다른 '기억'이 있다. 무슬림 친구와 함께 독일의 포로수용소에서 탈출한 북아프리카 유대인 알베르 아술린(Albert Assouline)은 신분증이 없는 상태로 파리에 도착했다. 그런데도 파리 대모스크는 그와 그의 친구를 환영했다. 지하실에 숨어 지내는 동안 아술린은 다른 많은 유대인이 숨어 있는 것을 보았다고 증언했다. 아이들은 무슬림 가족과 함께 근처 아파트에, 어른들은 지하실에 살고 있었다는 내용이었다.

북아프리카 유대인과 무슬림은 생김새가 비슷하고, 성이 비슷하며, 할례를 받았고, 또 아랍어를 사용하기 때문에 가짜 무슬림 신분증을 가지고 위장할 수 있었다. 전쟁이 끝난 후 아술린은 1,600명의 유대인이 모스크의 지하를 통과해 어두운 미로 같은 터널로 내려가는 것을 목격했다고 진술했다. 그러고는 센강의 와인 시장(les Halles aux Vins)에서 대기 중인 배에 올라 마그레브와 스페인으로 안전하게 이동했다는 것이다. 카빌리아인 뱃사공들은 유대인 난민 외에도 프랑스 레지스탕스와 알제리의 자유 프랑스군 사이에 메시지를 전달하는 역할을 했다.

흥미로운 것은 이 기간 파리 대모스크가 보호하고 구한 유대인의 수가 증언에 따라 천차만별이라는 점이다. 유대인과 무슬림 여성들로 구성된 '상호공동체 조화를 위해 헌신하는 협회'인 평화구축협회(l'Association des Bâtisseuses de Paix) 회장 아니-폴 데르크잔스키(Annie-Paule Derczansky)는 "베르카니의 영화에서 증언한 알베르 아술린에 따르면 1,600명이 구출되었다고 하는데, 프랑스 내무부의 전 종교 담당 책임자였던 알랭 부아이에(Alain Boyer)에 따르면 그 수치는 500명 정도였다."고 이야기한다. 이처럼 일부 사람들은 아술린의 추정에 이의를 제기하며 최대 500명의 유대인이 뱅가브리트의 파리 대모스크를 통해 피난처를 얻고 안전한 통로를 제공받았다고 주장했다. 하지만 2000년대 파리 대모스크 사무총장을 지낸 달릴 부바쾨르(Dalil Boubakeur)는 그 수를 약 100명 정도로 추정했다가 후에 이마저도 공식적으로 인정하는 것을 유보했다.

한 이스라엘 학자는 이 이야기가 처음부터 끝까지 과장된 것이라고 주장했다. 사실 파리 대모스크가 구출한 유대인의 실제 숫자를 확인할 수 있는 자료는 많지 않다. 하지만 당대 신문, 일부 학자들의 연구, 전쟁이 끝난 후 모스크 지하실에 숨어 지냈다는 유대인들의 개인적인 증언 등이 이 숨겨진 역사, 불확실한 역사의 세부 사항을 뒷받침하고 있다.

프랑스 학술연구원(CNRS)의 연구원 장 랄룸(Jean Laloum)은 비시 정권 아래에서 유대인 문제를 다룬 「유대인 문제 총위원회 Commissariat général aux questions juives」라는 논문을 발표했다. "다른 자료에 비추어볼 때 뱅가브리트의 역할은 영화에 나타나는 것보다 더 모호해 보인다."는 것이 그의 최종 결론이다.

그럼에도 불구하고, 전쟁이 끝난 후 뱅가브리트는 레지옹 도뇌르 그랑 크루아(Grand-croix de la Légion d'honneur) 훈장을 받았다. 해방 후 할랄리는 유럽에서 가장 인기 있는 '아랍인' 가수가 되었으며, 그와 뱅가브리트는 이후에도 좋은 관계로 남았다. 뱅가브리트는 1954년에, 할랄리는 2005년에 각각 사망했다.

헝가리계 유대인으로 홀로코스트 생존자인 에바 비젤(Eva

Wiesel)은 〈뉴욕 타임스〉에서 이스라엘의 야드 바셈 기념관(le mémorial de Yad Vashem)이 오스카 쉰들러와 같은 뱅가브리트에게 '민족 중 의인(Righteous Among Nations)'이라는 명예를 부여하는 것이 쉽지 않았다고 지적했다. '민족 중 의인'이라는 칭호는 증거와 증언이 충분히 설득력을 확보할 경우에만 부여하기 때문이다. 야드 바셈 기념관의 '의인 위원회'가 이를 심사하며, 구출 상황과 성격을 자세히 조사했다고 볼 수 있다. 2005년 4월 3일 시작된 '호소문'에 따르면, 야드 바셈 기념관이 뱅가브리트의 후손에게 의인 메달을 수여하기 위해 1942년과 1944년 사이에 파리 대모스크에서 구출된 유대인 증인을 찾으려 했지만 성공하지 못했다.

달릴 부바쾨르 –파리 대모스크 이맘.

이슬람 극단주의 단체로부터
'프랑스 국민'을 구한 파리 대모스크

파리 대모스크는 제1차 세계대전 동안 희생된 식민지 무슬림 병사를 추모하는 공간에서 제2차 세계대전에는 '유대인의 피난처'로, 그리고 오늘날에는 '이슬람 테러 단체에 납치된 프랑스인 구출 공간', 극단주의 이슬람주의자들에 반대하는 온건 무슬림들의 공간으로 기억되고 있다.

파리 대모스크는 2000년대 들어와 이 모스크가 이슬람 극단주의 테러 단체를 상대로 프랑스 공화국을 대변하는 종교단체임을 분명히 했다. 2004년 파리 대모스크의 달릴 부바쾨르는 자신이 회장으로 있는 '프랑스 이슬람 위원회'(Le Conseil Français du Culte Musulman, CFCM)를 대표해서 프랑스 기자를 납치한 이라크의 이슬람 무장단체 '유일신과 성전'을 상대로 피랍자들을 구출하는 데 일조했다.

CFCM은 2004년 8월 이라크에서 프랑스 기자 두 명이 인질로 잡혀 있을 당시 이 사건에 개입하였다. 당시 프랑스의 기자 조르주 말브뤼노(Georges Malbrunot)와 크리스티앙 셰노(Christian Chesnot) 그리고 그들의 운전사이자 통역자인 시리아인 모하메드 알-준디(Mohammed al-Joundi)가 '유일신과 성전'에 의해 납치당하였는데, 당시 이 단체의 요구사항은 '프랑스 공립학교에서 히잡을 금지하는 법'(2004)을 제정하지 말라는 것이었다.

이처럼 프랑스 정부가 "공립학교 내 종교 상징물 착용 금지"에 관한 법을 제정하지 못하도록 이라크의 이슬람 무장단체는 프랑스 정부

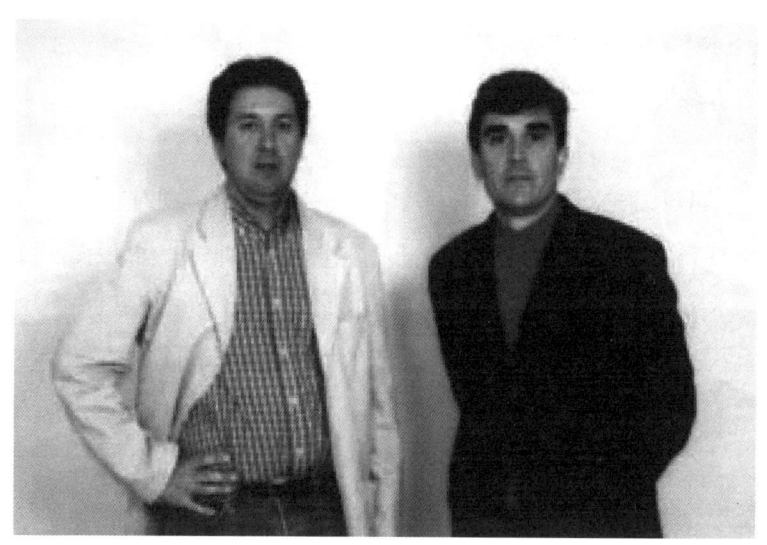
이라크 무장단체에 납치된 셰노와 말브뤼노.

를 협박했고, 이 협박은 약 400만 명에 달하는 프랑스 내 무슬림 공동체를 분열시킴으로써 CFCM의 지도력을 마비시키고, 공화국에 대한 무슬림 단체의 충성심에 의문을 제기할 수 있었다. 프랑스 정부 또한 정교분리 원칙과 맞물린 이 문제 때문에 매우 난감한 상황에 놓이게 되었다. 이 단체의 요구사항을 들어준다는 것은 곧 공화국 원칙의 후퇴를 의미하는 것이기 때문이다.

이때, 바로 파리 대모스크의 사무총장이자 이맘인 부바쾨르가 개입하였다. 부바쾨르는 이 문제가 온전히 프랑스 국내 문제이므로 인질 사건을 일으켜 해결할 수 있는 문제가 아니고, 폭력으로 쉽게 풀 수 없는 문제라는 논리로 테러리스트들을 설득했다. 결국, "알라와 꾸란의 이름으로 인질들을 석방하라!"는 CFCM의 요구에 따라 무장단체는 인질들을 안전하게 석방했다.

이 사례는 프랑스 이슬람의 유례없는 상징적 공헌으로 평가받았으며, CFCM은 여느 급진적 무슬림 단체와 달리 '프랑스의 (온건한) 무슬림' 단체임을 명확히 했다. 하지만 이러한 공헌이 처음부터 쉽게 이루어진 것은 아니다. CFCM보다 급진적인 '프랑스 이슬람 단체 연합'(UOIF)은 히잡 착용 금지법에 대해서 여전히 어린 소녀들이 원할 경우 '정숙한 머리덮개'를 착용할 수 있도록 해당 법을 광범위하게 해석하기를 원함으로써 부바쾨르 CFCM 회장의 권위에 도전했다.

그럼에도 불구하고, 이라크 이슬람 무장단체가 이 납치 사건을 자신들이 벌인 행위라고 주장한 데 대해 어떻게 대응할 것인가 하는 문제에 대해서는 UFIO도 CFCM의 입장에 마지못해 동조했다. 사건이 발생한 지 얼마 되지 않아 부바쾨르가 "프랑스의 무슬림 공동체를 이 끔찍한 협박으로 혼란스럽게 하지 말아달라."고 주장하자 곧이어 UOIF도 성명을 통해 "프랑스 이슬람과 공화국의 관계에 […] 간섭하는 외국 세력의 권리를 거부한다."는 입장을 표명했다.

일주일간의 위기 끝에 부바쾨르는 무슬림 공동체의 합법적인 지도자로 자리매김했고, CFCM은 프랑스 무슬림 공동체의 단합과 대표성을 보장받을 수 있게 되었다. UOIF 또한 '공화국의 깃발' 아래 있었다. 프랑스 무슬림들의 단합은 사건에 분명 영향을 미쳤고, 그들의 태도는 테러 단체의 요구를 결정적으로 바꾸어놓았다.

이처럼 프랑스 내 무슬림 단체 지도자들은 자신들이 공화국의 원칙에 충실한 무슬림임을 명확히 하고자 했다. 그들은 인질 석방 협상을 위해 이라크로 떠나기 전, 파리의 대모스크에서 기도하며 프랑스에 대한 충성을 공개적으로 표명했는데, 이는 프랑스 내 이슬람 공동체가 공화국 가치와 정체성을 수용하고 있다는 메시지를 강하게 전달하는 행보였다. 인질을 잡고 있는 이슬람 단체들이 석방을 조건으로 '라이시테 법(la loi sur laïcité) 철회'를 요구하자 프랑스 내 무슬림 지도자들은 이에 대해 "히잡을 착용하는 문제는 프랑스인들끼리의 문제(une question franco-français)"라고 하며 명확히 선을 그었다. 그들은 이라크에 가서도 "프랑스는 이슬람과 무슬림을 향해 적대적인 전쟁을 벌이고 있지 않다. 라이시테 법은 특정 종교 공동체에 대한 전쟁 선포가 아니다."라는 것을 상기시켰다. 이러한 입장은 부바쾨르의 입장과 맥을 같이한다고 볼 수 있다.

CFCM의 창립(2003년 4) 당시 위원장이 된 부바쾨르는 내부의 급진적 단체 UOIF와 달리 '종교적 상징물의 교내 착용 금지법'에도 찬성했으며, 인질 구출 작전에도 기꺼이 대표단을 파견하였다. 그는 이러한 것이 프랑스 내 무슬림의 통합을 용이하게 하고, 이슬람 혐오주의를 약화시킬 수 있는 지름길이라고 보았다. 하지만 CFCM의 이러한 행보는 프랑스 정부의 공식 입장을 대변하는 듯한 모습으로 보인다는 데 한계가 있었다.

결과적으로 이 사건은 파리 대모스크와 그 지도자들이 단순한 종교적 기관을 넘어서 국제적인 사안에도 적극적으로 기여할 수 있는 역량을 갖추었음을 보여주었다. 이는 한편으로 대모스크가 프랑스 내 이슬람 공동체의 대표로서만이 아니라 국제 사회에서도 중요한 역할을 할 수 있다는 것을 입증한 것이기도 하다. 이 사건은 이제 국제 사회가 직면한 여러 위기와 갈등을 해결하는 과정에서 다양한 사회 구성원과 국제적 연대가 어떻게 연대하고 기여할 수 있는지를 보여준 사례로 평가된다.

파리 대모스크에 대한 프랑스인들의 기억 변화

파리 대모스크에 대한 프랑스인들의 기억은 시대에 따라 변해왔다. 1920년대 초, 많은 프랑스인은 제1차 세계대전 동안 '조국 프랑스'를 위해 희생한 식민지 병사들을 추모하는 공간으로서 모스크 설립에 '동의'했다. 비록 그 이면에 식민지 무슬림을 더 효과적으로 통제하려는 의도나 다른 열강들과 이슬람 세계를 놓고 벌어지는 세력 다툼에서 우위를 점하려는 목적이 있었을지라도 모스크 설립의 주요 목적은 분명 무슬림 병사들을 기리기 위한 것이었다고 할 수 있다.

파리 대모스크가 나치 점령 시절 많은 사람에게 회자된 것은 '뜻밖의 사건' 때문이었다. 제2차 세계대전 당시, 나치의 반유대주의 정책은 점령된 파리에서도 예외가 아니었다. 1941년부터 본격적으로 시행된 유대인 체포 작전 속에서, 파리 대모스크가 유대인들을 구출했다는 기억은 오늘날 아랍인과 유대인 간의 갈등이 극에 달한 현대 프랑스에 신선한 충격을 줄 것이다. 이 기억은 영화와 다큐멘터리를 통해 확산되었고, 사실 여부를 둘러싼 논란에도 불구하고 여전히 많은 사람에게 영향을 미치고 있다.

또 다른 중요한 기억은 파리 대모스크가 극단주의 이슬람 세력에 비판적이었다는 점이다. 오랫동안 프랑스 공화국의 이념에 동조해온 모스크 책임자 부바쾨르는 프랑스가 인질 문제로 위기에 처했을 때

'프랑스의 이슬람'을 대표하여 인질을 구하는 데 큰 역할을 했다. 많은 프랑스인이 이 기억을 통해 파리 대모스크에 대해 긍정적인 평가를 내리게 되었다.

이 글을 쓰고 있는 2024년 현재만 해도 일부 프랑스인들에 의해 '이슬람'은 거의 공공의 적 수준에 도달한 것으로 보인다. 그러나 앞서 언급한 여러 사건을 상기해볼 때, 파리 대모스크는 설립 초기부터 2000년대 초까지 프랑스인들과 '함께 울고, 함께 웃었던' 장소로 기억될 것이다. 일반적으로 이슬람을 떠올리면 극단적 이슬람과 테러를 연상하는 현실 속에서, 파리 대모스크의 역사는 우리에게 '또 다른 기억의 장소'로 남을 가능성이 크다.

히잡

불편한 기억의 터

염운옥

히잡은 과거와 현재가 교차하는 기억의 터이다

현대 유럽 사회에서 히잡은 과거와 현재가 맞닿는 하나의 '기억의 터'다. 이 공간에는 세속주의, 공화주의, 자유주의, 나아가 식민주의와 페미니즘이 교차한다. 히잡을 포함해 무슬림 여성들이 착용하는 다양한 형태의 헤드 스카프와 의복은 유럽과 이슬람 사이의 역사 속에서 비롯된 갈등과 불편한 감정을 담고 있다. 포스트 식민 이주, 즉 유럽이 과거 식민지로 삼았던 지역 출신 이민자들이 건너와 정착한 역사까지 그 안에 얽혀 있다. 그래서 히잡은 단순히 입고 쓰는 물건이 아니다. 그것은 제국과 식민지, 기독교와 이슬람교, 문명과 야만 사이를 가로지르는 상징이다. 경계를 나누는 동시에 그 경계를 넘나드는 기호이기도 하다. 오늘날 유럽 사회에서 히잡은 이슬람 문화를 둘러싼 논쟁과 갈등의 중심에 놓여 있다. 베일을 쓴 무슬림 여성은 무슬림과 비무슬림 모두에게 실로 격한 감정적 반응을 불러일으킨다.

히잡을 둘러싼 논쟁, 더 넓게는 무슬림 여성의 복장에 관한 문제는 흔히 서구 매스미디어가 묘사하는 것처럼 단순하지 않다. '기독교 문명과 이슬람 문명의 충돌'이라는 이분법이나, '여성을 억압하는 야만적인 이슬람'이라는 도식으로 설명될 수 없는 지점이 있다. 이 문제의 핵심에는 백인 유럽인들, 특히 기독교적 배경을 지닌 이들이 구식민지 출신 무슬림 시민들을 향해 품고 있는 적대감이 놓여 있다. 이는 혐오의 말이나 행동으로 드러나기도 한다. 페미니스트 역사가 조앤 스콧(Joan Wallach Scott)은 이와 관련해 중요한 통찰을 제시한다. 그녀는 히잡이 프랑스에서 세속주의와 공화주의를 재정의하는 계기를 제공했으며, 동시에 식민주의와 탈식민주의, 식민주의와 젠더 문제를 연결하는 논의의 중심에 있다고 지적한다. 스콧에 따르면 히잡이 불편하게 느껴지는 이유는, 그것이 프랑스가 겪어온 식민주의의 과거를 떠오르게 만들기 때문이다. 그녀는 프랑스에서 제정한 히잡 금지법이 단순한 종교 문제를 넘어, 탈식민주의 이후 드러난 인종주의와 민족주의적 태도, 그리고 여성의 성을 통제하려는 시선이 뒤엉킨 결과라고 분석한다.[1]

이슬람포비아는 히잡과 관련된 역사적 기억 속에서 자라났고, 지금도 그 기억의 정치 속에서 작동하고 있다. 이 글에서는 영국 사례를 중심으로, 히잡이 어떻게 이슬람 혐오와 연결되는지 살펴보려고 한다. 문화연구자 사라 아메드(Sara Ahmed)는 『감정의 문화 정치*The Cultural Politics of Emotion*』에서 감정이 권력을 행사하는 수단이자 사회를 묶는 접착제 역할을 한다고 말한다.[2] 서구 사회에서는 얼굴을 드러내고 서로 눈을 마주 보며 대화하는 것이 '올바른' 의사소통 방식이라는 전제가 널리 받아들여진다. 이는 단순한 예의 차원이 아니라, 서구인들 내부에서 공유되는 규칙이며 감정이다. 서구인들이 니캅이나 부르카 같은 무슬림 여성의 베일에 불편함이나 거부감을 느끼는 이유는 여기에 있다. 얼굴을 가린 채 소통하는 방식, 그리고 그에 따른 문화적 거리감은 곧 '이민자가 통합되지 않으려 한다.'는 식의 해석으로 이어진다. 나와 다르다는 감정은 곧 불편함으로, 그리고 '혐오'로 번진다. 결국 유럽 사회에서 이슬람 혐오는 무슬림 여성의 몸과 복장을 통해 드러난다. 히잡은 단지 옷이 아니라, 테러 위협과 사회 안전, 이민자 통합, 그리고 다문화주의의 미래에 대한 논쟁이 벌어지는 상징적 공간이 되어 있다.

유럽의 히잡을 둘러싼 문제가 더욱 복잡해지는 까닭은, 이 사안이 단지 유럽 내부의 문제에 그치지 않기 때문이다. 지금 이 순간에도, 이란과 아프가니스탄처럼 비서구 국가에서 벌어지는 여성 인권 침해 사례가 서구 사회의 인식에 실시간으로 영향을 주고 있다. 이란에서는 히잡을 착용하기를 거부한 여성들이 거리로 나서고 있고, 종교 경찰은 이 시위를 강경하게 진압하고 있다. 사망자와 부상자도 계속해서 발생하고 있다. 탈레반이 재집권한 아프가니스탄에서 여성들은 부르카와 차도르를 다시 쓰도록 강요당하고 있다. 이처럼 이란과 아프가니스탄에서 여성 인권이 탄압받고 있는 현실은, 서구 사회의 이슬람포비아와 쉽게 연결된다. 히잡이 비서구 이슬람 사회에서 여성 억압의 상징으로 기능하고 있다는 인식은, 서구 사회에서 히잡을 둘러싼 논의가 제대로 이해되는 데 걸림돌이 된다. 진실은 흐려지고, 맥락은 왜곡된다. 사실 유럽의 무슬림 이민 사회에서 히잡을 쓰는 행위는, 비서구 이슬람 사회와는 전혀 다른 맥락에서 이해해야 한다. 하지만 국제 뉴스 지면을 채우는 이란과 아프가니스탄의 소식은, 서구 대중에게 히잡을 '여성을 억압하는 비문명적 상징'으로 각인시킨다. 그 결과, 유럽에서 히잡을 쓴 여성은 두 가지 이미지로 쉽게 고정된다. 하나는 구제되어야 할 불쌍한 희생자이고, 다른 하나는 서구 사회에 통합되기를 거부하는 부적응자. 히잡은 머리에 쓰는 천에 불과한 것이 아니다. 과거와 현재, 유럽과 비유럽, 유럽 정치와 국제 정치, 기독교 문명과 이슬람 문명 사이를 가로지르는 복잡한 상징이다. 이제 우리는 이 사물에 담긴 여러 겹의 의미를 들여다보려 한다.

잭 스트로 발언과 히잡 논쟁

무슬림 여성들이 얼굴과 몸을 가리기 위해 착용하는 히잡(hijab), 니캅(niqab), 부르카(burka), 차도르(chador) 등 다양한 형태의 베일은 오늘날 영국, 프랑스, 독일, 네덜란드 등 유럽 여러 나라에서 뜨거운 논쟁의 중심에 있다.

사실 베일은 이슬람 고유의 전통이 아니다. 유대교와 기독교에서도 베일을 쓰는 풍습이 있었고, 이보다 더 거슬러 올라가면 사산조 페르시아 시대의 아라비아와 지중해 지역에서도 남녀를 구분하고 여성이 베일을 쓰는 관습이 존재했다. 이후 이 지역이 이슬람 세력권에 편입되면서 피정복민의 관습이었던 베일 쓰기는 무슬림 여성에게도 전해졌다. 마호메트 시대에는 그의 부인들만 베일을 착용했지만, 점차 상류층 여성으로 그 범위가 확대되었다. 이집트의 페미니스트 파드와 엘 귀니(Fadwa El Guindi)는 영어의 'veil'에 정확히 대응하는 아랍어 단어는 존재하지 않는다고 지적한다.[3] 이는 '베일'이라는 단어가 서구적인 시선에서 만들어진 개념임을 시사하는 것이다. 하나의 단어로 히잡, 니캅, 부르카처럼 서로 다른 형태를 모두 뭉뚱그려 부르면 여성들이 각기 어떤 이유로, 어떤 조건 속에서 이 복장을 선택했는지에 대한 맥락은 사라져버린다. 자발적인 선택과 타율적인 강제 사이의 미묘한 차이도 함께 지워질 수 있다. 그래서 이 글에서는 '베일'이라는 식민주의의 흔적이 남아 있는 개념 대신, 히잡이라는 표현을 포괄적인 대명사로 사용하려고 한다. 필요에 따라 니캅이나 부르카 등 구체적인 명칭으로 구분해 설명할 것이다.

　프랑스에서는 학교 등 공공장소에서 히잡, 니캅, 부르카 착용을 법으로 금지하고 있다. 하지만 다문화주의를 공식·비공식적으로 지향해 온 영국은 이와 달리 법적 규제를 두고 있지 않다. 그렇다고 해서 영국에서 히잡 논쟁이 없었던 것은 아니다. 2006년, 잭 스트로(Jack Straw)의 발언을 계기로 영국에서도 논란이 촉발됐다. 그는 외무장관과 재무장관을 지낸 유력 정치인으로 한 컬럼에서 니캅을 쓴 무슬림 여성들에 대한 불편함을 털어놓았다. 스트로는 니캅을 쓴 여성들은 영국 사회의 분열을 부추기는 존재이며, 히잡은 백인 사회와 아시아 공동체가 나란히 달리고 있다는 '분리'의 상징이라고 주장했다. BBC와 진행한 인터뷰에서는 좀 더 노골적인 입장을 표명했다. 니캅처럼

무슬림 여성의 머리 가리개.

얼굴을 가리는 헤드 스카프는 폐지되어야 하지만, 히잡은 많은 영국 무슬림 여성이 패션의 일환으로 착용하고 있으므로 폐지 대상에서 제외해야 한다고 덧붙였다. 스트로의 발언과 이와 관련한 논쟁은 서구 사회가 히잡을 어떻게 바라보는지 여실히 보여준다. 얼굴을 가리고 소통하는 방식, 그리고 이슬람 문화의 복장 관습은 주류 사회와 단절하려는 행위처럼 비추어지기 쉽다. 그 결과, 히잡은 곧 분리를 상징하는 표현으로 받아들여지곤 한다.

2004년, 프랑스가 히잡 금지법을 도입하자 이에 항의하는 움직임이 영국에서도 나타났다. 같은 해 7월, 런던에서는 무슬림 여성 활동가들로 구성된 한 히잡 옹호 단체(the Assembly for the Protection of Hijab)가 '히잡: 여성의 선택권(Hijab: A Woman's Right to Choose)'이라는 이름의 회의를 개최했다. 이 회의의 환영사에서 당시 런던 시장이었던 노동당 정치인 켄 리빙스턴(Ken Livingstone)은 런던을 다문화주의가 성공한 도시라고 자부했다. 적어도 그 무렵까지만 해도 히잡을 쓰고 거리를 걷는 여성은 영국 사회가 보여주는 관용과 자유의 상징처럼 여겨졌다. 그러나 반(反)이슬람 정서는 이미 수면 아래에서 꿈틀대고 있었고, 이듬해 7월에 발생한 런던 테러는 그 감정을 수면 위로 끌어올렸다. 영국에서 태어나 자란 파키스탄계 영국인들이 자행한 이 폭탄 테러로 52명이 사망하고 700명이 넘는 이들이 다치는 충격적인 사건이 벌어졌다. 이런 분위기 속에서 무슬림 여성의 복장을 문제 삼는 잭 스트로의 칼럼이 등장했다. 그는 니캅 착용을 '사회 분열의 상징'이라 규정했고, 이 발언은 영국 내 히잡 논쟁에 불을 붙였다.

잭 스트로는 대법관, 외무장관, 법무장관 등을 두루 거친 노동당의 대표적인 중진 정치인이다. 그의 선거구인 블랙번(Blackburn)은 무슬림 이민자 비율이 높은 지역이기도 하다. 2006년 10월 6일, 스트로는 〈랭커셔 텔레그래프 The Lancashire Telegraph〉에 실린 자신의 고정 칼럼에서 니캅을 쓴 무슬림 여성들에 대한 불편함을 드러냈다. 몇 년 전, 선거구에서 니캅을 쓴 한 여성과 마주했던 기억을 꺼내면서 그는 이렇게 말했다. 그 여성은 완벽한 영국식 억양으로 영어를 구사했고, 영국에서 교육까지 받았지만, 니캅을 쓰고 있었다는 이유로 대화가 매우 불편하게 느껴졌다는 것이다. 스트로는 아무리 영어를 유창하게 구사해도 니캅이 "얼굴과 얼굴을 마주 보는(face to face)" 의사소통을 방해하기 때문에 곤혹스러웠다는 것이다. 그러면서 니캅을 착용한 여성은 영국 사회에 균열을 만들어내고 있으며, 니캅은 백인과 무슬림 공동체가 서로를 외면한 채 평행선을 달리고 있다는 "분리와 차이의 가시적 표명"이라고 못 박았다.[4]

스트로의 발언은 '얼굴을 마주하는 대화가 어렵다.'는 개인적 불편함에서 출발하지만, 곧 '니캅은 사회적 분열과 차이를 드러내는 상징'이라는 주장으로 비약한다. 그는 개인 간 소통에 방해가 된다는 이유만으로 니캅이 곧 '스스로 다르다는 것을 드러내려는 표현'이라고 단정한다. 이처럼 개인적 차원과 사회적 차원을 뒤섞는 방식은 그가 구사하는 전형적인 담론 전략이다. 니캅이 대화를 어렵게 만든다는 주장은 얼굴을 마주하고 말하는 방식만이 정상적인 소통이라는 가치 판단을 전제한다. 결국 그의 발언은 서구 문화의 감수성, 즉 대면 접촉을 중시하는 소통 방식을 특권적 기준으로 만든 데 불과하다. 문제는 이 같은 감수성이 단지 문화적 기호가 아니라는 점이다. 이것이야말로 '영국적 특성(Britishness)', '영국적 삶의 방식', 그리고 자유주의와 민주주의를 구성하는 핵심 요소라고 말하는 셈이기 때문이다.

하지만 저널리스트 마들렌 번팅(Madeleine Bunting)은 이런 논리를 정면에서 비판한다. 그녀는 스트로의 주장처럼 히잡이나 니캅이 통합을 가로막는다고 보는 시각은 다문화주의를 실현하는 데 실패한 책임을 엉뚱한 곳으로 떠넘기는 일에 불과하다고 지적한다. 그러면서 다문화 통합이 어려워진 원인은 이주민 집단이 처한 구조적 빈곤에서 찾아야 한다고 역설했다. 대표적인 예를 보자. 파키스탄과 방글라데시 출신 이민자들이 처한 사회경제적 조건은 열악하다. 실제로 16세에서 24세 사이 무슬림 청년의 실업률은 무려 20퍼센트에 이른다. 니캅을 착용하는 여성들 역시 일부에 불과하다. 그들은 소말리아나 예멘 등에서 온 이민자이거나, 종교적 신념에 따라 속세와의 거리를 의식적으로 표현하려는 경우가 대부분이다. 이처럼 숫자도 적고 맥락도 다양한 여성들을 향해 과도하게 문제 제기를 하는 것은 설득력이 떨어진다. 더구나 기독교 수녀의 복장에 대해서는 아무런 문제를 제기하지 않으면서, 니캅이나 부르카는 안 된다는 주장은 납득하기 어렵다고 번팅은 지적한다.[5]

스트로의 발언이 단지 극우 정치인의 돌출 행동이나 망언에 그치지 않는다는 점은, 당시 토니 블레어(Tony Blair)와 데이비드 블랭킷(David Blunkett) 등 주요 정치인들이 그를 공개적으로 지지했다는 사실에서 확인할 수 있다. 게다가 스트로 자신은 노동당의 핵심 인물이자 무슬림 공동체와도 오랜 관계를 맺어온 인물이다. 그런 점을 감안하면 니캅에 대한 그의 발언은 결코 즉흥적이라거나 우연한 것으로 보기 어렵다. 오히려 이 발언은 반이슬람 정서를 등에 업고, 통합주의적 방향으로 여론을 끌어가려는 계산된 전략이었다고 보아야 할 것이다. 그리고 이 과정에서 '소수자 중의 소수자'인 니캅을 착용한 여성은 사회적 불신의 대상이 되고 만다. 그녀는 잠재적 테러리스트로 의심받고, 다문화주의 실패의 책임을 떠안는 문제적 시민으로 전락한다.

히잡, 니캅 관련 소송

니캅 착용에 대해 잭 스트로가 내놓은 강경한 발언과 이를 지지하는 언론의 목소리가 이어졌지만, 영국에서는 법적으로 이를 금지하는 조치가 끝내 시행되지 않았다. 그렇다고 해서 히잡을 둘러싼 갈등이 사회적으로 없었던 것은 아니다. 실제로 히잡 착용과 관련해 법적 분쟁이 일어난 사례도 있다. 학교에서 히잡 착용을 둘러싼 논쟁이 처음 불거진 해는 1989년이었다. 맨체스터의 한 그래머 스쿨에 다니던 자매, 아예샤 알비(Ayesha Alvi, 당시 14세)와 파티마 알비(Fatima Alvi, 당시 15세)는 교복 규정을 어겼다는 이유로 히잡 착용을 금지당했다. 교장은 헤드 스카프가 짙은 남색으로 지정한 교복 색상 규정을 위반하는 것이며, 위생과 안전을 해치며, 과학실험이나 체육 활동에 방해가 된다는 이유를 들어 착용을 허용하지 않았다. 그러나 이듬해인 1990년, 학부모들의 항의가 이어지면서 학교 이사회는 교장의 결정에 압력을 받았다. 이 사건은 재판까지 이어지진 않았지만, 당시 언론 보도를 통해 큰 반향을 일으켰다. 사람들은 "종교적 자유와 개인의 권리는 어디까지 허용되어야 하는가?", "헤드 스카프는 종교적 신념의 표현인가, 여성의 정숙함을 강조하는 상징인가?"와 같은 질문을 곱씹었다. 히잡은 단순한 복장을 넘어 사회적 논쟁의 장으로 떠오르기 시작했다.

1989년 이후, 사립학교에서 여학생의 히잡 착용을 둘러싼 논란은 더는 크게 불거지지 않았다. 이러한 현상 뒤에는 히잡에 비교적 관용적인 영국의 자유방임적 다문화주의 정책이 있었다. 실제로 2004년까지는 영국 사회에서 베일 착용이 노골적인 혐오의 대상이 되는 경우는 드물었다. 히잡은 종교적·문화적 다양성을 표현하는 것으로 받아들여졌고, 사회 전반에서도 이를 크게 문제 삼지 않았다. 그러나 앞서 언급했듯, 2005년 7월 7일 런던 폭탄 테러 이후 분위기는 급변했다. 반(反)이슬람 정서가 고조되면서 히잡을 바라보는 시선에도 변화가 생기기 시작했다.

2005년 이후 진행된 두 건의 소송, 베굼 사건과 아즈미 사건 모두 원고가 패소했다. 사비나 베굼은 베드포드셔(Bedfordshire) 루턴(Luton)에 있는 덴비(Denbigh) 고등학교에 재학 중이었다. 그녀는 얼굴만 드러내고 머리와 몸 전체를 감싸는 질밥 복장을 착용했다는 이유로 학교로부터 등교를 거부당했다. 1심에서는 베굼이 패소했지만, 항소심에서는 승소 판결을 받았다. 그러나 2006년 3월 22일, 상원 대법관 합의부는 최종적으로 베굼의 손을 들어주지 않았다. 이 재판에서 핵심 쟁점은 학교 측이 학생의 교육받을 권리를 실질적으로 침해했는지에 있었다. 결국 합의부는 그녀의 학습권이 침해되었다고 보기 어렵다는 이유로 패소 판결을 내렸다. 아즈미 사건의 경우, 니캅 착용을 이유로 채용 과정에서 문제가 발생했다. 그녀는 이슬람계 학생이 90퍼센트에 달하는 어느 학교에서 이중언어 보조교사로 지원했지만, 학교 측은 니캅이 학생들과 소통하는 데 방해가 된다는 이유로 채용을 거부했다. 아즈마는 이에 대해 종교적 이유에 따른 직·간접적 차별(direct and indirect discrimination), 괴롭힘(harassment), 희생자화(victimization) 등 네 가지 사유를 들어 고용 법정에 소송을 제기했다.

아즈미는 16세 이후, 면식이 없는 남성 앞에서는 항상 니캅을 착용해 왔다. 하지만 구직 면접을 볼 때는 히잡만 착용한 채 얼굴을 드러낸 상태였다. 채용이 결정된 뒤 수업을 맡게 되자 그녀는 낯선 남학생들 앞에서는 다시 니캅을 쓰겠다고 주장했다. 이에 대해 학교 측은 입장을 굽히지 않았다. 특히 언어를 가르치는 교사의 경우, 발음을 전달할 때 입 모양이 보여야 한다는 점을 강조했다. 입이 가려지면 발음이나 언어를 제대로 전달하기 어렵고, 학생들과 소통할 수 없다는 것이다. 2006년 11월, 법원은 최종 명령을 통해 학교 측의 입장에 손을 들어주었다. 법원은 니캅을 착용하고 수업을 진행하는 것은 교육적으로 비효율적이라고 판단했고, 아즈미가 교실에서는 니캅을 벗어야 한다는 결론을 내렸다. 단, 교실 외의 공간에서는 언제든지 니캅을 착용해도 좋다는 점을 함께 명시했다.

베굼 사건과 아즈미 사건, 두 소송은 비록 전면적인 금지는 아니더라도, 특정한 맥락에서는 질밥이나 니캅을 착용하는 것을 제한할 수 있다는 판례를 남겼다. 이 두 사건과 잭 스트로의 발언 이후, 영국 정부 산하의 아동 학교 가족국(The Department for Children, Schools, and Families)은 교복에 대한 지침을 새롭게 발표했다. 이 지침은 크게 두 가지 점을 고려했다. 첫째, 1998년 인권법을 근거로, 교복 정책은 종교적 신념을 표현할 권리를 침해하지 않아야 한다는 원칙이 명시되었다. 즉, 학교는 "종교적 요구를 수용하는 데 합리적으로 행동해야 한다."는 것이다. 둘째는, 학교 공간에서 종교적 표현이 어디까지 허용될 수 있는지 따지는 기준이다. 인권법은 표현의 자유가 절대적인 권리가 아님을 분명히 한다. 건강과 안전, 타인의 권리와 자유를 보장하는 범위 안에서만 그 표현이 허용될 수 있다. 이 지침은 '종교의 자유가 있다고 해서, 개인이 언제 어디서든 어떤 방식으로든 그 자유를 표명할 권리가 있는 것은 아니다.'라는 법 해석을 확인시켜주었다. 결국 이슬람 여학생의 복장을 둘러싼 원칙은 베굼과 아즈미 사건을 통해 일정 부분 확립되었다고 볼 수 있다. 두 사건 모두에서 법원은 학교 당국의 교복 정책이 정당하며, 그 방침이 종교적 신념을 표현하는 행위를 침해하는 것으로 볼 수 없다고 판결했기 때문이다. 베굼과 아즈미 소송, 그리고 잭 스트로의 발언은 영국 사회에서 다문화주의적 관용이 흔들리기 시작했음을 보여주는 사건들이었다. 이 시기를 기점으로, 영국의 다문화주의는 새로운 도전과 재조정의 국면에 접어들었다.

히잡 논쟁과 그 영향

히잡을 둘러싼 논쟁 뒤에는, 영국 사회에서 이슬람교가 다른 종교에 비해 차별받고 있다고 느끼는 무슬림 공동체의 경험이 자리하고 있다. 1976년, 영국 정부는 인종 관계법을 도입해 인종이나 에스닉 정체성에 기반한 차별을 불법으로 규정했다. 하지만 이 법은 종교적 차별에 대해서는 별도의 보호 장치를 마련하지 않았다. 이런 법적 공백은 무슬림의 종교적 정체성에 심각한 문제를 낳았다. 다른 에스닉 소수자들은 인종 관계법의 보호를 받는 반면, 무슬림은 이 법의 테두리 밖에 놓이게 된 것이다. 실제로 시크교도와 유대인은 '에스닉 그룹'으로 인정되어 법적 보호를 받을 수 있었지만, 무슬림은 그렇게 간주되지 않았다. 예를 들어, 유대인 남성의 모자나 시크교도 남성의 터번은

'에스닉 아이덴티티의 상징'으로 인정받았지만, 이슬람 여성의 히잡은 순수한 종교적 상징으로만 간주되었다. 하지만 왜 어떤 종교적 관습은 문화적 규범으로 이해되는 반면, 다른 관습은 종교성 그 자체로 환원되어야 하는가? 이 질문은 무슬림이 자유주의 사회에서 제대로 인정받지 못하는 존재라는 사실을 보여준다. 영국의 사회학자 타리크 모두드(Tariq Modood)는 이 문제를 다음과 같이 짚는다. "자유주의 정치체제 내에서 '인정의 정치(politics of recognition)'의 혜택을 받지 못하는 소수 그룹이 존재한다. 바로 무슬림들이다."[6] 영국 무슬림들도 인종 관계법의 보호 대상이 되어야 한다고 꾸준히 요구해 왔다. 이러한 주장은 1997년의 「러니메드 트러스트 보고서*Runnymede Trust report*」, 그리고 1999년 내무성이 주관한 「더비 보고서*Derby report*」를 통해 구체화되었다. 두 보고서는 모두 무슬림이 다른 소수자 집단보다 더 많은 차별을 겪고 있다는 사실을 지적했다. 이는 단지 인식의 문제가 아니라 제도적 개선이 시급한 현실로 제기된 것이다. 그럼에도 영국 정부는 인종 관계법 개정을 받아들이지 않았다. 이로 인해 무슬림 공동체는 자신들이 제도 안에서도 다른 소수자들과 동등하게 다뤄지지 않는다는 깊은 좌절을 겪게 되었다.

영국의 다문화주의 정책은 종교적 정체성을 고려하지 않는 구조적 결함을 안고 있다는 무슬림의 비판은, 특히 교육 영역에서 더 뚜렷하게 제기되었다. 1944년 교육법(Education Act)은 특정 종교가 운영하는 학교라도 국가가 요구하는 교육 수준만 충족하면 국고 보조를 받을 수 있도록 허용하고 있다. 실제로 영국 내의 국교회, 가톨릭, 유대교계 학교들은 이 제도의 혜택을 받아왔다. 이에 따라 이슬람 학교들도 1990년부터 1993년 사이, 잇따라 국가 보조를 신청했지만 모두 거절당했다. 이슬람 단체들은 이를 명백한 이슬람 차별이라고 강하게 반발했다. 그러던 중 1997년, 런던 서쪽 브렌트(Brent)에 있는 이슬라미아 초등학교(Islamia primary school)가 오랜 로비 활동 끝에 마침내 국가 지원을 받는 데 성공했다. 하지만 이 사건을 계기로 영국 사회에는 반이슬람 정서가 다시 고개를 들기 시작했다.

강제 결혼, 일부다처제, 히잡 착용 등은 이슬람의 여성 차별적인 관습이라며 비판의 도마 위에 올랐다. 무슬림 학교에 대한 국가 재정 지원이 결국 이슬람 근본주의자에게 혜택을 주는 것이 아니냐는 우려도 제기되었다. 이슬람 공동체를 사회적으로 '인정(recognition)'하는 움직임은 아이러니하게도 동시에 이슬람에 대한 혐오 정서를 자극하는 계기가 되었다. '정체성 정치(identity politics)'라는 맥락에서, 인정은 혐오의 역풍을 동반할 수 있다는 사실이 드러난 셈이다. 그럼에도 불구하고, 영국 사회의 다문화주의 기조는 무슬림 여성의 베일 착용 같은 종교적 실천에 대해 정책적으로 관용하는 태도를 유지해 왔다. 히잡에 대한 영국의 자유방임적 접근은 학교 내에서 히잡 착용을 수용하는 흐름으로 이어졌다. 대중의 반감이 존재하는데도, 베일에 대한 법적 규제가 도입되지 않은 것은 영국 다문화주의 정책이 지닌 전통과 그 영향력 때문이었다.

영국과 같은 자유주의 사회에서 히잡 문제는 더욱 복잡하게 얽혀 있다. 이런 사회는 적어도 형식적으로는 젠더 평등을 핵심 가치로 삼고 있으며, 히잡처럼 남녀 불평등의 상징으로 여겨지는 요소에 대해 원칙적으로는 수용하기 어렵다는 입장을 견지하기 때문이다. 영국에서는 개별 소송을 통해 히잡 착용에 일정한 제한을 두는 경우는 있어도 히잡 착용을 전면 금지하는 법이 제정되지는 않는다. 하지만 앞서 살펴본 사례들처럼, 설령 당사자가 히잡이나 니캅을 자발적으로 선택하고 받아들인 경우라도, 학교나 직장 같은 특정한 상황에서는 착용을 제한할 수 있다는 판단이 내려지곤 한다. 그렇다면 히잡과 니캅은 정말로 여성 인권을 억압하는 상징으로 봐야 할까? 히잡이 여성의 권리와 어떤 관계를 맺고 있는지 단정적으로 말하기는 어렵다. 이 문제는 '옳다'거나 '그르다'는 식으로 결론지을 수 없는 복합적인 문제다.

이슬람 국가들이 서구 자유주의 국가에 비해 여성에게 억압적이라는 판단은, 그 자체로 반쪽짜리 진실에 불과하다. 아프가니스탄, 이란, 사우디아라비아의 경우라면 어느 정도 그렇다고 할 수 있겠지만, 튀르키예나 아랍에미리트 같은 국가들까지 같은 잣대로 판단할 수는 없다. 인도계 미국 페미니스트 학자 찬드라 모한티(Chandra Mohanty)는 다음과 같이 강조한다. "여성들이 베일을 쓰는 것에 접합된 구체적 의미는 역사적 맥락에 따라 분명히 다르다. 히잡이나 베일을 쓰느냐 마느냐는 문제의 핵심이 아니다. 베일을 통해 어떤 담론과 억압이 여성의 몸에 가해지는가를 보는 게 핵심이다."[7] 모한티의 말처럼, 중요한 것은 히잡이 어떤 맥락에서 어떤 의미를 갖는지다. 그런데도 유럽 사회의 언론과 대중은 이슬람 문화를 여성 억압적이라고 단정하는 경향이 있다. 이는 현실을 정확하게 이해하기보다 오히려 현실을 왜곡하는 시선에 가깝다. 문제는 이와 같은 고정관념이 이슬람포비아를 강화하는 중요한 재료로 작용한다는 데 있다.

베일과 식민지 환상

살만 루슈디(Salman Rushdie)의 『악마의 시 *The Satanic Verses*』에는 매춘굴의 이름을 "베일(The Veil)"이라고 표현한 장면이 나온다. 이 짧은 문장은 서구가 '베일'이라는 사물에 부여해 온 이미지와 상징성을 단적으로 보여준다. 서구 사회에서 베일은 여전히 이슬람의 타자성을 상징하는 대표적인 기호로 남아 있다. 그리고 그것은 이슬람 여성 억압의 상징으로 비판과 비난의 대상이 되곤 한다. 오늘날 서구에서 나타나는 반이슬람 혐오는 단일한 감정이 아니다. 이는 낯선 문화의 흔적이 눈에 띌 때, 자신들의 익숙한 생활 방식이 침해당하고 있다는 불안, '서양이 동양이 되어간다.'는 문화적 위기감, 그리고 이슬람 문화는 본질적으로 다른 문화와 어우러질 수 없다는 선입견이 뒤섞인 감정이다. 이처럼 복합적인 감정은 결국 이슬람포비아라는 정치적 정동으로 응축된다. 그리고 그 감정은 무슬림 여성의 헤드 스카프와 복장을 매개로 삼아 작동한다.

히잡, 니캅, 부르카, 차도르처럼 서로 다른 복장들을 하나로 묶는 '베일'이라는 단어는 무슬림 여성의 행위 주체성(agency), 즉 '베일을 쓰는 것'과 '베일을 벗는 것' 사이에 존재하는 선택과 강요의 차이를 지워버린다. 무슬림 여성들이 실제로 착용하는 복장의 형태와 의미는 매우 다양하지만, '베일'이라는 명칭은 그 모든 차이를 덮어버린다. 그 결과 베일은 이슬람과 관련된 여성 억압, 그리고 부정적인 이미지를 상징하는 도구로 기능해 왔다. 서구인의 시선 속에서, 베일을 쓴 여성은 '이슬람 문제'를 시각적으로 재현하는 방식이 되어버렸다. 그리고 이 베일은 이슬람 내부 여성의 지위에 관한 논쟁을 넘어, 공포, 적대감, 조롱, 호기심, 매혹과 같은 복합적이고 모순된 감정들을 동시에 불러일으키는 기호로 작동한다. 이러한 오리엔탈리즘적 감정은 결코 새로운 것이 아니다. 서구의 식민지 경험에서 비롯된 감정 구조 속에서 오늘날까지 이어지는 식민지 담론의 흔적이다.

베일을 쓰고 있는 쪽에서 세상을 바라보는 시선은 식민주의자가 기대했던 의도를 배반한다. 베일은 타인이 훔쳐보기를 거부할 뿐 아니라, 사진사의 시선을 흉내 내며 '카메라의 눈'을 갖는 존재로 탈바꿈한다. 특히 머리부터 발끝까지 몸 전체를 감싸는 부르카는 '보여지는 것(seen)'을 철저히 거부하면서, 동시에 세상을 '보는(seeing)' 시선을 획득한다. 이처럼 베일 쓰기는 여성에게 '시선의 역전(gaze reversal)'을 가능하게 해준다. 베일을 쓰는 여성은 더는 '관찰의 대상'이 아니라 관찰자가 되는 것이다. 이러한 '보고 있지만 보이지 않는' 존재는 식민지 배자에게 은밀한 위협으로 다가온다. 베일 속에 숨어 있는 여성은 무기를 감추거나 저항을 계획하는 주체로 상상된다. 그렇게 베일은 단순한 복장이 아니라, 카메라가 되기도 하고, 은폐된 무기가 되기도 하는 은신처로 인식된다.

2001년, 아프가니스탄 침략 당시, 특히 영국과 미국의 언론은 아프가니스탄 여성을 '희생자'로 재현하는 담론을 확산시키는 데 결정적인 역할을 했다. 그 중심에는 자미나(Zamina)라는 여성의 처형 장면 비디오가 있었다. 이 영상은 1999년, 아프간 여성 혁명 협회(RAWA)의 한 여성 활동가가 부르카 아래 디지털카메라를 몰래 숨겨 촬영한 것이었다. 촬영 장소는 카불의 한 축구 경기장이었고 그곳에서 자미나가 공개 처형당하는 장면이 담겼다. 이 영상은 이후 스틸 사진으로 추출되어 반복적으로 재생산되었다. 그 결과 자미나의 처형 장면은 탈레반 정권에 의한 여성 억압을 상징하는 시각적 수사로 자리잡게 되었다. 자미나 영상에 대한 서구 언론의 해석은 단순하지 않았다. 그 속에는 '억압받는 여성'과 '저항하는 여성'이라는 상반된 이미지가 동시에 담겨 있었고, 이중의 메시지는 '베일'이라는 상징과 함께 재현되고 유통되었다.

이처럼 베일을 쓴 여성은 한편으로는 전근대적 가부장제의 억압에 희생당한 가엾은 피해자 또 다른 한편으로는 식민 지배에 맞서 저항하는 투사라는 서로 다른 이미지가 겹친 존재로서 그려져 왔다. 이러한 이중적 이미지는 식민지 시대의 환상에서 기원했지만, 지금도 여전히 반복되고 있다. 오늘날 베일을 쓴 무슬림 여성은 서구 사회에서 통합되지 못한 이방인, 혹은 사회 안전을 위협하는 테러리스트의 상징으로 연결되기까지 한다.[8] 결국, 베일은 단순한 종교적 표현이 아니다. 그것은 식민지 과거와 통합되지 않은 현재의 무슬림 정체성을 떠올리게 하는 강력한 문화적 기호이자 분열의 상징이다.

히잡 다시 쓰기와 일상의 이슬람포비아

오늘날 영국의 무슬림 여성들은 각기 다른 이유로 히잡이나 니캅을 착용하고 있다. 모든 무슬림 여성이 히잡을 쓰는 것도 아니며, 누군가가 그것을 강요하거나 벗기도록 강제하는 상황도 아니다. 법적인 금지가 없다고 해서 히잡 착용이 자유롭다고 보기는 어렵다. 영국 사회에서 히잡을 쓴다는 것은 때로는 용기를 필요로 하는 행위이기 때문이다. 편견에 찬 시선이나 인종차별을 당할지도 모른다는 각오를 다져야 하는 일일 수도 있다. 특히 남아시아계 무슬림 이민자와 그 후손들은 영국의 주류 사회, 즉 '호스트' 사회로부터 편견과 반감을 담은 차가운 시선에 노출되어 있다. 영국 무슬림인권위원회(Islamic Human Rights Commission)가 발표한 조사 보고서에 따르면, 히잡을 쓰는 여성들은 영어도 못 하는 나라에서 온 이방인으로 취급받거나, 심지어 테러리스트로 지목되는 노골적인 적대감에 시달리고 있다. 이 보고서는 직접 조사 800명, 온라인 조사 325명 등 총 1,125명의 무슬림을 대상으로 한 사회학적 조사 결과이며, 양적 분석과 더불어 질적 인터뷰도 함께 진행되었다. 조사 대상 중 남성은 64퍼센트, 여성은 36퍼센트였다.[9] 이처럼 영국에서 히잡은 단순한 '문화적 차이'의 표현을 넘어 '순응'이나 '통합'을 거부하는 표식으로 간주될 위험이 있다. 그래서 히잡을 쓴다는 것은 그 자체로 대담하고 용감한 '행위자(agent)'의 선택이 된다.

한 가지 주목할 만한 사실은 9·11 테러와 7·7 런던 테러 이후에도 히잡 착용이 줄지 않았다는 점이다. 오히려 히잡이나 니캅을 쓰는 여성이 점차 늘어나는 추세다. 더 많은 여성이 이를 자발적으로 선택하고 있지만, 동시에 공동체 안팎에서 은근한 압력이나 노골적인 기대에 직면하기도 한다. 히잡 착용의 자발성을 이해하려면, 무슬림 공동체의 분리와 고립이 심화되는 현실을 간과할 수 없다. 히잡은 단지 종교적 신념을 표현하는 수단이 아니라, 정체성과 공동체 소속감을 드러내는 방식이기도 하기 때문이다. 현재 영국에는 약 350만 명에 달하는 무슬림이 거주하고 있다. 이들은 주류 사회에 점진적으로 적응해 왔으며, 최대 규모의 종교적 소수자로서 어느 정도 사회적 인정을 얻고 있기도 하다. 그 결과, 무슬림 공동체는 정치적 대표성을 확대해 왔다. 무슬림 상원의원이 세 명 임명되었고, 1997년에는 첫 무슬림 하원의원도 탄생했다. 또한 사디크 칸(Sadiq Aman Khan) 런던 시장은 파키스탄계 이민자 가정 출신으로 유럽 주요 국가의 수도 중 최초의 무슬림 시장이다.

그런데 흥미롭게도 무슬림 공동체의 제도적 통합이 점차 진전되고 있는데도, 7·7 런던 테러 이후 영국 사회의 이슬람포비아는 오히려 더 심화되고 있다. 이런 모순적인 상황 속에서 무슬림 여성들은 어떤 선택을 하고 있을까? 히잡 착용이 오히려 늘어나고 있다는 사실은 무엇을 말해주는가? 무슬림 여성의 자율성과 선택은 단일한 기준으로 판단할 수 없는 복합적인 문제다. 그럼에도 혐오와 불신이 커지는 사회에서 히잡을 쓰는 행위는 이주민이 일종의 안정과 소속감을 확보하려는 방식으로 볼 수도 있다. 이처럼 다시 히잡을 쓰는 여성들의 선택은 '캡슐화된 에스닉 아이덴티티(en-capsulized ethnic identity)'의 표현으로[10] 해석될 수 있다. 즉, 이는 출신 공동체에 대한 재적응이자 동시에 주류 사회가 만들어내는 인종적 분리에 대한 조용한 항의로 읽힌다.

일상 속 이슬람포비아는 대개 아주 미묘한 형태로 나타난다. 그래서 더 문제적이다. 공식적인 차별보다 눈에 잘 띄지 않지만, 그만큼 지속적이고 감정적으로 깊은 상처를 남기기 때문이다. 영국의 전 총리 토니 블레어의 처제인 로렌 부스(Lauren Booth)는 2010년 10월 무슬림으로 개종하며 히잡을 쓰기 시작했다. 그녀는 유명 저널리스트였기에 부스의 개종 소식은 언론의 큰 주목을 받았다. 하지만 미디어는 "왜 잘나가는 영국 커리어 우먼이 무슬림이 되었냐?"라고 하면서 비정상적인 선택이라는 식으로 호들갑을 떨었다. 부스는 이후 한 인터뷰에서 히잡을 쓰고 난 이후 자신이 겪은 일상의 변화에 대해 이렇게 말했다. 히잡을 쓴 채 택시에 올랐을 때, 운전사는 그녀를 영어를 못 하는 외국인 취급하며 "어-디-가-세-요?(Where are you going?)"라고 또박또박 물었다. 또, 방송계의 오랜 동료는 무슬림에 대한 실례되는 발언을 일말의 거리낌도 없이 내뱉은 뒤 웃으며 이렇게 덧붙였다. "이봐요. 당신들 무슬림은 왜 그렇게 유머 감각이 없어요? 그저 농담이었을 뿐이에요."

이슬람포비아는 종종 농담의 형식을 빌려 발화된다. 예를 들어, "어이, 히잡. 폭탄은 어디 숨겼냐?"라든가 무슬림 친구를 만나러 간다고 하면 "지하드 하러 가냐?"는 식의 말이다. 하지만 이런 농담은 단순한 농담이 아니다. 그 안에는 혐오의 감정이 응축되어 있으며, 그 의도와 효과는 충분히 분석 대상으로 삼을 만하다. 사소해 보이는 말 한마디가 결코 사소하지 않은 이유다. 이러한 발언은 웃음 뒤에 숨어 있는 인종 혐오의 배설일 따름이다.[11] 말의 진심과 장난 사이를 흐릿하게 넘나드는 방식으로 상대에게 불쾌감을 주면서도 면피할 수 있는 구조를 갖는다. 이처럼 모호하고 은근하게 상대의 말문을 막아버리는 발화는 '미세 공격(microagression)'이라 불린다. 누가 봐도 명백히 폭력적인 말이나 행동은 아니지만 그보다 더 집요하게 상대의 존재를 위축시키고 침묵하게 만든다. 이런 미세 공격은 때때로 '해맑은 혐오'라고도 불린다. 겉으로는 웃으며 가볍게 던지는 말처럼 보이지만, 그 안에는 편견과 위계, 타자화의 논리가 숨어 있다. 아무리 농담처럼 포장해도 혐오는 결국 혐오다. 그리고 미세 공격으로 나타나는 혐오는 정치적 올바름과 시민의식이 높아진 사회에서 이제는 노골적으로 혐오를 드러내기 어려운 혐오가 새로운 형태로 진화한 것일 뿐이다.

무슬림의 경우, 에스니시티, 인종, 종교가 복합적으로 얽혀 있다. 예를 들어, 말레이시아 무슬림은 말레이인, 나이지리아 무슬림은 하우사인, 미국 무슬림은 아랍인, 독일 무슬림은 터키인, 프랑스 무슬림은 마그레브 출신으로, 영국 무슬림은 주로 파키스탄, 방글라데시, 인

2016년 런던에서 열린 이슬람포비아 반대 시위.

도 출신과 연결된다. 이처럼 무슬림은 각국의 소수 에스닉 집단과 자연스럽게 연결되며, 그로 인해 무슬림 정체성은 인종화되는 경향을 띠게 된다. 그래서 백인 무슬림 개종자의 경우, '무슬림=소수 인종'이라는 고정관념에 포함되지 못한 채 주변화되기 쉽다. 오늘날 무슬림은 점점 하나의 '인종' 집단처럼 간주되고 있다. 그리고 이 '무슬림 인종'에게는 폭력성, 야만성, 여성혐오, 테러리즘 같은 온갖 부정적 이미지가 덧씌워진다. 이것이 바로 무슬림의 '악마화'이자 '인종화'이다. 이러한 현상은 1930년대 유대인의 경험과 불길하게 닮아 있다. 당시 유대인은 단지 종교적 소수자가 아니라 '인종'으로 만들어졌고, 그 결과는 혐오와 낙인, 그리고 집단 학살로 이어졌다. 오늘날 무슬림에게 일어나는 일도 비슷하다. 이슬람포비아는 마치 반유대주의가 유대인을 '인종'으로 발명했듯이, 무슬림이라는 '인종'을 새롭게 만들어내고 있다. 이러한 역사적 평행은 우연이 아니다. 오늘날 히잡, 니캅, 부르카 같은 무슬림 여성의 복장이 유럽 사회에서 왜 갈등을 상징하는 것이 되었는지 설명해준다. 그 복장은 유럽 속 메나의 역사와 기억에서 갈등을 상징하는 기억의 터이기 때문일 것이다.

초승달과
별로 읽는 유로메나

박현도

상징에 관심 없는 이슬람

아랍어로 이슬람이라는 말은 '알라에 전적으로 헌신함'을 뜻한다. 영어의 'the'와 같은 정관사 알(al)과 신을 뜻하는 일라(ilah)가 붙은 말로 알일라(al-Ilah)라고 하는데, 이 말이 줄어서 알라가 되었다는 설명이 가장 보편적이다. 한국 이슬람교 순니파에서는 하나님, 시아파에서는 하느님으로 옮긴다. 온 세상에 신이라고 부를 수 있는 존재는 바로 이 하나님밖에 없다고 이슬람에서는 가르친다. 유일무이한 신이다. 이 하나님에게 헌신하는 사람을 무슬림이라고 한다.

이슬람은 유대교와 같이 신에 대한 형상을 만들거나 그리지 않는다. 이를 철저하게 지키다 보니 조형미술이 발달하지 않았다. 다양한 예술품을 소장해서 볼거리가 풍부한 그리스도교 교회와 달리 아무리 오래된 모스크에 가 보아도 그림이나 조각은 찾아보기 어렵다. 그리스도인들은 예수를 즐겨 그리고 조각하지만 무슬림은 예언자 무함마드를 표현하는 그림이나 조각을 만들지 않는다. 그림으로 그릴 때도 사람들이 숭배할까 봐 걱정하는 마음에 무함마드 얼굴에 눈, 코, 입, 귀 등을 그리지 않은 채 비어있는 공간으로 남겨두거나 천으로 가리는 방식으로 묘사한다. 영화나 TV 프로그램에서도 무함마드의 얼굴은 나오지 않는다. 조각은 만들 생각조차 하지 않는다. 조금이라도 마음을 빼앗길 종교적 상징을 만드는 것을 우상숭배로 여기기에 아예 원천 차단한다.

대신 아랍어 서예와 추상적인 아라베스크 문양이 고도로 발전했다. 하나님 말씀으로 여기는 아랍어 꾸란 계시를 다양한 모양으로 아름답게 쓰고 장식하는 것이야말로 무슬림 세계 최고의 예술이다. 음악도 그렇다. 꾸란 낭송이야말로 가장 아름다우니 달리 음악이란 것이 필요치 않다. 따라서 이슬람에는 교회 찬송가 같은 음악 장르가 없다. 그러니 헨델이나 바흐같이 위대한 작곡가가 나올 리 없다. 이처럼

아랍어 서예. "알라 외에 신은 없고 무함마드는 알라의 사도이다."

아랍어 서예. "자비로우시고 자애로우신 알라의 이름으로."

이슬람 전통은 마음을 어지럽히고 산만하게 할 만한 요소를 모두 사전에 막고, 오로지 경건한 마음으로 꾸란을 통해 신의 말씀을 배우고 지키려고 노력한다.

그럼 초승달은?

그러면 아랍어로 힐랄(hilal)이라고 하는 초승달은 이슬람과 무슨 관계가 있기에 조형미술을 싫어하는 무슬림들이 성원 꼭대기에 세우거나, 때때로 별과 함께 국기에 즐겨 넣는가? 단도직입적으로 말해 초승달 문양은 이슬람 종교 신앙의 상징이라기보다는 문화적 표상이다.

카바를 향해 예배하는 무함마드. 얼굴을 가렸다.

아라베스크 문양과 아랍어 장식.

예배 시간을 알리는 한남동 이슬람 성원 첨탑(미나) 위 초승달.

튀르키예 국기.

이슬람력은 달의 움직임을 관찰하는 순태음력(純太陰曆)이기에 달이 대단히 중요하지만, 십자가나 일원상, 연꽃같이 종교적 상징의 역할을 하진 않는다. 다만 초승달은 무슬림 세계에서 오랫동안 문화적 상징으로 작동해왔다. 특히 15세기 이후 오스만 튀르크 제국의 영향으로 널리 퍼지면서 교회의 십자가처럼 성원의 첨탑을 장식하거나 국기 도안에 사용하기 시작했다.

초승달과 이슬람력

622년 예언자 무함마드가 박해받던 공동체를 이끌고 메카에서 메디나로 옮겨 간 사건이 아랍어로 히즈라(hijrah, 이주)고, 이 해를 원년으로 삼는 이슬람력을 히즈라력이라고 부른다. 히즈라력은 순전히 달의 움직임만을 고려하기에 순수한 태음력이다. 윤달이나 윤일을 쓰지 않는다는 말이다. 일 년은 12달이지만, 모두 354일로 태양력과 비교해 11일 짧다. 33년이면 무려 1년 차이가 난다. 하루의 시작은 해질 때이고, 한 달의 시작은 초승달이 뜨는 날이다. 보통 날씨가 좋지 않으면 초승달을 볼 수 없기에 요즘에는 과학적으로 계산을 해서 새로운 달의 첫날을 정하지만, 라마단 단식월은 시아 이스마일(Ismail)파를 제외한 대다수 종파는 초승달을 눈으로 확인해야 시작하고 마친다.

해가 떠 있는 동안 한 달 내내 단식을 하는 히즈라력 9월 라마단 달이 여름에도 올 수 있고 겨울에도 올 수 있다. 이처럼 태음력은 달의

라마단을 알리는 초승달이 뜬 모습.

움직임을 기준으로 하기에 태양이 절대적으로 필요한 농경사회에는 잘 어울리지 않는다. 그래서 농사를 지었던 우리 조상들은 태양의 움직임을 고려해서 태음태양력을 썼다. 순태음력은 농업보다는 어업이나 목축문화와 궁합이 더 잘 맞는다. 유대인은 음력을 쓰되 태양력을 고려해 태음태양력을 쓰고, 그리스도인은 이집트 태양력을 수정해 만든 로마 율리우스력을 쓰다가 1582년부터 이를 개량한 태양력 그레고리우스력을 쓰고 있다. 그리스도교 문화에 바탕을 둔 서양의 영향을 받은 우리는 현재 그레고리우스 태양력에 맞춰 산다.

한편 이란은 이슬람 문화권에 속하지만, 페르시아 태양력을 사용한다. 이 역법은 전통적으로 한 달을 30일, 총 12개월을 두고 5일을 더해, 한 해가 365일이었다. 이를 기반으로 1079년 페르시아 지역 지배자였던 셀주크 튀르크의 말리크샤(1055~1092)가 과학자들을 시켜 태양의 움직임을 더 정확히 계산한 역법을 만들었는데, 이를 잘랄(Jalal)력이라고 한다. 이에 따라 매 4년, 또는 5년에 한 번 하루를 더 추가하여 1년이 366일이 된다. 현재 이란 달력은 달마다 다른 날의 길이를 고정하고, 고대 페르시아에서 쓰던 달 이름을 받아들이는 등, 잘랄력을 다소 개량한 것으로, 1925년에 공식 채택하여 쓰고 있다. 잘랄력의 기원은 히즈라력과 마찬가지로 622년이다. 그러나 태양력이기에 올해 2025년이 1447년인 히즈라력과는 달리 1404년이다. 이란이 잘랄력을 쓴다고 해서 히즈라력을 따르지 않는다는 말은 아니다. 이슬람과 관련한 종교적 행사는 모두 히즈라력을 따른다.

초승달과 별

이슬람 신앙 전통이 생기기 훨씬 전부터 고대 메소포타미아, 이집트, 그리스, 로마, 페르시아 사람들은 초승달 문양을 사용하였다. 특히 초승달을 신적인 상징 및 통치자 권위의 표징으로 여겨 주로 별과 함께 각종 동전이나 조각에 새겼다. 무슬림들이 비잔틴 제국의 상당 부분과 페르시아 제국 전체를 흡수한 후 이러한 초승달과 별 문양 전통은 자연스럽게 이슬람 세계로 전해졌다. 7세기 말부터 초승달이 홀로 또는 별과 함께 이슬람 문화권에 모습을 드러내기 시작했다. 예루살렘 바위돔 모자이크와 기존 페르시아 형식에 아랍적 요소를 더한

고대 메소포타미아 원통형 인장. 기원전 2100년경 수메르 우르 3왕조의 지배자 우르-남무로 보이는 인물이 통치권을 행사하는 모습. 초승달은 고대 메소포타미아 달의 신인 난나(Nanna), 또는 신(Sin)을 나타낸다.

문양의 동전에 나타난 것이다. 13세기 시리아 지역에서 통용된 무슬림 동전에는 초승달이 선명히 새겨져 있다. 종교적인 용도로 초승달을 쓴 때도 있다. 셀주크 튀르크가 1064년 아르메니아 대성당을 점령하여 모스크로 바꿀 때 성당 돔에 있던 십자가 대신 은빛 초승달을 걸었다고 한다. 15세기 메카 순례 증명서는 메카 성원 첨탑에 초승달이 있는 것으로 묘사한다. 일반 예술품으로는 이집트 파티마조 시대에 만든 초승달 모양 귀걸이가 있는데, 이것은 동로마 비잔틴 제국의 초승달 모양 귀걸이와 대단히 비슷하다.

초승달을 오늘날처럼 무슬림 세계에 널리 퍼뜨리고 전 세계가 이슬람의 상징으로 인식하게 만든 공로자는 오스만 튀르크 제국이다. 전설에 따르면 어느 술탄이 꿈에 초승달이 지구 한쪽 끝에서 다른 쪽 끝까지 뻗쳐 있는 것을 본 후 초승달을 길조로 판단하여 제국의 상징으로 삼았다고 한다. 그 꿈 탓일까? 오스만 튀르크는 1453년 동로마

로마 동전. 119~120년경에 만든 것으로, 앞면에는 로마 황제 하드리아누스(76~138)의 얼굴이, 뒷면에는 초승달과 별을 새겼다.

페르시아 파르티아제국 동전. 프라테스 4세(기원전 38년~기원후 2년). 왼쪽 얼굴 옆에 초승달이 별을 담고 있는 모습이 보인다.

13세기 동로마 트라페준토스 제국 수도 트라페준타에 세운 성 소피아 성당 돌 장식. 튀르키예 국기의 문양과 같은 초승달과 별이 가운데 있다. 오스만 튀르크가 점령하였고 현재는 튀르키예에 속한다.

모술 지역을 1219~1234년에 지배했던 나시룻딘 마흐무드 시대의 동전. 1229~1230년에 제조. 중앙에 누운 초승달이 있다.

기존 페르시아 사산조 동전에 아랍적 요소를 첨가한 아랍-사산 형식의 동전. 기존 페르시아 양식을 그대로 간직하되 왼쪽 동전 가장자리에 아랍어로 "하나님의 이름으로"라는 말이 쓰여 있다. 왕관 맨 위에 초승달이 별을 담고 있다. 또 그런 문양이 동전 양면 가장자리에 보인다(670~673년에 주조).

비잔틴 제국의 수도 콘스탄티노플을 점령하여 오늘날 이스탄불로 만들었고, 무슬림 세계를 장악하였다. 중세 이래 서구인이 생각한 무슬림은 바로 오스만 튀르크인들이었다. 튀르크인은 무슬림을 가리키는 대명사가 되었다. 그런 튀르크인들이 쓴 문양이 초승달과 별이다. 프랑스를 제외한 서구 가톨릭 국가의 신성 동맹군과 1571년 지중해 레판토에서 벌인 해전에 나간 오스만 튀르크군은 선박과 군기에 초승달과 별

오스만 튀르크 술탄 마흐무드 3세(재위 1808~1839)의 공식 서명(투그라Tughra). 오른편에 초승달과 별이 있다.

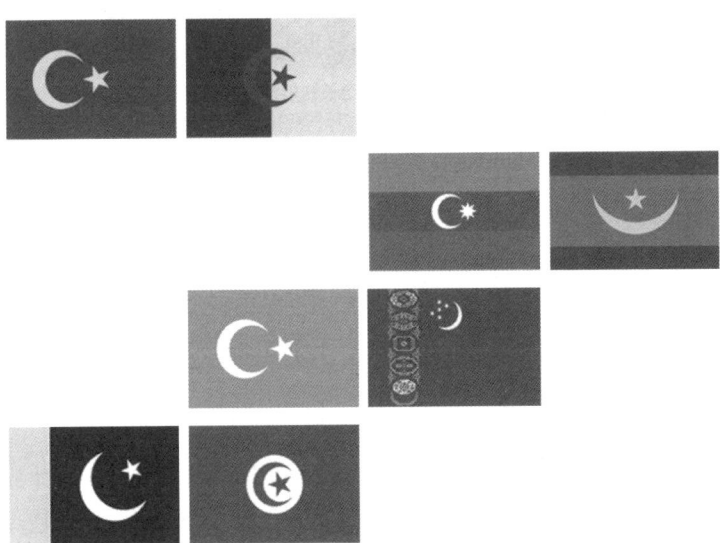

초승달 모양이 들어간 국기들
왼쪽부터 시계 방향으로 튀르키예, 알제리, 아제르바이잔, 모리타니, 투르크메니스탄, 신장웨이우얼 동투르키스탄, 튀니지, 파키스탄.

을 새겼다. 제국에서 공식적으로 군기를 채택한 것은 19세기에 들어서다. 오스만 튀르크 황제 셀림 3세 때 쓴 빨간 바탕에 초승달과 별이 들어간 군기가 오늘날 튀르키예 공화국 국기의 기본 모형이 되었다.

튀르키예를 뒤따라 튀니지를 비롯한 여러 무슬림 문화권 국가에서 초승달과 별을 국기 문양에서 중요한 상징물로 채택하였다. 이집트와 리비아는 오늘날 국기에서 초승달과 별을 찾아볼 수 없지만, 현재 국기를 사용하기 전에는 두 지역 모두 초승달과 별이 들어간 국기를 각각 1952년, 1969년까지 사용하였다. 초승달을 국기 문양에 사용하지 않더라도 별은 많은 무슬림 문화권 국가에서 사용하고 있다. 시리아, 모로코, 요르단, 타지키스탄 등을 예로 들 수 있다. 물론 여기서 별은 이슬람과 무관하다.

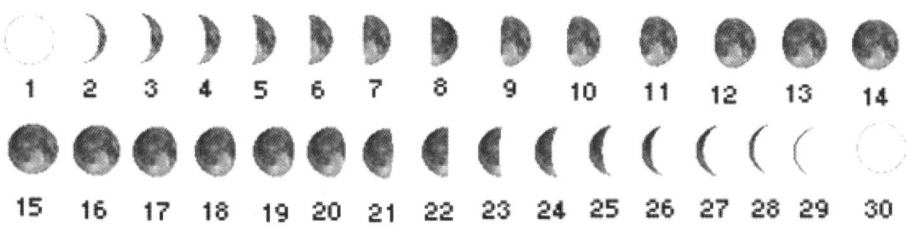

달이 변하는 모습. 2일에 보이는 것이 초승달. 29일이 그믐달이다.

여러 가지 초승달(왼쪽부터 그믐달 모양 초승달 문양, 누운 초승달 문양, 누운 초승달 문양, 실제 누운 모양으로 뜬 초승달).

그런데 국기에 등장하거나 이슬람 성원 첨탑에 솟은 초승달이 그믐달 형상을 한 경우가 적지 않다. 천문학적으로 엄밀히 말하자면 초승달은 오른쪽으로 볼록해야 한다. ⟨ 모양이 아니라 ⟩모양이어야 한다. 달이 지나가는 길이 태양과 다르기에 때에 따라 초승달은 그릇처럼 누워있는 모습, 즉 ‿ 모양으로 우리에게 나타나 물이 고인 것처럼 보이기도 하지만 ⟨ 모양은 아니다. 이는 그믐달이다.

적십자 대신 빨간 초승달 - 적신월(赤新月)

우리에게 너무나 익숙한 적십자(赤十字), 말 그대로 빨간 십자가는 전쟁과 재해 희생자와 굶주림에 허덕이는 사람들과 난민을 돕는 인도주의적 단체다. 1863년 제네바에서 시작한 적십자 운동은 스위스 국기의 빨간 십자가를 상징으로 사용한다. 그런데 1876년 튀르키예와 러시아가 전쟁할 때 튀르키예 부상자 구호단체가 무슬림 세계를 침략한 중세 십자군의 상징 십자가를 쓰는 적십자에 거부감을 표하며 빨간 십자가 대신 빨간 초승달, 즉 적신월(赤新月)을 상징으로 내걸었다.

이후 국제적십자사는 적십자와 함께 적신월을 국제구호단체 표장으로 공식 인정하였고, 십자가나 초승달을 문화적 이유로 받아들이지 못하는 나라의 구호단체를 위해 문화 중립적인 빨간 수정(水晶)을 대체 표장으로 지정하였다. 그래서 현재 국제적십자사의 공식 상징은 적십자, 적신월, 적수정, 이렇게 셋이다. 우리나라는 별 거부감 없이 적십자를 쓰고 있다. 그러나 이스라엘은 적십자, 적신월, 적수정 모두

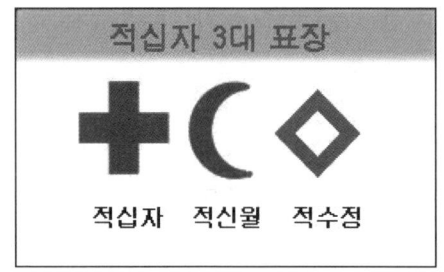
적십자 3대 표장.

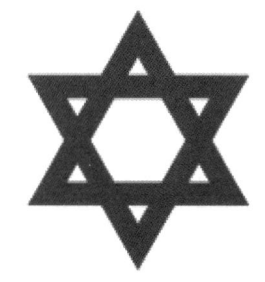
이스라엘이 사용하는 붉은 다윗별.

를 모두 거부하고 붉은 다윗의 별을 구호 표시로 쓰면서 국제 기호로 인정해달라고 요구하고 있다. 이처럼 초승달은 무슬림 문화를 대표하는 국제적 상징이 되었다.

이슬람의 상징이 된 초승달과 별

초승달과 별 문양은 이슬람 이전 고대 메소포타미아 지역을 비롯한 여러 문명권에서 사용해왔다는 것을 앞에서 밝혔다. 그 어느 무슬림보다도 이를 즐겨 쓴 오스만 튀르크 제국 때문에 현대인은 초승달과 별을 무슬림과 관련지어 생각한다. 무슬림 중에는 초승달과 별을 이슬람적으로 해석하기도 한다. 이에 따르면 예언자 무함마드가 하나님으로부터 첫 계시를 받을 때 초승달과 샛별이 한데 어울려 떠 있었던 데에서 초승달과 별이라는 이슬람적 문양이 시작되었다는 것이다. 인간에게 하나님이 진리를 내려보내는 표징이라는 말이다.

"진실로 하나님은 거룩한 밤에 이 계시를 내리나니"라는 꾸란

97장 1절 말씀을 근거로 무슬림은 예언자 무함마드가 하나님의 계시를 라마단 달 권능의 밤에 받았다고 믿는다. 보통 라마단 달 27일 밤을 권능의 밤으로 여기지만 확실하지는 않다. 그러나 그날 과연 초승달과 샛별이 같이 떴을까? 무함마드에 관한 초기 기록은 그의 예언자 체험이 라마단 월 밤에 이뤄졌다고는 하지만 초승달이나 별 이야기는 없다. 이는 후대 호사가들이 만든 이야기에 불과하다. 물론 계시가 내린 신성한 밤이니 보기 좋게 초승달과 샛별이 함께 있다면 보기에 훨씬 더 좋았을 것이다.

초승달과 크루아상

대표적 프랑스 빵으로 알려진 크루아상(croissant)은 프랑스어로 초승달을 뜻한다. 생긴 모양이 초승달이라서 그런 이름이 붙었다. 그런데 이 빵의 유래와 관련해서 재미있는 이야기가 전해온다. 오스만 튀르크군이 1683년 빈(Wien), 또는 1686년 부다페스트를 공격할 때 성으로 들어가고자 성벽 아래로 밤새 터널을 파고 있었다. 이를 성안에서 밤늦게까지 일하던 어느 제빵사가 발견하고 아군에 알려 튀르크 군을 물리쳤다. 그 제빵사는 결정적 제보를 한 공로로 무슬림의 상징인 초승달 모양의 빵을 만드는 독점 권리를 받음으로써 크루아상이 세상에 처음 선보였다는 이야기다. 또 다른 이야기로는 이보다 훨씬 거슬러 올라가 732년 프랑크 왕국의 샤를 마르텔이 오늘날 프랑스 지역인 프와티에에서 무슬림 군을 무찌른 것을 기념해서 만들어 먹었다는 것이다. 1529년 오스만 튀르크의 제1차 빈 포위 때나, 1536년 프랑스와 1세(au Grand Nez)와 오스만 튀르크 술탄 술레이만 대제가 동맹을 맺은 것을 기념해 만들었다는 이야기도 있다. 이슬람의 상징인 초승달 모양으로 빵을 질겅질겅 씹어 먹으며 전투욕을 불태웠거나, 승리 후 기념으로 초승달 모양 빵을 먹었다는 이야기로, 진위는 모두 확인할 수 없다.

다만 음식 역사가들은 오스트리아의 키페를(Kipferl)을 크루아상의 기원으로 보고 있다. 초승달 모양의 이 빵은 1755년 오스트리아 빈에서 태어나 1770년 프랑스의 루이 16세와 결혼하여 베르사유로 이사한 마리 앙투아네트가 즐겨 먹었다고 한다. 고국의 음식을 그리워해 궁정 제빵사에게 만들어달라고 하여 크루아상이 시작되었다는 이야기가 있으나 확인하기는 어렵다.

확실한 것은 1853년에야 비로소 처음으로 프랑스 문헌에 크루아상이라는 단어가 등장했다는 사실이다. 1839년에 오스트리아 사람 창(August Zang)과 슈바르처(Ernest Schwarzer)가 파리에 제과점 '빈(Boulangerie viennoise)'을 열어 키페를 판매했는데 그것이 크루아상의 기원이 되었다. 오늘날과 같은 크루아상의 제조법은 1906년에야 나온다. 즉, 1906년 이전에는 우리가 지금 먹는 크루아상이 없었다. 정말 무슬림 군대 무찌른 것과 크루아상이 관련 있는지 없는지는 모르지만, 한 가지 확실한 것은 1906년 이전에는 우리가 지금 먹는 크루아상이 없었다는 것이 아닐까.

다만, 유럽에서는 초승달을 이슬람의 상징으로 인식하였다. 그러다 보니 1920년 시리아를 정복한 프랑스의 승리를 십자가가 초승달을 이긴 것으로 해석하여, 다마스쿠스를 정복한 프랑스의 구로 장군이 살라훗딘의 무덤에서 "일어나, 살라훗딘! 우리가 돌아왔다. 십자가가 초승달을 눌렀기에 내가 여기에 있다(Réveille-toi, Saladin, nous sommes de retour. Ma présence ici consacre la victoire de la croix sur le croissant)."고 말했다고 한다.

그러나 구로가 한 말은 "살라딘, 우리가 돌아왔다(Saladin, nous voilà)."는 한마디뿐이었다고 후임인 레반트 고등판무관 퓌오(Gabriel Puaux)가 회고록에 남겼다. 그런데 퓌오는 구로가 그런 말을 한 자리에 없었다. 그 역시 전해 들은 이야기다. 더욱이 "살라딘, 우리가 왔다(Saladin, nous voici)."라는 말은 구로에 앞서 프랑스군을 이끌고 다마스쿠스에 진격한 구와베(Mariano Goybet)가 말한 것으로 전해지기도

2005년 9월 덴마크 유력 일간지 〈윌란스포스텐〉(Jullands Posten)이 이슬람 테러리즘에 대한 풍자를 담은 문제의 12컷 만평 중 하나. 터번을 두르고 수염을 기른 무슬림 얼굴을 초승달과 별로 장식하고 있는데, 무함마드를 묘사한 듯하다.

한다. 구로가 십자가와 초승달을 전혀 언급하지 않았을 가능성이 있지만, 그러한 말이 유통된 것은 무슬림 지역의 상징을 초승달로 보았기 때문이다.

덴마크 유력 일간지 〈윌란스포스텐*Jullands Posten*〉은 2005년 9월 30일 이슬람 테러 풍자 만평 12컷을 실었는데, 만평 중 하나가 터번을 두르고 수염을 기른 무함마드 얼굴을 초승달과 별로 장식한 것이다. 유럽 사회가 초승달과 별을 이슬람의 상징으로 널리 받아들이고 있다는 것을 고스란히 드러낸 장면이다.

그래서 크루아상을 금지하노라

사정이 이러다 보니 일부라 할지라도 무슬림이 십자가를 앞세운 유럽인에게 당한 치욕을 잊지 못하는 것은 어쩌면 당연한 일일는지도 모른다. 그러다 보니 크루아상 유통을 금지하고픈 욕망이 똬리를 틀만 하다. 아니나 다를까, 시리아가 내전의 소용돌이에 빠져 있던 2013년 7월, 반군이 장악한 제2의 도시 알레포를 공격하던 정부군은 크루아상을 금지하는 파트와(Fatwa, 이슬람법 해석 의견)를 발견하였다. 셰이크 아부 무함마드(Shaykh Abu Muhammad)의 명의로 "초승달 모양은 유럽인이 무슬림을 무찌른 것을 기념"하기에 먹어서는 안 된다고 명시한 파트와를 다음과 같이 발행했다.

알라를 찬미하며, 알라의 사도와 그의 가족, 동료, 사도를 따르는 사람들에게 축복과 평화가 있기를 바라며.

알레포의 샤리아 당국은 학자 압둘 마지드 후세인(Abd al-Majid Hussein) 박사와 학자이자 연구자인 알리 빈 나이프 앗샤후드(Ali bin Nayf al-Shahud)가 쓴 『과거의 정통성과 미래의 희망 사이의 이슬람 문명』이라는 책이 제공하는 정보를 근거로, 이른바 "크루아상"을 금지하기로 했다. 이 책에 따르면, 바티칸의 기독교 교황이 이슬람의 진격을 막기 위해 유럽의 군대를 동원했다. 오스만 튀르크 무슬림이 사파비 제국의 음모로 빈 성문 앞에서 멈추지 않았다면 성 베드로 대성당의 탑에서 예배를 알리는 소리가 들렸을 것이다. 그 후 프랑스어로 이슬람 초승달을 의미하는 "크루아상" 빵은 초승달 모양으로 만들어 유럽인이 축제일에 먹으며 무슬림을 이긴 것을 기뻐했다. 초승달은 이슬람 칼리파 국가의 상징이었다. 샤리아 당국은 이교도 음식을 피하고 그들의 음식과 의복을 모방하지 말며, 크루아상을 아랍 및 이슬람 빵으로 대체할 것을 요구한다.[1]

1906년에야 만드는 법이 나오기 시작한 크루와상은 이처럼 무슬림과 그리스도인 간 격돌의 상징으로 유럽 그리스도인과 중동·북아프리카 무슬림의 입에 오르내린다. 물론 그렇다고 무슬림 지역에서 크루아상을 소비하지 않는 것은 절대 아니다. 먹고 있었기에 알레포에서 이슬람주의 반군이 유통을 금지한 것이다.

조롱은 하지 말고

역사적으로 보면 잘못된 해석이지만 중요한 것은 역사적 사실 여부를 떠나 현재 무슬림 문화권에서 초승달과 별이 광범위하게 쓰이고 있는 대표적 상징물이라는 현실을 인식하는 것이다. 비록 지식층을 비롯해 많은 무슬림이 초승달과 이슬람 신앙의 연관성을 부인하고 있지만, 대중적 차원에서는 여전히 매력적인 상징임은 분명하다. 신앙의 차원이 아니더라도 문화적 차원에서 이슬람적이라고 받아들이기 때문이다. 그렇기에 미 육군에서는 국립묘지에 묻히는 무슬림 군인들을 위해 초승달과 별이 들어간 문양을 비석에 새기는 공식 문양으로 지정하였다. 이처럼 초승달과 별은 적어도 대외적으로 이슬람 문화적 상징으로 굳어져버렸다. 따라서 되도록 초승달 문양에 대해 조심스러운 태도를 견지하는 것이 현명하다. 특히 국기에 초승달을 채택한 나라 사람들에게는 더더욱 진중한 자세를 보여야 한다.

이런 점에서 미국 에너지부에서 에너지 절약 정책의 하나로 전원 관리 절전 스위치 표시에 관해 쓴 제안서는 눈길을 끈다. 현재 미국 내에서는 절전 버튼 표시로 초승달을 많이 사용하고 있는데 이슬람 문

미 육군 국립묘지 문양(왼쪽부터 불교도 미군, 유대인 미군, 그리스도인 미군, 무슬림 미군).

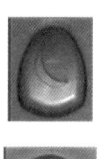    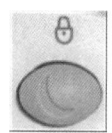
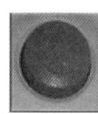   

사무용 기기에 사용하고 있는 절전 표시 초승달 문양 스위치나 버튼.
국내에서 사용하는 컴퓨터 자판에도 있다.

크루아상이 정말 무슬림 초승달에서 왔을까(좌)? 크루아상(중) 라마단을 기념하여
코카콜라사가 제작한 캔콜라. 오른쪽 위에 그믐달 모양 초승달이 그려져 있다(우).

화권의 초승달과 혼동하거나 의도치 않게 비하하지 않기 위해 세세한 지침을 내리고 있다. 무엇보다도 초승달 문양을 절전 표시로 쓰는 것이 무슬림의 마음을 상하게 하는 것은 아닌지 이슬람 전문가의 조언을 구하였고, 그 전문가는 무슬림 학생과 학자 동료들이 전혀 문제될 것 없다고 했다는 여론 조사 결과를 통보했다. 보고서는 더 나아가 절전 표시로 초승달 문양을 쓰더라도 적신월사의 붉은 초승달과 혼동하지 않도록 빨간색을 입히지 말라고 하며, 별을 쓸 때 이슬람 초승달로 보이지 않도록 절전 표시 초승달과 붙여 쓰지 말고 그 주변에 널리 퍼지게 장식하라고 충고한다.

한편 상업적으로도 초승달은 좋은 마케팅 재료가 된다. 코카콜라사는 2008년 라마단을 기념하여 무슬림의 사랑을 얻고자 캔에 초승달과 별을 새긴 라마단 기념 콜라를 만들어 시판에 나섰다. 상징은 돈벌이에도 도움이 되나 보다. 크루아상을 먹으면서 라마단 기념 코카콜라를 마시면 어떤 느낌이 들까? 그런 우스꽝스러운 생각을 해본다. 좀 더 열린 마음으로 유럽인이 무슬림을 이해하고 문화를 존중할 수는 없을까? 초승달과 별은 참 아름다운데, 사람은 그렇지 못한 것 같아 안타깝다.

part 2

문화의 기억

엘 시드의 노래

기독교와 이슬람의 조우 속 저항의 기억[1]

민원정

경계에서 피어난 문화

문화적 저항과 융합은 상치하는가? 이 글은 이러한 질문에서 시작해 중세 스페인의 서사시 『엘 시드의 노래 *El Cantar de Mío Cid*』를 통해 기독교와 이슬람의 조우 속에서 형성된 저항의 기억과 문화적 혼종의 함의를 탐색하고자 한다. 사람이나 공동체가 낯선 문화를 접할 때 보이는 반응은 크게 저항, 수용, 그리고 혼종(Hybridity)으로 나뉜다. 저항은 낯선 문화로 인해 사람들이 자신의 정체성, 가치관, 혹은 생활 방식이 위협받고 있다고 느낄 때 발생한다. 수용은 낯선 문화의 일부를 받아들이거나 그에 적응하는 것을 뜻하고, 혼종은 서로 다른 문화가 융합되어 익숙한 문화와 낯선 문화의 요소를 결합한 새로운 혼합의 형태를 만들어내는 것을 의미한다. 이러한 과정에서 개인이나 공동체는 종종 다양한 문화의 요소들이 인식하지 못한 채 일상에 점차 미묘하게 융합되어 가는 과정을 경험한다. 혼종성이 무의식의 층위에서 내재화되는 일은 시간이 지남에 따라 서서히 일어나며, 외부의 영향은 일상생활, 전통, 그리고 관습에 통합되어 결국 개인이나 공동체에 자연스럽고 '정상적인' 것으로 느껴지게 된다.

711년 이베리아반도를 침략한 이슬람 세력은 7년여에 걸친 전쟁 끝에 정복에 성공했다. 이는 1492년 스페인이 그라나다를 정복할 때까지 이슬람 문명의 위대한 업적 중 하나일 뿐만 아니라, 이베리아반도의 기독교가 이슬람과의 저항과 조우 속에서 이루어낸 혼종의 문화가 아메리카 식민지 대륙에까지 전파되는 계기가 되었다. 이슬람이 이베리아반도를 침략한 이유에 대해서는 여러 가설이 있다. 그중 당시 스페인을 통치하던 비시고트(5세기~8세기)의 폭군 로드릭(Roderick)으로부터 억압을 받고 있던 기독교 지도자 훌리안(Julian)이 북아프리카의 통치자 무사 이븐 누사이르(Musa ibn Nusair)에게 도움을 청하러 간 일이 시발점이었다는 설이 가장 유력하다. 무사 이븐 누사이르의 명령을 받은 젊은 장교 자발 앗-타리크(Jabal At-Tariq)는 약 7천 명의 군인을 이끌고 지브롤터 해협을 건넜다. 이는 외견상 스페인을 돕기 위한 것이었지만, 실상은 도움을 구실로 무슬림 영토를 확장하려는 전략적 행보였다. 무슬림 군대는 비시고트 군대를 가볍게 제압했고, 국왕 로드릭이 전투에서 사망함으로써 전쟁은 종결되었다. 그러나 자발 앗-타리크는 아프리카로 돌아가지 않고 비시고트의 수도였던 톨레도(Toledo)를 정복하고, 이듬해에는 무사 이븐 누사이르가 직접 아랍 군대를 이끌고 이베리아반도로 진격해 메리다(Mérida)를 함락시켰다.

713년, 자발 앗-타리크와 합류한 무사 이븐 누사이르는 북진을 거듭하며 사라고사(Zaragoza)는 물론 스페인 북부 산악 지역까지 점령했다. 이에 714년, 칼리프(Caliph)는 무사 이븐 누사이르와 자발 앗-타리크를 시리아로 소환했으나 720년경에는 스페인 영토의 대부분이 무슬림의 지배 아래 들어갔다.[2)]

이슬람 군대가 단기간에 스페인을 정복할 수 있었던 것은 동질적 통합을 이루지 못한 이베리아반도 내 비시고트 사회의 내부적 약점 때문이다. 당시 스페인에는 이베리아반도인 기독교도와 고트족 기독교도뿐만 아니라 기독교도들로부터 박해받던 유대인들이 있었다. 그러나 이베리아반도의 이러한 사회적, 정치적, 경제적 요인들 덕에 이베리아반도를 손쉽게 점령한 이슬람 지배 세력 또한 다양한 국적과 민족으로 구성되어 있었고, 이들 중 대부분은 동기가 불확실한 개종자였기에 일관된 통치 체제를 확립하는 데 어려움을 겪었다. 711년부터 718년까지 진행된 이슬람의 스페인 정복 과정에서 이슬람 군대는 아라비아반도 출신의 아랍인뿐만 아니라 북아프리카의 아랍인을 비롯해 서로 다른 인종적, 종교적, 문화적 배경을 가진 구성원으로 이루어져 있었다. 특히 아랍 군대에 속해 있던 북아프리카의 베르베르족은 이슬람으로 개종한 지 얼마 되지 않은 상황이었는데, 이는 당시 급속하게 확대되던 아랍의 문화적, 사회적 다양성을 의미했다. 유목과 부족 문화를 기반으로 한 아랍 엘리트들은 스페인과 같은 외국에서 군사 작전을 수행할 때 이들 베르베르의 지원에 크게 의존해야 했다.[3)] 군대 일부는 또한, 기독교나 유대교 배경을 가진 사람들이었다. 이슬람 군대의 다양한 종교적 배경은 이후 이슬람의 스페인 통치에서도 중

성 페드로 데 카르데냐(Monasterio de San Pedro de Cardeña) 성당에 있는 엘 시드의 무덤.

요한 역할을 했으며, 비이슬람들은 종교와 관행의 혼합을 허용하는 이슬람의 딤미[4] 제도 아래서 일정 수준의 종교적 자유를 누렸다.

7세기에 걸친 아랍의 지배 기간 중 이베리아반도에는 저항과 융합의 격변 속에서 혼종의 문화가 형성되었다. 저항은 흔히 변화나 움직임에 반대하는 힘으로 여겨지지만, 이것이 반드시 완전한 중단이나 단절을 의미하지 않는다는 증거다. 오히려 저항은 단지 방식이 다를 뿐(진행이 느려지고, 적응하거나 심지어 변형되면서도) 여전히 앞으로 나아갈 수 있는 공간을 만들어준다. 탈식민지 맥락에서 문화적 저항을 논한 호미 바바(Homi K. Bhabha)는 저항은 완전한 분리를 만드는 대신 혼합된 정체성을 형성한다고 주장했다.[5] 여기서 저항은 과거 전통으로부터의 완전한 단절이 아니라 지속적인 문화적 진화의 일부다. 이러한 의미에서 이 글은 '저항은 문화 혼용의 과정'이라는 전제 아래 이베리아반도에 기독교와 이슬람 공동체가 공존하던 재건 기간 중 발생한 복잡한 문화적 상호작용을 고찰하려고 한다.

기억의 장소 알 안달루스(Al-Andalus)

저항은 단순한 단절이 아니라 적응과 변화, 나아가 진화의 필수적인 요소가 될 수도 있다. 이 글에서는 현존하는 가장 오래된 카스티야 서사시이자 중세 스페인 문학에서 가장 중요한 구전 문학 작품 중 하나인 『엘 시드의 노래』를 통해 문화적 융합과 그 흔적이 남긴 기억을 조명하고자 한다. 12세기경 쓰였다고 알려진 이 작품은 카스티야의 전설적인 기사 로드리고 디아스 데 비바르(Rodrigo Díaz de Vivar, 1043~1099)의 삶과 업적을 다룬다. 작품의 배경은 무슬림 통치 지역인 알 안달루스(Al-Andalus)이며, 주제는 명예, 충성, 정의 추구이다. 중세 스페인 사회에 대한 통찰과 레콩키스타(Reconquista) 시대의 가치, 이베리아반도에서 기독교와 이슬람 문화의 융합을 보여준다는 점에서 이 작품은 역사적, 문학적으로 중요한 가치를 지닌다. 레콩키스타는 '국토 회복 운동'을 뜻하는 스페인어로, 약 7세기 반에 걸쳐 이베리아반도에서 기독교 왕국들이 이슬람 세력을 축출하고 영토를 회복하는 일련의 과정을 의미하는 용어이다. 이 과정에서 다양한 문화적 요소가 혼합되었으며, 이러한 흔적은 『엘 시드의 노래』에서 뚜렷하게 드러난다.

엘 시드(El Cid)는 실존 인물로서 이베리아반도 중심부의 카스티야(Castilla) 왕국에서 왕실 군대의 사령관이자 뛰어난 전사로 활약했다. 카스티야 왕국은 당시 이베리아반도의 대부분을 정복했던 이슬람 무어인들과 자주 충돌했고, 엘 시드는 이 과정에서 전공을 세우며 스페인의 국가 영웅으로 자리매김했다. 따라서 그의 삶을 둘러싼 수많은 신화와 전설이 후대에 전해졌다. 역사적 기록에 허구를 더한 익명의 서사시 『엘 시드의 노래』는 망명과 초기 모험, 국토 회복 운동과 복권, 복수와 구원, 이렇게 세 부분으로 구성되어 있다.

1부 '망명과 초기 모험'은 엘 시드를 질투하는 귀족들이 그가 세금 일부를 훔쳤다고 퍼뜨린 거짓 소문을 믿은 알폰소 왕에 의해 추방되고 노년기에 발렌시아를 정복하는 업적을 이야기한다. 엘 시드는 망명 중에도 명예를 지키며 충성을 증명하려 노력한다. 그는 충성스러운 추종자들을 모아 여러 전투에서 무어인과 싸워 중요한 승리를 거두며 명성과 재산을 획득하고 전사로서의 확고한 명성을 쌓는다.

2부 '국토 회복 운동과 복권'은 엘 시드가 재산과 영토를 얻으면서, 이전에 그를 추방했던 레온(León)과 카스티야의 알폰소 6세 왕으로부터 용기와 공헌을 인정받기 시작하는 이야기를 다룬다. 엘 시드는 자신의 명예를 회복하고 화해를 추구하기 위해 정치적 음모의 복잡성을 헤쳐 나가는 과정에서, 동맹을 강화하고 지위를 회복할 의도로 딸 엘비라(Elvira)와 솔(Sol)을 카리온(Carrión)의 왕자들과 혼인시키려 한다. 그러나 이 계획은 실패하고 왕자들이 딸들을 학대하고 가족의 명예를 존중하지 않으면서 갈등이 발생하게 된다.

3부 '복수와 구원'에서 엘 시드는 가족의 명예를 회복하기 위해 복수를 시작한다. 엘 시드가 딸들을 모욕한 왕자들과 맞서는 부분은 명예와 정의라는 주제를 강조하는 극적인 결투로 묘사된다. 엘 시드는 결투에서 승리함으로써 알폰소 왕과의 합의를 이끌어내고, 귀족 전사이자 왕국의 영웅으로서의 입지를 확고히 한다.

엘 시드의 유산은 존경받고, 그는 기사도, 명예, 그리고 스페인 정신의 상징으로 묘사된다. 충성, 명예, 구원, 그리고 정체성은 작품 전반에 걸쳐 중심 주제로 나타난다. 또한, 기독교인과 무슬림 간의 상호작용은 레콩키스타 시대 중세 스페인의 문화적, 사회적 역동성을 강조함으로써 이 서사시는 역사적 서사로서뿐만 아니라 그 시대의 가치와 이상을 강화해, 스페인 문학과 국가 정체성의 초석이 된다. 이 글에서는 작품의 역사적 사실과 허구성에 대한 논의는 피한다.

『엘 시드의 노래』에서 알 안달루스는 레콩키스타 시대의 문화적, 정치적 복잡성을 강조하는 핵심 공간으로 등장한다. 원래 알 안달루스는 711년부터 11세기 초까지 무슬림이 지배한 이베리아반도 전체를 지칭하던 아랍어 명칭이었다. 아랍어로 안달루스는 '반달족(Vandals)의 땅'을 의미했는데, 11세기에 들어 이베리아반도의 기독교도들이 반도를 재정복하기 시작하면서 무슬림 통치 지역만을 의미하게 되었고, 오늘날 스페인의 안달루시아가 되었다. 지브롤터 해협과 맞닿은 이 지역은 중세 이베리아에서 기독교도와 무슬림이 공존하던 공간이자 아랍-무슬림 문명의 상징으로 자리잡았다. 작품에서 무슬림 지배 아래 놓인 알 안달루스는 단순한 적대적 영토가 아닌 기독교와 무슬림의 다층적 상호 작용이 이루어지는 공간으로 묘사된다. 특히 레콩키스타의 맥락에서 알 안달루스는 문화적 기억과 저항을 상징하는 은유로 기능한다. 무슬림 지배하의 이베리아 영토를 배경으로 한 『엘 시드의 노래』에서 알 안달루스는 단순한 물리적 공간을 넘어 스페인에 남아 있는 무슬림 문화의 지속적인 영향을 상징하는 요소로 그려진다. 엘 시드로 알려진 로드리고 디아스 데 비바르는 무슬림 세력과 전투를 벌이면서도 발렌시아를 정복한 후에는 무슬림 전통을 존중하며 동맹을 형성하고 유지하는 실용적인 통치 방식을 취한다. 그는 기독교인, 무슬림, 유대인이 공존할 수 있도록 배려했으며, 세금을 관리하고 경제를 감독할 무슬림 행정관을 임명하여 기존 행정 시스템을 유지했다. 이러한 접근 방식은 기독교 동맹군의 군사력에만 의존하지 않고 지역의 지원과 자원을 활용함으로써 그가 권력을 공고히 하는 데 기여했다.[6]

알 안달루스는 익숙하면서도 낯선 '역사적 타자'로서, 중세 이베리아에서 다양한 문화적 혼합과 저항이 얽힌 복잡한 층위를 구현한다. 이 지역은 문화적 기억과 저항이라는 이중적 상징성을 지니며, 특히 콘비벤시아(Convivencia)—기독교인, 무슬림, 유대인이 비교적 조화롭게 공존했던 다종교 사회의 기억—를 되살리는 중요한 역할을 한다.

『엘 시드의 노래』에서 콘비벤시아 개념은 주인공 로드리고 디아스 데 비바르와 무슬림 지도자 아벤갈본(Abengalbón) 사이의 동맹을 통해 은밀하게 드러난다. 아벤갈본은 엘 시드의 가족과 자원을 보호하는 신뢰할 수 있는 조력자로 등장하며, 기독교와 무슬림 관계가 단순한 적대가 아니라 상호 존중과 실용적 협력의 형태로 묘사된다. 이는 기독교와 무슬림의 갈등을 이분법적으로, 즉 극단적으로 다룬『롤랑의 노래』와 대조적이다.『엘 시드의 노래』는 무슬림 인물들과의 관계를 실용적이고 외교적인 태도로 그리며, 중세 이베리아에서의 기독교-무슬림 상호 작용을 보다 균형 잡힌 시각에서 서술하고 있다. 이러한 동맹은 무슬림 문화에 대한 존중을 상징하며, 알 안달루스가 이베리아반도에 기여한 풍부한 문화적 유산을 상기시키는 역할을 한다. 알 안달루스는 또한, 정복의 획일화된 힘에 맞서 지역 정체성을 지키는 저항의 상징이기도 하다.

엘 시드의 실용적인 접근 방식은 현지 무슬림 지도자들과 관습을 존중하며, 기독교 지배에도 불구하고 알 안달루스의 문화적 가치가 지속됨을 암시한다. 저항은 직접적인 갈등이 아닌 문화적 관습의 보존과 적응을 통해 표현되며, 권력이 변화하더라도 알 안달루스의 영향력이 여전히 견고하게 남아 있음을 시사한다. 결국, 알 안달루스는 단순한 정복의 대상이 아니라 기독교와 무슬림 문화가 얽혀 형성된 기억과 저항의 공간으로 중세 이베리아 사회의 복잡성을 강조하며, 레콩키스타 이후에도 완전히 사라지지 않는 문화적 공존과 긴장의 흔적을 보여준다고 할 수 있다.

레콩키스타, 이국적 타자

이베리아 십자군이라고도 불리는 레콩키스타, 즉 국토 회복 운동은 8세기경 무어인이 정복하고 지배하던 포르투갈과 스페인의 남부 지역(당시 알 안달루스)을 해방하기 위해 11세기에서 13세기 사이에 전개된 군사적, 종교적 운동이었다. 레콩키스타에는 바티칸 교황들의 지원하에 유럽 전역에서 기독교 기사들과 주요 군사 기사단이 참여했으며, 13세기 말에는 무슬림의 마지막 요새인 그라나다를 제외한 대부분의 영토를 기독교 세력이 회복했다.[7]

레콩키스타는 단순한 영토 회복 이슈를 넘어 정치, 경제, 종교적 함의를 띤 역사적 사건으로 평가되어야 한다. 정치적으로 이 시기는

스페인 안달루시아 그라나다에 있는 알람브라 궁전.

군주제에 대한 충성과 주군과 봉신 간의 봉건적 유대의 중요성을 강조한다. 『엘 시드의 노래』에서 엘 시드가 경험하는 추방으로부터 명예 회복까지의 여정은 당시 스페인 기독교 왕국들이 무슬림 지배로부터 영토를 되찾기 위해 분열을 극복하고 통합과 안정을 추구했음을 보여준다. 그가 결국 알폰소 왕과 화해하는 장면은 왕실에 대한 충성을 상징하며, 기독교 국가의 더 큰 이익을 위해 개인적인 불만은 제쳐두어야 함을 시사한다. 따라서 이 서사시는 군주제에 대한 충성과 봉사, 그리고 기독교 통치 아래 스페인을 통합하기 위한 공동의 목적이라는 사상을 강조한다. 그러나 엘 시드는 군주에게 충성스러운 봉신을 넘어 대중이 이상적인 전쟁 영웅으로서 여길 만한, 그리고 문학적 인물로 창조되기에 적합한 여러 요소를 갖춘 역사적 인물이었다. 주인공의 이름 엘 시드는 아랍어에서 유래한 이름으로 '군주(Lord)'를 뜻한다.[8] "영주와 봉신 관계 모두의 모델을 제시하는" 엘 시드를 통해 이 서사시는 "용기, 협동, 자기희생, 솔직함, 충성심, 그리고 우정을 찬미한다." 또한, 공정한 봉신 관계의 개념을 찬양하는데 "진정한 영주는 자신을 지지하는 사람들을 지원하기 때문"이다.[9]

　레콩키스타는 단순한 영토 회복을 넘어 기독교 통치자들에게 경제적, 전략적 기회를 제공한 역사적 사건이었다. 남부 안달루시아를 포함한 비옥한 농지, 교역로, 주요 요충지를 장악하면서 기독교 왕국들은 새로운 경제 기반을 구축하고 지중해 및 유럽 지역과의 교류를 확대할 수 있었다. 영토 확장과 함께 자원은 기독교 기반 시설을 강화하는 데 재분배되었으며, 특히 정복을 도운 귀족, 군사 지도자, 그리고 종교 기관들은 대규모 토지와 부를 보상으로 받았다. 이러한 과정에서 카스티야를 비롯한 여러 지역에서 대규모 영지인 라티푼디움 (Latifundium)이 형성되었다. 그러나 이러한 재분배는 동시에 부와 권력을 엘리트 계층에 집중시켜 경제적 불평등을 심화시켰다. 또한, 레콩키스타 이후 농업, 무역, 다양한 수공업 등에서 중요한 역할을 했던 많은 무슬림과 유대인들이 추방되거나 개종을 당하면서 그들이 운영하던 특정 산업이 정지되고 지역 사회에 일시적인 경제적 공백을 초래했다. 특히 남부와 중부의 대규모 영지들은 집약적인 농업보다 방목을 중시하는 경제 구조로 변화하면서 다양한 작물 재배보다는 양모 생산에 집중하는 방향으로 변화했고, 이는 장기적으로 농업 생산성에 부정적인 영향을 미쳤다.[10]

레콩키스타가 종료된 1492년은 스페인이 해외 탐험에 관심을 갖기 시작한 시기와 맞물렸다. 새로운 무역로 개척과 부의 원천을 찾고자 했던 스페인 군주들은 원정을 적극적으로 지원했고, 이는 크리스토퍼 콜럼버스의 항해를 포함하여 아메리카 대륙의 발견으로 이어졌다. 식민지에서 유입된 막대한 부는 스페인 경제를 단기간 활성화하는 데엔 성공했지만 인플레이션을 초래했고, 수입된 부에 지나치게 의존하는 결과를 낳았다. 이러한 경제적 불균형은 시간이 지나면서 스페인의 경제를 쇠퇴시키는 요인으로 작용했다.

종교적으로 『엘 시드의 노래』는 엘 시드를 개인의 명예뿐만 아니라 기독교의 대의를 위해 투쟁하는 경건한 기사로 묘사하며, 기독교적 가치와 이상을 강조한다. 크리스토퍼 티어만(Christopher Tyerman)은 이베리아반도의 레콩키스타와 근동의 다양한 십자군을 비교하면서 스페인 기독교 전쟁의 일관성은 확인이 어렵다고 지적한 바 있다.

그는 이베리아반도의 기독교 지도자들이 세속적, 교회적 차원에서 교회의 지원과 면죄부를 받아 무슬림을 상대로 전쟁을 벌였지만, 이 전쟁은 "생존, 이익, 정복"의 문제로 남았다면서, 전쟁에 참여한 사람들이 진정 "초월적인 종교적 목적"이나 전쟁의 "영적 가치"에 이끌렸는지는 검증하기 어려운 문제라고 말했다.[11] 그런데도, 작품에서 무어인에 대한 엘 시드의 승리는 더 큰 기독교적 사명인 레콩키스타의 일환으로 그려지고 신의 개입과 역할이 강조된다. 엘 시드는 전투와 시련 속에서도 신에게 호소하고 기독교적 덕목의 모델이 된다. 그의 기도는 이슬람에 맞선 기독교의 수호라는 생각과 일치하고 그 시대의 십자군과 같은 열정, 그리고 레콩키스타와 관련된 영적 사명감을 강화하는 데 일조한다. 즉, 『엘 시드의 노래』에서 종교는 신성한 개입과 섭리, 등장인물의 행동과 행위를 형성하는 도덕적, 윤리적 틀, 순례의 의미, 그리고 당시의 종교적 갈등과 긴장을 대변하는 요소로 작동한다.

『엘 시드의 노래』에서 무어인을 정복하거나 몰아내야 할 "타자"로 묘사하는 것은 일종의 문화적 배제이자 혐오의 형태로 볼 수 있는데, 이는 무슬림을 이질적이고 불순한 상대로 정의하여 배척함으로써 기독교 정체성을 더욱 공고히 하려는 전략과 맞닿아 있다. 무어인을 이질적인 존재로 강조하는 이 시는 기독교 내 집단의 정체성을 강화하는 동시에 레콩키스타의 기독교적 순수성과 이베리아 영토 회복을 이데올로기화하는 서사와 맞물린다. 저명한 탈식민주의 이론가인 호미 바바는 문화 정체성, 혼종성, 그리고 재현에 관한 연구에서 "이국적 타자성(exotic otherness)" 개념을 제시했다.[12] 그가 제시한 이국적 타자성은 지배적인 문화가 소외된 집단을 근본적으로 다르고 종종 신비롭거나 '이국적'으로 묘사하는 방식을 포함한다. 이러한 과정은 소외된 집단을 일반적인 규범에서 벗어난 범주로 구분하여 고정관념을 강화하는데, 이는 식민지배자와 피지배자 간의 권력 역학을 더욱 공고히 한다. 바바에게 이국적 타자성은 단지 '타자'의 낭만화에 그치지 않으며, 통제의 전략을 포함한다. 차이를 강조함으로써 식민 권력과 현대 사회에서 지배적인 문화는 다른 집단을 소외시키며, 그들을 일련의 단순화된 특성이나 고정관념으로 축소한다. 바바는 또한, 혼종성의 가능성에 대해 논의하는데, 혼종성은 식민지배자와 피지배자의 정체성이 뒤섞이고 상호작용하는 공간으로, 이국적 타자성의 단순화에 저항할 수 있는 방안을 제공한다. 이 과정은 지배 문화가 규정한 식민적 고정관념을 거부하고, 보다 복잡하고 다층적인 정체성을 형성하는 기반이 된다.

바바의 '이국적 타자성' 개념은 『엘 시드의 노래』를 레콩키스타와 기독교-무슬림 관계의 맥락에서 분석할 수 있는 통찰력을 제공한다. 바바에 따르면, 이국적 타자성은 지배적인 문화가 소외되거나 '타자화'된 특정 집단을 근본적으로 다르거나 신비로우며 '이국적'인 존재로 묘사하는 과정으로, 이는 종종 사회적 계층 구조와 문화적 분리를 강화하는 도구로 활용된다. 그러나 바바의 혼종성 개념을 적용하면, 『엘 시드의 노래』는 단순한 이분법적 대립을 넘어, 특히 엘 시드가 무슬림 인물들과 상호작용하는 장면에서, 기독교와 무슬림 문화가 뒤섞이는 사례를 반영하는 서사로도 읽을 수 있다. 레콩키스타의 맥락에서는 기독교인과 무슬림이 대립하고 있지만, 이 서사시는 문화적 융합과 상호 존중의 순간도 드러내며, 단순히 대립적인 관점을 넘어서는 복잡하고 다층적인 정체성을 보여준다. 따라서 『엘 시드의 노래』는 기독교적 사명을 정의하기 위해 이국적 타자성을 사용하는 동시에, 기독교와 무슬림 사회 간의 갈등에도 불구하고 문화 교류가 일어나는 혼종성의 공간도 허용하고 있다.

저항의 기억 속 문화의 혼종

레콩키스타는 이베리아반도의 기독교 왕국들이 8세기부터 무슬림 지배하에 있던 영토를 되찾기 위해 벌인 장기간의 투쟁을 상징하며, 수 세기 동안 이어진 갈등은 분열된 기독교 왕국들 사이에서 통합의 힘으로 작용하고 공동의 목적과 민족 정체성을 형성하게 했다. 따라서 스페인 역사에서 레콩키스타는 영토 회복과 문화적 통합의 시기이자 국가의 정체성과 미래의 궤적에 깊은 영향을 미친 시기로 여겨진다. 정치적으로 스페인은 레콩키스타 이후 유럽의 주요 가톨릭 강국으로 자리잡았다. 그러나 아랍 문화, 건축, 지식의 영향은 스페인 사회에 깊이 뿌리내렸는데, 특히 안달루시아와 같은 지역에서는 언어, 예술, 과학, 건축과 같은 분야에서 그 영향이 여전히 뚜렷하게 나타난다. 레콩키스타는 단순한 군사 캠페인을 넘어, 스페인의 문화적, 종교적, 사회적 풍경을 형성하는 데 일조했다. 레콩키스타는 또한, 기독교를 스페인의 중심 통합 세력으로 강화하여 강력한 가톨릭 정체성을 확립하게 했으며, 가톨릭 군주 페르난도(Fernando)와 이사벨(Isabel) 아래에서 종교적, 정치적 통합의 토대를 마련하게 했다. 마침내 1492년 그

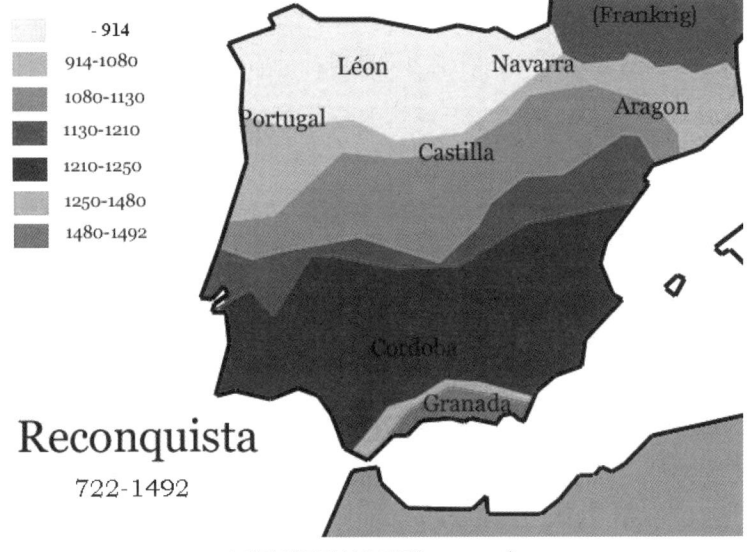

스페인 레콩키스타 지도(914~1492).

라나다 함락으로 레콩키스타가 완료되면서 스페인은 통일을 이룬다. 이후 신대륙 탐험과 해외 확장, 그리고 영향력의 황금기가 열리게 된다. 그러나 레콩키스타 이후 유대인과 무슬림의 강제 추방 정책은 스페인의 인구 구성과 사회 전반에 큰 변화를 일으켰고, 이는 결국 스페인의 제국적 야망을 식민지 아메리카에서 개진하려는 정책으로 드러난다.

『엘 시드의 노래』는 무슬림 인물들을 묘사하는 데 있어 이국적 타자성을 어떻게 사용하는지, 그리고 레콩키스타 동안의 더 넓은 사회적 계층 구조와 문화적 분리를 반영하는지 탐구하는 데 강력한 기반을 제공한다. 중세 스페인의 이상, 갈등, 그리고 사회적 가치를 통찰하게 해주는 역사적, 문화적 유물로서 이 작품은 엘 시드의 영웅성과 지속적인 유산을 기리며, 중세 스페인 기사들의 명예로운 삶을 상징한다. 중세 스페인을 배경으로 하고 있지만, 보편적 가치와 인간의 회복력을 탐구한다는 면에서 『엘 시드의 노래』는 역사적, 문화적 맥락을 넘어 오늘날에도 의미를 지닌다. 개인적, 사회적 화해를 이루기 위해 장애를 극복하는 이 이야기는 현대 사회에서도 복잡한 사회적, 문화적, 정치적 상황을 헤쳐 나가는 개인들에게 공감을 준다. 또한, 이 작품은 문화적 공존과 갈등에 대한 성찰을 불러일으킨다. 중세 스페인에서는 기독교와 이슬람 왕국이 공존하며 충돌하는 것이 일상이었지만 현대적 맥락에서 『엘 시드의 노래』는 문화적, 종교적 차이를 넘어선 협력, 관용, 이해의 가능성을 상기시켜준다는 점에서 시간과 공간을 초월하는 가치와 갈등을 반영한다.

로제루 2세의 대관복

9세기 이후 시칠리아에 남은 아랍-이슬람 문화

양정아

서로 다른 문화가 공존한 기억의 장소, 시칠리아

시칠리아는 유럽과 북아프리카, 동지중해를 잇는 지정학적 요충지로, 역사적으로 다양한 문화권의 사람들이 오가며 교류한 장소였다. 그 과정에서 이슬람, 기독교, 유대교의 문화가 공존하며 서로 영향을 주고받았고 시칠리아만의 고유한 문화가 형성될 수 있었다. 특히, 9세기가 시작된 아랍-이슬람 왕조의 통치 시기는 시칠리아의 정치, 경제, 문화 전반에 걸쳐 큰 영향을 미쳤다. 뒤이어 등장한 노르만 왕조(Norman of Kingdom)도 기존의 문화를 배척하지 않고 적극적으로 수용함으로써, 이 지역을 서로 다른 문화가 조화롭게 어우러지는 '기억의 장소'로 만들어갔다.

당시 시칠리아의 문화적 다양성과 통합, 그리고 공존의 역사를 시각적으로 담아낸 대표적인 유물이 바로 로제루 2세(Roger II)의 대관복(Mantle)이다. 대관복으로 널리 알려진 망토 위에는 아랍, 노르만, 비잔틴 문화가 복합적으로 표현되어 있다. 이 글에서는 로제루 2세의 대관복을 실마리 삼아 시칠리아에 남아 있는 문화적 공존의 유산과 이슬람의 자취를 찾아보고자 한다.

1134년 노르만 왕조의 수도 팔레르모에서 로제루 2세를 위한 망토가 제작되었다. 금실 자수와 보석으로 장식된 화려한 대관복을 자세히 살펴보면 한 가지 흥미로운 점을 발견할 수 있다. 반원형 가장자리를 따라 아름답게 수놓아진 아랍어 비문에서 눈길이 잠시 멈추고 의아함이 든다. 왜 노르만 왕의 대관복에 이전 왕조의 언어인 아랍어를 새겼을까? 아랍어 비문은 단순히 장식적 요소에 그치지 않는다. 당시 시칠리아에 남겨진 아랍과 이슬람 문화의 유산과 문화적 혼융을 보여주는 중요한 상징이라 할 수 있다. 다시 말해, 대관복은 왕의 의복이나 정치적 의미를 넘어, 9세기부터 시작된 이슬람과 기독교 문화의 상호 작용과 조화, 그리고 당시의 시칠리아 모습을 상징적으로 드러내고 있다.

로제루 2세는 다양한 문화적 전통을 포용하고 발전시키려 노력한 통치자였다. 그의 통치 아래서 아랍-이슬람 문화는 시칠리아에 깊이 뿌리내렸고, 그 흔적은 오늘날에도 곳곳에 남아 있다. 그렇다면, 이슬람 문화는 어떻게 시칠리아로 유입되었고, 로제루 2세 시기에 어떤 형태로 발전하게 되었을까? 지중해 최대 섬인 시칠리아에 현재까지 남아 있는 이슬람 유산은 무엇이며, 우리에게 어떤 이야기를 해줄까? 여러 궁금증을 따라가면서 문화 혼융의 장소, 시칠리아를 들여다보자.

시칠리아 이슬람의 시작

약 1200년 전, 이탈리아 남부의 아름다운 섬 시칠리아에 무슬림이 정착하기 시작하였다. 이슬람은 7세기 아라비아반도 메카에서 발흥한 이후, 북아프리카와 지중해 지역까지 빠르게 확산되었다. 이러한 확장의 흐름 속에서 이프리키야(Ifriqiya, 튀니지와 알제리 동부 일부)를 통치하던 아글라조(Aghlabids)가 827년 시칠리아 서부 마자라(Mazara)를 정복하면서 아랍 무슬림들이 본격적으로 시칠리아에 유입되었다. 이로써 시칠리아에서 이슬람사의 막이 올랐다.

시칠리아 이슬람의 역사는 약 400년에 걸쳐 이어지며, 크게 두 시기로 나눌 수 있다. 하나는 이슬람 왕조의 직접 통치 시기, 그리고 노르만 왕조하에서 피지배계층으로 살아간 시기이다. 시칠리아 이슬람 직접 통치기에는 단일한 이슬람 왕조가 지배한 것은 아니다. 아글라조, 파티마조(Fatimids), 파티마조가 임명한 칼브조(Kalbids)가 이 지역을 차례로 다스렸다. 이슬람 왕조가 시칠리아를 직접 통치한 시기는 827년에서 1061년이다. 827년부터 909년까지는 아글라조, 909년부터 1061년까지 파티마조 치하에 있었고, 파티마조의 승인을 받은 칼브조가 947년부터 1053년까지 이 지역을 맡아 자체적으로 관리하였다. 노르만족이 시칠리아를 점령하면서 이슬람 왕조가 이끈 시기는 종료되었다. 이후 노르만족의 통치는 약 2세기에 걸쳐 있다. 시칠리아 백작령으로 1017년부터 1130년까지, 그 이후 1130년부터 1246년까지 노르만 왕조를 세워 시칠리아 지역을 다스렸다. 무슬림들이 섬을 떠난 이후에도 그들의 문화와 영향은 완전히 사라지지 않았고, 오늘날에도 시칠리아에서 확인할 수 있다.

구체적으로 살펴보면, 당시 이탈리아 본토 남부 지역과 시칠리아는 비잔틴 제국의 영토였다. 비잔틴 군대는 이탈리아 남부를 방어하기 위해서 아랍 무슬림 군대의 공격에 맞섰으나 아랍인들은 시칠리아 정복을 포기하지 않았다. 그 과정에서 비잔틴 제국의 시칠리아 군사 지휘관이었던 에우페미우스(Euphemios)가 비잔틴 제국에 반기를 들었고, 적군이었던 무슬림 군대에 시칠리아 침략을 요청했다고 알려진다. 그 결과 827년 시칠리아 서부 카포 그라니톨라(Capo Granitola)는 아랍 무슬림 군대가 점령하였다. 그렇게 본격적인 시칠리아 영토 탈환이 시작되었다. 아글라조의 시칠리아 정복 과정은 한순간에 끝나지 않았고 장기간에 걸쳐 서서히 섬 전역에서 진행되었다.

섬 서부를 장악한 무슬림 군대는 마침내 831년 팔레르모를 함락하였다. 이후 팔레르모는 노르만 왕조 시기까지도 정치적, 문화적, 사회적 중심지로 자리잡았다. 초기에는 서부 해안의 항구와 내륙의 요새를 중심으로 세력을 확장해나갔고, 859년에는 중부를 지역을 장악한 후, 남동부의 발 디 노토(Val di Noto)로 진출하였다. 비잔틴 제국은 지속된 영토 상실을 막기 위해서 군대를 파견하였으나 역부족이었다. 878년 시라쿠사(Siracusa) 함락을 시작으로, 아글라조의 시칠리아 동부 점령이 본격화되었다. 이슬람 왕조의 시칠리아 정복 전쟁은 140년 동안 이어졌고 965년 로메타(Rometta)에서 마무리되었다.

909년에는 북아프리카와 레반트 지역에서 세력을 확장하고 있던 파티마조가 시칠리아섬 전역을 통치하게 되었다. 파티마조는 칼브조를 시칠리아 지역의 아미르(Amir)로 인정하여 섬을 다스리도록 하였다. 칼브조는 948년에 하산 이븐 알리 이븐 알 칼비(Hassan ibn Ali ibn al-Kalbi)가 건국한 왕조로, 자치적으로 통치를 이끌어갔다. 팔레르모를 중심으로 이슬람 문화와 경제 등을 발전시켜 나갔다. 이슬람 왕조 시기의 팔레르모 인구의 절반이 넘는 수가 무슬림이었으며, 이슬람 예배 장소인 모스크(Mosque)도 300여 개가 있었다고 알려져 있다. 무슬림은 시칠리아에서 종교적인 삶과 경제적인 활동을 유지하고 자유롭게 살아갈 수 있었다.

 이슬람 왕조는 기독교인이나 유대교를 믿는 주민에게 자신들의 종교적 생활을 유지할 수 있도록 허용하였다. 대신, 이교도들은 지즈야(Jizya)라는 세금을 납부할 의무가 있었다. 이는 이슬람 외에 다른 종교를 가진 사람들이 일정한 보호를 받을 수 있도록 하는 이슬람 세계의 딤미(Dhimmi) 제도를 도입한 것이다.[1] 이렇듯 시칠리아는 무슬림과 비무슬림들이 공존하였다. 팔레르모나 남동부의 발 디 노토처럼 다른 종교와 문화를 가진 사람들이 더불어 살아가는 지역에 있는가 하면, 지역적으로 나뉘어 살기도 하였다. 무슬림들은 주로 서부에 거주하였고 기독교인들의 삶의 터전은 북동부에 있었다.

 1038년에 비잔틴 제국이 시칠리아를 재정복하려는 움직임을 보였다. 비잔틴 제국의 노르만족이 1061년 시칠리아 항구 도시로 들어오기 시작하여 1071년 시칠리아의 수도 팔레르모 성채를 정복하였고, 아랍의 요새였던 몰타까지 함락하면서 시칠리아를 완전히 탈환하였다. 그렇게 827년부터 1061년까지 약 235년간의 이슬람 왕조의 시칠리아 지배가 막을 내린다. 이슬람 왕조의 직접 통치는 길지 않았지만 로마와 비잔틴 문화가 있던 곳에 이슬람 문화가 직접 유입되었고, 무슬림들이 가진 기술이 시칠리아 전반에 짙게 뿌리내린 계기가 되었다.

11세기 중반, 노르만족이 시칠리아로 진출하기 시작하였다. 로제루 1세는 1061년부터 이탈리아 남부와 시칠리아 공략에 나서 1071년에 팔레르모를 탈환하고, 마침내 섬 전역의 지배권을 손에 넣었다. 1130년, 그의 아들인 로제루 1세(Roger I)가 공식적으로 왕조를 건국하고 시칠리아의 왕으로 즉위하였다. 이후로도 로제루 2세의 아들 윌리엄 1세(William I)와 손자 윌리엄 2세(William II)까지 시칠리아의 융합 문화는 절정에 달한다. 10~11세기에 유입된 아랍과 이슬람의 문화와 기술은 노르만 왕조 치하에서 꽃을 피웠으며, 특히 로제루 2세의 타문화에 대한 관용적 정책과 태도로 인해 현재까지 시칠리아에 남은 이슬람이 흔적을 찾아볼 수 있다. 이전에 오랜 기간 존재하던 그리스 문화, 비잔틴 문화뿐만 아니라 새롭게 유입된 이슬람 문화를 존중하고 포용하면서 아랍-노르만-비잔틴 문화가 형성되었다. 당시 로제루 2세는 새로운 왕조를 건설하였지만, 중앙집권화된 체계를 구축하고 국가를 운영할 기반이 부족하였다. 그렇기에 더욱 이전 왕조의 행정 체계부터 건축, 문화, 기술 등을 차용하여 발전의 토대를 마련하였다. 하나의 사례로, 노르만 왕조의 행정기관인 디완 알타흐키크 알마무르(Diwan al-Tahqiq al-Mamur)는 파티마조의 디완 알타흐키크(Diwan al-Tahqiq)를 모델로 삼아 시칠리아의 토지와 인구, 재정을 관리하도록 하였다. 재정 관리의 기본 언어는 아랍어였으며 무슬림들이 주요 임무를 맡아 수행하였다.[2] 아랍어뿐만 아니라 라틴어와 그리스어도 행정 언어로 사용되었다.

노르만족의 지배하에서도 무슬림은 여전히 중요한 사회적, 경제적 역할을 담당하였다. 그러나, 피지배계층으로 밀려난 초기에는 혼란을 겪기도 하였다. 일부 지식 엘리트들은 시칠리아를 떠나 이주하는 경우도 있었지만, 대부분의 무슬림들은 삶의 터전을 바꾸지 않고 생활을 이어갔다. 종교적인 삶과 경제적인 활동도 이어갈 수 있었다. 무슬림 공동체 안에서는 이슬람 법인 샤리아(Sharia)가 적용되었고, 무슬림과 비무슬림 간의 문제를 해결하는 데도 샤리아를 따랐다. 이슬람 왕조하에서도 이교도들이 종교와 경제적인 보호를 받기 위해 지즈야를 지불했던 것처럼, 노르만 왕조도 이전과 같이 유대인과 무슬림에게 기독교인보다 조금 더 많은 금액의 세금을 내도록 조치하였다. 즉, 비무슬림의 지배하에서 무슬림 공동체는 법적, 경제적, 종교적 보호를 받을 수 있었다.

이전부터 무슬림의 주요 거주지는 서부였으며, 서부는 중요한 작물인 밀을 재배하는 지역이었기 때문에 무슬림의 사회적, 경제적 지위도 이전과는 크게 달라지지 않았을 것으로 추측할 수 있다. 다만, 기독교인들이 주로 거주하던 동부에서는 무슬림의 삶은 녹록하지 않아 서부와 동부의 무슬림 간의 격차가 심화하기도 하였다. 이슬람과 무슬림 공동체는 1246년 이탈리아 본토로 강제 추방되면서 시칠리아섬에서 사라졌다. 약 4세기 동안 존재하던 무슬림은 자취를 감추었지만, 그 영향은 다양한 형태로 남아 현대까지 이어지고 있다.

공존과 혼융의 상징,
'아랍-노르만-비잔틴 문화'와 로제루 2세 대관복

노르만 왕조는 문화와 예술, 과학 등 여러 분야에서 이전의 문화를 존중하고 적극적으로 수용하였다. 이러한 문화적 포용과 융합을 통해 건축, 예술, 학문 등에서 새로운 형태의 양식이 탄생하였고, 그 결과 '노르만-아랍-비잔틴 문화'가 꽃피었다. 노르만족이 이탈리아 남부를 통치하기 시작하면서 시칠리아에 오랜 시간 존재하던 비잔틴 문화, 9세기 이후 자리잡은 아랍-이슬람 문화, 그리고 새로운 노르만 문화가 섞이기 시작하였다. 노르만 통치자들은 이탈리아 지역에 남아 있는 기독교인들과 무슬림들에게 비교적 관용적인 태도를 취하였고, 각 전문 분야에서 활동할 수 있도록 허용하였다. 특히 로제루 2세 시기에는 왕조를 건국한 후, 시칠리아를 통치하기 위해서 중앙집권적인 행정 체계를 운영한 경험이 있는 아랍인과 그리스인들을 적극적으로 고용하였다. 아랍-무슬림들은 특히 문화, 경제, 농업, 산업, 학문, 건축 등에서 중요한 역할을 하였다. 시인뿐만 아니라 다양한 분야의 학자들은 고대 작품을 라틴어로 번역하기도 하였다. 왕은 외부의 아랍 학자들도 불러들여 당시 많은 기록을 남기도록 하였다. 그러한 결과로 시칠리아 내 이슬람에 대한 아랍어 기록이 다수 발견된다. 아랍 지리학자인 알-이드리시(Al-Idrisi)는 『로제루 2세 책 *The Book of Roger II*』을 저술하였고, 알 주바이르(Al-Jubair)도 당시의 시칠리아 땅에서의 아랍 무슬림의 삶을 아랍어로 상세히 기록하여 남겼다. 농업이나 과학 분야에서도 기술자들이 큰 역할을 하면서 농업이나 산업 기반을 마련할 수 있었다. 노르만 왕조의 왕궁에서도 아랍 무슬림들이 행정, 군사 등 다양한 일을 하고 있었기 때문에 이들을 명명하는 별도의 명칭, '궁전 사라센(Palace Saracens)'이 있었을 정도이다.[3]

로제루 2세는 시칠리아 영토에서 기존의 문화를 활용하고 더욱 번영할 장소와 기회를 제공하였다. 그는 다른 민족, 다른 언어, 다른 문화, 다른 종교를 가진 사람들을 존중하였고, 덕분에 더 조화로운 형태의 문화가 형성되었다. 그 결과, '아랍-노르만-비잔틴' 문화가 발전한 것이다.[4] 특히 예술과 건축 분야에서는 아랍 특유의 장식과 아랍 서체, 그리고 비잔틴의 돔(Dome), 모자이크 등 서로 다른 스타일이 결합되었다. 팔레르모의 아랍-노르만 건축 양식은 아랍-이슬람, 노르만, 비잔틴 양식이 융합된 독특한 형태를 보여준다. 이는 아랍-이슬람 예술이 노르만 왕조에 흡수되어 새로운 양식으로 발전한 결과이다. 각기 다른 문화권의 건축 장인들은 고딕 양식의 벽과 이슬람식 돔을 결합하는 등 혁신적인 방식으로 노르만 시대의 건축 양식을 만들어냈다. 또한, 아랍-이슬람 세계에서 유입된 모자이크, 금속 상감, 상아 조각, 돌 조각, 실크 제조 기술 등이 노르만 시대 예술에 활용되었으며, 당시의 건축물에서는 이슬람 장식, 서양 전통적인 기둥, 비잔틴의 모자이크와 채색이 조화를 이루고 있다.

2015년 유네스코는 아랍-노르만 팔레르모 그리고 체팔루 대성당과 몬레알레 대성당(Arab-Norman Palermo and the Cathedral Churches of Cefalú and Monreale)을 세계 문화 유산으로 등재하였다. 이 연속 유산에는 팔레르모에 있는 왕궁, 카펠라 팔라티나(Cappela Palatina) 성당, 치사 성(Zisa Palace), 팔레르모 대성당과 몬레알레 대

카펠라 팔라티나의 무카르나스 장식.

성당, 그리고 성 조반니 델리 에레미티(San Giovanni degli Eremiti) 성당, 산타 마리아 델라미랄리오(Santa Maria dell'Ammiraglio) 성당, 성 카탈도(San Cataldo) 성당과 폰테 델라미랄리오 다리(Ponte dell'Ammiraglio) 등이 포함되어 있다. 유네스코는 노르만 건축물과 장식과 공간이 이슬람과 비잔틴, 노르만이 문화가 융합되고 발전된 형태로 보존된 대표적인 유산이라고 밝힌다. 그중에서도 카펠라 팔라티나 성당은 세 문화의 조화가 가장 전형적으로 드러난다. 성당의 내부에는 이슬람식 말굽 아치, 노르만식 문, 비잔틴의 돔이 조화롭게 어우러지고 있다. 또한 아랍-이슬람 예술의 상징인 무카르나스(Muqarnas)와 기하학적 문양, 식물을 모티브로 한 장식, 아랍어 서체 등이 건물 곳곳에 조화롭게 섞여 있다.

이는 종교적인 상징보다는 예술과 장식적인 측면에서 활용되었다. 아랍과 이슬람에서 비롯된 건축적 요소는 노르만 건축물에 직접적으로 드러나기도 하고, 섬세하게 스며들어 조화롭게 녹아든 형태로 나타나기도 한다. 비록 아랍의 통치 시기에 건설된 건축물이 온전히 남아 있지는 않지만, 노르만 왕조가 이슬람 왕조에서 세운 건축물을 개조해 사용하거나 새롭게 지은 건축물 덕분에, 천 년이 지난 지금도 시칠리아 곳곳에서 아랍과 이슬람의 건축 요소를 확인할 수 있다. 그리고 이슬람 건축에서는 정원과 물을 중요한 요소로 활용하였다. 파티마조의 건축물을 모델로 삼아 시칠리아 궁정 건축에 정원을 활용한 사례도 파바라 성(Favara Palace)과 치사 성에서 확인할 수 있다. 로제루 2세에 이어 후대 왕들 또한 노르만 특유의 문화적 융합 전통을 계승하고 보존해나갔다. 윌리엄 2세는 유네스코 연속 문화유산에 속한 몬레알레 대성당을 건축하였고, 이 성당에서도 아랍-노르만-비잔틴 세 문화가 결합된 모습을 잘 보여준다.

건축물 이외에도 아랍-노르만-비잔틴 문화를 가장 상징적으로 드러내는 유물은 단연 로제루 2세의 대관복이다. 대관복은 2025년 현재 오스트리아 비엔나 미술사 박물관(Kunsthistorisches Museum Wien)에 소장되어 있다. 박물관에서는 이 대관복이 11세기 시칠리아 노르만 왕에 의해 제작되어, 독일의 호엔슈타우펜 가문으로 전해졌고, 동양적인 모티브는 아랍에서 차용된 것으로 설명한다.

대관복은 1134년 팔레르모 왕실 작업실에서 제작되었다. 로제루 2세의 대관복으로 알려져 있으나, 제작 시기로 볼 때 실제 대관식에서는 사용되지 않았다. 대관복은 반원형 형태로 폭 345cm, 길이

로제루 2세 대관복.

146cm, 무게는 54kg이다. 붉은 비단 위에 금실로 자수가 놓여 있고, 진주와 보석으로 장식되어 있다. 세마이트(Samite)라는 금실을 섞어 짠 비단을 사용하였다. 그 당시에는 시칠리아에서 고급 비단을 직조할 수 있는 기술이 없었기 때문에 비잔틴 제국에서 수입된 것으로 추측할 수 있다. 클루아조네 에나멜(Cloisonne Enamel)도 비잔틴 기술과 장인들에 의해 제작되었다. 그뿐만이 아니다. 장식에 사용된 재료는 당시 가장 사치스럽고 귀중한 보물들이었다. 진주는 페르시아 산이었고, 금실 자수는 무슬림 장인들이 작업했을 가능성이 높다고 알려져 있다. 대관복의 자수는 티라즈 밴드(Tiraz Band)로 되어 있는데, 이는 중세 이슬람의 자수 방식이다. 11세기 파티마조에서 유행했던 방식으로 주로 소매 끝에 아랍어를 수 놓아 장식적인 요소로 사용하

였다. 티라즈는 아랍어 서체 중 쿠픽체(Kufic)로 사용되고 대관복 하단에 아랍어 비문도 쿠픽체로 수 놓여 있다. 곡선형 가장자리를 따라 적힌 아랍어의 내용은, "로제루 2세 왕궁에서 이슬람력 528년, 서기 1133~1134년에 만들어졌다."는 뜻이다. 대관복의 아랍어 비문을 통해 왕실 작업실에서 비잔틴 장인과 이슬람 세계의 장인들이 함께 만들었을 가능성을 유추할 수 있다.

    대관복의 중심에는 생명나무가 수 놓여 있는데, 양옆으로 두 마리의 사자가 낙타를 사냥하는 모습이 표현되어 있다. 이러한 도상학적 표현을 두고 일부에서 복종의 담론, 즉 승자와 패자를 상징하는 것으로 해석하기도 한다. 사자를 로제루 2세, 낙타를 아랍-이슬람 세계의 상징으로 해석하여 이를 정치적인 의미로 연결 짓는 것이다. 망토는 고대부터 대관식이나 의례 행사에서 신성과 권능을 상징하는 도구로 사용되었으며, 통치자나 성직자의 권위를 드러내는 대표적인 의복으로 자리잡았다. 이러한 전통으로 인해 로제루 2세의 대관복도 정치적으로 해석되는 경우가 많았다. 그러나 사자가 로제루 2세이며 낙타가 이슬람 세계라는 직접적인 증거는 없다.[5] 이와 같은 정치적 해석은 대관복의 종합적인 의미를 간과하고, 도상학적 요소에만 지나치게 집중한 데서 비롯된 것으로 보인다. 단순히 도상학적 해석에 머무르지 않고, 아랍어 비문의 내용과 대관복에 사용된 장식과 기법, 그리고 제작의 역사적 배경까지 종합적으로 살펴볼 때, 아랍, 비잔틴, 노르만의 문화가 교류한 흔적을 확인할 수 있다.[6] 이 망토가 더욱 특별한 이유도 단순히 정복자와 피정복자, 혹은 기독교인과 무슬림 간의 대립을 나타내는 것을 넘어 서로 다른 문화와 종교의 조화를 담아냈기 때문이다.

시칠리아에 남은 이슬람 문화 유산

9세기 이후 비잔틴 제국에서 아랍-이슬람 세력으로의 통치 전환은 시칠리아 전역에 다채로운 문화유산을 남겼을 뿐만 아니라, 농업과 산업, 식문화, 공예를 비롯한 여러 분야에서 눈부신 발전을 이끄는 계기가 되었다.

먼저 농업 분야에서 살펴보면, 작물의 종류가 다양해졌고, 농업 기술과 관개시설이 도입되었다. 아랍-이슬람 왕조가 시칠리아를 지배하고 무슬림들이 살아가기 시작하면서 이전에 없던 다양한 작물들이 유입되었다. 가장 대표적으로 올리브, 포도, 바나나, 오렌지, 레몬, 복숭아, 석류, 사탕수수, 대추야자, 듀럼밀, 채소류와 면화가 있다. 지역에 따라 격차가 있긴 하지만, 이슬람 왕조 이후 자두가 발견된 지역도 있고, 마자라 델 발로(Mazara del Vallo)에서는 수박과 가지도 재배되었다는 사실을 확인할 수 있다. 아랍인들은 작물뿐만 아니라 작물을 키우는 농업기술, 그리고 강과 샘, 우물의 물을 도랑과 운하를 통해 배수하는 관개시설 방식까지 적용하면서 이후 시칠리아 농업을 크게 향상시켰다. 새로운 작물과 관개시설의 도입은 생산량 증가로 이어졌고, 안정적인 작물의 생산은 농민들의 소득 증대로도 연결되었다. 또한 농산물의 다변화로 인해 한 가지 작물에 대한 의존도가 낮아지면서 소득의 원천이 다양해졌다. 결국 개인의 안정적인 소득 증가는 지역적인 경제에도 긍정적인 영향을 미쳤다. 700년대부터 1100년대까지 이슬람 세계 전역에 '농업 혁명(Agricultural Revolution)'이 실시되면서 농업 관행을 크게 변화시켰다. 외부에서 새로운 작물을 들여오고,

작물에 맞는 농업 방식 도입으로 생산량의 증가를 이루었다. 시칠리아 역시 아랍-이슬람 왕조의 통치 아래 아랍 세계의 농업 방식이 그대로 도입되었다. 이슬람이 시칠리아 농업에 미친 영향은 '녹색 혁명'으로도 알려져 있는데 이는 농업 혁명의 일환으로 볼 수 있다. 농촌 경제를 활성화하기 위한 운동이었으며, 새로운 농업기술을 적용하여 작물을 더 나은 환경에서 재배할 수 있는 기반과 기회를 제공하였다.

농업의 성장과 더불어, 아랍-이슬람 왕조는 시칠리아의 지정학적 위치를 활용하여 무역 네트워크를 활성화하였다. 이는 시칠리아 내 지역 경제 발전의 중요한 기반으로 작용하였다. 농업과 산업의 발전으로 경제적으로 괄목할 만한 성장을 이룬 동시에 교역로를 활용한 무역의 증대로 안정적인 발전을 이룰 수 있었다. 비잔틴 제국의 조세 제도와 동물에 대한 과중한 세금은 지역 사회 발전과 경제에 부정적인 영향을 미쳐왔으나, 이슬람의 행정 체계와 조세 제도 등이 도입되면서 시칠리아의 무역을 활성화할 수 있었다. 이는 시칠리아 경제 구조를 근본적으로 변화시키는 계기가 되었다고 평가된다.

아랍과 이슬람의 시칠리아 유입은 식문화에도 깊은 영향을 미쳤다. 우선 앞서 설명한 다양한 과일, 채소류, 곡류, 설탕과 올리브까지 들어오면서 식재료가 다양해졌다. 파스타에 사용되는 듀럼밀도 이슬람 왕조 시기에 시칠리아 땅에 들어온 것이다. 시칠리아에서 흔하게 마주하는 요리의 기본 재료가 당시에 유입되었고, 이러한 재료가 들어가지 않은 시칠리아 음식은 상상하기 어려울 정도로 많은 변화를 일으켰다. 재료나 조리 방법뿐만 아니라 아랍 음식으로 흔히 알려진 요리도 시칠리아에서 만날 수 있다. 예를 들어, 쿠스쿠스(Couscous)

는 북아프리카의 가장 대표적인 음식이다. 파스타용 밀가루 세몰리나(Semolina)에 양고기와 향신료를 넣어 찌는 방식이다. 북아프리카의 음식인 쿠스쿠스가 시칠리아에 식당에서도 쉽게 눈에 띈다. 요리법은 동일하지만 주재료는 시칠리아에 맞게 변화하였다. 아랍의 쿠스쿠스는 주로 고기(양고기)로 만든다. 이에 반해 시칠리아는 생선과 해산물을 넣는 방식으로 시칠리아식 쿠스쿠스가 되었다. 그중에서도 시칠리아 북서부 항구 도시 트라파니(Trapani)에서는 생선 쿠스쿠스가 향토 음식으로 자리잡았다. 트라파니 스타일 쿠스쿠스(Couscous alla Trapanese)로 불릴 정도로 유명한 음식이 되었고, 시칠리아의 정체성이 담긴 상징으로 표현되기도 한다. 오늘날 시칠리아에서는 쿠스쿠스 축제(Couscous Fest)가 열린다. 1998년에 처음으로 개최한 이후, 다양한 민족과 전통, 문화, 종교를 하나로 모으며 문화적 융합을 기념하는 국제 행사이다. 세계에서 모인 셰프들이 각자의 독창적인 방식으로 구현해 낸 쿠스쿠스로 요리 대결을 펼치는 장이다. 쿠스쿠스는 북아프리카에서 유래되어 시칠리아에서 독특한 방식으로 발전하였고, 이를 중심으로 한 페스티벌은 다양한 문화적 배경을 가진 사람들이 한자리에 모여 통합과 교류를 이루는 기회와 장소를 제공하는 것이다.

아란치니(Arancini)는 시칠리아를 상징하는 음식이다. 쿠스쿠스처럼 음식의 조리법이나 이름이 그대로 전해진 것은 아니지만 아란치니의 형태는 과거 북아프리카에서 유래하였다. 북아프리카에서는 쌀이 아닌 양고기나 다른 식재료를 넣어서 동그랗게 빚어 만든 행태로 먹었다. 시칠리아의 아란치니는 쌀과 다양한 재료—라구소스 혹은 치즈—를 넣어 동그랗게 빚은 후 튀겨낸 음식이다. 지역 혹은 가정마다 선호도에 맞게 다양한 재료를 활용하여 만들어 먹는다. 아란치니는 10세기 이후 처음으로 등장한 이후 오랜 세월 동안 전해지며 시칠리아를 대표하는 전통 음식이 되었다. 아랍-이슬람 왕조의 통치는 약 230년 만에 끝났지만, 문화와 유산은 시칠리아 전역에 깊이 남아 있었다. 특히 농업과 경제, 식문화를 비롯한 여러 분야에서 일어난 변화는 시칠리아를 더욱 풍요롭게 만들었고, 그 영향과 흔적은 오늘날에도 곳곳에서 엿볼 수 있다.

    이 외에도 9세기 이래로 이슬람 세계의 도자기 제작 방식이 시칠리아에 전해졌다. 시칠리아는 그리스 시대에도 활발하게 도자기를 제작하였으나 로마와 비잔틴 제국하에서는 발전이 저조한 상황이었다. 그러한 와중에 이슬람 정복으로 도자기의 스타일, 형태, 장식, 가공 기술 부분이 도입되었고, 도자기 제작에 활기를 띠게 되었다. 특히, 시리아와 이집트를 거쳐 새로운 유약 기법이 도입되었다. 이는 고온에서 도자기를 유리질로 만드는 유약 처리 방식이다. 높은 온도에서 구워진 도자기는 색을 입히거나 방수 처리할 수 있게 되어 요리용 식기로도 발전하였다. 9세기에서 12세기에 걸쳐 유약 도자기와 장식된 도자기가 생산되었고, 이는 이슬람식 도자기 제작 기술의 영향을 받았다. 유약 도자기를 굽는 가마와 방식부터 그대로 전달되었다. 유약 처리와 채색 기술, 그리고 도자기 표면에 기하학적 패턴이나 아랍어를 사용한 장식도 반영되었다. 시칠리아 유약 도자기는 다양한 형태로 제작되었다. 물 항아리, 큰 그릇, 잔, 컵, 램프 등이 포함된다. 9세기에는 단순한 녹색 유약이 사용된 그릇이 주를 이루었고 10세기 중반에서 11세기 초반에 이르러 장식을 그리는 기법이 점차 추가되고, 12세기부터는 장식적인 문양이 사용되었다. 시칠리아 도자기에서만 볼 수 있는 특징으로는 드물게 오리나 사자 같은 동물 문양이 장식에 사용되었다는 점을 들 수 있다. 그러나 전반적으로는 식물 문양이 주로 활용되었다. 도자기 주요 생산지는 팔레르모와 마자라였다. 팔레르모를 기반으로 유리 생산이 이루어졌으며, 무역로를 따라 유리가 수출되었을 가능성도 제기된다. 이렇듯 이슬람 시대의 도자기 제작 기술은 시칠리아 물질문화에도 깊은 영향을 미쳤다. 당시의 비약적인 도자기 생산 방식과 기술을 토대로 이후에 다양한 색감과 화려한 장식으로 발전할 수 있었다.

    12세기 시칠리아는 '혼융의 땅'이었다. 시칠리아는 그리스인, 아랍인, 노르만족 등이 공존하며 다채로운 문화를 형성하였고, 로제루 2세의 대관복은 그 대표적인 상징이다. 무슬림 통치 기간 기독교인과 유대인들도 함께 공존한 시칠리아는 문화와 종교가 융합된 '기억의 장소'가 되었다. 11세기에는 노르만족이 시칠리아를 정복한 이후로도 아랍 무슬림들은 계속 시칠리아에 남아 있었고, 이슬람은 시칠리아의 건축, 예술, 공예품뿐만 아니라 농업, 학문, 무역 등 다양한 분야에 깊은 영향을 미쳤다. 공존과 존중의 역사가 뚜렷하게 남아 있는 기억의 장소 시칠리아에서 현재 우리는 무엇을 볼 수 있을까. 과거 무슬림이 살았던 흔적을 찾을 수 있을까, 이슬람 문화가 남긴 유산을 마주할 수 있을까? 시칠리아 골목골목을 걸으며 머나먼 땅에 남은 이슬람적 건축 요소의 특징을 우연히 만날 수도 있고, 융합된 형태로 존재하는 아랍-노르만-비잔틴 건축물에서도 마주할 수 있다. 유형으로 남아 있는 유산뿐만 아니라 눈에 보이지 않는 그 너머에 존재하는 것도 놓치지 말아야 한다. 노르만 왕조가 남긴 타문화를 존중하고 수용하는 태도가 있었기에 유럽 속에서 천 년이 넘는 시간 동안 존재할 수 있었던 이슬람의 문화, 그리고 조화롭게 융합된 아랍-노르만-비잔틴 문화를 볼 수 있다. 우리는 중세 시칠리아를 떠올리며 타문화 수용성이 얼마나 문화적, 사회적, 물질적으로 긍정적인 영향을 미칠 수 있는지를 알 수 있다.

알람브라 궁전이 전하는
과거와 현재의 기억

이수정

알람브라 궁전의 추억

스페인 남부 안달루시아(Andalusia) 지방에 자리한 알람브라 궁전(Alhambra Palace)은 단순한 건축물을 넘어 이베리아반도의 복잡한 역사와 문화를 상징하는 기념비적인 공간이다. 그라나다의 시에라 네바다(Sierra Nevada) 산기슭에 자리 잡은 이 궁전에는 이슬람 왕조와 가톨릭 세력이 공존하며 대립했던 흔적이 고스란히 남아 있다. 알람브라는 13세기 나스르조(Nasrid Dynasty)의 수도로 건설되었으며, 이슬람 문화의 정교한 건축미와 철학을 담아냈다. 그러나 이베리아반도의 국토 회복 운동(레콩키스타, Reconquista)이 진행되면서 가톨릭 세력이 궁전을 차지했고, 이는 정치적 승리를 상징하는 공간으로 변화했다. 과거의 유산을 넘어, 문명 간의 충돌과 교류를 통해 형성된 복합적

알람브라 궁전의 전경.

인 역사적 장소라는 점이 알람브라를 더욱 특별하게 만든다.

　　알람브라 궁전은 역사적 사건들을 통해 오늘날에도 다양한 의미를 지닌다. 이슬람의 낙원관을 구현하려는 정교한 건축과 디자인은 나스르조의 전성기를 반영하며, 이후 가톨릭 세력이 재정복하면서 르네상스적 요소가 더해져 문화적 전환의 흔적을 남겼다. 이러한 변화 속에서 알람브라는 하나의 고정된 문화유산이 아니라, 서로 다른 문명이 상호작용하며 만들어낸 복합적 결과물로 자리잡았다. 더 나아가, 이슬람과 가톨릭 문명이 공존하고 융합하며 이베리아반도만의 독창적인 문화를 형성했던 증거로 평가받는다.

　　알람브라 궁전이 지닌 상징성은 19세기에 들어 더욱 두드러졌다. 한때 잊혔던 이곳은 워싱턴 어빙(Washinton Irving)과 같은 유럽 작가들이 궁전의 매력을 재발견하면서 다시 주목받기 시작했다. 이 과정에서 알람브라는 유럽인들에게 동양적 낭만과 신비를 떠올리게 하는 상징적 공간으로 자리잡았다. 특히 산업혁명과 제국주의가 절정에 달했던 당시 유럽 사회에서 알람브라는 한편으로 유럽의 문화적 우월감을 드러내는 대상인 동시에 이국적 상상력을 자극하는 공간이 되었다. 이 시기 알람브라는 단순한 역사적 장소를 넘어 문학, 예술, 철학 등 다양한 분야에서 재해석되며 새로운 의미를 부여받았다.

현대에 들어 알람브라는 스페인의 대표적인 관광지로 자리잡았다. 매년 수백만 명의 관광객이 찾으며, 스페인 관광산업의 핵심 자원으로 기능하고 있다. 이러한 변화는 알람브라가 과거의 유물로 머무르는 것이 아니라 오늘날에도 중요한 가치를 지닌다는 것을 보여주는 방증이다. 과거 이베리아반도에서 벌어진 가톨릭과 이슬람 간의 갈등과 공존이 결국 경제적 번영으로 이어졌다는 점에서, 알람브라는 문화유산을 넘어 현대 사회에서도 경제적·사회적 의미를 지닌 공간으로 재평가되고 있다.

이 글에서는 알람브라 궁전이 유적지라는 의미를 뛰어넘어 어떻게 역사적·문화적 맥락 속에서 그 의미를 변화·확장해 왔는지 살펴보려고 한다. 이를 위해 역사적 배경과 문명이 교차하며 형성된 상징성, 19세기 유럽에서 이루어진 재발견, 그리고 현대 사회에서 지니는 의미를 중심으로 알람브라의 다층적 가치를 탐구할 것이다. 알람브라는 단순한 건축물이 아니라 이베리아반도라는 지정학적 교차점에서 문명이 충돌하고 융합한 결과물이며, 과거와 현재를 잇는 다리 역할을 한다. 이 글을 통해 알람브라가 단순히 이슬람 문화의 유산이거나 가톨릭 승리의 상징이 아닌, 두 문명이 만들어낸 독창적인 문화적 산물이라는 점을 조명하려고 한다.

알람브라의 역사적 배경

알람브라 궁전은 스페인의 마지막 이슬람 왕조인 나스르조(1230~1492)가 남긴 유산으로, 이베리아반도에 자리한 이슬람 문화의 정수를 보여주는 대표적인 건축물이다. 1230년, 아부 압둘라 무함마드 이븐 유스프 이븐 나스르(Abu Abdullah Muhammad Ibn Yusuf Ibn Nasr)가 왕조를 세웠으며, 당시 강력한 가톨릭 세력이 남하하며 이슬람 세력을 위협하던 상황에서 그라나다를 수도로 삼았다. 1238년부터 나스르조는 새로운 수도의 핵심 공간으로 알람브라 궁전을 짓기 시작했다. 이 궁전은 왕궁이면서도 요새의 기능을 갖춘 독특한 공간으로 발전했고, 이슬람 문화의 정교함과 철학적 깊이를 반영했다. 또한, 정치적 중심지로서 역할을 하면서 종교적·문화적 이상을 구현하는 상징적인 장소로 발전했다.

알람브라 궁전은 처음에는 방어 기능이 강한 요새였다. 시에라네바다 산맥의 가파른 지형을 활용해 외부 공격을 막기에 유리한 곳에 세워졌으며, 고립된 환경에서도 자급자족할 수 있도록 독립적인 구조로 설계되었다. 나스르조는 점점 강해지는 가톨릭 세력의 위협 속에서 생존을 위해 치열하게 싸웠는데 그 같은 현실이 궁전의 구조에 그대로 반영되었다. 하지만 시간이 지나면서 이슬람 문화의 예술과 신앙적 이상이 깃들게 되어 알람브라는 단순한 방어 기지를 넘어섰다. 궁전 내부에는 낙원을 재현하려는 이슬람의 철학이 담겼고, 그 이상은 건축과 장식 곳곳에 스며들었다.

알람브라는 14세기 유스프 1세와 무함마드 5세 시대를 거치며 지금과 같은 모습을 갖추게 되었다. 유스프 1세는 외부 방어 체계를 강화하는 한편, 궁전 내부의 예술적 완성도를 높이는 데 집중했다. 그의 치세 동안 사자궁전을 비롯한 주요 건축물이 추가되었으며, 이는 이슬람 세계에서 발전한 정교한 공예 기술과 디자인 철학이 집약된 걸작으로 평가받는다. 뒤이어 즉위한 무함마드 5세는 궁전 내부를 더욱 화려하게 확장하며, 나스르조의 전성기를 알람브라에 각인시켰다. 특히 물과 정원을 활용한 공간 설계는 이슬람 낙원관을 철학적으로 구현한 대표적인 사례로, 유럽 건축에서는 보기 어려운 독특한 분위기를 자아냈다. 정교한 아라베스크 문양, 섬세하게 조각된 기둥과 벽면, 그리고 햇빛과 그림자를 이용한 조명 설계는 이슬람 미학이 절정에 이른 모습을 보여준다.

그러나 나스르조의 전성기는 가톨릭 세력이 국토 회복 운동을 점차 강화하면서 점차 끝을 향해 갔다. 15세기 중반, 가톨릭 군주 이사벨 1세(Isabel I)와 페르난도 2세(Fernando II)는 이베리아반도에서 이슬람 세력을 몰아내기 위해 대규모 군사 작전을 펼쳤고, 1492년 마침내 그라나다를 점령했다. 이로써 나스르조는 역사 속으로 사라졌다. 이 과정에서 알람브라는 이슬람 세력이 지키려 했던 마지막 거점이었으며, 나스르조가 몰락하면서 새로운 지배자를 맞이하는 역사적 전환점을 맞았다.

1492년 이후, 가톨릭 세력은 알람브라를 자신들의 승리와 지배를 상징하는 공간으로 바꾸기 시작했다. 단순히 군사적 요새나 왕궁으로 사용하는 데 그치지 않고, 문화와 권력을 과시하는 상징적인 장소로 활용했다. 카를로스 5세(Carlos V)는 알람브라 내부에 르네상스 양식

알람브라 궁전 정원의 모습.

으로 설계된 궁전을 새롭게 건설하며, 가톨릭적 색채를 더욱 강하게 덧입혔다. 개축 과정에서 기존 이슬람 건축과 대비되는 단순하고 균형 잡힌 구조를 강조하며, 르네상스 특유의 힘과 위엄을 드러내려고 했다. 그러나 이 과정에서 이슬람 건축이 지닌 독창성과 원형이 훼손된 측면도 있었다.

알람브라는 나스르조가 추구했던 건축적 이상과 가톨릭 세력의 정치적 승리가 맞물리며 복합적인 공간으로 변모했다. 가톨릭 왕들이 차지한 이후에도 이전에 쌓아 올린 이슬람 문화의 흔적을 완전히 지우지 못했고, 오히려 그 독창적인 건축미가 스페인 안팎에서 더욱 주목받는 계기가 되었다. 이러한 역사적 흐름 속에서 알람브라는 단순히 한 시대에 머무는 유산이 아니라 이베리아반도라는 지정학적 교차점에서 여러 문명이 뒤섞이며 만들어낸 독특한 결과물로 자리잡았다.

알람브라 궁전의 건축 요소와 의미

13세기~14세기에 걸쳐 건설된 이 궁전은 군사 시설, 왕실 공간, 정원으로 구성되며, 각각이 이슬람 건축이 지닌 미학적 아름다움, 실용성, 상징성을 조화롭게 담아냈다. 이러한 특징 덕분에 알람브라 궁전은 단순한 건축물을 넘어 이슬람 문명의 예술적·정치적·철학적 성취를 구현한 유산으로 자리매김했다.

알람브라 궁전은 군사적 기능을 담당하는 알카사바(Alcazaba), 왕실 생활과 공적 업무가 이루어진 나스르 궁전(Palacios Nazaríes), 그리고 자연과 조화를 이루는 정원 공간 헤네랄리페(Generalife)로 구성된다. 알카사바는 궁전 서쪽에 자리한 군사 시설로 방어와 감시를 목적으로 설계되었다. 견고한 성벽과 망루, 감시탑으로 이루어진 이 요새는 나스르조가 지닌 정치적 힘과 군사적 위상을 상징한다. 특히 라벨라 망루(Torre de la Vela)는 주변 지역을 한눈에 조망할 수 있는 전략적 거점으로, 알람브라 궁전이 단순한 왕궁을 넘어 방어 기능을 갖춘 요새였다는 사실을 보여준다.

나스르 궁전은 알람브라 중심부에 자리한 왕실 공간으로, 왕과 왕족이 생활하며 공적인 업무를 수행하던 곳이다. 정교한 장식과 대칭적 설계가 특징이며, 중앙 정원을 중심으로 공간이 배열되었다. 대표적인 예로 사자의 뜰(Patio de los Leones)이 있으며, 중앙 분수와 이를 둘러싼 12마리의 사자 조각은 낙원을 상징한다. 특히 이슬람 건축에서 보기 드문 동물 형상을 사용한 사례로 주목받는다. 나스르 궁전에는 정교한 건축 기술이 돋보이는 두 개의 주요 공간이 있다. 두 자매의 방(Sala de las Dos Hermanas)은 대칭적 천창을 통해 자연광이 들어오며, 섬세한 무까르나스(Muqarnas) 장식이 돋보인다. 방 이름은 바닥에 놓인 두 개의 대형 대리석 판에서 유래했다. 그러나 현재 알람브라의 다양한 공간이 실제로 어떤 용도로 쓰였는지는 정확하게 전해지지 않는다. 대사의 방(Salón de los Embajadores)은 왕의 거처인 꼬마레스(Palacio de Comares) 탑 내부에 위치하며, 왕이 공식 대사를 맞이하던 장소로 알려져 있다. 특히 복잡한 구조로 설계된 목조 돔 천장이 유명하며, 이는 우주의 신비와 왕권을 상징하는 요소로 평가된다.

궁전 외곽에 자리한 헤네랄리페는 왕가의 별궁이자 정원으로, 자연과 인간이 조화를 이루며 공존하는 공간을 강조한다. 정원에는 수로와 분수가 배치되어 물의 생명력과 평온함을 상징하며, 계단식 구조와 흐르는 물소리가 청량함과 정서적 안정감을 극대화한다. 이는 자연을 낙원의 상징으로 표현하는 이슬람 건축의 전통을 잘 보여주는 장치다.

알람브라 궁전은 이슬람 건축의 정교함과 스페인 현지 양식이 결합된 형태로 나스르조가 추구한 미학이 뚜렷하게 드러난다. 특히 기하학적 패턴(Geometric Patterns)과 명문 장식(Inscription), 무카르나스

(Muqarnas), 그리고 중정을 중심으로 한 중앙형 구조 등 전통적인 건축 요소를 활용해 공간적 미학과 상징성을 극대화했다.

건축에는 석고, 타일, 목재 등 다양한 재료가 활용되었으며, 이를 통해 정교한 조각과 모자이크가 구현되었다. 특히 다채로운 색감이 돋보이는 타일 모자이크와 섬세하게 조각된 목조 천장은 궁전의 독창적인 미적 가치를 높이는 핵심 요소다. 또한, 궁전 곳곳에 적용된 수로 시스템은 물을 상징성으로 활용하면서도 냉방 효과까지 고려한 정교한 기술로, 실용성과 미학을 조화롭게 결합한 사례로 평가된다.

나아가 알람브라 궁전은 자연광을 적극 활용해 내부와 외부가 유기적으로 연결되도록 설계되었다. 빛과 그림자의 변화는 공간을 더욱 생동감 있게 만들며, 장식 요소에 깊이와 신성한 분위기를 더한다.

알람브라 궁전 건축 설계는 단순히 시대적 필요에 따라 결정된 것이 아니었다. 이슬람 문명이 지닌 철학적·미학적 세계관을 반영한 결과였다. 궁전 중심부에 자리한 정원과 물을 활용한 것은 단순히 장식하기 위한 요소가 아니라, 이슬람 세계에서 낙원을 구현하려는 상징적 의미를 표현하려는 시도였다. 정원과 궁전 곳곳에 흐르는 물은 중요한 역할을 하며, 끊임없이 이어지는 물소리는 생명과 풍요를 상징했다. 이러한 설계는 그저 공간을 아름답게 만들기 위한 것이 아니라, 인간과 자연, 그리고 신성한 존재가 조화를 이루는 이상적인 공간을 창조하려는 이슬람 건축 철학에서 비롯되었다.

궁전 내부의 공간 배치는 단순한 구조적 설계를 넘어, 사회적 위계와 통치 체계를 시각적으로 드러낸다. 알람브라는 철저히 왕실을 중심으로 설계되었으며, 외부의 침입을 막는 동시에 내부의 권력 질서를 강조하는 역할을 했다. 왕이 머무는 공간은 가장 안쪽에 자리하며, 도달하려면 여러 단계의 정원과 회랑을 지나야 한다. 이러한 배치는 단순한 방어 기능을 넘어 통치자의 권위를 상징적으로 부각하는 요소로 작용했다. 또한, 정교하게 장식된 벽과 천장은 권력의 화려함과 신성함을 표현하며, 방문자들에게 왕실의 위엄과 통치의 정당성을 각인시키는 데 기여했다.

    1492년 이후 가톨릭 세력이 알람브라를 점령한 뒤, 이슬람 문화의 흔적은 사라지거나 변형되기 시작했다. 그러나 이러한 변화 속에서도 이슬람 건축이 지닌 독창성까지 완전히 제거되지는 않았다. 가톨릭 통치자들은 기존 건축물을 파괴하는 대신, 자신들의 요소를 덧입히는 방식으로 공간을 재구성했다. 이는 알람브라를 대체하거나 파괴하는 것이 아니라, 새로운 문명을 덧씌우는 방식으로 재해석한 사례로 볼 수 있다. 이러한 과정은 알람브라를 단순히 정복의 상징이 아니라, 두 문명이 물리적으로나 문화적으로 교차하며 공존한 공간으로 남게 되었다.

    오늘날 알람브라는 복합적인 역사적 배경을 바탕으로 전 세계인이 주목하는 유산이 되었다. 이곳은 단순히 나스르조가 세운 건축물이나 가톨릭 승리의 기념물이 아니다. 이슬람과 가톨릭, 두 문명이 대립과 융합을 거치며 남긴 흔적을 보여주는 살아 있는 증거다. 이러한 점에서 알람브라는 이베리아반도가 지닌 지정학적·문화적 중요성을 이해하는 데 필수적인 단서를 제공하며, 역사적 충돌을 넘어 창조적 가능성을 상징하는 공간으로 자리한다.

    결론적으로, 알람브라의 역사적 의미는 단순히 나스르조와 가톨릭 세력 사이의 힘겨루기로만 설명할 수 없다. 궁전은 이슬람 세계의 예술적·종교적 열망이 담긴 공간이면서도, 가톨릭의 승리와 문화적 전환을 상징하는 장소로 기능했다. 알람브라는 이슬람과 가톨릭이라는 두 거대 문명이 서로 충돌하고 교류하며 남긴 흔적을 압축적으로 담고 있으며, 이러한 역사적 배경 덕분에 세계적인 문화유산으로 평가받고 있다.

워싱턴 어빙과 19세기 알람브라의 재발견

19세기 낭만주의 시대에는 과거 유산을 새롭게 조명하려는 움직임이 활발했던 시기로, 스페인의 역사적 유산도 그 흐름에 포함되었다. 미국 작가 워싱턴 어빙(Washington Irving, 1783~1859)은 스페인의 대표적 유적지인 알람브라 궁전을 세계적으로 재조명한 인물로, 그의 저서 『알람브라 이야기』[1]에서 알람브라를 낭만적이고 신비로운 장소로 재해석했다. 어빙의 작업은 알람브라를 단순한 고대 유적이 아닌 문화적·역사적 상징으로 부각시키며, 이 유산의 보존과 복원을 위한 국제적 관심을 불러일으키는 데 중요한 역할을 했다.

1829년 워싱턴 어빙은 스페인을 여행하며 그라나다에 머물렀고, 이때 알람브라 궁전을 방문했다. 당시 알람브라는 나스르조 시대의 건축 유산이었지만, 스페인 내전과 관리 소홀로 황폐해진 상태였다. 그러나 어빙은 쇠퇴한 모습 속에서도 알람브라의 과거 영광과 문화적 가치를 깊이 느꼈다. 그는 궁전 내부에 머물며 전해 내려오는 이야기

두 자매의 방 천장의 모습.

와 전설을 수집했고, 이곳에서의 경험을 바탕으로 이슬람과 기독교 문화가 공존했던 스페인의 역사적 정체성을 탐구했다. 어빙은 이를 낭만주의적 상상력으로 재구성하며, 알람브라를 신비로운 장소로 다시 태어나게 했다.

『알람브라 이야기』는 알람브라 궁전을 배경으로 한 전설, 민담, 그리고 역사적 사실을 결합한 산문집이다. 어빙은 관찰과 상상력을 조화롭게 활용해 독자들에게 알람브라의 독특한 매력을 전달했다. 이 작품에서 그는 알람브라를 단순한 유적이 아니라 스페인 이슬람 유산을 상징하는 공간으로 묘사했다. 어빙은 나스르조가 남긴 건축적 성취를 강조하는 한편, 이곳에 얽힌 전설과 신화를 통해 알람브라를 신비롭고 낭만적인 장소로 그려냈다. 특히, 묻혀 있는 보물이나 숨겨진 비밀 방에 얽힌 이야기는 독자들에게 이국적이고 환상적인 이미지를 심어주며, 유럽과 미국의 낭만주의 독자들 사이에서 큰 반향을 일으켰다.

어빙은 알람브라를 역사적 유산으로 존중하면서도, 쇠퇴하고 파괴된 이후에도 여전히 신비와 영광을 간직한 공간으로 그려냈다. 그의 작품은 알람브라가 황폐해진 모습을 비극적으로 묘사하는 대신, 그 안에 녹아 있는 문화적·역사적 융합을 조명했다. 이러한 접근을 통해 알람브라는 단순한 이슬람 건축의 잔재가 아니라 이슬람과 기독교 문화가 서로 교차하며 공존했던 상징적 공간으로 인식될 수 있었다.

『알람브라 이야기』는 알람브라에 대한 국제적 관심을 불러일으키며, 궁전을 보존해야 한다는 필요성을 환기시켰다. 어빙의 묘사는 낭만주의 예술가들에게도 영감을 주었고, 이를 바탕으로 알람브라를 주제로 삼은 회화, 음악, 문학 작품이 다수 탄생했다. 이러한 움직임은 알람브라를 단순한 유적에서 세계적 문화유산으로 인식하게 했으며, 궁극적으로 스페인 정부와 국제 사회가 궁전을 보존하고 복원하는 작업에 나서는 계기가 되었다. 이후, 알람브라는 낭만주의적 감수성과 역사적 중요성을 동시에 지닌 상징으로 자리잡았고, 스페인 문화유산의 중심이 되었다.

워싱턴 어빙은 『알람브라 이야기』에서 알람브라를 단순한 건축 유물이 아니라, 역사와 신화, 낭만적 상상이 공존하는 독특한 장소로 그려냈다. 그의 작품 덕분에 이슬람과 기독교 문화가 교차한 스페인의 역사적 유산이 널리 알려졌으며, 알람브라는 단순한 유적을 넘어 세계적인 문화유산으로 자리잡게 되었다. 오늘날에도 알람브라를 찾는 사람들은 어빙의 글을 함께 읽으며, 이 유산이 지닌 역사적·문화적 의미를 새롭게 되새긴다.

　알람브라 궁전은 단순한 건축물이 아니다. 이베리아반도에서 무슬림과 가톨릭이 충돌하고 융합하며 만들어낸 역사적 산물로, 다양한 상징성을 지닌 공간이다. 나스르조가 알람브라를 건설할 당시, 이슬람 세계는 가톨릭 세력이 확장하는 가운데 점점 위축되고 있었다. 그러나 궁전 내부의 설계와 장식에는 외부의 위협을 초월하려는 정신적 이상과 예술적 열망이 담겨 있다. 이후, 레콩키스타를 통해 가톨릭 세력이 이 지역을 점령한 뒤 알람브라를 재구성하면서, 이 공간은 두 문명이 맞서는 장소이자 서로 영향을 주고받은 흔적으로 남게 되었다.

　알람브라의 건축과 장식은 특정 문명의 독자성을 강조하는 데 그치지 않고, 서로 다른 요소가 결합하며 새로운 정체성을 형성했다. 이러한 과정은 문화 혼종(hybridity)[2] 개념과 맞닿아 있다. 문화 혼종이란 서로 다른 문화가 충돌하거나 교류하는 과정에서 기존의 틀을 넘어서는 새로운 문화적 의미를 만들어내는 현상을 의미한다. 알람브라는 이러한 혼종성을 보여주는 대표적인 사례로, 이슬람 건축의 정교함과 가톨릭 문화의 웅장함이 물리적·상징적으로 융합된 공간이다. 예를 들어, 가톨릭 세력이 점령한 이후에도 이슬람 건축 양식이 온전히 남아 있었으며, 여기에 가톨릭적 요소가 더해지면서 독창적인 혼종성이 형성되었다. 이러한 특징 덕분에 알람브라가 단순히 문명의 상징을 넘어 복합적이고 다층적인 문화유산으로 자리잡게 되었다.

지금 우리와 함께 사는 알람브라

오늘날 알람브라 궁전은 단순한 역사적 유산을 넘어, 스페인을 대표하는 관광 명소이자 세계적으로 주목받는 문화적 상징이 되었다. 매년 약 300만 명에 이르는 관광객이 알람브라를 방문할 만큼 스페인 관광산업에서 중요한 역할을 하고 있다. 과거 이슬람과 가톨릭 두 문명이 충돌하고 융합하며 형성한 이 공간은 현대 사회에서 역사적 유산이 지닌 의미와 경제적 가치를 동시에 보여주는 사례로 평가받는다.

스페인은 관광업이 국가 경제에서 중요한 비중을 차지하는 나라다. 세계적으로 관광객이 가장 많이 찾는 나라 중 하나로, 다양한 역사적 유산과 자연경관을 통해 연간 수억 명의 방문객을 맞이한다. 그중에서도 알람브라는 단연 가장 상징적인 장소로 손꼽힌다. 유네스코 세계문화유산으로 지정된 이곳은 스페인 남부 안달루시아 지방의 경제와 문화적 정체성에 깊은 영향을 미치고 있다. 그라나다 지역 경제는 관광업에 크게 의존하며, 알람브라는 이 지역의 경제적 번영을 뒷받침하는 핵심 요소로 작용하고 있다.

관광객들은 단순히 과거의 유산을 보기 위해 알람브라를 방문하는 것이 아니다. 이곳은 이슬람과 가톨릭 문화가 어우러져 독특한 건축적·미학적 경험을 선사하는 공간이기 때문이다. 정교하게 조각된 벽감 문양, 물과 빛을 활용한 공간 설계, 그리고 주변 자연과 조화를 이루는 건축적 배치는 방문객들에게 색다른 감각적 체험을 선사한다. 관광객들은 알람브라를 단순히 관람하는 데 그치지 않고, 그 공간에 머물며 과거 문명의 흔적을 느끼고 현재의 자신과 연결 짓는 심리적 경험을 하게 된다. 이처럼 알람브라는 단순한 유적지가 아니라 과거와 현재를 이어주는 '기억의 공간'으로 기능하고 있다.

현대 관광산업에서 알람브라는 디지털 미디어와 기술이 발달하면서 새로운 차원으로 확장되고 있다. 21세기 들어 증강현실(AR)과 가상현실(VR) 기술이 발전하면서, 방문객들은 복원된 디지털 시뮬레이션을 통해 알람브라의 과거 모습을 더욱 생생하게 체험할 수 있게 되었다. 이제 관광객들은 현재 남아 있는 유적을 그저 바라보는 것을 넘어, 14세기 나스르조 시절의 화려했던 알람브라를 직접 경험할 수 있다. 이러한 기술적 혁신은 알람브라의 매력을 더욱 극대화하며, 과거와 현재를 잇는 다리 역할을 강화하고 있다.

알람브라의 현대적 가치는 단지 경제적 이익에 국한되지 않는다. 이곳은 다문화적 이해와 대화를 촉진하는 상징으로서도 중요한 역할을 한다. 이슬람과 가톨릭, 두 문명이 충돌하고 융합하며 만들어낸 알람브라는 문화적 공존과 융합이 가능하다는 사실을 상징적으로 보여준다. 오늘날에도 종교적·문화적 갈등이 지속되는 상황에서, 알람브라는 이러한 갈등을 극복할 가능성을 보여주는 사례로 주목받고 있다. 방문객들은 알람브라에서 단순히 과거의 유산을 감상하는 데 그치지 않고, 서로 다른 문화가 협력과 창조를 통해 어떻게 새로운 가치를 만들어낼 수 있는지 직접 경험한다.

이와 함께, 알람브라는 현대 문화와 예술의 중요한 자원으로 재생산되고 있다. 영화, 문학, 예술, 디자인 등 다양한 분야에서 알람브라는 끊임없이 영감을 제공하며, 과거의 건축적 유산이 현대적 맥락에서 새로운 가치를 얻는 사례로 평가된다. 특히, 알람브라의 독특한 건축 요소와 디자인은 현대 건축가와 디자이너들에게 참조 대상이 되고 있으며, 이를 통해 과거와 현재가 연결되는 문화적 지속성이 뚜렷하게 드러난다. 이처럼 알람브라는 오늘날의 창조적 생산 활동에도 깊이 스며들고 있다.

알람브라의 이야기는 그저 과거의 역사가 아니다. 오늘날, 이곳이 지닌 상징성과 예술적 가치는 스페인을 넘어 세계적으로도 문화적 교류와 협력의 모델로 주목받고 있다. 국제적 예술 전시회, 음악 공연, 문학 축제와 같은 다양한 문화 행사에서 알람브라는 핵심 소재로 활용되며, 이 공간이 품은 복합적인 유산을 전 세계 사람들과 공유하는 역할을 한다. 이를 통해 알람브라는 스페인의 관광을 넘어, 글로벌 문화 네트워크의 중요한 일부로 자리잡았다.

또한, 알람브라는 현대 스페인의 다문화적 정체성을 이해하는 데 중요한 역할을 한다. 이베리아반도는 오랜 세월 동안 이슬람과 가톨릭이 공존하며 독특한 문화를 형성해 왔다. 알람브라는 이러한 역사를 압축적으로 보여주는 공간으로, 스페인 안팎의 사람들이 스페인의 복합적인 정체성을 이해하고 받아들이는 계기를 마련한다. 특히, 오늘날 스페인은 이민자와 다양한 민족적 배경을 지닌 사람들로 이루어진 다문화사회로 변화하고 있으며, 알람브라는 이러한 변화 속에서 과거와 현재가 대화하는 상징적 공간으로 자리하고 있다.

그러나 알람브라를 현대적으로 활용하는 과정에도 몇 가지 과제가 남아 있다. 매년 수백만 명의 관광객이 몰리면서 유적을 보존하는 문제가 중요한 쟁점으로 떠올랐다. 스페인 정부와 유네스코는 지속적인 보존과 관리를 위해 다양한 정책을 시행하고 있다. 이를테면 방문객 수를 제한하거나 특정 구역에 대한 접근을 통제하는 방식으로 유적 훼손을 최소화하는 것이다. 또한, 대규모 관광이 지역 환경과 인프라에 미치는 부담도 해결해야 할 과제다. 이러한 문제를 해결하려면 지속 가능한 관광 모델을 개발하고, 지역주민과 협력하며 유적을 보존하는 동시에 지역 사회의 균형을 맞추는 노력이 필요하다.

알람브라는 현대 스페인에서 가장 중요한 관광 자원이자, 세계적으로 주목받는 역사적 유산이다. 이곳은 과거 문명의 흔적을 보존하는 유적지인 동시에, 현대인들에게 다문화적 이해와 융합의 가능성을 제시하는 상징적인 공간이다. 또한, 디지털 기술이 발전하고 지속 가능한 관광 모델이 도입되면서, 알람브라는 과거와 현재를 연결하는 역할이 더욱 강화되고 있다. 이곳은 시간이 멈춘 유산이 아니라, 새로운 시대에 맞춰 변화하며 가치를 창출하는 공간으로 자리잡고 있다.

알람브라가 전하는 기억

알람브라 궁전은 이슬람과 가톨릭이라는 두 문명이 충돌하고 융합한 흔적을 담은 건축물 그 이상이다. 이곳은 문명이 서로 만나고 상호작용하며, 새로운 가치를 창출할 수 있음을 보여주는 상징적인 유산이다. 과거 이슬람의 정교한 건축미와 가톨릭의 정치적 성취가 한데 어우러진 이 유산은 단일한 문화의 우월성을 강조하기보다, 복합적인 역사적 맥락 속에서 그 진가를 발휘한다. 알람브라는 과거와 현재, 동양과 서양, 종교와 권력이 대립하고 또 협력하며 만들어낸 복합적이고 다층적인 이야기를 담고 있다.

알람브라는 이베리아반도의 지정학적 특성을 가장 잘 보여주는 유산이다. 유럽과 북아프리카, 중동이 만나는 교차로에 자리한 이베리아반도는 오랜 세월 동안 다양한 문명이 흘러들어와 공존하거나 갈등을 겪었다. 이 과정에서 이슬람과 가톨릭은 단순히 대립하는 관계에 머물지 않았다. 종교적·정치적 배경이 다른 두 문명은 알람브라라는 공간 안에서 충돌을 넘어 창조적인 융합을 이루어냈다. 이러한 역사는 오늘날에도 다문화적 공존과 융합의 가능성을 보여주는 중요한 사례로 남아 있다.

이 공간이 전하는 또 다른 교훈은 과거의 유산이 현대적 맥락에서 어떻게 재해석되고 활용될 수 있는지를 보여준다는 점이다. 알람브라는 단순한 역사적 유적지로 남지 않았다. 19세기 유럽에서 낭만주의와 동양적 신비주의가 유행하면서 알람브라는 새로운 상징성을 부여받았다. 유럽의 귀족과 지식인들은 알람브라를 재발견하며 이슬람 문화의 미적 가치를 인정했고, 이를 유럽의 문화적 상상력에 통합했다. 이러한 과정은 역사적 유산이 현대적 재구성되는 방식을 보여준 대표적인 사례가 되었다. 이 경험은 오늘날 알람브라가 관광지로서 세계적 명성을 얻는 데에도 중요한 기반이 되었다.

현대 사회에서 알람브라는 관광산업의 중심이 되어 경제적·문화적 가치를 동시에 창출하고 있다. 매년 수백만 명의 관광객이 방문하는 이곳은 스페인 안팎에서 문화적 정체성과 역사적 의미를 되새기는 역할을 한다. 스페인 정부와 유네스코는 알람브라의 역사적 유산을 미래 세대에게 전하기 위해 지속적으로 관리하고 보존하는 작업을 이어가고 있다. 그러나 대규모 관광으로 인해 유적이 훼손되고 환경에 부담이 가중되는 문제는 여전히 해결해야 할 과제로 남아 있다.

알람브라는 현대 사회에서 다문화적 대화와 이해를 촉진하는 상징적인 공간으로 자리하고 있다. 이슬람과 가톨릭이라는 두 종교와 문화가 융합하며 형성된 이곳은 오늘날에도 종교적·문화적 갈등이 지속되는 세계에 중요한 메시지를 전한다. 서로 다른 문명이 공존하며 협력할 수 있음을 보여주는 알람브라는, 현재의 갈등과 대립 속에서도 화합과 창조적 융합의 가능성을 제시한다. 우리는 알람브라가 전하는 이야기를 현재와 미래를 위한 중요한 교훈으로 받아들여야 한다.

또한, 알람브라는 다문화적 정체성을 이해하는 데 중요한 단서를 제공한다. 이베리아반도의 역사 속에서 알람브라는 단순히 특정 문명의 유산이 아니라 여러 문명이 융합하며 탄생한 독특한 결과물이다. 이는 오늘날 다문화사회로 변화하는 각국이 자신들의 복합적인 정체성을 이해하고 존중하는 데에도 영감을 줄 수 있다. 특히, 현대 스페인은 이민자와 다양한 민족적 배경을 지닌 사람들로 이루어진 다문화사회로 변화하고 있으며, 알람브라는 이러한 변화 속에서 과거와 현재를 잇는 역할을 한다.

결론적으로, 알람브라는 과거의 유산으로 머무르지 않고, 현재와 미래를 위한 중요한 메시지를 담고 있는 공간이다. 이곳은 이슬람과 가톨릭이라는 두 문명이 만들어낸 복합적인 산물로, 갈등을 넘어 새로운 가치를 창출할 수 있음을 보여준다. 알람브라를 통해 우리는 문화적 대립과 차이가 충돌만을 낳는 것이 아니라 협력과 창조를 통해 새로운 가능성을 열어갈 수 있다는 사실을 배울 수 있다. 이러한 교훈은 현재와 미래의 다문화적 공존과 융합을 위한 방향을 제시하는 중요한 사례다.

　현대 사회에서 알람브라는 과거와 현재를 연결하는 중요한 기억의 공간으로 자리하고 있다. 이슬람과 가톨릭, 동양과 서양, 그리고 시간이 축적된 역사가 어우러진 이곳은 세계 각국에서 온 방문객들에게 역사적, 문화적, 심미적 영감을 선사한다. 이처럼 다층적인 의미가 더해지면서 알람브라는 유적지를 넘어서는 공간이 되었다. 이곳을 통해 인류는 갈등을 뛰어넘어 화합과 창조적 협력을 모색할 수 있는 가능성을 발견한다.

르네상스 시대 베네치아 예술

이슬람 세계를 보여주는 거울

남종국

베네치아, 이슬람 세계와 서유럽 기독교 세계의 연결점

페르낭 브로델은 베네치아를 일견 적대적으로 보이는 두 종교 문명 사이의 유동적 국경으로, 윌리엄 맥닐은 유럽과 동방을 연결하는 경첩(hinge)으로 묘사했다.[1] 이러한 평가는 베네치아가 이슬람 세계와 서유럽 기독교 세계를 연결하는 접경지 역할을 했음을 보여준다. 실제로 베네치아는 오랜 기간 이슬람 상품, 사상, 지식, 기술이 서유럽으로 유입되는 창구였다.[2] 이처럼 베네치아가 이슬람 세계와 활발하게 교역하고 외교 관계를 유지하자, 일부에서는 이를 기독교를 배신하고 이슬람과 결탁한 행위로 간주하기도 했다. 그러나 베네치아는 동서 교역의 중심지로서 다양한 문화를 수용했고, 그 결과 각국에서 다양한 사람들이 모여들었다. 15세기 베네치아 주재 프랑스 대사 필리프 드 코뮌느(Philippe de Commynes)는 베네치아에 거주하는 "대다수 사람이 외국인들이다."라고 말할 정도였다. 16세기 베네치아 출신의 작가 프란체스코 산소비노(Francesco Sansovino)는 "세상에서 가장 먼 지역의 사람들이 무역과 사업을 하려고 이곳에 모입니다. 이들의 외모, 풍습, 그리고 언어는 서로 다릅니다."라고 이야기했다.[3)]

르네상스 시대 베네치아 상인들은 이슬람 세계로 직접 가서 다양한 종류의 상품을 구매해 들여왔다. 벨리니(Gentile Bellini), 카르파초(Vittore Carpaccio), 만수에티(Giovanni di Niccolò Mansueti), 조르조네(Giorgione), 만테냐(Andrea Mantegna), 로토(Lorenzo Lotto), 코넬리아노(Cima da Conegliano), 벨리니아노(Vittore Belliniano), 베첼리오(Cesare Vecellio), 베로네세(Paolo Veronese)와 같은 베네치아를 대표하는 르네상스 화가들은 자신들의 회화에 무슬림뿐만 아니라 이슬람 복장, 동물, 비단, 유리, 도자기, 금속 세공품 등의 이슬람 문화를 적극 반영했다. 특히 베네치아 회화에 등장하는 무슬림 남성과 여성들은 피부색이 다양하고, 둥근 흰색 터번, 길고 흰 터번, 맘루크 군인들이 착용한 빨간색 긴 터번인 잠트(zamt) 등 다양한 형태의 복장과 장신구를 갖추고 있었다. 베네치아 정부 역시 공공건물과 대성당을 이슬람 양식으로 장식했고, 이슬람과의 교역으로 부를 축적한 대상인들은 이슬람 양식을 모방해 저택을 지었다.

이슬람 세계를 일시적으로 방문했던 외교 사절이나 현지에서 장기간 체류했던 대사들은 이슬람에 관한 정보를 본국에 보고했고, 선물과 함께 이슬람 문화도 가져왔다. 외교 사절의 교류는 통상적으로 상호 과시, 공식적인 의전, 선물 교환 등으로 진행되었는데 이를 통해 서로 세련된 문화를 경쟁적으로 과시하고자 했다. 1502년 맘루크 제국에 파견된 베네치아 대사 베네데토 사누도(Benedetto Sanudo)는 금실로 짜고 흰 담비 가죽으로 장식한 화려한 비단옷을 입고 의전 행사를 했다. 그는 알렉산드리아의 고위 관리에게 다양한 종류의 고급 직물과 여러 종류의 치즈를 선물했고, 카이로의 술탄에게는 고가의 직물, 모피, 치즈를 선물했으며 답례로 닭, 사탕 과자, 수박을 받았다. 술탄은 베네치아 도제에게 다양한 크기의 고가 도자기를 포함해 여러 선물을 보냈다. 이슬람 또는 중국산 도자기는 이슬람 군주가 기독교 군주에게 보내는 단골 외교 선물이었다.[4] 베네치아 순례 선단을 이용해 성지 순례를 다녀왔던 유럽 여러 지역의 순례자들은 베네치아로 돌아와 풍성한 순례 경험담을 풀어놓았다. 아랍어 서적이 라틴어로 번역되었고, 아랍어가 베네치아 방언이 되기도 했다.

위의 현상에 주목한 줄리언 래비(Julian Raby)는 15세기 후반 베네치아 예술에 이슬람 배경, 복식, 이국적 동물, 사치품이 갑작스럽게 자주 등장한 현상을 '오리엔탈 모드(oriental mode)'라 칭했고, 이러한 현상이 1490년에서 1520년대 사이에 절정을 이루었다고 말했다. 그의 지적처럼 르네상스 시대 베네치아에서는 이슬람 예술과 문화가 일상이 되었다.

이 글의 본론에서는 이슬람 예술과 문화가 르네상스 시기 베네치아 사회에 일반화되는 배경과 과정을 살펴보고, 그 역사적 의미를 평가해보고자 한다. 그림, 조각, 건축물은 이슬람 예술이 베네치아 예술과 문화에 미친 영향을 가늠할 수 있는 수단이다. 그리고 이러한 예술 작품들은 문자 기록 못지않게 시대상을 잘 보여준다. 르네상스 시대 베네치아 화가들이 이슬람 세계를 어떻게 이해하고 표현했는지를 분석하면, 이슬람 세계에 대한 베네치아인들의 인식과 태도를 알 수 있을 것이다.

베네치아와 이슬람 세계

베네치아 예술이 이슬람 예술의 영향을 많이 받은 역사적 배경에는 이슬람과의 밀접한 교류와 접촉이 있었다. 특히 이슬람과의 교역은 베네치아로 이슬람의 상품, 예술, 문화, 정보, 지식이 유입되는 핵심 통로였다. 베네치아 상인들은 단순한 무역업자가 아니라 이슬람 문화를 유럽으로 들여오는 주요 매개자 역할을 했다. 베네치아 공화국은 8세기부터 18세기 말 나폴레옹 군대에 의해 정복될 때까지 한순간도 이슬람 세계와의 교역을 중단한 적이 없었다. 중세 유럽에서는 교황청이 이슬람 세계와의 교역을 금지하는 정책을 펼쳤지만, 베네치아 상인들은 이에 굴하지 않고 이슬람 세계로 직접 가서 상거래를 지속했다.

베네치아 상인들은 8세기 이슬람 세계의 확장과 함께 교역을 시작했으며 이를 통해 인도양과 중앙아시아에서 유럽으로 들어오는 상품을 중개하는 역할을 했다. 십자군 원정 이전, 베네치아 상인들이 가장 왕성한 상업 활동을 펼친 이슬람 도시는 알렉산드리아였다. 9세기 초 알렉산드리아에서 활동했던 베네치아 상인들은 알렉산드리아에 묻힌 성 마르코의 유해를 훔쳐 베네치아로 들여오기도 했다.

십자군 전쟁은 베네치아와 이슬람 세계 간에 이루어진 교류와 접촉을 더욱 활성화했다. 그 기간에 베네치아 상인들은 이집트와 시리아 등지의 시장에서 활발하게 교역했다. 그러나 당시 교황청은 레반트 지역에 이슬람 세력과의 교역을 금지하는 포고령을 자주 내렸고, 이 때문에 베네치아 상인들은 이슬람 시장에서 자유롭게 장사하는 게 여의찮았다. 1291년 십자군 왕국의 마지막 거점이 맘루크 제국의 수중에 들어가자, 교황청은 더욱 강경하게 이슬람 세계와의 무역을 규제했다. 교황 요하네스 22세는 맘루크 제국과의 교역을 전면적으로 금지했다.

14세기 중엽 전면적인 교역 금지령이 해제되면서 이슬람 세계와의 교역은 다시 활기를 띠었다. 특히 맘루크 제국은 14세기 중엽 이후 오스만 제국에 정복당하는 1517년까지 베네치아의 최대 무역국으로 자리잡았고, 15세기 말 무역 규모는 베네치아 전체 해외 무역의 45퍼센트를 차지할 정도로 방대했다. 베네치아 상인들은 맘루크 제국을 통해 후추, 생강, 계피 같은 아시아산 향신료뿐 아니라 비단, 면화, 포타시(potash, 칼륨), 청금석 등 직물 산업에 필요한 각종 원료를 베네치아 금화인 두카토(Ducato)로 구매해 유럽 시장에 공급했다. 그러고는 모직물, 마직물, 모피, 밀랍, 구리, 주석, 철, 포도주, 올리브유, 치즈, 사프란 등 비교적 저렴한 상품들을 맘루크 제국에 내다 팔았다. 맘루크 제국 내에서 베네치아 상인들이 가장 왕성하게 활동했던 곳은 알렉산드리아와 다마스 그리고 베이루트 등 시리아 지역의 항구 도시들이었다. 베네치아 정부는 알렉산드리아와 다마스쿠스에 영사관을, 베이루트, 아크리, 트리폴리, 하마(Hama), 람라(Ramla)에는 부영사관을 설치하여 자국 상인들의 상업 활동과 안전을 돌보았다.

베네치아 상인들은 맘루크 제국의 여러 도시에 폰다코(fondaco)라 불리는 일종의 상관(商館)을 세우고 이곳에서 이슬람 세계의 상품을 구매했다. 폰다코는 단순한 무역 거점이 아니라 숙박 시설, 병원, 목욕탕, 상인들의 거주지, 시장 등을 포함한 복합적인 공간이었다. 그러나 이슬람 당국은 베네치아 상인들이 폰다코 내에서만 교역할 수 있도록 활동 범위를 제한했기에 베네치아 상인들은 지역 시장까지 진출할 기회를 잡지 못했다. 그렇지만 베네치아 상인들은 이슬람 현지에서 신앙생활을 할 수 있었다. 특히 특히 알렉산드리아에는 성 미카엘 교회와 성 마르코 교회 등 다수의 교회가[5] 있었다.

베네치아와 맘루크 제국과의 교류는 교역뿐만 아니라 외교와 순례를 통해서도 이루어졌다. 베네치아 사절과 관리들은 맘루크 제국의 주요 도시에 머물면서 외교 업무를 수행했고, 임무를 마친 관리들은 본국에 귀국하여 그동안의 업무를 정부에 공식적으로 보고했다. 조반니 다리오(Giovanni Dario)는 르네상스 시대 맘루크 제국을 방문했던 유명한 외교 사절 중 한 명이었다. 그는 이집트뿐만 아니라 콘스탄티노폴리스, 페르시아 등지에 외교 사절로 파견되었다. 원래 상인으로서 동지중해의 여러 이슬람 지역을 다니면서 장사를 했던 그는 이러한 경험 덕분에 후에 외교 사절로 발탁되었다. 조반니는 장사나 외교를 통해 얻은 이슬람 예술품으로 자신의 저택을 장식했는데, 그의 저택은 종종 오스만 제국의 술탄이 베네치아로 파견한 사절들이 머무는 숙소로 이용되었다. 1506년 맘루크 술탄은 타그리비르디(Taghribirdi)를 베네치아에 외교 사절로 파견했다. 그는 20명의 수행원을 대동하고, 베네치아 원로원 의원들의 영접을 받으며, 주데카섬에 있는 카 파스쿠알리고(Ca Pasqualigo)에 10일 동안 머물렀다. 베네치아 시민들은 화려한 이슬람식 복장을 갖춘 사절단이 거리를 돌아다니면서 도시를 탐방하는 모습에 큰 관심을 가졌다.[6)]

중세 말, 베네치아는 예루살렘 순례 선단을 운영하며 성지 순례자 수송을 독점했다. 예루살렘을 다녀온 기독교 순례자들은 이슬람 도시와 현지인들과의 경험담을 베네치아에 쏟아냈고, 때로 순례기를 작성해 기독교 세계에 이슬람의 정보를 전파했다. 순례 역시 이슬람 문화와 지식이 베네치아로 유입되는 경로가 된 셈이다.

르네상스 시기 베네치아가 맘루크 제국 다음으로 활발하게 교류했던 이슬람 국가는 오스만 제국이었다. 그러나 맘루크 제국과 달리 오스만 제국과의 관계는 비우호적이었다. 오스만 제국은 팽창 초기부터 동지중해에서 이탈리아의 두 해상 세력인 베네치아와 제노바를 제거하고자 했고, 그 결과 자주 분쟁을 일으키거나 전쟁을 벌였다. 1463년에 시작된 베네치아-오스만 전쟁은 1479년 종결되었다. 이 전쟁에서 오스만 제국은 베네치아가 4차 십자군 전쟁에서 획득했던 네그레폰테(Negreponte)를 정복했고, 아드리아해 북쪽의 프리울리와 베네토 지방까지 공격해 들어갔다. 1499년에는 2차 베네치아-오스만 전쟁이 터졌다. 1503년에 막을 내린 2차 전쟁에서 베네치아는 아드리아해로 들어가는 입구에 위치한 탓에 '베네치아의 두 눈'으로 불린 모돈과 코론을 상실했고, 동지중해를 석권한 해상 강자로서의 위상도 잃었다. 3차 베네치아-오스만 전쟁은 1537년에서 1540년까지 계속되었다. 1570년 터진 4차 베네치아-오스만 전쟁은 1573년에 종결되었다. 레판토 전쟁은 4차 전쟁의 과정에서 일어났고, 베네치아는 4차 전쟁에서 사이프러스섬을 오스만 제국에 빼앗겼다. 칸디아(Candia) 전쟁이라고도 불리는 5차 베네치아-오스만 전쟁이 1645년에 시작되어 1659년까지 계속되었고, 베네치아는 이 전쟁에서 크레타섬을 잃었다. 이로써 베네치아는 동지중해에 가지고 있었던 가장 중요한 식민지이자 전략적 요충지를 빼앗기고 만다. 6차 베네치아-오스만 전쟁은 펠로폰네소스 반도 남쪽을 지칭하는 모레아 전쟁으로 불리는데, 이 전쟁은 1684년에 시작되어 1689년 종결되었다. 2차 모레아 전쟁이자 7차 베네치아-오스만 전쟁은 1714년 시작되어 1718년에 끝난다. 15세기 후반에 시작된 베네치아-오스만 전쟁이 18세기 초 베네치아의 대패로 끝이 난 것이다. 이는 한마디로 오스만 제국의 완전한 승리였다.

1453년 오스만 제국이 비잔티움 제국을 정복한 이후, 베네치아와 오스만 제국은 약 250년 동안 여러 차례 전쟁을 벌였지만, 그보다 더 긴 시간 동안 평화롭게 교역하고 접촉했다. 베네치아는 이미 15세기 후반부터는 동지중해에서 오스만의 제해권을 받아들일 수밖에 없었으며, 1509년 이탈리아반도에서 벌어진 신성 동맹 군대와의 아냐델로(Agnadello) 전투에서 크게 패한 후에는 오스만 제국에 군사적 지원을 요청하기까지 했다.

1517년 오스만 제국이 맘루크 제국을 정복한 이후, 베네치아는 오스만 제국과 더욱 긴밀한 관계를 유지하려고 노력했다. 베네치아 정부는 오스만 제국의 수도 이스탄불에 바일로(Bailo)라 불리는 상주 대사를 파견하여 베네치아 상인들의 활동을 관리 감독하게 했다. 바일로는 16세기 베네치아 대사 중에서 가장 지위가 높았고, 보수도 가장 많았다. 이는 오스만 제국이 베네치아의 가장 중요한 무역 상대국이었음을 보여준다. 또한 베네치아 정부는 베네치아 식민지에서 태어나 오스만 궁정에서 출세한 관리와 연줄을 만들려고 했는데, 대표적 사례가 베네치아 여성이 술탄 셀림 2세의 부인이 된 것이다. 이 베네치아 여성은 무라드 3세의 어머니이기도 했다.[7]

이러한 변화는 베네치아가 기존에 맘루크 제국을 통해 들여왔던 향신료를 포함한 다양한 상품을 이제는 오스만 제국에서 구매해야 했던 상황 탓이기도 하다. 이에 따라 베네치아 상인들은 향신료, 면화 등 다양한 직물 산업 원료와 비단, 가죽, 유리 제작에 필요한 원료뿐만 아니라 흑해에서 생산된 오스만 제국의 곡물까지 수입했다. 반면 베네치아는 오스만 제국 시장에 직물, 유리, 비누, 종이 등의 제조업 상품을 내다 팔았다. 이 같은 상호 교역은 콘스탄티노폴리스와 베네치아에서 이루어졌는데, 때로는 파견된 외교 사절들이 선물로 사치품을 들여오기도 했다.

약 250년 동안 베네치아와 오스만 제국 사이에는 여러 차례 전쟁이 벌어졌지만, 두 세력이 교역과 외교 관계를 완전히 단절했던 적은 없었다. 오스만 제국도 베네치아 상인들이 오스만 제국 시장에서 상업 활동을 하는 것을 허용했으며, 베네치아 공화국에 특사를 계속해서 파견했다.

르네상스와 이슬람 예술의 유행

19세기 중엽 존 러스킨(John Ruskin)은 자신의 저서 『베네치아의 돌』에서 중세 베네치아 건축이 이슬람 영향을 많이 받았음을 처음으로 지적했다. 그는 이슬람의 건축과 예술의 영향을 받은 분야가 세속의 영역이었다고 주장했다. 그러나 2000년대 데보라 하워드는 1100년부터 1500년대까지 이슬람 세계가 세속의 영역뿐만 아니라 종교 건축물 등에도 큰 영향을 미쳤음을 강조했다. 그녀는 2006년에 출간된 공저 『828년부터 1797년까지 베네치아와 이슬람 세계Venice and the Islamic world, 828~1797』에서 828년 베네치아 상인들이 성 마르코의 유해를 훔쳐 온 사건부터 1797년 나폴레옹 군대에 의해 베네치아 공화국이 무너질 때까지 베네치아 예술이 이슬람 예술로부터 지대한 영향을 받았음을 분석했다. 오늘날 베네치아 예술이 이슬람으로부터 많은 영향을 받았다는 사실은 널리 알려져 있는데, 건축과 예술 전반에 걸쳐 이슬람 문화와의 교류가 지속되었음이 연구를 통해 더욱 명확해졌다.

르네상스 시대 베네치아 회화에 무슬림이 자주 등장했다는 사실은 당시 두 세계 사이의 교류가 활발했음을 보여준다. 벨리니(Bellini) 가문은 르네상스 시대 베네치아 회화를 대표하는 예술가 집안이었다. 젠틸레 벨리니(Gentile Bellini)는 베네치아 화풍을 정립한 주요 화가였으며, 동생 조반니 벨리니도 형 못지않은 명성을 얻은 화가였다. 15세기 이탈리아 미술을 대표하는 화가 안드레아 만테냐(Andrea Mantegna)는 이 집안의 사위였다. 1474년부터 젠틸레는 베네치아 도제(Doge)의 초상화를 담당하는 공식 화가로 활동했고, 외국 군주의 초상화를 제작하는 등 외교 사절의 역할도 수행했다.

젠틸레 벨리니는 중세 말 베네치아와 이슬람 세계 사이의 활발한 문화 교류를 상징하는 인물이었다. 당시 베네치아와 오스만 제국은 화가들을 외교 사절로 활용하며 서로에게 긍정적인 이미지를 구축하고자 했다. 1479년, 베네치아와의 긴 전쟁을 끝낸 오스만 술탄 메흐메드 2세는 베네치아 정부에 자신의 초상화를 그려줄 화가를 요청했고, 이에 따라 베네치아는 젠틸레 벨리니를 이스탄불로 파견했다. 그는 이스탄불 궁정에서 2년간 융숭한 대접을 받으며 술탄의 초상화를 제작했으며, 다른 그림에서도 이슬람 세계에 대한 호의적인 이미지를 담아냈다. 이렇게 해서 탄생한 그림이 바로 〈메흐메드 2세의 초상화〉였다. 젠틸레는 술탄의 초상화 외에도 10개 이상의 그림에 오스만 사람들을 그려 베네치아에 오스만 제국의 전형적인 모습을 소개했다. 그의 작품은 베네치아뿐만 아니라 다른 이탈리아 도시에서도 오스만 인물을 표현하는 데 참고하는 좋은 자료가 되었다. 16세기에도 베네치아 화가들은 이슬람 세계의 군주나 군사 지도자들의 초상화를 그려달라는 요청을 받았을 만큼 당대 이탈리아와 오스만 제국에서는 초상화 그리기가 유행했다.

 벨리니 가문을 포함해 르네상스 시대 베네치아 화가들은 역사 풍경화를 많이 그렸다. 그림의 주제는 오래전 성경 속 사건들이었지만, 이야기의 배경이 되는 도시와 건축물, 등장인물 들은 당대 르네상스 시대의 모습을 반영했다. 이러한 특징 덕분에 베네치아와 이슬람 세계의 관계와 상호인식을 짐작할 수 있다. 대표적인 작품 중 하나는 1504년경 젠틸레가 동생 조반니와 함께 제작한 〈알렉산드리아에서 설교하는 성 마르코〉이다. 그림 속 주인공은 신약 복음서를 저술하고, 포교 활동을 계속하다가 75년경 알렉산드리아에서 순교한 성 마르코로서, 9세기 이후 베네치아 수호성인이 된 인물이다. 하지만 그림에 등장하는 다른 인물들, 건물과 주변 배경은 15세기 것이다. 벨리니 형제는 15세기 알렉산드리아에서 만날 수 있는 다양한 이슬람 세계의 남성과 베네치아 귀족을 화폭에 함께 그려 넣었다. 그림의 배경도 여러 시대와 여러 문명의 건축 양식들을 혼합함으로써 지중해의 다양성을 보여주었다. 이 그림에는 고전고대 시대와 르네상스 시대가 함께 있고, 이슬람과 기독교가 함께 있으며, 아시아 세계도 작으나마 한몫을 차지하고 있다. 그만큼 1500년경 지중해의 대표 도시 알렉산드리아는 글로벌한 공간이었다. 제리 브로턴이 이 작품을 "중세 지중해 문명이 기독교와 이슬람이 혼합된 문명임을 잘 보여주는 대표적 사례"라고 평가한 것도 이러한 맥락에서 이해할 수 있을 것이다.

베네치아 십자가의 성모 마리아 성당 내의 예배당에 그려진 성 마르코의 생애를 다룬 연작도 1세기의 이야기에 15세기 이슬람 건물과 사람을 등장시킨다. 4개의 그림 중 현재 2개만이 보존되어 남아 있다. '비단 제조와 판매' 길드가 세 명의 화가 치마 다 코넬리아노(Cima da Conegliano), 조반니 만수에티(Giovanni Mansueti), 라탄치오 다 리미니(Lattanzio da Rimini)에게 그림을 의뢰했다. 치마가 그린 〈아니아누스를 치료하는 성 마르코〉의 배경은 당시 베네치아였지만, 성 마르코와 그의 수행원을 제외한 나머지 등장인물은 당시 이집트 맘루크 제국 복식 차림의 무슬림이다. 이들은 한눈에 보아도 비싸 보이는 이슬람 의복을 차려입고 있으며, 머리에는 그 유명한 둥근 흰색 이슬람 모자를 쓰고 있다. 한 명의 말 탄 기병만이 맘루크 기병 장교용 빨간색 모자를 쓰고 있다. 만수에티가 그린 〈성 마르코의 체포와 심문〉은 이슬람 복식 특히 모양이 다른 터번을 좀 더 구분해서 표현한다. 재판관으로 보이는 인물이 머리에 쓰고 있는 뿔 모양의 터번은 맘루크 제국의 고위 관리들이 쓰는 전형적인 터번이다.[8)]

베네치아 화가들이 자신의 회화에 이슬람 건축물, 물품, 사람, 동식물 등을 표현했지만, 이런 이슬람 문화와 예술을 베네치아로 들여와 오리엔탈 모드를 유행시킨 주체는 베네치아 상인과 외교관들이었다. 젠틸레 벨리니와 같은 예외적 경우를 제외하면, 동지중해의 이슬람 세계를 직접 방문한 화가들은 많지 않았다. 당시 베네치아의 정치 권력과 경제력을 장악한 핵심 귀족 가문의 자제들은 젊은 시절에는 이슬람 세계에서 상인으로 활동하고, 나이가 들어서는 베네치아 정부의 고위 관리로 활동하는 경우가 일반적이었다. 오리엔탈 모드를 본국에 유행시킨 것도 바로 이들이었다. 13세기부터 16세기까지 베네치아의 대표적인 귀족이나 대상인 가문들은 대운하 주변에 저택을 지었고, 현재까지도 170여 채가 남아 있다. 그중 대표적인 사례는 15세기 콘타리니 가문이 건립한 황금의 집 '카도로(Ca d'oro)'이다. 콘타리니 가문은 베네치아 수장인 도제를 배출한 유명한 귀족 가문이었을 뿐만 아니라, 지중해 교역에도 적극적으로 참여한 대상인이었다. 이 가문은 자신들의 정치와 경제력을 자랑이라도 하듯이 대운하에 가장 화려한 저택을 축조했고, 실제로 보고 경험했던 다양한 문명권의 양식을 자신들의 저택에 도입했다. 가장 위쪽 부분에는 비잔티움 양식의 대표적인 특징인 톱니 장식과 화려한 대리석 마감, 그 아래에는 대표적인 이슬람 양식의 특징인 마름모 양식의 표면 장식과 말발굽처럼 생긴 뾰족한 창틀, 중 하단부에는 서유럽 고딕 양식의 특징인 아치와 트레이서리가 있다. 이러한 건축물들을 통해 베네치아 상인들이 서유럽 세계, 비잔티움, 이슬람 세계를 오가면서 장사를 하고, 그 과정에서 다양한 지중해 문명의 문화와 예술 양식을 수입해 새로운 혼합 양식을 창조했음을 알 수 있다.

르네상스 양식으로 지어진 카다리오(Ca' Dario) 저택에서도 이슬람 예술이 베네치아 건축에 미친 영향을 확인할 수 있다. 건축사가 데보라 하워드(Deborah Howard)는 이 저택의 이슬람 양식 아치가 동방에서 활동했던 베네치아 상인들의 기억을 반영하는 것이라고 평가했다. 실제로 이 저택의 소유자였던 조반니 다리오(Giovanni Dario)는 15세기 말 베네치아 귀족 상인이었으며, 맘루크 제국의 카이로 궁정에 외교 사절로 파견된 경험이 있었다. 그는 이슬람 세계에서 보고 들은 것을 바탕으로 자신의 저택을 개조했는데, 이슬람 양식이 반영된 그의 저택은 1515~1516년 베네치아를 방문한 오스만 술탄 사절의 숙소로 사용되기도 했다.

대운하에 면해 있는 독일 상관(Fontego dei Tedeschi)도 이슬람 건축의 영향을 잘 보여준다. 이 건물은 독일 상인들의 숙소이자 거래 장소로 사용되었는데, 1505년 화재로 소실된 후 베네치아 정부는 즉시 같은 자리에 새로운 상관을 건축하기로 결정했다. 재건축 과정에서는 카이로의 알-구리(Al-Ghuri) 지역에 위치한 위칼라(Wikala)를 참조해서 설계했다. 이는 베네치아 건축에 이슬람 양식이 적극적으로 반영된 대표적인 사례 중 하나로 평가된다.

베네치아에서는 대상인의 저택뿐만 아니라 도제 궁과 성 마르코 대성당에서도 이슬람 양식의 흔적을 쉽게 발견할 수 있다. 하워드의 견해에 따르면 도제 궁의 벽면 개방성은 특히 이슬람 양식의 영향을 잘 보여준다. 14세기 중엽, 베네치아는 도제 궁을 개축하면서, 카이로에 있는 술탄의 궁정을 참고했는데, 그중 궁전 지붕 가장자리의 장식은 알렉산드리아 성 아타나시우스 이슬람 사원의 용마루 장식(cresting)에서 차용한 것이었다. 건물 아래층의 아케이드는 1333~1334년 맘루크 술탄 나스리 무함마드의 응접실을 연상시킨다. 건물 위쪽의 마름모꼴 장식은 셀주크 왕조의 마름모 패턴 장식 벽돌과 유사하다. 이러한 마름모꼴 장식 요소는 이란의 일 칸 국의 궁정에서도 발견된다. 이처럼 이슬람 양식을 대표하는 마름모꼴 장식이 지중해 여러 지역으로 전파되었다.

스쿠올라(scuola)라 불리는 종교적 친목 단체들도 오리엔탈 모드를 유행시키는 데 일조했다. 이 단체들은 저마다 수호성인을 모시고 있었는데, 이 수호성인들은 주로 동지중해와 북아프리카에서 활동했던 인물들이었다. 이 단체들은 화가를 고용해 자신들의 조합 건물 즉 스쿠올라에 수호성인의 이야기를 그리게 했고, 자연스럽게 그림에 르네상스 시대 이슬람 건축물과 배경 그리고 인물이 등장했다. 특히 이들 친목 단체는 이슬람 배경과 사람이 등장하는 대형 그림으로 자신들의 회합 장소를 화려하게 꾸몄고, 이런 특징의 그림은 15세기 말과 16세기에 크게 유행했다.

르네상스 시대 베네치아의 작은 골목길과 건축물, 서적에서도 무슬림의 흔적을 쉽게 찾아볼 수 있다. 건물 벽면에 이슬람 복식을 한 이방인들의 모습이 조각되는 일은 드물지 않았는데, 대표적인 예로 팔라초 마스텔리(Palazzo Mastelli) 벽면에는 '낙타를 끌고 가고 있는 이

안드레아 만테냐(Andrea Mantegna, 1431~1506)가 제작한
베로나의 성 제노 성당의 제단화.

슬람 상인'의 부조가 조각되어 있다. 서적에도 다양한 복장을 한 무슬림이 등장했는데, 이는 베네치아가 당시 유럽 최고의 출판 및 유통 중심지였기 때문이다. 특히 베네치아의 인쇄소에서는 아랍어 서적들을 번역해서 출판하기도 했으며, 이러한 문화적 교류 덕분에 베네치아 사람들에게 오스만과 맘루크 제국 출신의 이교도들은 낯선 존재가 아니었다.

르네상스 시대 베네치아에서는 아랍어와 아랍어 장식 글자가 흔히 사용되었으며, 13세기 이후 서유럽 기독교 세계에서도 이를 모방하는 경향이 나타났다. 특히 이탈리아 르네상스 시대에는 아랍어 문양이 큰 인기를 끌었는데, 정확한 글자가 아니라 읽을 수는 없었지만 주로 그림, 유리, 도자기, 서적 옷 등에 들어가는 장식 요소로 활용되었다. 아랍어 문양은 기독교의 성스러운 공간에도 침투했다. 예수와 성모 마리아 그리고 성인의 후광이나 의복 가장자리에 아랍어 문양이 장식되기도 했다. 벨리니 가문의 사위 안드레아 만테냐(Andrea Mantegna, 1431~1506)가 제작한 베로나의 성 제노 성당의 제단화에는 아기 예수를 안고 있는 성모 마리아가 나온다. 아기 예수와 성모 마리아의 머리를 감싸고 있는 후광에 아랍어 문양이 선명하게 그려져 있다.

이슬람에 대한 이중적 시선

르네상스 시대, 베네치아만큼 이슬람 문화가 깊이 스며든 유럽 도시는 없었다. 이슬람의 물품과 문화는 베네치아 곳곳에서 자연스럽게 자리잡았는데, 이는 단순한 일시적 유행이 아니라 베네치아 사회 전반에 걸쳐 지속된 현상이었다. 그렇다면 왜 베네치아에서 이슬람 물품과 문화가 이렇게 인기를 끌었을까?

우선 무엇보다도 베네치아 사람들이 이슬람의 공예품과 사치품을 이국적인 동시에 고급스러운 것으로 높이 평가했기 때문이다. 베네치아 회화에는 아라비아 문양의 카펫, 수를 놓은 비단, 유약을 바른 도자기, 화려한 색감의 유리, 정교한 금속 세공품 등이 자주 등장하는데 이는 모두 뛰어난 기술력과 세련된 디자인을 갖춘 고급 물품들이었다. 특히 오스만 제국의 고급 카펫인 사자다(sajada)는 베네치아 공화국의 국가 행사에도 사용될 정도로 인기를 끌었다. 이 오스만 카펫은 카르파쵸, 크리벨리, 안토넬로 다 메시나, 포파 등 많은 르네상스 화가의 그림 속에 오브제로 등장한다. 또한 고급 금속 세공품 역시 베네치아에서 인기 있는 수입 품목이었다. 이들 금속 세공품은 아랍어 문양과 아라베스크 장식이 포함된 경우가 많았지만 기독교인들은 이에 개의치 않았다. 15세기 이후에는 이러한 이슬람 금속 세공품이 알프스 이북까지 수출되면서 유럽 전역에서 대중의 소유욕을 자극하는 동시에 동양풍에 대한 동경심을 불러일으켰다.

둘째로, 베네치아를 비롯한 서유럽 기독교 세계에서는 오랫동안 이슬람 세계를 선진 문명으로 인식하여 그들의 문화를 배우고자 했다. 12세기 서유럽에서는 이슬람 세계의 앞선 학문과 지식을 받아들이기 위해 아랍어를 공부했고, 이를 라틴어로 번역하여 적극적으로 수용했다. 르네상스 시대에도 여전히 이슬람 세계는 기독교 세계보다 앞선 문명으로 평가되었는데, 베네치아 회화에서도 이러한 사실을 확

조르조네가 그린 〈세 명의 철학자〉(1540~1548).

인할 수 있다. 조르조네는 〈세 명의 철학자〉라는 그림에서 이베리아반도의 무슬림 철학자 이븐루시드(Ibn Rushd, 아베로에스)를 존경스러운 학자로 표현했다. 1469년 베네치아에 인쇄소가 설립된 이후, 이븐루시드의 저서가 다수 출판되면서 그의 사상은 유럽 학자들에게 더욱 널리 알려졌다.

이처럼 르네상스 시대 베네치아에서는 이슬람의 상품, 회화에 단골로 등장하는 무슬림, 이슬람 양식의 건축물, 아랍어 등이 하나의 일상이 되었다. 이러한 상황은 그 시대의 실상을 오해하게 만들 수 있다.

첫 번째 오해는 무슬림 상인들이 장사를 위해 베네치아 시장을 즐겨 찾았고, 무슬림 장인들이 베네치아에서 활동했다는 해석이다. 베네치아 상인들은 이슬람 세계에 직접 가서 교역했지만, 무슬림은 베네치아를 직접 찾지 않았다. 카나레조(Canareggio) 구역에 있는 무어인들의 집(Casa dei Mori)은 무슬림 상인의 거주지가 아니라 이슬람 세계에서 활동하는 베네치아 향신료 상인들의 숙소였다. 결론적으로 르네상스 시대 베네치아에 이슬람 상품, 문화, 예술은 넘쳐났지만, 이슬람교도들은 없었다는 뜻이다. 간혹 베네치아를 방문했던 무슬림은 외교 사절들이었고, 이들의 방문은 일상적인 게 아니었기에 베네치아 시민들의 호기심을 크게 자극했을 뿐이다. 그러나 시간이 갈수록 베네치아를 찾는 이슬람 상인들이 늘어났다. 그러다가 16세기 후반이 되면 꽤 많은 이슬람 상인이 베네치아에서 활동하게 된다. 구체적으로 4차 베네치아-오스만 전쟁이 발발했던 1571년 당시 베네치아에는 생각보다 많은 오스만 제국 상인들이 있었고, 전쟁이 끝난 1573년 이후에는 그 수가 증가했다. 오스만 상인이 늘어나자, 1612년 베네치아 정부는 이들에게 안전한 숙소를 제공하고 상업 활동을 할 수 있도록 터키 상관을 수립할 것을 결정했다.[9]

두 번째 오해는 이슬람 문화의 유행이 진정한 의미의 문화 융합과 상대방에 대한 우호적인 태도와 인식이 만연했음을 의미한다는 해석이다. 이슬람 문화가 베네치아에 세워진 건축물과 기타 예술 분야에 지대한 영향을 미친 것은 사실이지만 이슬람 문화의 수용에 거부감이나 저항이 있었던 것도 부인할 수 없다.[10] 교황청의 무역 금지령에도 불구하고 이슬람 세계와 교역하는 정당성을 확보해야 했고, 이슬람의 종교적 요소를 들여올 때는 더욱 그러했다. 무엇보다도 베네치아인들은 기본적으로 기독교인들이었으며, 동시대의 기독교 형제들처럼 이교인 이슬람에 관해 부정적인 인식을 품고 있었다. 이런 인식은 상황에 따라 고조되었는데, 특히 르네상스 시대 회화에 잘 드러난다. 무슬림들이 단골로 등장하는 그림 주제는 이집트 알렉산드리아에서 설교하다 순교한 성 마르코, 용을 죽인 성인 게오르기우스, 예루살렘에서 순교한 성인 스테판이었는데, 이런 주제들은 주로 이슬람 세계를 개종시키거나 정복하려는 종교적 열정과 십자군 정신을 반영한다.

젠틸레 벨리니가 그린 〈알렉산드리아에서 설교하는 성 마르코〉에는 1세기 복음서의 저자였던 성 마르코가 1500년대 지중해 세계에 등장해 이슬람교도들에게 설교한다. 이 그림에는 터번을 쓴 맘루크와 오스만 제국의 남성, 그리고 베일을 착용한 이슬람 여성이 성 마르코의 설교를 경청하고 있다. 조반니 만수에티(Giovanni Mansueti)가 그린 〈성 마르코의 아니아나스 세례〉는 이교도를 개종시키기 위한 일종의 선전용 그림이었다.

카르파쵸가 그린 〈성인 게오르기우스와 용〉과 〈이교도에 세례를 주는 성인 게오르기우스〉는 팽창하는 오스만 제국의 위험을 보여준다. 성인 게오르기우스의 일화에는 용과 개종이라는 두 핵심 요소가 등장한다. 중세의 『황금 전설』에 따르면 디오클레티아누스 황제 시절 로마 군인이었던 그는 사람들을 괴롭히던 나쁜 용을 무찌르고, 마을 사람들을 크리스트교로 개종시켰다. 302년 황제는 로마의 전통 신을 받들지 않는 사람을 체포하라고 명령했고, 게오르기우스는 체포되어 처형당했다. 화가인 카르파쵸는 이 신화를 1510년대를 배경으로 재탄생시켰다. 오스만 제국이 팽창하는 상황에서, 이 성인이 오스

비토레 카르파쵸의 〈돌을 맞는 성인 스테파노〉(1520).

만 제국뿐만 아니라 맘루크 제국의 이슬람교도들을 물리치고 크리스트교로 개종하는 것으로 묘사한 것이다. 〈성인 게오르기우스와 용〉(1502~1507)에서 말 탄 기사 모습을 한 성인 게오르기우스는 용의 목을 긴 창으로 찌르고 있는데, 여기서 성인은 그리스도를, 용은 이교도를 상징한다. 결국, 기독교가 이슬람에 승리한다는 뜻이다. 〈이교도에 세례를 주는 성인 게오르기우스〉(1507)에는 오스만과 맘루크 제국의 사람들이 등장하고, 수장으로 보이는 이교도가 터번을 벗고 성인으로부터 세례를 받고 있다.[11]

물론 베네치아와 이슬람 세계와의 갈등이 고조되면 부정적인 인

알브레히트 뒤러의 〈바빌론의 창녀〉.

식도 강화된다. 일반적으로 중세 말 동지중해에서 새로운 강자로 부상한 오스만 제국은 베네치아의 해상 교역을 위협할 수 있는 최대의 적이었다. 1517년 베네치아와 우호적인 관계를 유지했던 맘루크 제국이 오스만의 수중에 들어가자, 오스만에 대한 공포는 더욱 커지면서 오스만 제국에 대한 부정적인 인식은 강화되었다. 1520년대 비토레 카르파쵸(Vittore Carpaccio)가 그린 〈돌을 맞는 성인 스테파노〉는 이러한 감정을 드러낸다. 이 그림은 '스쿠올라 디 산 스테파노'가 주문한 그림이었다. 성인 스테파노는 기독교 최초의 순교자다. 이 그림에서 터번을 쓴 오스만 제국의 이슬람교도들이 무릎을 꿇고 있는 성인 스테파노에게 돌을 던지려고 하고 있다. 아무런 저항도 하지 않는 스테파노에게 뒤에서까지 공격을 시도한다. 이는 당시 이슬람 세계를 대표하는 오스만 제국에 대한 적대감과 그들의 무도함을 보여주는 것이다.

　1571년 레판토 해전과 승리를 다룬 예술 작품은 당시 오스만에 대한 베네치아의 인식을 잘 보여준다. 당시 오스만 제국은 베네치아 경제의 생명줄을 끊을 수 있는 가장 위험한 적이자 이슬람을 믿은 이교도였다. 다수의 베네치아 시민은 레판토 해전의 승리야말로 베네치아를 아끼는 신의 뜻이라고 여겼고, 예술가들은 오스만 사람들을 악의 화신으로 표현했다. 그래서 레판토 해전의 승리를 기념하는 그림, 인쇄물, 조각 등에 악마의 모습을 한 오스만 사람이 단골로 등장하는 것이다. 예컨대 틴토레토는 오스만을 7개의 머리가 달린 용으로 표현했다. 서양 기독교 문화에서 용은 악의 군단을 대표하는 상상의 동물이었기에, 틴토레토는 용을 묵시록에 등장하는 7개의 머리를 가진 야수로 그려낸 것이다(votive painting of doge Pietro Loredan, 1582). 베네치아에서 활동했던 독일 화가 알브레히트 뒤러는 요한 계시록 이야기를 그린 〈바빌론의 창녀〉에서 터키 사람을 적그리스도의 하수인으로 묘사했다.

    르네상스 시대 베네치아 예술은 이슬람 세계에 대한 베네치아인들의 기억과 인식이 새겨진 저장소이자, 이슬람의 학문, 상품, 복식 등을 보여주는 전시장이나 마찬가지였다. 교역, 외교, 순례를 통해 대량으로 유입된 이슬람 예술과 문화는 베네치아인의 일상에 깊숙이 스며들었다. 그러나 이러한 교류가 베네치아 문화와 이슬람 세계 간의 진정한 문화적 융합이나 종교적 관용을 의미하는 것은 아니었다. 서로 다른 두 문명 사이에는 오랜 역사 속에서 형성된 뿌리 깊은 불신과 적대감이 여전히 자리하고 있었다.

세이버(sabre), 악마의 무기에서 근대화의 상징까지

유럽에 남긴 오스만의 군사적 유산

윤덕희

전쟁과 문명의 교류

'전쟁과 교류'. 얼핏 모순처럼 들린다. 전쟁은 보통 대립하는 두 집단 간의 충돌과 상호 배타성을 떠올리게 하지 않는가? 그리스도교 세계와 이슬람 세계의 전쟁과 같은 서로 다른 종교와 문화권이 충돌하는 경우, 국가 간의 평범한(?) 전쟁보다 더더욱 배타적인 양상을 띨 것이라고 이해하기 쉽다. 그러나 그리스도교와 이슬람의 충돌을 대표하는 사건인 십자군 전쟁을 연구한 크리스토퍼 타이어만(Christopher Tyerman)이나 스티브 티블(Steve Tibble) 같은 학자가 지적하듯 이는 지나치게 단순화하여 이해한 것이다. 역사상의 거대한 사건들 대부분이 그렇듯이 현실은 훨씬 더 복잡하다. '그리스도교 대 이슬람'이라는 단순한 이분법도 문제이지만, 일단 편의상 그러한 이분법을 수용한다고 치자. 그럼에도 전쟁 중인 두 세력이 오직 싸움만 벌이는 것은 아니다. 대립과 경쟁, 협력, 교류는 적대적인 두 진영 간에서 늘 공존해 왔다.

　사실, 어떤 면에서 보면 전쟁은 그 어떤 영역보다도 활발한 상호 교류의 장이라 할 수 있다. 가혹한 생존 투쟁이 벌어지는 전쟁터에서는 비록 적군의 무기나 전술이라도 그것이 유용하다면 주저 없이 받아들여야 살아남을 수 있기 때문이다. 삶과 죽음이 눈 깜짝할 새 교차하는 전장에서 그 무기나 전술이 나의 것인지 남의 것인지 따질 여유 따위는 없다. 단지 쓸모가 있으면 사용할 뿐이다. 물론 이론적으로 그렇다는 말이다. 실제로는 적군의 무기와 전술을 받아들이는 데 심리적인 저항감이 따른다. 하지만 이 저항감을 끝내 극복하지 못한 집단의 앞날에는 패망이 기다리고 있을 뿐이다. 살아남는 집단은 반드시 이를 극복하고 남의 것을 받아들여 자기 것으로 만든 쪽이다. 이러한 과정을 거쳐 도입된 무기와 전술이 시간이 흐르며 예상치 못했던 방식으로 변모하는 경우가 왕왕 있다. 처음에는 적군의 공포스러운 무기나 전술로 여겨졌던 것이 점차 그 나라의 문화유산으로 자리잡는 것이다.

　근대 초기 이슬람 문명과 그리스도교 문명이 충돌한 최전선이었던 동유럽은 이러한 사례를 잘 보여준다. 15세기 말부터 동유럽을 위협했던 대표적인 세력은 오스만 제국이었다. 오스만의 군사적 위협에 맞서 살아남기 위해 동유럽은 전쟁 방식을 대(對)오스만 맞춤형으로 수정해야 했다. 그리고 그 과정에서 도입된 무기와 이를 활용한 전술은 다시 서유럽 여러 국가의 전쟁 방식에 영향을 미쳤다. 이를 상징적으로 보여주는 무기가 바로 기병들이 사용한 날이 휘어진 칼, '세이버(sabre)'다. 이슬람 군대의 만곡도(彎曲刀)는 유럽인들에게 오래도록 공포와 동시에 매혹의 대상이었다. 공포와 매혹은 정반대의 감정처럼 보이지만, 본질적으로 '내 것'이 아닌 '남의 것'에서 비롯된다는 점에서 공통적이다. 그러나 어느 순간부터 이 칼은 유럽인들에게 '남의 것'이 아니라 '나의 것'이 되어갔다. 따라서 세이버는 경쟁과 적대, 교류가 얽힌 두 문명의 복잡한 관계를 들여다보기에 더없이 적합한 도구다.

이제 한때 유럽인들에게 공포의 대상이었던 이 무기가 어떻게 '남의 것'에서 '나의 것'이 되어갔는지, 그 흥미로운 이미지 변신과 재탄생의 역사를 추적해보자.

십자가 대 초승달?
: 오스만 제국의 전쟁 방식과 유목민의 칼

오랜 문화적이고 미술적인 묘사와 대중매체를 통해 익숙해진 소위 '이슬람의 전쟁 방식'을 대표하는 이미지는 가벼운 차림으로 휘어진 칼을 휘두르는 기마 전사의 모습이다. 예를 들어, 영화 〈13번째 전사(The 13th Warrior, 1999)〉를 보면 실존 인물에 기반을 둔 아랍인 주인공 아흐메드 이븐 파들란(Ahmad ibn Fadlan, ?~?)이 바이킹을 만나 육중한 유럽식 양날검을 건네받는 장면이 나온다. 주인공은 이 칼을 갈아 자기 손에 익은 휘어진 외날도로 바꾸어 쓴다. 영화 〈킹덤 오브 헤븐(The Kingdom of Heaven, 2005)〉에서도 유럽인 주인공이 양날 장검을 들고 외날 만곡도를 든 무슬림 전사와 결투를 벌이는 장면이 묘사된다. 두 영화 모두 칼이라는 상징적인 장치로 두 문명의 차이를 선명하게 드러낸다. 마침 유럽의 양날검은 십자가를 닮았고 이슬람의 외날도는 초승달을 닮았으니, 창작자들 입장에서는 이보다 더 효과적인 상징을 찾기 어려웠을 것이다.

그러나 현실 세계는 그런 단순한 이분법이 적용되지 않는다. 첫째, 서두에서 언급했듯이, 중세 이래 이 지역을 무대로 펼쳐진 복잡다단한 전쟁의 역사를 단순히 문명의 충돌로 축소할 수는 없다. 단적으로 '이슬람의 영웅' 살라흐 앗딘(Salah ad-Din, c.1137~1193)은 일생의 대부분을 십자군보다는 오히려 같은 무슬림 세력을 상대로 싸우며 보냈다. 사실 유럽의 수많은 국가도 마찬가지 아니었던가? 둘째, 같은 맥락에서 단일한 '유럽식 전쟁 방식'이나 '그리스도교 문명권의 전쟁 방식'이 존재하지 않듯이, 단일한 '이슬람의 전쟁 방식'이라는 것도 존재하지 않는다. 한 집단의 전쟁 방식은 종교나 이념보다는 그 집단이 처한 환경과 지리적 조건의 영향을 더 크게 받기 마련이다. 전쟁은 곧 생존의 문제이기 때문이다. 이슬람 문명권이라는 이름 아래에도 수많은 이질적인 집단이 다양한 기후와 지리적 조건하에 존재했고, 이들이 선호한 전술과 무기도 다양했다.

무슬림 전사의 상징으로 굳어진 초승달 모양의 칼도 이슬람 문명권의 전유물이 아니었다. 아니, 엄밀히 말하면 이슬람 군대의 고유한 무기가 아니었다. 가벼운 무장을 하고 말 위에서 활을 쏘거나 휘어진 칼을 휘두르던 기마 전사들은 중앙아시아, 특히 튀르크계 유목민들이었다. 초기 이슬람 팽창의 주역이었던 아랍 칼리프국의 군대가 주로 사용한 칼은 유럽 기사들의 칼과 크게 다르지 않은 양날의 장검이었으며, 이들의 기병 역시 유럽 기사들과 유사한 갑옷으로 중무장한 전사들이 주축을 이루었다. 십자군 시대의 중세 전쟁사를 연구한 존 프란스(John France)는 아랍 정복 시기보다 훨씬 이후에 튀르크의 이슬람화로 경기병이 이슬람 군대의 주요 병종으로 자리잡았다고 지적한다. 하지만 그 이후에도 아랍계 파티마 왕조의 군대는 여전히 중장기병이 핵심을 이루고 있었다.

사실, 〈13번째 전사〉의 주인공 이븐 파들란이 살아 돌아와 이 영화를 감상한다면, 그는 아마 크게 놀랄 것이다. 실존 인물 이븐 파들란은 10세기 사람으로, 압바스 왕조 칼리프의 사절로 러시아를 방문했다. 그 여정 중에 그는 튀르크 유목민을 만나게 되었고, 세련된 문명인으로서 자신이 보기에는 '불결하고 야만적'이었던 튀르크인들의 관습에 큰 충격을 받고 이를 기록으로 남겼다.[1] 그러니 후대인들이 자신을 그 '야만인'의 칼을 휘두르는 모습으로 묘사한 영화를 본다면 당연히 매우 불쾌하지 않겠는가? 그러나 최근 중앙아시아 유목제국에 관한 탁월한 저작을 내놓은 학자 케네스 할(Kenneth W. Harl)의 표현을 빌리자면, 이븐 파들란은 자신이 목격한 그 '야만인'들이 불과 3세대 만에 이슬람으로 개종하고 자신이 살던 바그다드에 입성할 것이라고는 꿈에도 생각하지 못했을 것이다. 더 나아가, 그들이 세운 셀주크 왕조가 이슬람 세계를 대표하는 세력이 될 것이라고는 더욱 예상하지 못했을 것이다.[2]

중앙아시아 초원 지역의 유목 기병은 오랫동안 정주민에게 공포의 대상이었다. 유럽인들은 이 지역 사람들을 지옥(타르타로스,

Tartaros)에서 올라온 괴물로 상상하며, 이들이 개의 머리를 한 인간 (키노케팔로스, cynocephalus)이라고 믿었다. 이븐 파들란의 기록에서도 알 수 있듯이 무슬림의 인식도 이와 크게 다를 바 없었다. 그들 또한 이 유목민들을 구약성서에 등장하는 세상 종말의 전조, '곡과 마곡의 백성'으로 여겼다.

그러나 튀르크 유목민들이 서진하고 이슬람화되면서 상황은 달라지기 시작했다. 물론, 십자군 전쟁기에 이집트의 파티마 왕조와 시리아를 장악한 튀르크인들 간의 갈등이 보여주듯, 튀르크인에 대한 경계심이 한순간에 사라진 것은 아니었다. 그럼에도, 이슬람 세계에서 튀르크인들은 점차 세상의 종말을 몰고 올 '곡과 마곡의 백성들'에서 이슬람의 전사들로 바뀌었다. 그리고 이 과정에서 이슬람 세계는 초원 지역 유목민들의 전쟁 방식이 지닌 효율성을 인정하게 되었다. 그렇게 해서 말 위에서 활을 쏘고 휘어진 칼을 휘두르는 유목민의 경기병 전술은 기존 아랍 군대의 보병과 중기병 중심의 전쟁 방식을 대체하며 이슬람 군대의 대표적인 이미지로 자리잡았다.

이후 이슬람 세계의 패권을 잡은 오스만 제국 역시 튀르크 유목민들이 세운 국가였던 만큼, 그 전술은 기본적으로 스텝 유목민 전술에 뿌리를 두고 있었다. 전쟁사에 흥미가 있는 독자라면, 오스만 제국 군대를 떠올릴 때 아마 난공불락으로 여겨졌던 콘스탄티노폴리스의 3중 성벽을 무너뜨린 거대한 청동 대포를 먼저 생각할 것이다. 혹은 근대 초기에 유럽인들을 공포에 떨게 했던 오스만의 정예 보병대인 예니체리가 떠오를지도 모른다. 그러나 오스만 제국군의 주력은 어디까지나 기병이었다. 오스만 제국군에서 기병이 차지하는 비율은 동시대 유럽 군대에 비해 상당히 높았던.[3] 특히 이들이 선호했던 전술은 경기병을 주축으로 한 기동전이었다.

유목군대는 압도적으로 유리한 상황이 아니면 정면에서 맞붙는 전투를 피하는 경향이 있다. 대신 이들은 빠른 기동을 이용한 치고 빠지기 전술로 적을 혼란에 빠뜨리고 분열시키는 방식을 선호한다. 적지 깊숙이 침투해 약탈전을 벌이는 것도 유목민의 전쟁에서 빠질 수 없는 요소 가운데 하나다. 물론 오스만군은 이미 유목과 농경 지역을 아우르는 대제국을 세운 만큼, 완전한 유목민 군대라고 보기는 어렵다. 오스만군은 중장기병과 보병을 포함한 종합군이었기 때문에 정면 대결을 완전히 회피하지는 않았다. 그러나 기본적으로 선호했던 전술은 유목민의 경기병 전술에 근본을 두었다. 더 나아가 오스만군은 진정한 유목민인 몽골족이 세운 크림 칸국을 봉신으로 삼아 이들의 기병을 보조군으로 적극 활용했다.

활과 함께 유목 기병의 상징으로 여겨지는 휘어진 칼은 이러한 작전에서 매우 유용한 무기였다. 갑옷으로 중무장한 군대가 정면충돌하는 대규모 전투에서는 유럽 기사들이 사용하는 무거운 양날검이 더 효과적일 수 있다. 그러나 유목 기병은 이런 전투를 최대한 피하고 적의 약점을 노리는 데 특화된 군대였다. 이들이 주로 수행하는 약탈전과 후방 습격에서는 갑옷으로 중무장한 적보다는 방어가 취약한 적과 맞닥뜨릴 가능성이 더 컸다. 이러한 상대에게는 굳이 에너지가 많이 소모되는 무거운 칼보다 경쾌하게 휘두를 수 있는 가벼운 칼이 훨씬 효율적이었다. 유목민이 즐겨 사용했던 휘어진 칼은 가볍고 무게 중심이 잘 잡힌 무기로, 빠른 말을 타고 달리는 경기병의 손에서 무서운 위력을 발휘할 수 있었다. 오스만 전사들은 튀르크-몽골 계통의 유목민이 사용하던 곡도를 발전시켜, 손잡이와 날이 모두 가볍게 휘어진 칼을 개발했다. 이 칼은 '킬리지(kılıç, 사실 튀르키예어로 그냥 '칼'이라는 뜻이다)'라고 불리며, 이후 유럽 군대가 사용한 세이버의 직계 조상이 되었다. 16~17세기 유럽, 특히 동유럽이 마주해야 했던 상대는 이런 무기와 전술로 무장한 군대였다.

킬리지, 19세기 오스만 제국(뉴욕 메트로폴리탄 박물관 소장).

세이버, 유럽의 무기가 되다

당시 대(對)오스만 전선의 선두에 섰던 두 유럽 국가, 폴란드와 헝가리는 오랜 기병의 전통을 지닌 나라들이었다. 특히 헝가리는 본래 중앙아시아 유목민인 마자르족이 세운 국가였던 만큼 유목 기병의 전술은 이들에게 낯설지 않았다. 그러나 이 당시 헝가리는 이미 문화적으로 유럽에 완전히 통합된 지 오래였고, 헝가리 기병도 다른 유럽 국가들과 마찬가지로 중무장한 기사단을 중심으로 서유럽식 양날검을 휘둘렀다. 후에 독특한 날개 장식을 단 경기병, 후사르(huszár)로 유명해지는 폴란드 역시 중세 말에는 서유럽식으로 중무장한 기사들이 군대의 주축을 이루고 있었다.

그러나 오스만 경기병의 맹공에 맞서기 위해 헝가리는 유목민 선조들의 전통적인 전투 방식을 되살려야 했다. 그래서 오스만 기병과 유사한 장비와 전술로 무장한 경기병대가 편성되었고, 이는 기존의 중기병과 함께 헝가리군을 당시 유럽에서 가장 발달하고 균형 잡힌 군대로 성장시키는 데 기여했다. 이 헝가리 경기병(huszár)의 주무기는 사빌랴(sabilya)라고 불리는 휘어진 기병도로 칼의 디자인은 오스만 기병의 킬리지에서 직접적인 영향을 받았다. 헝가리 경기병은 인접한 폴란드가 15세기 말부터 경기병을 발전시키는 데도 큰 영향을 미쳤다. 이렇게 재탄생한 헝가리 군은 모든 면에서 당대 유럽에서 가장 뛰어난 군대 가운데 하나로 손꼽혔다. 그러나 1526년 모하치 전투에서 헝가리군은 오스만 제국군과 정면으로 맞서게 되었을 때, 최소 두 배에서 세 배 되는 병력 차이를 극복할 수 없었다. 중부 유럽사 연구의 대가

폴란드 후사르.

마틴 래디(Martyn Rady)가 합스부르크 제국에 관한 최근 저서에서 지적했듯이 아무리 뛰어난 군대라도 평지에서의 정면 대결에서 이러한 열세를 극복하기는 어려웠다. 결국 오스만군은 이 우위를 최대한 활용해 헝가리군을 대파했다.

이 패전 이후 헝가리의 영토 대부분이 오스만의 지배하에 들어가면서 폴란드가 대오스만 전선의 최전방이 되었다. 폴란드 기병도 오스만의 위협에 대응하기 위해 유사한 기병 전술을 구사할 필요가 있었고, 그에 어울리는 기병도로 무장해야 했다. 자연스럽게 이들도 헝가리 기병과 마찬가지로 휘어진 칼을 받아들였다. 15세기 말, 폴란드 기병이 사용했던 칼은 대부분 오스만의 칼을 직수입했거나 오스만의 칼을 모델로 한 헝가리산 칼을 수입한 것으로 보인다. 이 칼을 '사블라(szabla)'라고 불렀다. 1505년부터 크라쿠프의 도검 제작자들이 사블라를 직접 제작하기 시작하면서, 세이버는 공포스러운 적군의 무기에서 폴란드의 민족 무기로 자리잡게 되었다.[4] 폴란드 기병은 이 칼을 손에 들고 용맹을 떨쳤으며, 곧 폴란드 기병과 사블라의 명성은 전 유럽으로 퍼져나갔다. 또한, 사블라라는 폴란드식 명칭은 유럽 각국에서 이 칼을 부르는 이름의 기원이 되었다. 독일에서는 '제벨(säbel)', 이탈리아에서는 '쉬아볼라(sciabola)', 프랑스에서는 '사브르(sabre)', 그리고 영국에서는 '세이버(sabre)'로 불리며 전해졌다.

사실, 16~17세기 폴란드 후사르가 주로 사용했던 무기를 사블라(세이버)라고 단정하기는 어렵다. 후사르의 주요 무기는 기병창이었다. 하지만 기병이 돌격하여 적의 전열에 충돌할 때, 대다수 창은 첫 번째 충돌에서 부러지곤 했다. 그 이후에 활약하는 것이 바로 보조 무장인 칼이었다. 그렇다면 왜 주무장인 창보다 오히려 적국의 무기에서 유래한 보조 무장 사블라가 폴란드 후사르의 상징이 되었을까? 나아가 어떻게 이 칼이 폴란드 민족 정체성의 상징으로 자리잡게 되었을까?

서두에서 언급했듯이 적의 무기와 전술을 받아들일 때는 그것이 아무리 유용하다 해도 어느 정도 심리적 저항감을 느끼기 마련이다. 그러나 인간은 필요에 따라 적절한 명분을 찾아내는 참으로 창의적인 존재다. 오랜 세월 숙적과 대결을 벌이면서 살아가다 보면, 원하든 원치 않든 상대 문화에 익숙해질 수밖에 없다. 더욱이, 적대 관계에 있는 두 국가라고 해도 실제로 싸우는 시간보다 싸우지 않는 평화로운 시기가 더 길다. 전쟁과 전쟁 사이의 평화기에 오스만과 폴란드 간에 이루어진 교역량은 상당했다. 폴란드 귀족들은 오스만 제국에 대한 적대감과 별개로, 오스만을 통해 들어오는 동방의 사치품을 마음껏 즐기고 싶어 했을 것이다. 하지만 생사를 걸고 싸우는 적국의 문화를 대놓고 받아들이는 것은 여전히 마음에 걸리는 일이었을 것이다. 그런데 당시 폴란드 귀족과 엘리트들 사이에서는 자신들이 고대 유라시아 초원 지역의 유목민이었던 사르마티아인의 후손이라는 믿음, '사르마티즘(sarmatism)'이 유행했다. 고대 사르마티아인들이 이란계 유목민이었기에, 동방의 문화는 적국의 것이 아니라 '조상의 유산'으로 재해석되었다. 이로 인해 폴란드 귀족들 사이에서는 동방풍의 복장을 즐기는 것이 유행으로 번졌으며, 이 차림은 허리에 세이버를 차는 것으로 완성되었다. 아이러니하게도, 폴란드와 오스만 간의 대립이 최고조에 달했던 시기에 폴란드를 이끌었던 얀 3세 소비에스키(Jan III Sobiesky, 1629~1696) 국왕은 누구보다도 동방풍의 패션을 선호했다. 그의 초상화 중 일부에서 허리에 세이버를 찬 모습으로 묘사된 그림이 있을 정도다. 이 시점에서 세이버는 단순히 폴란드 후사르가 사용하는 무기를 넘어, 폴란드 지배층의 상징이 되었다.

아무튼, 이러한 과정을 거쳐 동유럽 군대의 주요 무기이자 군사 문화의 상징이 된 세이버는 곧 중부 유럽으로 전해졌다. 이 과정에서 폴란드와 함께 대오스만 전선의 최전방에 있었던 오스트리아 합스부르크 가문이 이끄는 신성로마제국이 중요한 역할을 담당했다. 헝가리 왕국이 오스만 제국에게 대패한 이후로 헝가리는 사실상 합스부르크와 오스만 제국에 의해 분할 점령된 상태였다. 이로 인해 합스부르크는 헝가리의 후사르라는 자원을 쉽게 흡수할 수 있었다. 합스부르크 황제들은 헝가리 내 오스만과 국경이 맞닿은 지역을 이른바 '군정국경지대(Militärgrenze)'라는 특수한 군사지역으로 운영했다. 이 지역에는 오스만 제국군과의 전투를 위해 특별히 양성된 전사들을 정착시켰는데, 합스부르크군에 복무한 후사르 역시 대부분 이곳 출신이었다. 이들은 오스만을 상대로 벌인 전쟁은 물론, 30년 전쟁(1618~1648)에서도 합스부르크 황제군에서 맹활약했다. 이때부터 합스부르크군 내의 기병은 크게 세 가지로 나뉘었다. 갑옷을 입고 전통적인 유럽식 양날 장검을 사용하는 흉갑기병(cuirassiers)과 총을 주무기로 삼는 용기병(dragoon), 그리고 갑옷을 입지 않고 세이버를 다루는 경기병인 후사르가 각각의 역할을 맡아 운용되었다.

이렇게 해서 중동부 유럽의 전쟁, 특히 오스만군을 상대로 한 전쟁에 대비하여 만들어진 두 경기병, 폴란드 후사르와 합스부르크 후사르가 전쟁사의 전면에 등장하게 되었다. 폴란드 후사르는 오스만의 영향을 받은 것뿐만 아니라 유럽 기사도의 전통도 고스란히 간직한 집단이었다. 이들은 헝가리인들과 달리 여전히 갑옷을 착용했고, 충격용 장창을 주요 무기로 사용했다. 반면, 헝가리 후사르의 전통을 이어받은 합스부르크 군대의 후사르는 완전한 경기병으로 변모했다. 기사도의 전통은 흉갑기병이 계승했기 때문이다. 그럼에도 두 부대 모두 세이버가 중요한 무장이자 정체성의 상징으로 삼았다는 점에서는 공통점을 가지고 있었다.

두 후사르 기병대가 오스만 제국을 상대로 실력을 발휘할 기회가 드디어 찾아왔다. 그것은 바로 1683년의 빈 포위전이었다. 이 해에 오스만 제국의 술탄 메흐메트 4세(Mehmed IV, 1642~1693)는 유럽의 강대국인 신성로마제국의 수도 빈을 공격하기로 결심했다. 이는 154년 전, 위대한 술탄 술레이만이 시도했으나 이루지 못했던 대업이었다. 메흐메트 4세는 이를 위해 카라 무스타파 파샤의 지휘 아래 오스만의 10만 대군을 동원해 빈을 향해 진군했다.

오스만 제국이 빈을 향해 계속 진군하는 가운데, 빈의 수비군과 시민들은 결사 항전을 벌였다. 한편, 신성로마제국 황제 레오폴트 1세(Leopold I, 1640~1705)는 제국의 여러 제후와 동맹국들로부터 구원군을 모아 오스만군에 맞설 준비를 했다. 이 구원군에는 앞서 언급한 폴란드 왕 얀 3세 소비에스키와 그가 이끄는 폴란드 후사르도 포함되어 있었다. 빈을 포위하고 공격을 퍼붓던 오스만군은 여전히 수적으로 우세했으나, 빈 방어군과 구원군 사이에 끼어버린 형국이 되었다. 게다가 카라 무스타파는 진지 요새화에도 소홀히 해 불리한 상황을 자초했다. 신성로마제국군이 좌익과 중앙에서 천천히 오스만군을 밀어

붙이자, 우익에 배치된 소비에스키의 폴란드 기병에게 결정적인 기회가 찾아왔다. 폴란드 기병대가 맹렬히 공격을 가하자 오스만군은 공황에 빠져 도주하기 시작했다.

이렇게 해서 오스만이 유럽에 가했던 최대의 위협은 사라졌고, 전세를 역전시킨 합스부르크 제국은 1683년에서 1699년까지 헝가리에서 오스만 세력을 축출해갔다. 특히, 150년 전에 오스만이 헝가리를 지배할 수 있게 했던 모하치 전투가 벌어졌던 바로 그 장소에서, 1687년에 다시 헝가리 지배를 놓고 대규모 전투가 벌어졌다. 이 전투에서 오스만군은 자신들의 주력 전술인 기병 중심의 기동전을 펼쳤다. 그러나 오랜 전쟁으로 쌓인 경험과 새로운 무기 및 전술을 통해 중동부 유럽의 군대가 얼마나 강력해졌는지 여실히 드러났다. 합스부르크 보병대는 오스만 기병이 우회에서 가한 공격을 성공적으로 저지했고, 합스부르크 기병은 역습을 통해 오스만 기병을 몰아냈다. 이어 합스부르크군은 총반격에 나서 오스만군을 격파했다. 이 전투로 오스만 제국의 헝가리 지배는 종지부를 찍게 되었다.

더 결정적인 전투는 1697년에 벌어졌다. 메흐메트 4세는 전세를 뒤집기 위해 다시 반격에 나섰다. 이때 합스부르크군을 지휘하던 사부아 공자 외젠(프랑수아 외젠 드 사부아-카리냥, prince François Eugène de Savoie-Carignan, 1663~1736. '오이겐'이라는 독일어 이름으로 표기하기도 한다)은 술탄이 직접 이끄는 오스만 대군이 젠타에서 도강 작전을 펼치고 있다는 정보를 운 좋게 입수했다. 군대가 가장 취약한 순간 가운데 하나가 바로 강을 건널 때였다. 외젠은 당시 소수의 기병만 거느리고 있었지만, 이 기회를 놓칠 수 없다고 판단했다. 그는 기병대만 이끌고 즉시 젠타를 향해 진격하며, 나머지 본대에는 최대한 빨리 합류하라는 명령을 남겼다. 아무리 적군이 취약한 상황에 있더라도 기병만으로 대군을 공격하는 것은 매우 위험한 작전이었다. 외젠이 이런 결단을 내릴 수 있었던 이유는 아군 기병의 전투력에 대한 강한 확신이 있었기 때문이다. 주목할 만한 점은, 이러한 소규모 기병대를 앞세워 적 대군의 진격을 방해하고 아군 본대가 집결할 시간을 벌어주는 전략이 본래 유목 기병의 대표적인 전술이었다는 것이다. 오스만 제국과의 오랜 대립과 교류는 유럽 기병을 점차 강화해, 본래 튀르크 기병의 장기였던 전술마저 효과적으로 수행할 수 있는 강력한 군대로 탈바꿈시켰다. 외젠의 과감한 작전은 결국 합스부르크의 대승으로 이어졌다. 이 전투는 오스만 제국 역사상 손꼽히는 대패로 기록되었으며, 이로써 대(大) 튀르크 전쟁(Great Turkish War, 1683~1699)은 막을 내렸다. 동시에 오스만 제국의 중부 유럽 패권도 완전히 종결되었다.

30년 전쟁과 대 튀르크 전쟁에서 후사르가 맹활약하면서 헝가리, 폴란드, 오스트리아 합스부르크의 영향을 받아 많은 유럽 국가가 후사르 부대를 창설하기 시작했다. 바이에른은 1688년에, 프랑스는 1692년, 그리고 프로이센은 1721년에 각각 후사르 부대를 도입했다. 이와 함께 후사르 특유의 복장과 세이버도 전 유럽으로 빠르게 퍼져 나갔다.

유럽 주요국 중 후사르와 세이버를 가장 늦게 도입했던 국가는 유럽의 서쪽 끝, 바다 건너에 있는 영국이었다. 동유럽에서 시작된 흐름이 서쪽 끝까지 전해지기까지 시간이 걸린 것은 어떻게 보면 당연한 일이었다. 18세기 중반까지도 영국군의 기병은 근위 기병과 용기병, 두 종류뿐이었다. 근위 기병은 크고 튼튼한 말을 타고 무거운 양날 장검을 주무기로 쓰는 충격기병이었다. 반면, 가볍게 무장한 영국 용기병은 앞서 본 합스부르크 용기병과 마찬가지로 기병총과 권총을 주로 사용했다. 이들은 작고 빠른 말을 타고 정찰과 소규모 교전에 투입되었으며, 전투가 벌어질 경우 말에서 내려 총격전을 벌였다. 말은 단지 목표한 지점까지 이동하기 위한 수단에 불과했다. 따라서 용기병은 경기병이라기보다는, 말하자면 '출퇴근할 때만 말을 타는' 보병에 더 가까웠다.

그러나 영국군도 점차 다른 유럽 국가들처럼 경기병 역할을 맡을 부대가 필요하다는 사실을 인지하기 시작했다. 특히 유럽 대륙의 전쟁에서 영국군의 숙적 프랑스군이 후사르를 도입한 이후 그 중요성은 더욱 부각되었다. 이에 따라 18세기 중반부터 기존의 승마 보병이 아니라 진정한 경기병 임무를 수행하는 부대가 영국 용기병 내에 등장하기 시작했다. 이들 부대는 다른 유럽 국가의 후사르와 유사한 복장과 세이버를 도입했다. 경기병으로서 자신만의 정체성을 명확히 할 필요도 있었고, 세이버가 기동전에 유리하다는 점이 이미 중동부 유럽의 전장에서 충분히 입증되었기 때문이다. 기록에 따르면, 영국군에서 처음 세이버를 도입한 기병은 1759년에 창설된 제15 경(輕) 용기병 연대였다.[5] 이후 나폴레옹 전쟁 중인 1805년에는 영국군 용기병 4개 연대가 공식으로 '후사르'라는 명칭을 사용하기 시작했다.

18세기 중반부터 영국 경기병이 세이버를 조금씩 사용하긴 했지만, 이는 어디까지나 몇몇 장교들이 그 효용성을 깨닫고 개인적으로 채택한 것에 불과했다. 세이버는 아직 영국군의 제식 무장이 아니었다. 이 상황에서 중요한 변화를 가져온 인물이 존 르 마천트(John Le Marchant, 1766~1812) 장군이었다. 변화의 계기는 늘 그렇듯 외부와의 교류와 충격에서 비롯되었다. 프랑스 혁명 전쟁 당시, 영국군은 동맹국인 오스트리아군과 공동 작전을 수행하는 일이 잦았다. 후사르 기병 전술의 오랜 전통을 자랑하는 합스부르크 오스트리아군은 영국군의 미숙한 검술을 보고 비웃었고, 이는 르 마천트에게 큰 충격으로 다가왔다. 그는 영국군에 제대로 된 세이버를 대량 생산할 필요성을 절감했다. 르 마천트의 디자인으로 탄생한 P1796 경기병 세이버는 폴란드와 헝가리 후사르 세이버를 참고하여 제작된 명품으로 뛰어난 성능을 자랑했다. 이 세이버는 영국군 지휘부에 의해 영국 후사르의 제식 무기로 공식 채택되었고, 이 칼을 휘두른 영국군 후사르 기병은 나폴레옹 전쟁에서 영국의 승리에 크게 공헌했다.

이렇게 해서 후사르와 세이버는 유럽을 완전히 정복했다. 더 나아가 서구 문명의 영향을 받은 다른 지역들, 대표적으로 미국과 남아메리카까지 퍼져나갔다. 이 시점에 이르러 후사르 전술과 세이버가 본래 유럽인들이 두려워하던 적들로부터 기원했다는 사실은 더는 중요하지 않았다. 후사르와 세이버는 이미 유럽 문화의 확고한 일부로 자리 잡았다. 기병이 전장에서 사실상 사라진 오늘날에도 유럽 각국은 후사르 부대의 전통을 유지하고 있다. 현대의 '강철 군마'라고 할 수 있는 전차와 기갑 차량을 운용하는 부대들이 그 계보를 잇고 있다. 영국군의 로열 후사르 연대들과 프랑스군의 후사르 연대들이 바로 그 예로, 옛 경기병 부대의 전통을 현대의 기갑연대로 이어가고 있다. 세이버도 마찬가지로 살아남았다. 전장에서 칼싸움을 벌이는 일은 사실상 없어졌지만, 유럽 군사적 전통의 상징으로서 굳건히 남아 있다. 유럽과 미국 등지의 의장병들은 여전히 세이버를 예식용으로 사용하며 그 전통을 이어가고 있다.

서구식 근대화의 상징 세이버

19세기에 접어들며, 세이버는 다시 한번 극적인 이미지 변신을 이루었다. 이 시기는 서구의 군사력이 비서구 세계를 압도하기 시작한 시점으로, 누구도 이를 부인할 수 없는 현실이 되었다. 이에 따라 비서구 세계는 서구 군대를 모델로 삼아 자국의 군대를 '근대화'하기 시작했다. 전통적인 군제로는 유럽군을 당해낼 수 없다는 것이 명백해지자 오스만 제국도 적극적인 군 개혁에 나섰다. 술탄 셀림 3세(Selim III, 1761~1808)의 주도 아래 유럽식 사관학교가 창설되었고, 유럽식 군제를 채택한 신식 군대가 조직되었다. 그러나 이러한 개혁은 예니체리를 비롯한 기존 군 조직의 거센 반발로 실패했다. 하지만, 개혁의 씨앗은 이미 뿌려졌다. 술탄 마흐무트 2세(Mahmud II, 1785~1839)는 예니체리의 반발을 무력으로 진압하며 조직을 해체했고, 서구화 개혁을 이어갔다. 이러한 과정을 거쳐 1860년대에 이르자 오스만 제국의 군대는 완전히 신식 군대로 대체되었다.

마흐무트 2세의 서구화 개혁은 복식 개혁까지 포함되었다. 이때를 기점으로 오스만 제국의 정부와 군대에 서구식 관복과 군복이 도입되었다. 이후의 오스만군 장교와 병사들을 묘사한 그림이나 사진을

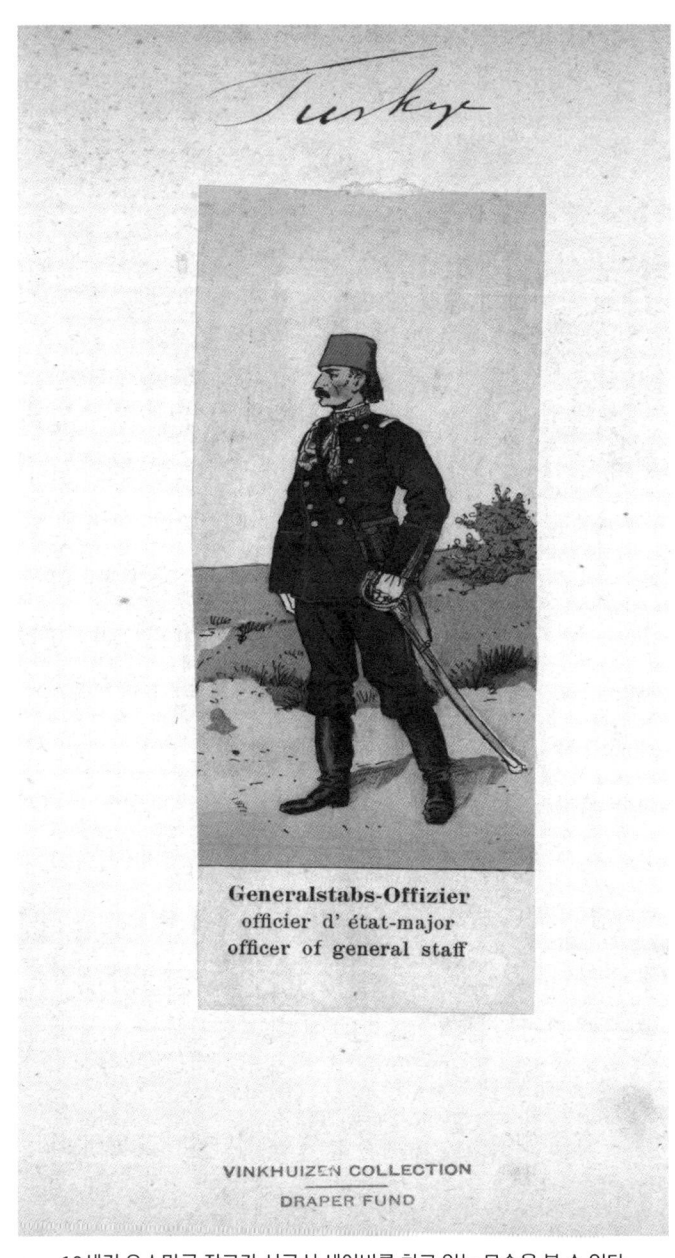

19세기 오스만군 장교가 서구식 세이버를 차고 있는 모습을 볼 수 있다.

보면, 완전히 서구식 군복을 착용하고 있는 모습을 확인할 수 있다. 무엇보다 흥미로운 점은 이들이 차고 있는 칼이다. 오스만 전통의 킬리지가 아니라 서구식 세이버였기 때문이다. 물론 지금까지 살펴본 바와 같이 두 무기의 기원은 동일하다. 더군다나 세이버는 본래 킬리지를 모델로 만들어진 칼이다. 그러나 19세기 오스만 제국에서 킬리지는 구습의 상징이, 세이버는 근대의 상징이 되었다. 역사는 종종 이처럼 아이러니한 장면들을 연출한다. 당시 세이버를 차고 있던 오스만군의 신식 장교들은 과연 어떤 생각을 했을까? 제국의 쇠퇴를 막고 근대화를 이루겠다는 열망에 불타던 젊은 장교들에게, 서구식 세이버는 그들이 꿈꾸던 미래의 상징처럼 보였을지도 모른다. 그 칼의 기원이 무엇이었든 간에 말이다.

비슷한 일은 유럽과 오스만, 혹은 유럽과 이슬람 세계의 관계사에 국한되지 않았다. 이전까지 큰 연관이 없었던 지역에서도 이런 변화가 일어났다. 19세기 말, 서구적 근대화는 전 세계적인 화두로 떠올랐기 때문이다. 우리가 너무나 잘 알고 있듯이, 동아시아도 예외일 수 없었다.

일본 역시 고유의 칼에 대한 애착과 자부심이 강한 나라였지만, 급진적인 서구화를 추진하던 메이지 유신 시기에는 일본도의 전통조차 변화의 대상이 되었다. 유럽 군대를 모델로 한 근대 일본 육군은 서구 열강의 위력을 본격적으로 체감하기 시작한 막부 말기부터 이미 형성되기 시작했다. 이는 메이지 3년(1871)에 프랑스를 모델로 한 국민군의 창설로 귀결되었다. 같은 해에는 서양식 군복을 도입하는 복제 개혁도 이루어졌다. 이 과정에서 전통적인 일본도를 버리고 서구 국가들의 세이버를 제식 군도로 채택하는 결정이 내려졌다. 백병전을 대비한 검술 훈련도 사무라이의 검도가 아니라, 교관으로 초빙한 프랑스 장교가 지도하는 세이버 검술로 대체되었다. 이는 동아시아적 전통과 결별하고 서구화를 추구하겠다는 당시 일본의 국가적 목표를 상징적으로 보여주는 사례라 할 수 있다.

이 과정을 이해하면, 쇼와 시대에 일본이 세이버 대신 일본도를 신군도(神軍刀)라는 이름으로 재도입한 이유를 더 명확히 알 수 있다. 국가든 집단이든 개인이든 '나에게 부족한 점이 있으니 타인에게서 배우자.'라는 자각과 수용, 모방의 단계를 지나면 '내 고유의 것으로 돌아가자.'는 움직임이 등장하는 사례를 종종 찾아볼 수 있다. 우리 역사에서도 이런 경우가 많지만, 일본은 그 전형적인 사례였다. 근대화에 성공한 일본은 청일전쟁과 러일전쟁에서 승리하여 자신감을 얻고 제국을 건설했다. 그러나 서구의 견제에 대한 불만과 국내 문제 등이 얽히면서 1930년대에는 강한 국수주의의 역풍이 불었다. 세이버 군도를 버리고 일본도를 재도입한 것은 이러한 분위기를 상징적으로 보여준다. 결국, 세이버를 도입하고 거부하는 이 모든 과정은 당시 일본에서 이 칼이 단순한 전쟁 무기 이상의 의미였음을 잘 보여준다. 그것은 일본의 근대화, 전통, 그리고 자아 정체성을 둘러싼 복잡한 이야기를 담고 있었다.

사실, 세이버에 단순한 전쟁 무기 이상의 의미를 부여하는 이러한 현상은 동아시아 3국 모두가 경험한 일이었다. 1894년 청일전쟁에서 패배한 이후, 청나라는 완전한 서양식 제도와 편제를 갖춘 신식 군대를 육성하기 위해 힘썼다. 그 결과, 청 왕조 최후의 정규군인 '신건

육군(新建陸軍)'이 탄생했다. 신군의 장비에는 당연히 세이버도 포함되어 있었다. 조선 역시 개항 이후 한동안 신식 군대와 구식 군대가 혼재하는 복잡한 상황이 이어졌다. 그러나, 1894년 갑오개혁을 기점으로 본격적으로 근대식 군대로 개편하기 시작했다. 이듬해인 1895년, 조선이 대한제국으로 이름을 바꾸기 2년 전에 '육군 복장 규칙'이 반포되면서 전군이 서구식 군복을 입기 시작했다. 이에 따라 대한제국군의 장교와 병사들도 일본이나 중국과 마찬가지로 세이버를 패용하게 되었다. 심지어 고종도 대한제국군 대원수로서 서구식 군복을 입고 허리에 세이버를 찼다.

한국과 중국의 사례에서도 볼 수 있듯, 격동의 19세기 동아시아 3국에서 세이버는 단순한 무기를 넘어선 상징적인 의미를 지니고 있었다. 일본의 사무라이들이 일본도를 내려놓고 세이버를 차면서 이들은 전통적인 무사에서 근대적 장교로 변신했다. 그 뒤를 이은 청나라와 대한제국의 많은 사람에게도 세이버는 서구식 군복과 함께 근대 문명을 상징하는 도구였다.

'나의 것'과 '남의 것'을 넘어서

지금까지 세이버라는 무기가 걸어온 역사를 살펴보았다. 언뜻 보면 세이버는 역사상 존재해 온 수많은 전쟁 무기 가운데 하나에 지나지 않을 수 있다. 그러나 이 사소해 보이는 칼 한 자루에는 대단히 복잡한 역사가 담겨 있으며, 수많은 집단이 각기 다른 가치를 부여하며 그 의미를 확장해 왔다. 그 과정에서 세이버는 끊임없이 변신을 거듭했다. 날이 휘어진 기병도는 본래 유목 기병의 무기였다. 유목민들의 전투 방식은 공포의 대상이었다. 그리스도교 유럽인과 무슬림 아랍인 모두 유목민과 그들의 군대를 지옥에서 올라온 악마의 군대로 간주하며 두려움에 떨었다. 특히 이들의 외날 만곡도는 '악마 군단'이 휘두르는 무서운 무기였다. 하지만 튀르크 유목민들이 이슬람으로 개종하면서, 이들은 악마의 군대에서 이슬람의 전사로 탈바꿈했다.

　유럽인들에게 튀르크 유목민들과 그들이 휘두르는 칼은 여전히 무서운 대상이었다. 튀르크인들이 세운 오스만 제국이 유럽을 직접적으로 위협하기 시작하면서 튀르크 전사의 휘어진 칼, 킬리지는 유럽에서 공포의 상징이 되었다. 그러나 오스만 제국과 맞서야 했던 유럽 국가들, 특히 헝가리와 폴란드, 신성로마제국과 같은 중동부 유럽 국가들은 생존을 위해 오스만 군대의 전술을 연구하고 그중 유용한 부분을 받아들여야 했다. 그 과정에서 킬리지는 세이버로 변모했고, 세이버는 두려운 적군의 무기에서 듬직한 아군의 무기로, 나아가 폴란드의 민족 정체성을 상징하는 도구로 자리잡았다. 그러나 그 변천은 여기서 끝나지 않았다. 세이버는 전 유럽으로 퍼져나갔으며, 그 과정에서 서구 군사 문화의 중요한 상징물로 재탄생하게 되었다.

　비서구 세계도 세이버를 서구 군사 문화의 상징으로 바라본 것은 마찬가지였다. 19세기 이후로 비서구 국가들에 서구와의 군사력 격차를 극복하는 것은 절대적인 과제였다. 따라서 이들 국가가 서구를 모델로 군제를 개혁하면서 세이버를 도입한 것은 어찌 보면 필연적인 수순이었을지도 모른다. 본래 세이버의 출발점이었던 오스만 제국은 물론, 그 여파는 일본과 중국, 그리고 한국에까지 미쳤다.

이처럼 의미가 변형된 사례는 세이버 하나에만 국한되지 않을 것이다. 주변을 둘러보면 외국에서 유래했지만 자연스럽게 우리의 것이 된 물건, 관습, 문화가 수없이 많다. 한편, 세계 곳곳에서는 특정 문화를 놓고 원조가 누구인지, 그것이 누구의 것인지에 대해 논쟁이 벌어지기도 한다. 물론 문화의 원류를 찾아가는 작업은 흥미롭고 우리의 지식과 사고를 확장하는 데 크게 기여할 수 있다. 세이버를 통해 유럽과 오스만의 대립과 소통, 더 나아가 유럽과 중앙아시아, 메나 지역까지 아우르는 광대한 문명 교류사를 읽어낼 수 있는 것처럼 말이다. 그러나 문화의 기원을 탐구하는 일이 특정 집단이 문화를 독점하려고 하거나 '남의 것'과 '나의 것'을 엄격히 구분하며 '남의 것'을 배척하고 '나의 고유한 것(그런 것이 존재할 수 있는지는 미지수이지만)'만을 추구하는 행위로 변질되지 않아야 한다. 여기에 더해 누구의 문화가 더 우월한지 평가하려는 시도는 득보다 실이 더 클 것이다. 인류 역사에서 변하지 않는 교훈이 있다면, 그것은 문화가 교류를 통해 더욱 풍성해진다는 사실이다. 세이버의 역사가 우리에게 울림을 주는 이유도 바로 여기에 있다. 전쟁이라는 집단 간 관계사에서 가장 폭력적이고 비극적인 상황 속에서도 교류는 존재해 왔으며, 그 교류를 통해 문화는 한층 더 풍요로워졌다. 세이버의 이야기는 문화의 단절이 아니라 연결과 교류를 통해 인류의 역사가 얼마나 발전해 왔는지 보여주는 상징적인 사례라고 할 수 있다.

〈네 명의 무어인 상(像)〉

리보르노의 무슬림 노예들

임동현

리보르노의 랜드마크

리보르노(Livorno)는 이탈리아 중부 토스카나(Toscana)에 위치한 항구 도시로, 아르노(Arno)강 하구에서 남쪽으로 약 15킬로미터 떨어진 리구리아해(Mar Ligure)를 접하고 있다. 영어권에서는 '레그혼(Leghorn)'이라는 이름으로 더 잘 알려져 있으며, 오늘날 매년 8,000척 이상의 여객선과 화물선이 드나드는 서부 지중해의 대표적인 기항지 가운데 하나다. 리보르노 항구는 여객 부두를 중심으로 남쪽과 북쪽으로 화물 부두가 나뉘어 있다. 시내에서 여객 부두로 가려면 반드시 미켈리 광장(Piazza Micheli)을 지나야 하는데, 이 광장 한복판에는 과거 토스카나 대공 페르디난도 1세 데 메디치(Ferdinando I de' Medici)의 기념물이 서 있다. 리보르노에서 출항하는 사람도, 리보르노로 입

리보르노 항구의 모습.

항하는 사람도 모두 이 기념물을 지나치게 된다. 이 동상은 성 스테파노 기사단(Sacro Militare Ordine di Santo Stefano Papa e Martire)이 지중해의 해적들을 상대로 거둔 승리를 기념하기 위해 세워졌다. 당시 토스카나 대공이었던 페르디난도 1세가 직접 주문한 것으로 토스카나 대공국(Granducato di Toscana)이 서부 지중해의 제해권을 장악하고 지중해 최대 무역항 중 하나로 발돋움하던 시기의 상징적인 유산이다.

이 기념물은 토스카나 출신 건축가 조반니 반디니(Giovanni Bandini)와 조각가 피에트로 타카(Pietro Tacca)가 설계하고 1626년에 완공했다. 전체 구조는 크게 두 개의 층으로 나뉘어 있다. 상단에는 성 스테파노 기사단의 단복을 입은 페르디난도 1세의 석상이 자리 잡고 있으며, 하단에는 쇠사슬에 묶인 채 반나체 상태로 표현된 네 명의 무어인 노예가 놓여 있다. 이 노예들은 몸을 뒤틀고 일그러진 표정을 짓고 있는데, 해부학적으로 매우 사실적이고 생동감 있게 조각되었다. 조각가가 이러한 표현을 의도했는지는 확실하지 않지만, 적어도 한눈에 보기에도 이 기념물에는 '승리의 영광'과 '패배의 비참함'이 뚜렷하게 대비되며 한 구조 안에 공존하고 있다.

하단에 표현된 노예들의 비참한 모습은 오늘날 이 기념물이 '역겨움'을 불러일으키는 인종차별의 상징으로 인식되게 했다. 2020년 6월, 흑인 인권운동단체 블랙 라이브스 매터(Black Lives Matter)가 바로 이 기념물 바로 앞에서 시위를 벌였다는 사실은 이러한 인식을 단

〈네 명의 무어인 상〉.

적으로 보여준다. 그러나 17세기와 18세기에 리보르노를 찾았던 대다수 여행자는 오늘날과는 전혀 다른 시각으로 이 기념물을 바라보았다. 그들이 남긴 방대한 기록 속에는 기념물의 외관을 묘사하는 내용뿐만 아니라 리보르노 도시의 다양한 문화가 공존하는 자유롭고 관용적인 정체성, 그리고 이곳이 이룩한 상업적 성공과 이를 가능하게 만들었던 토스카나 대공의 업적에 대한 찬사가 자주 등장한다.

이 글에서는 17세기에 기념물이 처음 조성된 시점부터 오늘날까지 변화해 온 이미지를, 노예 매매에 대한 인식 변화를 중심으로 연대기 순으로 추적해볼 것이다. 결론부터 말하자면, 이러한 변화는 유럽 근대사에서 지중해 노예무역이 차지했던 사회경제적 역할, 이슬람 세계와 그리스도교 세계의 상호 작용이 남긴 문화사적 영향, 그리고 근대 시민사회로의 이행과 나아가 보편적 인권 의식의 확산이라는 더 큰 역사적 흐름 속에서 이루어진 현상이었다.

성전(聖戰)의 승리

프랑스 역사학자 페르낭 브로델(Fernand Braudel)은 자신의 고전적인 저작 『지중해: 펠리페 2세 시대의 지중해 세계*La Méditerranée et le monde méditerranéen à l'époque de Philippe II*』에서 지중해의 '사략(corsair)'에 대해 설명하며, 북아프리카의 알제(Algier)를 '사략(corsair)의 수도'로 묘사했다. 그는 "사략에는 반드시 거래처가 필요하다."고 했는데, 16세기의 알제는 그 모든 조건을 완벽히 갖춘 곳이었다. 다음은 브로델이 묘사한 당시 알제의 사회적 풍경이다.

> 배의 의장을 갖추고, 식량을 구하고, 노획물을 팔기 위해서는 대상들과 외국 선박들, 그리고 포로의 몸값을 치르러 오는 선박들, 그리스도교도들의 선박들, 곧 마르세유, 카탈루냐, 발렌시아, 코르시카, 이탈리아의 여러 도시, 영국, 네덜란드의 배가 드나들어야 했다. 또한 무슬림이든 반(半) 무슬림이든, 혹은 북유럽에서 온 사람이든 상관없이 […] 그들 모두가 자신의 갤리선이나 쾌속 사략선을 타고 이곳을 찾아와 북적이는 것은 필연적인 일이었다.

물론, 사략은 바르바리 해적들만의 전유물이 아니었다. 브로델이 지적했듯이 "사략은 특정 해안에서만 이루어진 것도, 한 집단만의 행위였던 것도, 한쪽의 책임으로만 규정될 수 있는 범죄도 아니"었다. 실제로 17세기의 리보르노는 몰타와 더불어 '그리스도교 세계의 알제'로 불릴 만큼 사략이 활발했다.

리보르노가 처음부터 이러한 모습을 갖추고 있던 것은 아니었다. 리보르노는 1017년, 중세 이탈리아의 해양 공화국 피사가 항구를 방어할 목적으로 과거 에트루리아인들이 거주하던 지역에 요새를 건설하면서 탄생했다. 이후 피사 공화국(Repubblica di Pisa)이 자치권을 상실하면서 리보르노는 잠시 제노바 공화국(Repubblica di Genova)에 양도되었다가, 1421년 결국 피렌체 공화국(Repubblica di Firenze)의 영토로 편입되었다. 그러나 이 시기까지도 리보르노는 오늘날과 같은 항구 도시의 기능을 하지 못하고 있었다. 피렌체 공화국이 리보르노 성

리보르노의 구 요새. 알레산드로 데 메디치(Alessandro de' Medici)가 피렌체 공작으로 통치하던 시기에 건설되었으며, 건설이 완료된 뒤로 몇 년이 지난 시점에 당시 토스카나 대공 코시모 1세가 요새 안에 자신의 거처를 마련했다. 제2차 세계대전을 거치며 요새의 많은 부분이 파괴되었다.

을 확보하려 했던 이유는 1402년에 장악한 피사의 항구를 제대로 활용하려면 이를 방어할 요새가 반드시 필요했기 때문이다. 따라서 당연히 도시의 규모에도 큰 변화가 없었다. 우리는 1429년 기준으로 리보르노는 118가구, 총 423명의 주민이 거주하는 작은 요새 도시에 불과했다는 점을 기억할 필요가 있다.

어쨌든 리보르노를 본격적으로 개발하기 시작한 것은 피렌체 공화국이 이곳을 매입한 시점부터였다. 15세기 중반에는 해안을 감시하기 위한 마르조코 탑(Torre del Marzocco)이 건설되었고, 16세기 초인 1519년에서 1534년 사이에는 피렌체 출신의 르네상스 조각가이자 건축가 안토니오 다 상갈로(Antonio Giamberti da Sangallo il Vecchio)가 설계한 요새가 세워졌다. 그러나 성 스테파노 기사단이 창설되기 이전까지 이루어진 개발은 어디까지나 항구를 확장하기 위한 것이 아니라 요새로서 방어하는 기능을 강화하는 데 초점이 맞춰져 있었다는 점을 염두에 두어야 한다.

리보르노가 항구 도시로서 본격적으로 발전하기 시작한 때는 1569년 토스카나 대공국(Granducato di Toscana)이 성립된 전후였다. 초대 토스카나 대공 코시모 1세(Cosimo I de' Medici)는 내부에서 반대 의견이 있었는데도 1540년대 말부터 지중해로 진출해 상업적 이익을 도모하려 했다. 이를 위해 가장 시급했던 과제는 바로 함대를 건설하는 것이었다. 이에 따라 피사(Pisa)의 조선소에서 갈레온선 건조 작업이 시작되었고, 1561년 마침내 코시모 1세를 초대 그랜드 마스터로 하는 성 스테파노 기사단이 창설되었다. 이듬해, 기사단은 교황 피우스 2세(Pius II)로부터 정식 기사 수도회로 인가를 받았다. 토스카나 대공국은 성 스테파노 기사단의 대규모 함대가 기항할 수 있는 항구를 반드시 확보해야 했다. 코시모 1세가 리보르노 성 인근 항구의 확장 공사를 명령한 것도 바로 이 때문이었다. 이후 리보르노를 확장하고 개발하는 작업은 프란체스코 1세(Francesco I)와 페르디난도 1세(Ferdinando I)의 통치 기간에 더욱 가속화되었다.

코시모 1세가 숙원으로 삼았던 지중해 진출이 성공하려면 바르바리(Barbary) 해적들과 경쟁할 수밖에 없었다. 성 스테파노 기사단은 창설된 직후부터 북아프리카를 근거지로 삼은 해적들과 수차례 전투를 벌여야 했다. 1571년 레판토 해전 이후 공식적인 적대행위는 사라졌지만, 그렇다고 갈등이 완전히 종식된 것은 아니었다. 이후에도 오스만 제국의 지원을 받는 바르바리 해적들, 몰타 기사단, 그리고 성 스테파노 기사단 사이에서 국지적인 충돌이 지속되었다. 당시 갈등의 주된 원인은 경제적인 이익이었다. 이탈리아 역사가 체사레 산투스(Cesare Santus)가 언급했듯이 언제나 종교적 명분을 앞세웠지만 결국 "양측 모두 전리품과 노예를 획득하려는 동일한 욕망을 공유"하고 있었다. 특히 노예 매매와 관련하여 브로델의 표현을 빌리자면, "지중해 전역에서 사람들은 납치되고 감금되며, 거래되고, 고문당했다. 이들은 집단 수용소와 다를 바 없는 환경 속에서 온갖 비참함과 공포를 경험"해야만 했다.

성 스테파노 기사단은 리보르노를 '그리스도교 세계의 알제'로 만드는 데 결정적인 역할을 했다. 이들이 사로잡은 무슬림 포로들은 토스카나의 항구로 끌려와 노예로 전락했으며, 그들이 노예를 확보하는 것에 열을 올린 이유는 무엇보다 지중해로 진출하려던 메디치 가문의 계획을 실현하기 위해 값싼 노동력이 필수적이었기 때문이다. 기사단은 북아프리카 해안과 지중해에서 포획한 무슬림 노예들을 이용해 리보르노의 습지에 성벽을 세우고 거주지를 조성하는 데 필요한 인력을 충당했다. 또한, 갈레온선에서 노를 젓는 일도 무슬림 노예들의 몫이었다. 무슬림 포로들의 상당수는 성 스테파노 기사단의 갈레온선 내부에서 쇠사슬에 발이 묶인 채 노를 저으며, 새로운 노예를 포획하기 위한 필수적인 동력을 제공해야 했다. 이렇게 해서 오늘날 역사학자들이 '악의 순환'이라 부르는 구조가 형성되었다. 즉, 노예의 노동력을 활용해 또 다른 노예를 사로잡는 시스템이 만들어진 것이다.

한편, 노예는 노동력을 제공하는 것뿐만 아니라 그 자체로 막대한 경제적 이익을 가져다주는 상품이기도 했다. 1597년, 메디치 함대에 포로로 잡혔던 영국인 의사 윌리엄 데이비스(William Davis, ?~1614)는 다음과 같은 증언을 남겼다. "토스카나 대공은 튀르크인들과 무어인들의 도시를 정복한 뒤, 남성과 여성, 아이들을 포획한 다음 마치 말이나 소, 양처럼 시장에서 팔았다. 그중에서도 가장 강한 자들은 노예로 삼았다." 17세기 초에 이르러 리보르노는 메시나(Messina), 칼리아리(Cagliari), 알리칸테(Alicante) 등 지중해 연안의 여러 유럽 항구를 능가하는 노예 매매의 중심지로 떠올랐다. 이는 성 스테파노 기사단의 활약뿐만 아니라 1598년에서 1604년 사이에 건설된 대규모 노예 수용시설인 바뇨(Bagno degli Schiavi) 덕분이기도 했다. 18세기 초의 기록에 따르면, 이곳에는 약 3,000명에 달하는 노예들이 수용되어 있었으며, 이는 당시 리보르노 전체 인구의 약 4분의 1에 해당하는 규모였다.

〈네 명의 무어인 상〉 역시 바로 이 시기에 조성되었다. 페르디난도 1세가 대공국을 통치하는 동안, 성 스테파노 기사단의 함대는 서부 지중해 곳곳에서 바르바리 해적들과 크고 작은 전투를 치르며 연이어 승리를 거두었다. 그 결과, 서부 지중해의 제해권은 마침내 토스카나 대공국의 손에 넘어오게 되었다. 이러한 업적을 기리기 위해 페르디난도 1세는 1595년, 토스카나 출신의 건축가 조반니 반디니에게 리보르노의 한복판, 즉 성 스테파노 기사단의 주요 기항지에 배치할 자신의 석상을 제작하도록 주문했다. 1599년에 제작이 시작된 이 석상은 1617년에 이르러서야 처음으로 모습을 드러냈다. 이 조각상에서 페르디난도 1세가 성 스테파노 기사단의 단복을 입은 그랜드 마스터로 묘사된 것은 결코 우연이 아니었다.

나비첼리 운하. 1563년에서 1575년에 건설된 수로로 피사와 리보르노를 연결한다.

페르디난도 1세는 성 스테파노 기사단이 거둔 승리에 종교적 의미를 부여하고자 했다. 이는 무슬림 노예의 포획과 매매가 성전(聖戰)이라는 종교적 명분으로 정당화되던 당대의 관념과도 맞닿아 있었다. 성 스테파노 기사단이 북아프리카의 이교도들에게 굴욕적인 패배를 안겼다는 사실을 널리 알리고 싶었던 페르디난도 1세는 토스카나 출신 조각가 피에트로 타카에게 네 명의 무어인 노예를 청동으로 제작해 자신의 석상 발치에 배치하도록 주문했다. 그 결과, 1623년과 1627년에 각각 두 명씩 조각이 더해지면서 이 기념물은 오늘날과 우리가 보는 형태를 갖추게 되었다.

사실, 그리스도교 기사단의 영광스러운 모습과 이에 굴복한 비그리스도교 노예의 비참한 처지를 대비하는 것은 같은 시기에 제작된 여러 기념물에서도 흔히 볼 수 있는 재현 방식이었다. 특히, 비그리스도교 노예들의 신체는 〈네 명의 무어인 상〉에 나타나는 것처럼 관람객들에게 두려움을 불러일으키는 모습으로 묘사되는 경우가 많았다. 이러한 표현 방식을 대표적으로 보여주는 사례로 1632년, 조각가 세르지오 벤투리(Sergio Venturi)와 폼페오 카스틸리아(Pompeo Castiglia)가 로마 인근에 조성한 "무어인의 분수(Fontana dei Mori)"를 들 수 있다.

자유와 관용의 상징

앞서 언급했듯이, 메디치 가문의 대공들이 지중해로 진출할 길을 모색한 가장 큰 이유는 무엇보다 지중해 무역이 가져다주는 경제적 이익이었다. 성 스테파노 기사단이 바르바리 해적들을 격퇴하면서 서부 지중해의 제해권이 토스카나 대공국으로 넘어왔지만, 궁극적으로 원하는 경제적 이익을 실현하려면 리보르노에서 무역을 더욱 활성화할 필요가 있었다. 이를 위해 토스카나 대공국은 출범 초기부터 다음 세 가지 방향에서 정책을 추진했다. 첫 번째 조치는 리보르노에서 이루어지는 무역 거래에 세제 혜택을 부여하는 것이었다. 사실, 이러한 조치는 이미 토스카나 대공국이 출범하기 이전부터 시도되었다. 1566년, 코시모 1세는 물류의 보관과 운송에 부과되는 세금을 대폭 인하하는 세관 규정을 마련했는데, 이는 그 대표적인 사례였다. 처음에는 일부 노동자들에게만 적용되던 이 규정이 페르디난도 1세의 통치 기간 중 모든 이민자에게 확대 적용되면서 리보르노는 더욱 개방적인 무역 도시로 자리잡기 시작했다.

둘째는 무역 거래에 필수적인 도시 기반 시설을 확충하는 것이었다. 운하와 창고, 시장 등 상업 활동을 지원하는 인프라를 갖추는 작업이 여기에 포함되었다. 이러한 도시 개발 계획은 코시모 1세가 세상을 떠난 후 그의 뒤를 이어 대공이 된 프란체스코 1세가 본격적으로 추진했다. 프란체스코 1세는 토스카나 출신 건축가이자 무대 연출가였던 베르나르도 부온탈렌티(Bernardo Buontalenti, 1531~1608)에게 여전히 요새 도시의 모습에서 벗어나지 못하고 있던 리보르노를 무역항으로 변모시키는 도시 계획을 의뢰했다. 이에 따라 1575년부터 항구, 창고, 시장과 주거 시설 등의 인프라가 본격적으로 건설되기 시작했다. 오늘날 항구 도시 리보르노의 외관은 상당 부분 부온탈렌티가 설계한 모습에서 크게 벗어나지 않는다. 이미 코시모 1세 시기에 계획되었던 나비첼리(Navicelli) 운하 역시 이 시기에 완공되었다. 이와 더불어 페르디난도 1세는 도시의 성벽을 확장하는 공사를 시작했다. 당시 약 12,000명의 인구가 거주할 것을 전제로 성벽의 규모를 계획했는데, 당시 리보르노의 인구가 약 530명, 피사의 인구가 약 8,000명에 불과했다는 점을 고려하면, 대공이 리보르노 개발에 걸었던 기대가 얼마나 컸는지 충분히 짐작할 수 있다. 어쨌든 결과는 성공적이었다. 17세기에 접어들면서 리보르노는 레반트(Levant)와 북유럽을 연결하는 상업 허브로 자리잡았다. 이제 지중해 상인들은 리보르노에 머물며 자신들이 가져온 상품을 매각하고, 다음 항해를 준비하기 위한 물품들을 매입할 수 있게 되었다.

셋째는 리보르노에 새로운 거주 인구를 끌어들이기 위한 목적으로 종교적 관용을 법제화하는 것이었다. 이 역시 이미 코시모 1세의 통치 시기부터 시도되었던 정책이다. 코시모 1세는 이미 토스카나 대공국이 성립되기 이전부터 "상업에 종사하는 그리스인, 튀르크인, 무어인, 유대인, 아르메니아인 그리고 페르시아인들"의 리보르노 거주를 장려하는 성명을 발표하며, 이들에게 세금 혜택과 법적인 보호 그리고 종교적 개종을 강요당하지 않을 특권을 보장했다. 이후 페르디난도 1세 역시 코시모 1세의 정책을 계승하여 1591년 7월 30일 유대인들에게 종교의 자유를 부여했다. 이로 인해 피사와 리보르노에 거주하는 유대인들은 자신들의 시나고그와 공동묘지를 따로 건설하고, 낮에도 게토 밖에서 생활할 수 있게 되었을 뿐만 아니라 시의 관할권으로부터 독립적으로 유대인 상인들이 직접 선출한 관리들이 운영하는 자치 공동체까지 구성할 수 있게 되었다.

1944년 리보르노에 있던 시나고그의 모습. 1603년 건축이 완료되었으나 제2차 세계대전을 겪으며 파괴되어 오늘날에는 그 모습을 찾아볼 수 없게 되었다.

1656년, 토스카나 대공국이 발행한 금화에는 페르디난도 1세의 초상과 리보르노 항구의 모습이 새겨졌으며, 그 아래에는 Diversis gentibus una라는 라틴어 문구가 각인되었다. 이는 5세기 로마의 시인 클라우디우스 나마티아누스(Claudius Namatianus)의 운문에서 유래한 표현으로 "다양한 민족들과 더불어"라는 뜻이다. 이 문구는 당시 리보르노의 사회적 풍경을 상징적으로 보여주는 것이라 할 수 있다. 리보르노에서 처음으로 특권을 부여받은 유대인들은 시간이 흐르면서 점차 다른 외국인 이민자들도 동일한 혜택을 받을 수 있도록 길을 열었다. 1591년 7월, 베네치아(Venezia)와 페라라(Ferrara)에서 온 유대인 이민자들이 리보르노에 정착한 이후, 17세기 말까지 약 100년 동안 다양한 배경을 지닌 사람들이 이곳으로 몰려들었다. 그리스 출신의 선원과 상인들, 오스만 제국과 사파위 제국에서 온 아르메니아 상인들, 프랑스 수공업자들, 코르시카의 선원들, 그리고 영국과 플랑드르 출신의 선원과 상인들이 리보르노로 유입되었으며, 이들은 각자의 자치 공동체를 형성하며 정착했다. 대규모로 이민자가 유입되면서 17세기 동안 리보르노의 인구는 급격히 증가했다. 1590년에는 약 500명에 불과했던 인구가 1606년에는 그 열 배인 약 5,000명에 도달했다. 이후 성장 속도는 더욱 빨라졌고, 마침내 1642년에는 페르디난도 1세가 성벽 확장 공사를 시작할 당시 목표로 삼았던 약 12,000명에 이르게 되었다. 이는 리보르노에 주둔한 군인들과 바뇨에 수용된 노예들을 제외한 수치였다.

리보르노의 상인들이 프로테스탄트 국가들과 구축한 교역망은 시간이 지나면서 더욱 확대되었다. 17세기 내내 리보르노에는 영국 레반트 회사를 비롯한 여러 국가의 상사들이 새롭게 설립되거나 확장되었고, 이와 더불어 유럽 각국의 작가, 예술가, 철학자들이 이곳을 찾는 빈도도 증가했다. 당시 이탈리아를 방문했던 영국과 프랑스의 귀족들은 하나같이 리보르노가 성취한 상업적 성공에 찬사를 아끼지 않았다. 예를 들어, 17세기 말 리보르노를 방문한 프랑스인 여행자 프랑수아 막시밀리앙 미송(François Maximilien Mission)은 리보르노를 "토스카나를 부유하게 만드는 생명의 원천"이라고 평가했다. 그보다 앞서 프랑스와 이탈리아를 여행했던 영국 여행자 토머스 앱디(Thomas Abdy) 역시 비슷한 견해를 남겼다. 그에 따르면, "토스카나가 소유한 부와 권력의 진정한 원천은 바로 이 유명한 리보르노 항구"에서 나왔다. 당시 많은 여행자는 리보르노의 상업적 성공이 무엇보다도 자유와 관용에서 비롯되었다고 보았다. 대표적으로 영국인 학자 토머스 스미스(Thomas Smiths)는 "리보르노는 유럽의 다른 어떤 항구 도시보다도 무역으로 가장 큰 명성 얻고 있다"라고 기록했으며, 이는 "이곳[리보르노]에 많은 영국 상인과 여러 국가 출신의 사람들이 거주"하고 있기 때문이었다.

실제로 대다수 여행자는 다양한 국적과 다양한 종교를 가진 사람들이 공존하는 리보르노의 풍경에 놀라움을 감추지 못했다. 영국의 고위 장교 필립 스키폰(Phillip Skippon)은 리보르노에서는 "모든 국가의 사람들을 볼 수 있었다."라고 기록하며, 이곳이 국제적인 교역 중심지로서 얼마나 개방적인 도시였는지 강조했다. 또한, 영국의 법률가 존 클렌치(John Clenche) 역시 "모든 국가의 사람들 그리고 모든 종교를 가진 사람들이 이곳[리보르노]을 자주 방문"한다는 점에 깊은 인상을 받았다. 그는 특히 "많은 그리스인과 아르메니아인들"뿐만 아니라 "거리에서 헌 옷을 판매하는 유대인들"의 모습을 목격했다고 기록했다. 영국의 판화가 윌리엄 브롬리(William Bromley) 역시 리보르노가 국제적인 도시였다는 것을 증언했다. 그가 남긴 기록에 따르면, 리보르노에는 "외국인들이 대거 모여 있었는데, 유대인의 수만 5,000명에 이르렀다. 영국과 네덜란드 출신의 상인은 각각 약 10가구 정도가 거주했으며, 프랑스인들은 그보다 훨씬 많았다." 1739년 리보르노를 방문한 프랑스 학자 드 브로스(Charles de Brosses)는 이곳의 다양성을 대단히 효과적인 비유로 설명했다. 그는 "리보르노의 거리는 마치 가면 축제의 현장과 같았고, 그곳에서 들리는 수많은 언어는 바벨탑을 연상케 했다."라고 묘사하며, 리보르노 도시가 지닌 다문화적인 면모를 생생하게 전달했다.

    페르디난도 1세의 동상에 대한 감상은 많은 여행자의 기록에서 공통적으로 등장한다. 그리고 이 동상을 언급할 때마다, 여행자들은 거의 언제나 리보르노에 자유와 관용을 허락함으로써 상업적 성공을 이끌어낸 토스카나 대공의 업적을 찬양했다. 그들이 보기에 이 기념물의 주인공은 무어인 노예가 아니라 성 스테파노 기사단의 단장이었던 페르디난도 1세였다. 18세기까지 많은 여행자는 항구 한복판에 자리한 이 동상을 보며, 그들이 경탄해 마지않았던 자유와 관용의 도시 리보르노를 건설한 인물로서 대공의 역할을 떠올렸다. 예를 들어, 프랑스의 성직자였던 장 바티스트 라바트(Jean Baptiste Labat, 1663~1738)는 1730년에 출판한 여행기에서 1494년부터 당대까지 리보르노의 역사를 간략히 소개하며 "오늘날 리보르노의 번영은 메디치 가문 덕분"이라고 단언했다. 이는 당대 많은 여행자가 공유했던 인식이었다. 그들에게 리보르노를 "지중해에서 가장 중요한 항구 가운데 하나이자 가장 안전한 항구"로 만든 인물, 그리고 리보르노를 "두 배 더 건강하고 세 배 더 부유하게" 만든 장본인은 다름 아닌 토스카나 대공이었다.

물론, 여행자들이 남긴 방대한 기록에는 동상 하단에 자리한 무어인 노예를 언급하는 대목도 등장한다. 이들은 공통적으로 동상을 소개하면서 네 명의 무어인과 관련된 사연을 상세히 기록했다. 즉, 한 아버지와 그의 세 아들이 토스카나 대공의 갤리선을 훔쳐 도망치려다 붙잡혀 처형당했으며, 이들이 동상의 모델이 되었다는 이야기였다. 그러나 여행자들은 노예에 대한 가혹한 처우나 노예제도의 불합리함에 관심을 기울이기보다는 네 명의 무어인 노예 조각을 제작한 조각가 피에트로 타카의 뛰어난 역량과 예술적 완성도에 주목했다. 예를 들어, 영국의 수필가 조지프 애디슨(Joseph Addison, 1672~1719)은 "각기 다른 자세로 조각된" 네 명의 노예들은 "매우 크고 일반적인 비율을 초과하지만, 매우 정교하고 탁월한 솜씨로 제작"되었다고 평가했다. 또한, 아일랜드의 서적상 윌리엄 루퍼스 쳇우드(William Rufus Chetwood, 1700~1766)는 이 동상을 "대단히 훌륭한 볼거리"라고 묘사하며, 리보르노 항구의 광장을 "이탈리아에서 가장 아름다운" 광장으로 만드는 요소라고 언급했다. 심지어, 네 명의 노예를 처형했던 일이 "다소 가혹했다고" 평했던 영국인 장교 스키폰조차도 "네 명의 무어인 노예가 조각되어 있는 […] 페르디난도 1세의 동상"은 "여행자들 모두가 최고의 작품으로 평가하는 걸작"이라는 감상을 남겼다.

무어인의 복수

앞서 살펴보았듯이, 17세기와 18세기 리보르노를 방문한 여행자들은 공통적으로 동상의 상단, 즉 성 스테파노 기사단의 단장이자 작은 요새 도시를 지중해 최대 무역항으로 변모시킨 인물인 페르디난도 1세에게 주목했다. 그러나 1799년 리보르노를 점령한 나폴레옹의 군대의 시선은 정반대였다. 그들은 페르디난도 1세가 아닌, 하단에 조각된 무어인 노예들의 비참한 모습에 주목했다. 당시 리보르노 항구 한복판에서 이 동상을 목격한 프랑스군 지휘관 미올리스(Sextius Alexandre François Miollis, 1759~1828) 장군은 커다란 충격에 휩싸였다. 그의 눈에 페르디난도 1세는 자유를 건설한 인물이 아니라 오히려 자유를 억압하는 압제자로 비쳤다. 반면, 동상 하단의 네 명의 무어인 노예는 압제자에 맞서 저항하는 자유의 상징처럼 보였다. 아래는 당시 미올리스 장군이 리보르노 시의회에 보낸 서신의 내용이다.

리보르노에 존재하는 유일한 기념물은 인류를 모독하는 폭정의 상징입니다. 기단에 구속된 네 명의 불행한 자들은, 그들을 짓밟고 서 있는 페르디난도보다 백 배는 더 용감합니다. 지난 300년 동안, 누군가가 이 항구에 발을 딛는 그 순간부터 고통스러운 광경이 눈앞에 펼쳐졌습니다. 이 조각을 마주하는 모든 이는 필연적으로 고통, 분노, 멸시, 증오를 느끼게 됩니다. 이제 인류에게 가해진 모욕을 되갚아줍시다. 시민 여러분, 이 괴물 같은 동상 대신 자유의 여신상을 세우라고 명하십시오. 한 손으로는 노예 네 명의 사슬을 끊고, 또 다른 손으로는 땅에 떨어진 페르디난도의 머리를 창으로 내리치는 모습으로.

당시 미올리스는 리보르노에서 본 페르디난도 1세의 동상을, 그보다 몇 년 앞서 제작된 프랑스 왕 앙리 4세의 기마상과 동일시하고 있었다. 파리 퐁네프에 세워진 이 기마상은 말을 탄 앙리 4세를 지탱하는 중앙 받침대와 그 아래에 사슬로 묶인 네 명의 노예상으로 구성되어 있었다. 이 기념물은 프란체스코 1세의 딸이었던 마리 드 메디시스(Marie de Médicis, 1575~1642)가 남편 앙리 4세를 위해 조각가 프랑수아-프레드리크 르모(François-Frédéric Lemot, 1772~1827)에게 의뢰하여 17세기 초에 제작된 것이었다. 그러나 1792년, 혁명으로 인해 분노한 군중은 말을 탄 앙리 4세의 상을 파괴했지만, 그 아래에 있던 노예상들은 남겨두었다. 앞서 인용한 서신의 내용은 예술사가 로젠(Mark Rosen)이 적절하게 지적했듯이, 미올리스가 1792년 "파리에서 벌어진 일을 리보르노에서 재현"하려 했다는 사실을 명확하게 보여준다. 하지만 그의 계획은 끝내 실현되지 못했다. 〈네 명의 무어인 상〉은 미올리스의 명령에 따라 한때 철거되었지만, 1799년 7월 오스트리아 군대가 프랑스군을 몰아내면서 다시 원래의 위치로 복원되었기 때문이다. 당대 사람들은 이 사건을 "무어인의 복수"라고 불렀다.

동상이 이전과 같은 모습으로 복원되었지만, 이 사건 이후 기념물을 바라보는 시각은 과거와 완전히 달라졌다. 19세기에 접어들면서 이 기념물은 더는 페르디난도 1세의 석상이 아니라 〈네 명의 무어인 상〉으로 불리기 시작했으며, 이는 변화한 인식을 상징적으로 반영한다. 19세기에 리보르노를 방문했던 여행자들은 동상을 마주하며 이전 세기의 여행자들과는 전혀 다른 감정을 느꼈다. 특히, 이탈리아로 그랜드 투어를 떠났던 미국의 신고전주의 화가 렘브란트 필(Rembrandt Peale, 1778~1860)이 1830년 4월 22일에 남긴 기록은 이러한 인식의 변화를 단적으로 보여준다.

> 사람들이 아름답다고 여기는 항구와 도시 성벽 사이의 공간에는, 높이 솟은 받침대 위에 자부심과 위엄이 가득한 모습으로 서 있는 페르디난도 1세의 거대한 백색 대리석상이 자리하고 있다. 받침대의 네 모서리에는 브론즈로 조각한 억압받고 공포에 질린 자세로 앉아 있는 네 명의 아시아 노예들이 있는데, 이들을 구속하는 쇠사슬은 받침대의 모서리에서부터 흘러내리며, 이 역겨운 기념물을 우아한 곡선으로 장식하고 있다.

물론, 렘브란트 필이 적극적으로 노예해방운동에 가담했던 인물은 아니었다. 그러나 그가 자신이 소유한 노예를 해방시키며 노예제에 반대하는 입장을 표명한 점을 고려하면, 그가 말한 "역겨운 기념물"이라는 표현이 단순히 동상의 예술성에 대한 평가에 그치지 않는다는 것은 분명해 보인다. 바야흐로 〈네 명의 무어인 상〉은 더는 이전 세기처럼 자유와 관용, 그리고 그로 인한 상업적 번영을 상징하는 기념물이 아니었다. 대신, 점점 더 비인간적인 지중해 노예무역을 떠올리게 만드는 "역겨운 기념물"로 인식되기 시작했다.

렘브란트 필의 기록을 통해 드러난 인식의 변화는 20세기 후반에 접어들며 더욱 가속화되었고, 이러한 흐름은 오늘날까지 이어지고 있다. 이와 함께 리보르노와 관련된 역사 서술에도 커다란 변화가 나타났다. '초국가적 전환(transnational turn)'과 '지구사적 전환(global turn)'이 역사 연구의 일반적인 경향으로 자리잡으면서, 지난 수십 년 동안 근대 리보르노의 문화적 개방성은 전 세계 역사학자들의 주목을 받아왔다. 이에 따라 종교의 자유와 상업적 특권을 누렸던 소수 종교 집단에 관한 연구가 활발히 이루어졌다. 리보르노의 유대인 공동체, 영국인 공동체, 아르메니아인과 그리스인 공동체뿐만 아니라 이곳에 정착한 아랍 가톨릭 신자들, 즉 멜키트와 마론파에 대한 연구도 수행되었다. 반면, 리보르노의 무슬림들에 대한 연구는 상대적으로 적었다. 그나마 이루어진 연구들도 대부분 지중해 노예무역이라는 거시적 틀 안에서 리보르노의 노예무역을 조명하는 사회경제사 연구가 중심을 이루고 있었다.

    리보르노에 거주했던 무슬림에 대한 본격적인 연구가 이루어지기 시작한 것은 비교적 최근의 일이다. 이들 가운데 대다수는 노예였으며, 자유민은 극소수에 불과했다. 최근 역사학자들은 리보르노가 성취한 경제적 번영을 설명하는 요소로 기존에 강조되었던 자유와 관용이 아니라 노예가 제공하는 값싼 노동력과 노예 매매로 인한 경제적 수익에 주목한다. 또한, 항구와 갤리선, 그리고 당시 그리스도교 세계에서 가장 규모가 컸던 노예 수용소 바뇨에서 노예들이 처했던 열악하고 비참한 현실을 재구성하려 시도하고 있다. 그 결과, 오늘날에 이르러 자유와 관용의 도시로서 리보르노의 정체성은 단순한 역사적 사실이 아니라 하나의 "신화"로 간주되기 시작했다.

이러한 변화는 소수 역사학자들만의 논의에 그치지 않는다. 최근 보편적 인권에 대한 현대 사회의 관심이 높아지면서 리보르노의 여러 기념물을 바라보는 공공의 의식도 변화하고 있다. 과거 리보르노의 영광을 기념하는 대신, 그 과정에서 희생된 이들을 기억하는 방향으로 시선이 이동하고 있는 것이다. 17세기 리보르노의 공식 의사였던 베르나르데토 부온로메이(Bernardetto Buonromei, ?~1716)의 사례는 일반 대중들 사이에서 나타나는 인식의 변화를 잘 보여준다. 당시 의사는 대규모 노예무역에서 필수적인 역할을 담당했다. 강제로 이송된 노예들을 치료하는 것은 물론, 노예들의 상태를 검사하고 상품 가치를 평가하는 역할을 의사가 맡았기 때문이다. 이 과정에서 노예들에 대한 끔찍한 폭력과 성적인 착취를 가하기도 했다. 부온로메이는 대학을 졸업한 후 갤리선의 의사로 고용되었으며, 노예화 과정의 주요 단계인 만남, 대치, 운송, 하선 과정에서 노예의 질병과 부상을 치료하는 역할을 했다. 이러한 분야에서 자신의 재능을 입증한 그는 1585년, 매우 경쟁이 치열했던 리보르노 시의 공식 의사로 임명되는 영예를 얻었다. 나아가 1604년 토스카나 대공 페르디난도 1세는 부온로메이를 리보르노의 시정 공직자를 임명할 권한을 지닌 네 명의 시민 중 한 명으로 선정했으며, 리보르노의 가장 높은 시정 공직자인 곤팔로니에레의 휘장까지 부여했다.

곤팔로니에레의 임기를 마친 후, 그는 17세기 리보르노의 노예 수용소 바뇨의 공식 의사로 재직하게 되었다. 당시 그는 바뇨에서 저지른 학대 행위로 인해 리보르노의 소수 민족 공동체뿐만 아니라, 갤리선을 담당하는 토스카나 대공국의 관료들로부터 거센 항의를 받기도 했다. 그럼에도 불구하고 그의 명성은 그가 바뇨의 공식 의사로 재직하던 시기는 물론이고, 사후에도 오히려 더욱 커져만 갔다. 18세기와 19세기의 여러 문헌에서 그는 "탁월한 재능을 지닌 인물"이자 "새로 건설된 도시의 기둥이 된 […] 귀족 출신의 박식하고 유능한 의사"로 묘사되었다.

그는 평생 노예무역에 깊이 관여하며 막대한 재산을 축적할 수 있었다. 그리고 이를 활용해 리보르노 대성당에 예배당과 자신의 흉상을 세웠으며, 여러 예술 작품으로 대성당을 장식했다. 아마도 이는 당대에 불거진 자신을 향한 비난에 반박하기 위한 선전 행위였을 것이다. 선전은 대단히 효과적이었다. 당시부터 오늘날까지 관람객들은 부온로메이가 조성한 웅장한 기념물을 바라보며, 리보르노가 지중해 상업의 중심지로 자리잡는 과정에서 그가 수행한 중요한 역할, 리보르노 시민들을 위한 헌신, 그리고 메디치 가문에 대한 충성스러운 봉사를 떠올려 왔다. 그러나 이제 그가 축적한 재산이 노예무역과 노예에 대한 야만적인 학대와 착취를 통해 축적되었다는 사실이 널리 알려지면서, 리보르노 대성당을 방문하는 이들의 시선도 달라지고 있다. 오늘날, 관람객들은 더는 부온로메이의 업적에만 주목하지 않는다. 대신, 지난 4세기 동안 무시되었던 무슬림 노예들의 고통을 떠올리기 시작했다.

이러한 인식의 변화는 〈네 명의 무어인 상〉에도 동일하게 적용된다. 오늘날 대중은 이 기념물을 더는 과거처럼 바라보지 않는다. 〈네 명의 무어인 상〉 역시 부온로메이의 기념물과 마찬가지로 새로운 시각에서 재해석되기 시작했다. 그 대표적인 사례가 2020년, 이탈리아의 반(牛) 인종차별 활동가들이 블랙 라이브스 매터 운동에 연대하여 리보르노에서 조직한 시위를 들 수 있을 것이다. 이 시위는 과거 〈네 명의 무어인 상〉이 미화했던 리보르노 노예무역의 현실을 공론화하는 계기가 되었다. 당시 일부 시위자들은 약 두 세기 전 미올리스 장군이 그랬던 것처럼, "인간 거래를 찬양하는" 이 기념물, 오늘날 "인종차별의 상징"으로 간주되는 이 조각상이 철거되어야 한다고 주장했다.

"무어인의 복수"는 아직 끝나지 않았다.

파리 아랍 세계 연구소

프랑스와 아랍 세계를 연결하는 '문화의 집'

김유정

다문화 접촉에 따른 문화 갈등 어떻게 풀어야 할까?

최근 한국 내 이슬람 사원 건립을 둘러싸고 지역주민과 외국인 노동자(이슬람)와의 갈등이 매스컴에 크게 보도된 적이 있다. 지역주민들은 이슬람 문화권에서 식용이나 접촉을 금기시하는 돼지머리를 성전 앞에 놔두거나 삼겹살 파티를 하는 등의 노골적인 표현으로 혐오의 감정을 극단적으로 드러냈다. 일부 전문가들은 이러한 현상을 다문화 접촉에 따른 문화 상호 간의 갈등과 마찰로 설명했다. 이주와 이민은 사람 간의 만남이기도 하지만 '서로 다른 문화 간의 접촉'이기도 하다. 물론 익숙하지 않은 또는 이국적인 문화가 처음부터 환대받고 수용되기는 어려울 것이다. 더군다나 이와 같은 타문화가 자신들보다 열등한 민족으로부터 파생된 것이라고 여겨질 때는 더욱 그렇다. 그래서일까? 이질적인 요소들은 종종 일상에서 충돌과 갈등을 불러일으킨다. 문제는 이질적인 문화에 대한 해석과 낯선 문화를 대하는 자세이다. 이질적인 것에 관한 폄훼는 타문화에 대한 무지에서 비롯되는 경우가 많은데 본질과는 달리 확대 재생산되어 일상에서의 혐오와 배제 정치로 작동하게 된다는 데 더 큰 문제가 있다.

한국 사회뿐만 아니라, 전 세계의 다문화 공존이라는 이슈에 무슬림 이민 문제가 있다. 유럽에서 가장 많은 무슬림이 사는 프랑스 사회는 아주 오래전부터 이주민 정책에 큰 노력을 기울여 왔다. 그러나 현실적으로 오랜 시간의 동화와 융합의 시도에도 불구하고 이질적인 문화는 여전히 유지되고 문화 간 갈등으로 증폭되어 일상에서의 안전을 위협하기도 했다. 2000년대 이후의 크고 작은 소요 그리고 2010년대 중반 테러가 발생하면서 프랑스 사회통합이 실패했다는 자성의 목소리가 불거지기도 했다. 다문화사회를 자세히 들여다볼수록, 다양한 민족과 인종 간의 문화 갈등이 불가피하다는 결론에 이른다. 왜냐하면, 다른 민족 및 문명 간의 접촉에는 많은 문제가 발생하기 때문이다. 문제의 심각성은 타문화에 대한 무지에서 비롯된 일상에서의 혐오 감정이 증폭되는 데 있다. 프랑스에서 등장하는 혐오는 주로 무슬림 이주민을 대상으로 발생하곤 하는데, 이들 이주민은 19세기 프랑스 제국주의에서 비롯된 식민지 유산과 깊은 관련이 있다.

무슬림에 대한 두려움을 확대·재생산하고 반이민정서와 이슬람 혐오 정서를 부추기는 모습은 프랑스의 배타적인 담론 정치에서 두드러진다. 특히 프랑스 국민전선(Le Front national)과 같은 극우파들은 무슬림 이민자를 프랑스인과 다른 존재로 구분하고, 열등한 존재로 대상화 혹은 타자화하며 심지어 '위협적인 실체'로 규정했다. 이들은 프랑스 내 문화충돌을 더 자극하고 외국인 혐오와 같은 극단적인 인종차별주의 정서를 부추기면서 자신들의 위상을 높였다.

그 결과 장 마리 르 펜(Jean-Marie Le Pen)이 1972년 국민전선(2018년 국민연합(Rassemblement Nation, RN)으로 명칭을 바꿈)을 창당했을 당시에는 큰 주목을 받지 못했지만, 1980년대부터 이민 제한을 강력히 주장하는 우익 포퓰리즘과 외국인 혐오 운동을 통해 정당의 정체성을 확립하면서 프랑스 국민으로부터 점차 신뢰를 얻기 시작했다. 문제는 이민자에 대한 극우파들의 배타적 혐오 정치와 전략으로 인해 프랑스 사회의 분열이 날로 심화되고 있다는 점이다. 더 큰 문제는 무슬림을 대상으로 한 혐오와 차별의 담론이 단순한 갈등을 넘어 국민 간의 분리와 분열을 조장하여 사회적 긴장감을 고조시킨다는 데 있다.

다문화 접촉에서 발생하는 문화 갈등을 어떻게 풀어야 할까? 나와 다르다는 이유로, 그래서 낯설고 불편함을 느낀다는 이유로 타자를 혐오 감정으로 대하고 테러리스트 프레임으로 확대·해석하는 방식으로는 다문화 문제를 해결할 수 없다. 타문화를 제대로 아는 작은 시작이 어쩌면 다문화 공존을 위한 노력의 첫걸음이 될 수 있다. 왜냐하면, 낯선 문화에 대한 혐오와 차별의 감정이 대부분 무지에서 비롯되는 경우가 많기 때문이다. 이 글에서는 우리보다 먼저 심각한 다문화 갈등에 직면했지만, '문화적 공간'의 창출을 통해 공존의 문제를 해결하려고 했던 프랑스의 사례를 살펴본다. 1987년 개관한 파리 아랍 세계 연구소(L'institut du Monde Arab, IMA)가 다문화 공존과 상생을 위해 어떠한 노력을 기울였는지 자세히 알아본다.

　1990년 프랑스 미테랑(François Miterrand) 대통령은 박물관 개관 3주년 축하 행사장에서 짧고 굵게 다음과 같이 말했다. "지식의 퇴보는 행동의 패배를 이끈다."[1] 차이와 차별의 장벽이 무지의 기반에서 세워질 수 있다는 점, 그리고 편견과 선입견이 우리를 진보가 아닌 퇴보의 길로 이끌 수 있다는 미테랑의 메시지는 오늘날 다문화사회로 진행되어 문화 상호 간 갈등과 마찰이 불가피한 한국 사회에도 시사하는 바가 크다. 이 글은 지중해를 둘러싼 유럽과 아랍 문명을 긴 호흡의 문명사적 관점에서 갈등과 대립의 원인 그리고 공존의 결과들을 전달하며 프랑스인들의 공감을 얻어가고 있는 아랍 세계 연구소를 소개하는 데 의미를 둔다. 무엇보다 아랍 세계 연구소가 처음 '정치 기획'으로 동·서양을 연결하는 '문화의 집'에서 출발하여 오늘날 편견, 폭력, 테러와 맞서 '중재의 장소'로 발전한 어려운 성장의 30년을 조명하고자 한다. 따라서 이 글은 박물관의 사회적 기능—박물관이 오늘날 프랑스 다문화사회의 복잡한 이해 갈등과 문화충돌을 어떻게 중재하고 소통하게 하는지—을 중심으로 전개될 것이다.

정치 기획으로서의 아랍 세계 연구소
: 동서양을 연결하는 '문화의 집'

　'동서양 문화의 다리', '프랑스와 아랍 세계를 연결하는 문화의 집', '위대한 건축가 장 누벨(Jean Nouvel)의 독특한 상상력이 만든 세속적인 공간'으로 종종 언급되는 아랍 세계 연구소는 로마나 중세 문명으로 가득한 파리를 기대하는 방문객들에게는 다소 생소한 장소다. 그래서 일부 사람들은 무카라비에 모양의 창문과 유리, 강철로 이루어진 장엄한 외관을 지닌 이 박물관을 '흰 코끼리', '타이타닉', '유령선'과 같은 은유로 그 부조화와 위압감을 조롱하기도 했다. 원래 이 지역과 주변은 라틴지구(Quartier Latin), 노트르담 성당(Cathédrale Notre Dame), 셰익스피어 서점(Shakespeare & Co) 등 '유럽 문명을 기억하는 문화의 중심지'로 널리 알려져 있다. 노트르담 성당과 대각선으로 마주하고 있는 아랍식이면서 현대적인 아랍 세계 연구소 건축물은 얼핏 보기에 이 지역의 정체성과는 다소 거리가 있는 듯하다. 마치 지중해가 그러했듯이, 두 건축물 사이에서 센강은 유럽과 아랍 문명이 서로를 끌어안기도 하고 밀어내기도 했던 기억을 연결하듯 유유히 흐르고 있다.

1987년 11월 30일, 아랍 세계 연구소가 세상에 첫 모습을 드러냈다. 이 연구소는 아랍 문명을 프랑스와 유럽에 알리기 위해 정치적이면서도 외교적인 목적을 담아 설립된 기획의 산물이었다. 연간 약 100만 명(2014년 기준) 이상의 프랑스인이 찾는 박물관이지만, 꽤 오랫동안 박물관의 재정 악화와 모호한 정체성에 대한 비판적인 여론에 시달렸다. 증축 초기부터 아랍 세계 연구소는 파리의 다른 유명 박물관들과 경쟁하며 지속 가능성을 유지할 수 있을지에 대한 회의적인 시각과 비판에 직면했다. 특히, 박물관 운영과 관련하여 부각된 더 심각한 문제는 프랑스와 아랍 위원회가 공동으로 관여하는 이원화된 운영 시스템이었다. 박물관 관장은 프랑스 대통령의 추천과 아랍 이사회의 동의를 통해 임명되었으며, 직원 140명과 연간 예산 2,400만 유로 중 절반은 프랑스가, 나머지 절반은 이사회 구성하는 아랍 22개국이 분담하게 되어 있었다. 그러나 아랍국가들의 지급 불이행이나 중단이 발생할 때마다 박물관은 재정 악화에 시달렸고, 이러한 이원화된 거버넌스의 문제는 지속적으로 논란이 되어 왔다. 그 결과 아랍 세계 연구소의 정체성은 온전히 프랑스적이지도 온전히 아랍적이지도 않은 애매한 위치에 놓이게 되었다.

미학적으로나 기술적으로나 최고로 평가받았던 박물관 건축물은 완공 직후 1988년, 1989년에 중요한 건축상을 받을 정도로 명성을 크게 얻었다. 당시 여러 언론은 건축가 장 누벨의 독창성이 빛나는 기념비적인 건축물이라고 찬사를 아끼지 않았다. 실제로 장 누벨은 박물관 건축물을 완공함으로써 세계적인 건축가로 성장하게 되었다. 건축물 북쪽의 정면은 의도적으로 중세 서양 문명의 정수로 칭송받는 노트르담 대성당을 향하고 있고, 남쪽 정면은 전통적인 아랍 건축의 모티브에서 따온 240개의 '마슈라비야(Moucharabiehs)'로 구성되어 있다. 마슈라비야는 아랍국가의 전통적인 건축물에서 자주 사용되는 강제 자연 환기 장치이다. 이러한 아랍식 건축 기법에서 영감을 얻은 건축가는 햇빛의 양에 따라 자동으로 열리고 닫히는 다이어프램(Diaphragm)을 장착하여 건축물의 역동성을 연출했다. 거대한 높이의 건축물 정면은 항공용 알루미늄 합금, 강철 및 청동으로 이루어진 모자이크로 장식되어 석조 건축물이 주를 이루는 파리 5구의 주변 경관과는 대조적으로 다소 이색적이고 이국적인 인상을 자아낸다.

전시는 아랍 세계의 다양한 인종, 언어, 종교, 역사 및 문화적 전통을 조명하는 상설전시관과 아랍 세계의 풍부함과 다양성을 매년 새롭게 선보이는 기획전시관으로 나뉘어 진행된다. 4층부터 7층까지 마련된 상설전시관은 아랍의 다양한 문화유산과 풍부한 예술품을 소개하며, 고대부터 현대에 이르기까지 아랍 문명을 총체적으로 이해할 수 있도록 구성되어 있다. 이 상설전시관은 4개의 내러티브로 나뉘는데, 그 주제는 다음과 같다. 1. 정체성의 탄생, 2. 신들에서 신으로, 3. 아랍의 도시, 4. 아름다움을 표현한 이슬람 예술. 반면 기획전시관의 콘텐츠는 매우 다채로운 것이 특징이다. 성공적인 기획전시의 내용을 간략히 살펴보면, '오시리스, 이집트의 수중 신비'와 같이 아랍 세계의 역사적 유산을 강조하는 전시회와 '힙합, 브롱크스에서 아랍 거리까지' 그리고 '현대 모로코인의 거리'와 같이 젊은 계층을 겨냥한 전시도 있었다. 또한 '하지(Hajj), 메카 순례'와 같은 아랍 세계의 주요 사교 행사나 "옛날 옛적에 오리엔트 특급열차가 있었다."와 같은 동서양의 연결에 중점을 둔 전시도 있었다. 기획전시는 특히 젊은 층의 관람객을 끌어들이기에 충분했을 만큼 흥미롭고 매력적인 주제들로 구성되어 있다.

　　아랍박물관을 파리에 건립하는 문제는 처음부터 쉽지 않은 도전이었다. 기획안이 지스카르 데스탱(Valéry Giscard d'Estaing)의 책상에서만 오랜 시간을 흘려보냈을 정도다. 박물관 대지 선정, 재정 조달, 그리고 '프랑스에 아랍박물관이 왜 필요한가?'라는 근본적인 의구심까지 수많은 저항과 비판에 부딪혔다. 이러한 이유로 1970년대에는 박물관 설립이 실현되지 못했다. 1981년 사회당(Parti Socialiste, PS) 출신의 프랑수아 미테랑은 비록 이전 정부와 이념적 성격은 달랐지만, 지

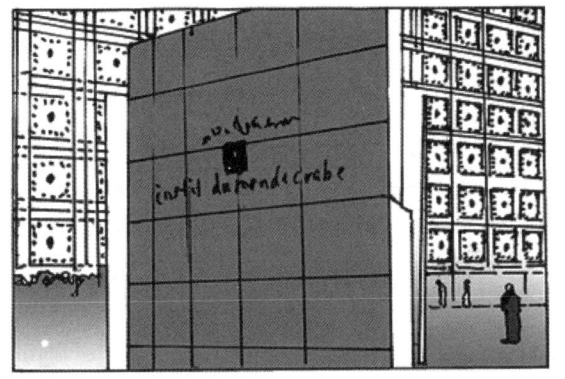 

아랍 세계 연구소(장 누벨).

스카르 데스탱 정부에서 채택한 원칙을 유지하며 박물관 설립을 재추진했다. 다만 파리 15구에 건설하기로 예정되었던 박물관의 위치를 센강 언저리의 파리 7대학 미사용 토지로 옮긴 결정적인 인물은 미테랑이었다. 1987년 박물관 개관식에서 미테랑이 그동안의 고충을 솔직히 털어놓았듯이 증축 과정은 절대로 평탄하지 않았다. 특히 박물관 대지 선정을 둘러싼 파리시민들과의 불협화음은 미테랑 정부가 직면한 큰 시련 중 하나였다. 서구 문명의 중심지로 여겨지는 파리 5구에 아랍식 외관의 박물관을 중축하는 문제는 단순히 건축상의 논란을 넘어 프랑스 정체성, 나아가 유럽 정체성에 대한 도전으로 간주되었다. 그렇지만 박물관 부지 선정에 대한 그의 의도는 분명했다.

박물관 개관식에 참석한 미테랑은 박물관이 '유럽과 아랍 문명이 지중해를 통해 연결되어 있다는 사실과 실제로 유럽 문명이 아랍 세계로부터 많은 영향을 받았다는 점을 널리 알리고 홍보하는 장소'가 되어야 한다고 강조했다. 이처럼 미테랑이 유럽과 이슬람 문명을 바라보는 관점은 '상호대립'이 아닌 '상호보완'이라는 이해와 가치에 기초한다. 그러므로 미테랑이 정의한 아랍 세계 연구소는 유럽과 이슬람 세계가 지중해를 통해서 공유한 기억과 공동의 운명으로 결합되어 있다는 사실을 알리는 문화적 사명을 지닌 장소였다. 이것이 노트르담 성당 옆에 아랍 세계 연구소가 자리 잡게 된 배경이다. 다시 말해, 건립 초기 미테랑이 구상했던 아랍 세계 연구소는 거대한 지중해를 둘러싼 서양과 동양의 기억이 만나는 '문화의 집'이었다. 그 집은 거대한 두 문명이 화합하며 공존하는 공간이었다.

이렇듯 아랍 세계 연구소는 '문명의 상호성' 또는 '문명의 혼종성'이라는 미테랑의 문명관을 기반으로 프랑스 사회의 대통합 의지를 반영한 정치적 산물이었다. 정치집단이 문화, 상징, 공공시설을 통해 사회통합을 강화하려는 시도는 곧 그 사회가 분열의 위기에 직면해 있음을 인식한 결과이기도 하다. 미테랑이 박물관 설립을 적극적으로 추진했던 1980년대는 프랑스 사회에서 이주와 이민 문제가 본격적으로 불거진 시기였다. 특히 무슬림 이민 2세대가 프랑스 사회에 대거 등장하면서 이들의 통합이 프랑스가 마주한 가장 큰 도전 과제로 떠올랐다. 프랑스는 1830년 알제리 점령을 시작으로 북아프리카와 중동 이슬람 국가들에 깊숙이 개입해 왔다. 식민 통치가 끝난 뒤에도 '국익'을 명분으로 과거 식민지국들과의 종속관계를 지속하려 했으며, '영광의 30년'이라 불리는 경제 호황기 동안에는 수십만 명의 식민지 출신 이주노동자를 받아들였다. 이 과정에서 프랑스 사회에 이주와 이민이 급격히 증가했고, 무슬림 이주자 대부분이 프랑스에 정착하며 2세대, 3세대로 이어지는 거대한 이슬람 공동체가 형성되었다.

1980년대 프랑스에서 이주·이민 문제는 일상에서 문화 갈등으로 가시화되기 시작했다. 이민 2~3세대는 프랑스에서 태어나 프랑스어를 모국어로 쓰지만, 프랑스인과 외모가 다르고 경제적 차별도 심해 프랑스 사회와 정부에 대한 불만이 많았다. 이들은 프랑스 정부가 라이시테(laïcité, 세속주의)를 이유로 공공장소에서 이슬람 전통 복장 착용을 엄격히 금하는 조치를 자신들의 문화와 종교에 대한 과도한 억압이자 불평등으로 받아들였다. 한편, 정치 영역에서는 종교 문제에 대한 태도가 정당들 사이에서 유권자들의 표심을 겨냥하는 기회로 활용되었다. 공적인 장소에서의 히잡 착용 문제에 대해 프랑스는 당파를 초월해 부정적인 입장을 공유했으며, 특히 극우파는 이러한 논란을 의도적으로 부각하여 외국인 혐오와 같은 극단적인 인종차별 정서를 부추기며 정치적 입지를 강화했다. 1980년대 국민전선의 급부상은 이러한 분위기와 무관하지 않았다.

사회적 분열과 긴장감이 확산되는 가운데 미테랑은 아랍 세계 연구소가 프랑스와 아랍 세계를 연결하는 '문화의 다리'가 되어 통합의 새로운 길을 제시해주길 바랐다. 1990년 박물관 개관 3주년을 기념하는 인터뷰에서 그는 사회통합을 위한 박물관의 역할을 더욱 강조하며 "프랑스인들이 전시와 연구를 감상하고, 지식을 듣고 교환하는 것에서 시작하여 점차 타인을 알아가고, 더 나아가 상호 존중을 이뤄 새로운 연대의 여정을 아랍 세계 연구소에서 완수할 수 있길 고대한다."라고 말했다. 미테랑이 박물관 설립을 통해 프랑스 사회의 통합을 시도한 데에는 그의 독특한 '문화에 대한 중요한 인식'이 자리하고 있었다. 그는 모든 본질적인 질문을 던지는 문화가 정치나 경제적인 노력보다 차이와 외형을 넘어서는 더 적극적이고 근본적인 해결책이 될 수 있다고 판단했다. 이러한 신념을 바탕으로 그는 문화적인 노력의 하나인 박물관이 유럽과 이슬람 문명을 화합으로 이끄는 장소가 되어 프랑스 사회의 대통합이라는 중요한 사회적 기능을 담당할 것이라고 여러 차례 강조했다.

박물관 증축을 주도했던 미테랑의 신념은 매우 확고했다. 그는 "유럽과 이슬람 간의 문화 혼종성의 역사 지식을 습득하고 차이를 이해하고 인정하는 것이 선입견과 무지의 장벽에 맞서 싸우는 첫걸음이 될 수 있다."고 믿었다. '확장된 지중해 문명'이라는 차별화된 문명사적 관점을 토대로 미테랑은 아랍 세계 연구소가 아랍과 유럽의 공동 기억을 만들어가는 전시 공간으로 발전하기를 기대했다. 결과적으로 아랍 세계 연구소는 유럽, 이슬람, 지중해라는 세 가지 차원의 문명을 아우르는 '기억의 장소'로 박물관의 정체성을 수립하며 발전해나갔다. 문화 혼종성을 강조하는 '지중해 문명관'은 유럽과 아랍 문명 간의 균형적인 상호관계와 공동의 기억을 강조하며, 두 문명의 상생과 평화라는 서사에 생명을 불어넣었다. 그 결과 박물관은 관람객들에게 유럽과 아랍 문명을 갈등 관계로 바라보는 '문명충돌론'이나 유럽의 문명이 아랍 문명보다 더 우월하다는 '서구 중심의 해석'을 초월하도록 이끌었다. 이처럼 아랍 세계 연구소는 사회통합의 수단이자 문화적 갈등을 예방하기 위한 '소통의 장소'로서 미테랑의 정치적 의지와 문화적 통찰을 기반으로 설립된 중요한 결과물이었다.

편견과 테러에 맞서 싸우는 '중재의 장소', 아랍 세계 연구소

아랍 세계 연구소는 국립 문화시설을 포함한 미테랑의 대규모 국책사업이 확장되는 가운데 설립되었다. 따라서 아랍 세계 연구소는 태생적으로 미테랑의 국책사업에 대한 평가와 운명을 같이했다. 미테랑은 문화를 사회적·경제적 과제만큼이나 중요한 공적 영역으로 인식하여 국가의 개입과 정부 전략 개발이 필요한 분야로 보았다. 이러한 신념 아래 미테랑은 루브르 박물관의 유리피라미드, 바스티유 오페라 극장(L'Opéra Nationale de Paris), 프랑스국립도서관(La Bibliothéque Nationale de France), 대 음악당(Cité de la Musique), 과학기술의 전당(La Cité des Sciences et de l'Industrie), 오르세 미술관(Le Muséed'Orsay) 등 프랑스를 대표하는 국립 문화시설을 그의 임기 때 완공하려고 노력했다. 이와 같은 미테랑의 건축에 대한 애정과 대규모 국책사업은 '건축이 문명을 판단하는 기준이 된다.'는 그의 철학에서 비롯되었다.

미테랑의 대규모 국책사업은 일각에서 루이 14세와 나폴레옹 3세를 잇는 위대한 작업으로 평가되기도 했다. 파리가 미테랑의 대규모 프로젝트 덕분에 다양한 문화센터, 박물관, 기념물로 가득한 문화도시로 성장한 것을 높이 평가한 것이다. 하지만 미테랑의 문화정책은 당시 막대한 건설비용이 요구되는 큰 공사였던 만큼 과도한 재정지출이 불가피했고, 이는 복지 예산을 삭감하는 결과로 이어졌다. 그래서 당시 미테랑의 국책사업은 종종 대중의 질타와 논란의 대상이 되기도 했다. 결과적으로 미테랑의 문화정책은 재정문제와 관련해 언론과 대중으로부터 상반된 평가를 받았다. 특히 파리 5구를 아랍 세계 연구소 건축용지로 지정하고, 막대한 비용을 투입해 건축한 아랍 세계 연구소 또한 이러한 비난에서 자유롭지 못했다.

　1980년대 미테랑의 대규모 국책사업이 확장되는 가운데 설립된 아랍 세계 연구소는 초기부터 재정 악화라는 어려움을 겪어야 했다. 박물관 증축을 위해 모금된 예산은 대부분 용지 매입에 사용되었고, 유명 건축가의 창작을 유지하는 데 소요된 막대한 비용이 지속적인 재정난을 초래했다. 실제로 박물관 건축물이 세계적인 명성을 얻었던 것과는 달리 정작 프랑스 내에서는 큰 관심을 받지 못하는 상황이 전개되었다. 게다가 아랍 세계 연구소는 당시 새롭게 단장된 루브르의 이슬람 전시실과 같은 다른 유명 박물관과 경쟁해서 관람객을 지속적으로 유치할 수 있을 것인가에 대한 의구심도 꾸준히 제기되었다. 이러한 문제들은 박물관의 지속가능성에 대한 비판 여론을 형성하는 배경이 되었다.

　나아가 중동 전쟁과 같은 아랍 세계의 갈등은 아랍 세계 연구소를 향한 의구심과 논란을 더욱 증폭시켰다. 박물관의 문화적 사명이 제대로 정의되지 않은 상황에서 '박물관이 과연 아랍 세계의 분쟁으로부터 자유로운 가치 중립적인 전시 공간이 될 수 있는지'에 대한 근본적인 질문이 제기된 것이다. 중동에서 분쟁이 발생할 때마다 아랍 세계 문명을 소개하는 박물관은 어떤 시대 또는 어떤 아랍국가의 문명을 전시해야 하는가에 관한 예민한 문제와 씨름할 수밖에 없었다. 이는 박물관의 정체성과 관련된 동시에 이슈에 따라 종종 학계와 여론의 비판을 감수해야 하는 문제였다. 2012년까지 박물관의 재정문제 및 정체성 문제는 지속되었고, 일시적으로 인력의 축소와 전시 횟수를 줄이는 방안으로 어려움을 극복해보고자 했으나 상황은 크게 달라지지 않았다. 이로써 한때 박물관은 아름다운 외관을 갖추고 있지만 제 역할을 다하지 못한다는 뜻으로 '잠자는 숲속의 미녀'라는 조롱을 받기도 했다.

2013년, 아랍 세계 연구소는 미테랑 정부 시절 문화부 장관을 역임했던 랑(Jack Lang)을 관장으로 추대하며 새로운 전기를 맞게 되었다. 그는 박물관의 용지를 15구에서 5구로 바꾸는 데 결정적인 역할을 했고 아랍 세계 연구소의 시작과 현재를 가능하게 했던 주요한 인물이었다. 박물관의 수장이 된 랑은 첫날부터 아랍 세계 연구소가 대화, 융합, 존중의 장으로 재정립하고, 새로운 시대가 요구하는 박물관의 정체성을 확립하겠다는 야심 찬 계획을 밝혔다. 오랜 기간 문화부 장관을 역임하면서 얻은 풍부한 경험을 가진 랑은 특히 대중문화를 활성화하고, 오랫동안 소외되어 온 다양한 생활문화를 지원하는 등 시대의 흐름에 민감한 젊은 세대 계층의 요구에도 귀를 기울인 인물로 평가받는다. 따라서 새로운 수장으로서의 랑이 아랍 세계 연구소를 그의 비전 아래 어떻게 이끌어갈 것인지에 대해 많은 기대가 모아졌다.

랑은 12년 동안 문화부 장관을 역임하면서 문화부 예산을 두 배로 증가시키고 프랑스 문화정책 근대화의 기조를 마련하는 등 1950년대 말로(André Malaux) 이후 프랑스의 혁신적인 문화정책을 시행한 인물로 알려져 있다. 그는 말로의 '문화 민주주의'를 기조로 미테랑의 사회주의 정권 아래에서 문화와 경제를 연계한 '문화 산업'과 '문화 대중화'를 강조했다. 말로가 주로 특권층에 한정된 문화정책을 지향했던 것으로 평가되는 것과 달리, 랑은 문화의 다양성을 지원하며 문화정책의 범위를 확장했다는 점에서 차별화를 이루었다.

이와 같은 문화에 대한 랑의 철학과 정책은 그가 박물관의 수장이 되는 시점에서부터 아랍 세계 연구소 전시를 통해 구체화되었다. 랑의 시대를 맞아 아랍 세계 연구소는 아랍의 문화와 예술을 소개하는 전시장의 기능을 넘어 점차 문화적 차이를 해소하고 사회적 불평등을 완화하는 문화전략이 실행되는 공간으로 발전했다. 박물관을 엘리트주의적 경계에서 벗어나 민주화하는 도구로 보았던 랑의 철학과 경험은 특히 2010년대 중반 프랑스 사회가 큰 위기에 직면했을 때 그 진가를 발휘했다. 2015년 1월 7일 샤를리 엡도(Charlie Hebdo) 총격 테러, 11월 13일 파리 동시다발 테러 공격, 2016년 시리아와 북아프리카에서 유럽으로 몰려든 난민 디아스포라 문제, 그리고 2023년 이스라엘 하마스 전쟁과 같은 갈등은 아랍 세계 연구소에 새로운 과제를 던졌다.

무함마드 풍자 등 만화에 대한 보복으로 알려진 샤를리 엡도 총격 테러는 프랑스 시민들에게 큰 충격과 분노를 동시에 안겨주었다. 하지만 공황 상태에 빠진 프랑스 시민들에게 랑은 2015년 1월 14일 〈르 피가로Le Figaro〉와의 인터뷰에서 다음과 같은 위로의 말을 전했다.

"오늘날 우리의 세계는 자신의 입장을 폭력적으로 표현하는 광신주의자나 지하디스트들(djihadistes)로 가득 차 있는 것처럼 보입니다. 그러나 이와 동시에 지식, 지성, 혁신, 자유, 그리고 창조를 신뢰하며 이를 통해 세상을 변화시키고자 노력하는 사람들도 많다는 점을 잊어서는 안 됩니다. 폭력이 잔인하게 자행된 이 순간 이러한 가치들은 더 깊은 의미를 지닙니다."[2)]

그리고 1월 17일 아랍 세계 연구소는 유혈 공격의 표적이 된 샤를리 엡도 팀에 대한 위로와 경의를 표하기 위해 강철로 된 건축물 외관에 프랑스어와 아랍어로 '우리는 모두 샤를리'라고 새기며 프랑스 사회의 대통합 메시지를 프랑스 시민들에게 전했다.

그러나 이러한 충격이 채 가시기도 전에 11월 파리에서는 130명의 사상자를 낳은 또 한 번의 대규모 테러가 발생했다. 당시 다수의 언론은 이 사건을 2차 세계대전 이후 프랑스 본토가 공격당한 역사상 최악의 참사로 보도했다. 무엇보다 이 참극은 레스토랑, 공연장, 축구장 등

우리는 모두 샤를리다.

불특정 다수가 있는 일상의 파리시민을 대상으로 자생한 무차별 총격이었기에 프랑스 사회는 더 큰 혼돈과 충격에 빠졌다. 더군다나 이러한 참극을 자행한 테러범이 유럽 국적의 자생적 테러리스트일 가능성이 제기되면서 프랑스 사회는 이슬람에 대한 증오와 분노로 들끓었다. 과격 이슬람주의자들의 테러를 목격한 극우성향의 프랑스 정치가들은 모든 이슬람교도가 테러리스트라는 '일반화'를 확대·재생산하며 무슬림을 맹비난하기 시작했다.

 이슬람에 대한 기존의 적대감과 공포가 증폭되는 가운데 이슬람으로부터의 분리를 주장하는 극우 정치인들의 목소리는 점차 설득력을 얻어갔다. 그러나 이러한 상황 속에서도 랑을 중심으로 한 아랍 세계 연구소는 계속해서 프랑스 사회통합의 메시지를 전파했다. 랑은 2015년 12월 28일 〈르 몽드Le Monde〉와의 인터뷰에서 "아랍 세계 연구소가 갈라지는 벽이 아닌 하나로 묶는 다리가 되어 극우 정치가들의 외국인 혐오증과 지하디스트의 반계몽주의적 광신주의에 맞서 다양성과 평화의 메시지를 전달하는 지식의 장소가 될 것"이라고 강조했다. 프랑스 사회가 예상치 못한 테러에 직면해 커다란 분열의 위기에 직면했을 때, 랑의 철학과 방향성 속에서 아랍 세계 연구소는 아랍 문명을 홍보하는 박물관으로서의 본래의 임무를 넘어 사회적 갈등과 분열을 중재하는 '공론의 장'으로 박물관의 역할을 재정립하는 데 주력했다. 그 시작은 문화를 통해 인식을 바꾸고 외국인 혐오를 전략적으로 이용하는 극우 정치 세력에 맞서는 데서 시작되었다.

 이러한 방향성을 구체화한 첫 사례가 거리 예술가 콤보(Combo)의 전시였다. 랑은 아랍 세계 연구소가 '문화와 신념의 다양성을 위해

콤보의 전시 '공존(CoeXisT)'.

헌신하는 집'이라는 점을 강조하며 콤보 전시의 중요성을 언급했다. 레바논계 기독교인 아버지와 모로코 무슬림 어머니 사이에서 태어나 프랑스에서 성장한 콤보는 '무엇이 함께 사는 것을 훼손하고 사람들을 분열시키는가?'에 대한 근본적인 질문과 평화의 메시지를 작품에 담아 '공존'의 사회적 의미를 환기했다. 아랍 세계 연구소는 콤보를 초대해 '공존(CoeXisT)'이라는 단어를 상징하는 대형 포스터를 아랍 세계 연구소 건물 앞에 게시했다. 그는 자신이 다양한 문화의 공존을 상징하는 존재라는 사실을 부각하기 위해 턱수염을 기르고 젤라바를 입은 본인 모습이 담긴 포스터와 함께 공존(CoeXisT)이라는 단어를 표현했다. 공존이라는 단어에서 그는 C를 이슬람 초승달, X를 다윗의 별, T를 기독교 십자가로 표현하여 종교 간 평화와 관용의 메시지를 전했다. 이 전시는 프랑스 시민들에게 공존과 상생의 문제를 깊이 고민하게 하는 계기를 제공했다.

한편, 극단주의 이슬람 단체의 테러와 거의 동시다발적으로 발생한 사상 초유의 시리아 난민 사태는 유럽 전역에 이슬람에 대한 공포를 극대화했고, 결국 유럽 정치의 우경화를 초래했다. 아랍 세계라는 공통 분모를 가진 테러와 난민 문제는 프랑스의 극우 정치집단에 비관용적 국수주의를 선전할 새로운 빌미를 제공했다. 이들은 유권자의 표심을 의식하여 무슬림의 이주와 이민 문제를 프랑스가 직면한 경제 위기, 정체성 위기, 정치 위기의 원인으로 지목함으로써 프랑스 시민들에게 끊임없이 위기의식을 주입했다. 결과적으로 두 사태를 이용한 극우성향의 마린 르 펜(Marine Le Pen)은 2017년과 2022년 대통령 선거의 결선투표에서 중도성향의 마크롱(Emmanuel Macron)과 맞붙는 성과를 얻어냈다. 비록 두 차례 모두 권력을 얻는 데 실패했지만, 마린 르 펜은 국민의 신뢰를 얻으며 정치적 영향력을 확장해나갔다.

　　이러한 사회적 분위기 속에서도 아랍 세계 연구소는 외국인 혐오에 맞서기 위한 노력을 멈추지 않았다. 2016년 아랍 세계 연구소는 '그들과 함께한다(I am with them).'라는 제목으로 난민의 삶과 이주의 과정을 조명하는 보여주는 사진 전시를 개최했다. 이 전시는 박물관 관계자에 따르면, '한 달 만에 역대 최다 관람객 수를 기록했고, 관람객 중 절반 이상이 25세 미만'이었다. 한 관람객은 "지금까지 우리는 난민을 침략자, 홍수, 한 개인의 삶이 아닌 무리(덩어리)로 묘사해왔지만, 그들이 당신과 나처럼 가족, 꿈 그리고 역사를 가진 똑같은 인간이라는 것을 전시를 통해 알게 되었다."라고 하면서 난민 전시의 감동을 전했다.[3] 이처럼 아랍 세계 연구소는 다양한 전시를 계획해 프랑스인들의 인식을 바꾸고 공감을 얻어내고 있다. 단순한 문화공간에서 벗어나 서구와 이슬람 세계의 갈등을 조율하는 '중재의 장소'로 자리잡게 된 것이다. 랑은 이와 같은 박물관의 새로운 소명에 대해 미테랑과 함께했던 1980년대의 정치적 행보를 회고하며 다음과 같이 말했다.

"저는 지식과 문화가 편견, 폭력 그리고 극단주의에 맞서 싸우는 무기가 될 수 있다고 확신합니다. 기억은 우리가 새로운 미래를 창조해나갈 수 있도록 과거에 대한 이해를 도와줍니다. 그래서 미테랑은 인류가 기억을 통해 혁명적인 변화로 나갈 수 있다고 말하곤 했습니다."[4]

2023년 이스라엘-하마스 전쟁은 갈등과 분쟁을 조정하는 '중재의 장소'로서의 아랍 세계 연구소의 역할을 다시 한번 요구하였다. 전쟁이 한창이던 당시 아랍 세계 연구소 광장 앞에는 수천 명의 파리시민이 모여 '침묵의 행진'을 벌임으로써 중동의 평화를 촉구했다. 어떤 슬로건도 없이 중립성을 상징하는 커다란 흰색 배너를 들고 진행된 이 행진은 아랍 세계 연구소에서 출발하여 유대교 예술 및 역사박물관까지 이어졌다. 이 행진을 주도했던 단체의 회장인 프랑스 여배우 루브나 아자발(Lubna Azabal)은 시위의 성격을 이렇게 설명했다. "우리는 무기 소음과 극단주의의 목소리에 대응하기 위해 절대 중립을 선택했다." 아랍 세계 연구소는 이러한 '중립의 소리'를 담은 행진에 동참하는 동시에 다양한 전시를 개최함으로써 점차 평화와 공존의 길을 모색하는 '중재의 장소'로 정체성을 확장해나갔다. 아랍 문명을 알리고 전시하는 전통적인 박물관의 기능을 넘어서 '외국인 혐오'와 반계몽주의적인 광신주의에 맞서 싸우는 '중재의 장소'로 거듭 발전하고 있는 것이다.

이러한 측면에서 아랍 세계 연구소는 전통적인 프랑스 박물관들과 차별화된 성격을 지닌다. 기존의 박물관이 소장품을 수집, 보관하고 전시하는 역할에 초점을 맞췄다면, 아랍 세계 연구소는 전시뿐만 아니라 다양한 문화 행사와 교육 프로그램을 통해 지식의 일방적인 전달을 넘어 '소통'을 제공하는 문화공간으로 외연을 확장하고 있다. 구체적으로 아랍 세계 연구소는 소장품 연구, 특별기획전 개최, 복합적인 교육 프로그램 및 콘퍼런스 기획을 통해 루브르 박물관이나 오르세이 미술관 같은 전통적인 전시형 박물관들과의 차별성을 분명히 드러내고 있다. 특히 아랍 세계 연구소는 지식을 통해 타문화를 포용하는 데 주된 목표를 두고 자라나는 청소년을 위한 다양한 문화 콘텐츠 생산에 주력하고 있다. 박물관은 매년 영화, 음악, 무용, 시각 예술, 사진 등 아랍 세계의 문화와 예술을 아우르는 다양한 문화 콘텐츠로 프랑스 시민들에게 다가가고 있다. 오늘날에도 아랍 세계 연구소는 작품 전시에 그치지 않고 대중을 상대로 다양한 행사를 펼치며 지식과 문화를 소통하는 복합적 문화공간으로서의 역할을 지속적으로 확대해가는 중이다.

'기억의 장소'로서 아랍 세계 연구소

프랑스의 국가와 공화국, 그리고 혁명의 이야기로 채워진 피에르 노라(Pierre Nora)의 '기억의 장소'에서 아랍 세계 연구소는 엄밀히 말하자면 변방에 위치한 존재다. 그러나 아랍 세계 연구소는 이러한 변방적 위치에서 민주적 담론의 공간으로 기능하여 이질적인 문명 간의 소통을 발전시키며 프랑스 시민과의 '공감'을 키워나가고 있다. 유럽 문명의 중심지라는 파리 5구의 풍경과 다른 다소 낯선 공간을 통해 관람자의 시선을 끌며 소통의 힘을 확장해나가고 있다. 의도적으로 아랍 세계 연구소는 유럽의 중세 문명을 대표하는 노트르담 성당과 마주하며 유럽과 이슬람 세계가 지중해를 통해 공유된 기억으로 연결되어 있다는 메시지를 강렬하게 전달한다. 무엇보다 아랍 세계 연구소는 프랑스 주류 역사 담론이나 교과서에서 많은 부분을 차지하지 못했던 주변의 기억을 공간이 가진 힘을 통해 프랑스 시민들에게 새로운 시각을 열어주고 있다. 이를 통해 박물관은 단순히 과거를 보존하는 '기억의 장소'로 머물지 않고 프랑스 사회의 화합과 연대를 촉구하는 '미래의 장소'로서 그 중요성을 키워가고 있다.

파리에는 이슬람 문명을 대표하는 건축물이 두 개 있다. 그중 하나는 파리 대모스크로 종교적인 장소이고, 다른 하나는 아랍 세계 연구소로 아랍 세계의 문명, 지식, 예술, 정신 및 미학을 홍보하는 세속적인 장소다. '동서양을 연결하는 다리'를 만들고자 했던 프랑스 정치인들의 열망에서 출발한 아랍 세계 연구소는 오늘날 유럽과 이슬람 문명의 평화로운 상생을 고민하고 소통하는 연구소로서의 기능을 강조하면서 박물관의 기능을 확대하는 중이다. 이러한 측면에서 아랍 세계 연구소는 아랍 문명을 소개하는 '기억의 저장소'이면서 동시에 다양한 기획전시의 내러티브를 통해 관람객 스스로가 다문화 공존의 문제를 고민하고 반성하게 하는 '기억의 공작소'라 하겠다. 아랍 세계 연구소가 박물관이란 명칭을 버리고 연구소라는 이름을 채택한 것도 이 같은 맥락에서다.

아랍 세계 연구소는 유럽과 아랍 문명의 균형적인 상호관계의 역사성을 강조하고 공동의 기억을 만들어간다는 점에서 유럽에서는 유일한 아랍박물관이다. 유럽, 이슬람, 그리고 지중해라는 세 가지 차원의 문명을 포함하는 '확장된 지중해 문명관'을 제시하며 상생과 공존의 메시지를 대중들에게 전달하고 있다. 그래서 아랍 세계 연구소는 아랍 문명의 다양한 측면을 프랑스 대중에게 알리기 위한 '문화의 집'이면서 동시에 갈등을 조율하고 평화를 전달하는 '중재의 장소'이다. 일상에서의 크고 작은 다문화 갈등과 폭력적인 테러 위협에 직면해 프랑스 극우성향의 정치가들이 혐오전략과 테러리스트 프레임으로 유럽과 아랍 관계에 대한 기억을 왜곡하고 확대하거나 재생산하고 있다면, 아랍 세계 연구소는 긴 호흡과 역사적 관점에서 두 문명의 갈등과 대립의 원인 그리고 공존의 결과들을 전달하며 프랑스인들의 공감을 얻어내고 있다.

2017년 아랍 세계 연구소는 개관 30주년을 맞이했다. 짧지만 강렬했던 '몽매주의(obscurantism)에 맞서 싸운 아랍 세계 연구소'는 프랑스 현대사의 다문화 갈등과 화합에 대한 기억을 담은 '기억의 장소'다. 많은 프랑스 언론은 1980년대 정치 기획으로 출발한 박물관이 2000년대 전개된 폭력, 편견 및 테러에 맞서 통합과 화합의 기억을 생산하는 '중재의 장소'로 성장한 아랍 세계 연구소에 큰 관심을 보였다. 아랍 세계 연구소는 과거 수많은 위기와 의구심으로부터 결국에는 살아남았고 점차 자신의 정체성을 찾아 박물관의 기능을 확장해나가고 있다. 앞으로도 아랍 세계 연구소는 유럽과 이슬람 간의 수많은 갈등과 분쟁 속에서 더 많은 도전과 위기에 직면할 가능성이 크다. 그러나 타문화를 바라보는 관점의 중요성과 공존을 위한 해법 모색이 절실한 지금, 이러한 도전은 오히려 박물관이 미래의 통합과 화합의 메시지를 전달하는 역할을 더욱 강화할 수 있는 기회가 될 것이다. 한국 또한 다문화사회로의 전환 속에서 이러한 사례를 주목하며, 공존과 연대의 해법을 모색하는 데 필요한 통찰을 얻을 수 있을 것이다.

part 3

사상·언어의 기억

아베로에스와
중세 서유럽의 지적 대변동

홍용진

이븐루시드와 그의 시대

중세 서유럽에 '아베로에스(Averroes)'라 알려진 이븐루시드(Ibn Rushd, 1126~1198)는 12세기 이슬람 세계를 대표하는 철학자다. 그가 이룬 가장 중요한 작업은 이슬람 세계에서 고대 아리스토텔레스(Aristoteles, 기원전 384~322) 철학을 재정립하고 아리스토텔레스 저작에 주해를 덧붙여 설명하는 작업이었다. 그의 설명에 따른 아리스토텔레스 철학은 12세기 서유럽에도 전파되어, 당시 서유럽에 막 전개되기 시작했던 스콜라 철학의 발전에 지대한 공헌을 했다.

아베로에스, 즉 이븐루시드가 태어난 곳은 현재 에스파냐 남부에 위치한 코르도바(Córdoba)였다. 이 당시 이베리아반도 남부는 이슬람 세력이 다스리고 있던 때였다. 8세기 초 이슬람계 우마이야 칼리파

12세기 알무와히둔 영역.

국이 북부지역 일부를 제외한 대부분의 이베리아반도를 장악했지만, 11세기부터 북부의 여러 기독교 왕국이 남쪽으로 세력을 확대해가고 있던 때였다. 이븐루시드가 활동하던 12세기에 북부에는 포르투갈, 레온, 카스티야, 아라곤과 같은 기독교 왕국이 팽창하는 중이었고, 남부에는 이슬람계 알무와히둔(al-Muwaḥḥidūn) 칼리파국[1]이 들어서 있었다(지도 참고).

법관이나 종교 지도자 등 지적인 활동에 종사했던 부친과 조부의 영향으로 그 또한 어려서부터 의학과 철학, 신학 등을 공부했다. 그러면서 동시에 이슬람 세계가 보존하고 계승·발전시키고 있었던 그리스·로마의 다양한 학문 세계와 접할 수 있었다. 당시 이슬람 세계는 거대하고 통합적인 대제국을 이루었던 7~9세기 우마이야, 아바스 왕조와 달리 여러 세력으로 분할된 상황이었다. 물론 이러한 정치적 분열이 이슬람 세계를 가로지르는 학문 활동의 교류와 확산을 막지는 못했다. 이와 같은 지적 발전은 이슬람 세계를 넘어 기독교 세계, 특히 서유럽으로도 흘러넘치고 있었다.

이미 6세기에 그리스·로마의 지적 전통은 강력한 기독교화 정책을 펼친 동로마제국을 떠나 사산조 페르시아 새로운 요람을 형성했다. 뒤이어 등장한 이슬람교 세력들은 다른 종교에 대해서도 관용적 태도를 취했던 만큼, 일신교와 어울리지 않았던 그리스·로마 전통의 '이교적' 학문 활동도 공존의 대상으로 인정 및 수용했다. 게다가 중국과 인도에서 유입된 수학과 천문학, 의학 및 자연에 대한 다양한 지식 또한 활발한 연구 주제가 되었다. 이러한 학문적 내용은 이슬람 교나 신학과 종종 충돌하곤 했지만 전적으로 배척당하거나 탄압을 받지는 않았다.

이슬람 세계의 문화적 번영이 한창이었던 11세기는 서유럽 기독교 세계에 안정이 찾아오고 번영의 기운이 움트는 때이기도 했다. 서유럽에서는 3세기 로마 제국의 위기가 시작된 이래로, 5세기 말에는 서로마 제위의 공백이 찾아와 게르만 왕국들이 난립하는 시대로 접어들었다. 9세기 노르만인, 10세기 마자르인의 침략과 더불어 권력의 파편화가 이루어지는 가운데, 불안정하면서 폭력적인 사회 분위기가 만연했다. 이러한 곳에서 찬란했던 그리스·로마 세계의 지적·문화적 전통이 온전히 계승·발전되기란 매우 힘들었다.

그러다 11세기에 이르러 서유럽에도 평화와 안정이 찾아왔다. 먼저 교회는 기독교 윤리와 내세에 대한 공포를 내세우며 귀족과 기사의 폭력적 행태를 통제하기 시작했다. 이와 동시에 서유럽에서 지적 작업을 담당하는 성직자와 수도사는 본격적으로 학문 활동에 매진할 수 있게 되었다. 12세기에 이르러서는 수많은 교부의 서로 다른 입장을 정리하고 신에 대한 지식, 즉 신학을 논리적이고도 체계적으로 정리하려는 운동이 시작되었다. 미국의 역사학자 해스킨스(Charls H. Haskins, 1870~1937)가 '12세기 르네상스'라고 부른 이 운동은 이슬람 세계에서 유입된 그리스 철학, 특히 아리스토텔레스 철학을 새롭게 수용하면서 스콜라학의 발전을 크게 자극했다.

실제로 11~13세기는 서유럽 중세의 전성기였다. 무엇보다 눈에 띄는 것은 10세기까지 로마 제국의 유산을 물려받은 지중해 세계에서 가장 낙후된 이곳이 드디어 기지개를 펴고 지중해 교류 네트워크에 참여하기 시작했다는 점이다. 한편으로는 이탈리아 도시와 상인을 중심으로 이슬람 세계 및 동로마제국의 자극을 받으면서, 즉 경쟁도 하면서 활발한 교역 활동을 전개했다. 다른 한편으로는 '십자군' 원정처럼 폭력적 상황을 수반한 다양한 수준의 충돌과 투쟁이 발발하기도 했다. 이러한 충돌은 종교적인 명분을 내세우는 경우가 많았지만, 대부분은 정치적 이해관계를 떠나서는 생각할 수 없었다. 또한 이로 인해 '미개한' 서유럽 사회는 역으로 '문명화된' 이슬람 세계로부터 다양한 사회·문화적 영향을 받아들일 수밖에 없었다.

이렇게 해서 다소 고립적이었던 서유럽 세계는 시리아·팔레스티나 지역 및 북아프리카 등 동부 지중해와 교류의 영역을 확대하면서 타자에 대한 이해와 수용의 폭을 두텁게 해나갔고, 이러한 배경 아래 이슬람 세계의 선진적인 문화와 학문이 서유럽으로 유입되기 시작했

이븐루시드(아베로에스) 석상, 코르도바.

다. 그중에서도 특히 서유럽에서는 전승되지 않았던 아리스토텔레스 저작의 절반 이상이 아랍어에서 히브리어, 다시 라틴어로 재번역되어 수용되었다.

하지만 당대 서유럽 기독교 세계에서 아리스토텔레스 저작의 그리스어 원문을 읽을 수 있는 사람은 거의 없었다. 더군다나 아리스토텔레스 저작을 나름대로 체계적으로 이해할 수 있을 정도로 그의 철학에 정통한 사람도 없었다. 문제는 아리스토텔레스에 필적할 만큼 자연과 인간을 포함한 폭넓은 분야를 체계적이고 논리적인 통찰로 성찰할 만한 학자를 당대인들이 찾기 어려웠다는 점이었다. 이러한 사정은 기독교 세계는 물론 이슬람 세계에서도 마찬가지였다.

구체적인 자연 세계에 대한 다양한 조사와 학문적 탐구, 인간과 사회에 대한 다층적인 통찰, 그리고 만물의 궁극적인 원인을 치밀하게 추론해내는 형이상학에 이르기까지 실로 아리스토텔레스가 다루는 학문적 분야는 중세인들에게는 거의 '전부'였다. 이러한 상황에서 중세 서유럽인들에게는 아리스토텔레스의 저작을 번역하고 수용하는 것 못지않게 이를 이해할 수 있도록 도와줄 수 있는 학문적 길잡이가 필요했다. 이러한 상황에서 13세기 초 유럽의 지식인들에게는 1세기 이전 이베리아반도와 북아프리카를 중심으로 활동했던 이븐루시드의 아리스토텔레스 주석과 해설이 대체 불가능한 유일무이한 지적 발판이 되었다.

마침 이베리아는 이탈리아와 함께 이슬람 세계의 학문이 서유럽 세계에 처음 들어오는 관문이었다. 시칠리아 왕국의 페데리코 1세(Federico I, 1198~1250)[2)] 치세의 나폴리, 그리고 카스티야 왕국의 알폰소 10세(Alfonso X, 1252~1284) 치세의 톨레도는 이슬람, 유대, 기독교 문화가 만나는 거대한 용광로이자 다양한 번역 작업의 산실로 명성을 얻었다. 여기에서 유입되어 번역된 저서들은 파리와 옥스퍼드 등과 같은 대학도시로 집중되었고, 이곳에서는 스콜라학에 입각한 철학 및 신학 연구가 활발하게 전개되어 중세 철학·신학의 대계를 형성했다.

이러한 거대한 물결에서 아리스토텔레스와 이븐루시드의 저작이 중세 서유럽에 미친 영향은 절대적이었다. 단순히 '철학자(Philosophicus)'라고 하면 아리스토텔레스를, 또 '주석가(Commentator)'라고 하면 아베로에스를 지칭했다는 사실은 이를 상징적으로 보여준다. 하지만 아베로에스가 소개한 아리스토텔레스의 철학은 13세기 서유럽 학계에 일대 파란을 일으키기도 했다. 아베로에스가 소개한 아리스토텔레스의 철학은 유일신의 창조를 자명한 사실로 받아들이는 기독교의 교리와 충돌했기 때문이다. 이는 물론 이슬람 세계에서도 마찬가지였다. 신앙을 중시하는 이슬람 신학의 입장에서도 아베로에스와 아리스토텔레스는 격렬한 비판의 대상이 되었다.

'주석가' 아베로에스의 철학

12~13세기에 이슬람은 물론 기독교에서도 받아들이기 힘들었던 아리스토텔레스 철학의 내용이란 무엇인가? 무엇보다 앞서 언급해야 할 점은 철학과 신학 간의 관계다. 언뜻 보기에 신학과 철학은 밀접하게 연관을 맺고 있어 구분이 어려워 보인다. 하지만 방법론적인 차원에서 뒤얽혀 있다고 하더라도 두 학문이 서로 규명하려고 하는 궁극적인 대상은 뚜렷하게 구분된다. 아리스토텔레스가 잘 보여주듯이 철학이란 인간이 발 딛고 있는 이 세상의 모든 것, 즉 인간과 자연을 주요한 탐구 목표로 삼는다. 반면 이슬람이나 기독교에서 신학이 규명하고자 하는 것은 초자연적이고 초월적인 신 자체다. 자연과 초자연, 내재성과 초월성은 이러한 구분을 간명하게 제시하는 키워드가 된다.

중세까지 철학이란 자연과 내재성에 대한 학문이기에 인간과 자연에 대한 탐구 전반을 포괄했다. 현대에 인문과학과 자연과학이 다루는 모든 영역은 중세에는 철학의 영역에 포함되었고 이러한 자취는 영미권에서 사용하는 박사 학위 명칭 'Ph. D(Philosophiæ Doctor)'에도 그대로 살아남아 있다. 반면 신학은 초자연과 초월성에 대한 학문이다. 문제는 인간 자체가 피조물로서 초자연과 초월성을 바로 파악할 수 없다는 점이었다. 어디까지나 인간은 자연과 내재성을 바탕으로 삼아야만 초자연과 초월성의 세계로 상승할 수 있다. 신학의 입장에서 철학은 바로 이러한 점에서만 소용되어야 할 지식체계였다.

이는 이슬람이나 기독교 신학 모두에게 공통된 요구였다. 하지만 이러한 상황은 기묘한 역설을 낳았다. 당대인의 입장에서 보면 존재의 차원에서는 초월적 신에 의한 창조가 우선하지만, 인식의 차원에서는 피조물에 대한 내재적인 지각과 이해가 우선하기 때문이다. 신학의 입장에서 철학은 필수불가결한 학문이면서도 '시녀'쯤으로 격하되었다. 하지만 아베로에스는 이러한 상황에서 감히(?) 철학의 독자성을 주장하며 철학이 오히려 신학보다 우월하다고 단언하였다. 물론 이러한 입장은 아베로에스 혼자만의 생각은 아니었다. 그의 선배인 알파라비(al-Frabi)는 이미 10세기에 신학이야말로 "철학의 노예"라고 선언한 바 있었다.

사실 철학과 신학 간의 우열 논쟁보다도 더 중요한 점은, 아베로에스가 아리스토텔레스를 빌어 전개한 철학적 주장이 신의 창조를 전제로 한 이슬람교 및 기독교와 충돌할 수밖에 없었다는 사실이었다. 많은 주장 중에서도 세계의 영원성과 지성단일성에 대한 주장을 가장 대표적인 두 가지 사례로 들 수 있다.

첫 번째로 아베로에스는 아리스토텔레스가 『자연학』과 『형이상학』에서 주장한 시간 및 세계의 영원성을 되살려냈다. 무엇인가 창조되려면 창조할 소재가 있어야 하고 시간 또한 창조된 것이라면 시간 이전을 이야기해야 할 것이다. 하지만 창조 이전에 창조되지 않은 어떤 '소재'[3]를 필요로 하고, 시간적으로도 '이전'이란 말 자체가 시간을 전제하고 있다는 점에서 세계와 시간의 창조란 모순이 된다. 이른바 '무로부터(ex nihilo)'를 전적으로 불가능하다고 생각하는 아리스토텔레스의 이러한 생각은 "세계는 영원하다."라는 주장으로 나아갔다.

아베로에스 또한 아리스토텔레스의 주장을 계승했지만, 이슬람교의 창조론에 맞춰 세계의 영원성을 논증했다. 그의 논증은 바로 신과 세계의 관계를 재정립하는 데서 출발했다. 그에 따르면 세계는 신의 피조물이지만 신이 의도하고 만들어내는 방식으로, 즉 인간의 제작과 같은 방식으로 창조된 것이 아니다. 영원한 신 자체가 행하는 활동의 산물이 바로 세계이고 따라서 신과 함께하는 세계는 신과 마찬가지로 영원하다. 세계를 시작과 끝이 있는 시간 안에 가두는 것은 바로 신의 활동을 유한한 인간의 활동으로 만드는 것이기 때문에, 영원한 신이라는 개념과 충돌을 빚는다.

두 번째로 아베로에스가 주장한 '지성단일성론'은 아리스토텔레스가 주장했다기보다는 모호한 상태로 남아 있던 아리스토텔레스의 저술 내용을 바탕으로 아베로에스가 나름대로 자신의 입장으로 종합·정리한 것이었다. 아리스토텔레스는 『영혼론』에서 영혼을 일종의 생명의 원리로 보면서 인간은 물론 동·식물에도 깃들어 있다고 보고, 영혼은 신체와 분리될 수 없다고 보았다. 이는 형상과 질료가 늘 언제나 함께한다는 그의 철학과 일맥상통한다. 그에 따르면 신체는 질료이고 영혼은 형상에 상응했다.

이러한 기본 전제를 바탕으로 아리스토텔레스는 먼저 '지성'이란 인식과 사고 작용을 하는 영혼의 한 부분이라고 말한다. 이러한 경우 지성은 질료인 신체와 분리 불가능하다. 하지만 같은 책 다른 곳에서 아리스토텔레스는 지성이 감각과 달리 신체와 무관하게 작용하고 또 그래야만 한다고 주장한다. 참된 지식을 산출하는 지성이 일시적이고 가변적인 감각과 연관되어서는 안 되기 때문이다. 이에 대한 설명 과정에서 그는 지성을 둘로 나눈다. 하나는 감각적 자료를 바탕으로 이루어지는 수동지성이고 다른 하나는 능동지성으로 질료적 성격을 모두 제거하고 온전히 추상적인 사유를 전개한다.

여기에서 생기는 문제는 과연 지성이 영혼의 일부로서 신체와 불가분의 관계를 맺는가, 아니면 추상적인 작용을 위해 신체에서 떨어져 있는가에 대한 문제였다. 대부분의 신학 또는 철학자는 지성의 두 차원을 수용하여 수동지성은 영혼 및 신체와 관련되지만, 능동지성은 그렇지 않은 것으로 정리하곤 했다. 하지만 아베로에스는 이들과 다르게 지성이 영혼의 일부가 아니며 신체와 분리된 실체라고 주장했다. 그에 따르면 수동지성 또한 능동지성과 마찬가지로 신체와 떨어져 있는 것이었다.

여기에서 더 나아가 현대인들로서는 쉽사리 이해할 수 없는 '지성단일성론'으로 나아간다. 당대의 사유체계에 따르면 어떤 원형적 형상은 이러저러한 질료와 만나 구체적인 개체를 이룬다. 즉 의자라는 형상은 나무, 쇠, 플라스틱과 같은 다른 질료로 구현되면서 각기 다른 개체로서의 의자가 된다. 그리고 이때 의자의 형상과 질료는 분리 불가능하다. 나무 의자이든, 쇠 의자이든 거기에는 이미 항상 형상과 질료가 함께하고 있다. 이러한 차원에서 영혼이라는 형상은 신체라는 질료와 만나 구체적인 개개인을 이룬다. 그런데 지성이 신체라는 질료와 분리되어 있다면?

아베로에스는 신체를 통해 개체화되지 않았다는 점에서 지성을 개별적인 인간이 각각 지니고 있는 능력으로 보지 않았다. 그에 따르면 지성은 개개인을 떠나 별도로 단일하게 있으며 인류 전체를 통틀어 보편적으로 작용한다. 서로 언어가 달라 말이 통하지 않아도 '1+1=2'라는 추상적 추론이 가능한 이유는 바로 이 단일한 지성 때문이다. 그의 주장은 아울러 영혼이 신체와 불가분이라는 아리스토텔레스의 주장을 더욱 확고히 하는데, 이는 다시 영혼의 불멸성과 부활의 가능성과 충돌하게 된다. 영혼 또한 신체와 마찬가지로 사멸하기 때문이다. 최후의 심판 이후 도래할 영혼의 부활은 이렇게 해서 거부된다. 물론 그에 따르면 세계가 영원하기에 최후의 심판과 같은 세상의 종말 또한 발생할 리 없다.

정리해보면 세상은 창조도 종말도 없이 영원하고, 영혼은 신체와 사멸하지만 지성은 개개인을 뛰어넘어 별도로 단일하게 존재한다. 이와 같은 주장들을 바탕으로 그는 다양한 철학을 전개했으며 이를 신학보다 우월하다고 보았다. 시대적 맥락을 고려했을 때 그의 이러한 주장은 초월적 신에 의한 창조를 당연한 전제로 받아들이고 있는 기독교와 이슬람 모두에게서 받아들이기 힘든 것이었다. 그럼에도 12~13세기 서유럽의 지적 열풍은 그의 주장보다도 아리스토텔레스를 수용한다는 차원에서 자연스럽게 아베로에스를 받아들이기 시작했다.

"아베로에스 인 파리": 수용과 반박

톨레도와 나폴리에서 라틴어로 번역된 이슬람 세계의 저서들, 특히 아리스토텔레스와 아베로에스의 저작은 서유럽 곳곳으로 퍼져나갔다. 그중에서도 파리는 매우 중요한 위치를 차지했다. 바로 파리대학이 서유럽 기독교 세계에서 명실상부한 신학 연구의 중심지로 자리매김했기 때문이었다. 13세기부터 프랑스 왕권의 후원과 교황의 지지를 바탕으로 체계화된 파리대학은 서유럽 전역에서 철학과 신학을 공부하려는 학생들로 넘쳐났다. 잉글랜드, 이탈리아, 독일, 이베리아 등 곳곳의 학생들이 파리로 몰렸다. 중세 철학사에서 굵은 획을 그은 파리대학의 지성들, 예를 들어 알베르투스 마그누스(Albertus Magnus)는 독일 출신이었고 스콜라 철학의 정점을 이룬 보나벤투라(Bonaventura)나 토마스 아퀴나스(Thomas Aquinas)는 이탈리아 출신이었다.

스콜라학은 신을 신앙의 대상으로서뿐만 아니라 체계적인 학문 연구의 대상으로 삼는 데에서 출발했다. 이미 11세기 말부터 시작된 이러한 흐름은 12세기에 이르러 페트루스 아벨라르두스(Petrus Ableardus, 1079~1142)나 페트루스 롬바르두스(Petrus Lombardus, 약 1100~1160)에 의해 크게 성장했다. '교회를 세운 아버지들', 즉 교부의 다양한 사상을 한데 모아 비교·정리하고 논리적으로 체계화하려는 이들의 시도는 정교한 논리적 방법론을 필요로 했다. 아리스토텔레스의 논리학은 당대인의 입장에서 이를 위한 가장 탁월한 도구를 제공해주었고, 이에 따라 아리스토텔레스의 다양한 저작들 또한 관심과 탐구의 대상이 되었다.

　물론 이러한 '스콜라 운동'에 모두가 찬성한 것은 아니었다. 클레르보 수도원장 베르나르두스(Bernardus, 1090~1153)처럼 신앙을 중시하는 입장에서는 스콜라학의 논리주의적 태도가 신에 대한 인간의 오만함으로 해석되었다. 초월적인 신의 영역은 신비적인 믿음으로 도달해야 할 곳이지 유한한 인간의 논리적 사유로 분석할 수 있는 것은 아니라는 주장이다. 하지만 지중해 교류 활성화의 결과로 이슬람 세계에서 물밀듯이 들어오는 '새로운' 지식의 물결과 인간적으로 이해할 수 있는 기독교를 새롭게 체계화하려는 지적 욕망의 불꽃을 막을 수는 없었다. 13세기에 들어와 아리스토텔레스의 저작은 신학을 체계화하기 위한 철학의 바탕을 이루었다. 이러한 과정에서 아베로에스에 대한 독해는 아리스토텔레스 입문을 위한 필수 단계가 되었다.

　이는 또한 서유럽 세계의 문화적 변동과 조응을 이루었다. 먼저 서유럽 사회는 인구 증가와 농업 생산량의 증가, 교역의 발전과 고딕 성당으로 대표되는 기독교 문화의 발전 등 전례 없는 활기로 가득 찼다. 그리고 천상과 지상에 대한 관점이 변화했다. 지상의 세속세계가 공포와 위협이 가득한 곳이기에 교회로 피신하고 천상의 나라를 희구하는 시대는 지나갔다. 이제 지상의 세계도 얼마든지 살 만한 곳으로 바뀌었으며, 현세의 삶을 이루는 가족과 재산, 인간관계와 자신이 몸담은 공동체에 대한 애착은 점점 커져갔다.

　교회와 세속 간의 대립적인 관계는 조화와 협력의 관계로 대체되었다. 예를 들어 세속의 정치공동체와 세속 권력자는 교회 및 교황, 나아가 도래할 천상의 왕국을 위한 필요악에 불과한 것이 아니라 나름의 긍정적인 가치를 지닌 영역으로 해석되었다. 아리스토텔레스의 정치학은 여기에 주요한 정당화의 논리를 제공했다. 그가 인간을 '폴리스적인 동물(zoon politikon)'이라고 규정하면서, 폴리스로 대변되는 세속 정치공동체는 본래 인간에게 주어진 본성(natura)에 의한 것으로 곧 받아들여지기 시작했다. 즉 그것은 언젠가 사라질 필요악이 아니라 인간인 한에서 늘 전제해야 할 필수 조건이 되었다.

토마스 아퀴나스의 업적은 바로 여기에서 빛을 발했다. "은총은 자연을 파괴하지 않고 오히려 그것을 완성한다(Gratia non tollit naturam, sed perficit)." 이는 아퀴나스가 아리스토텔레스 철학의 영향을 받았으면서도 이를 기독교와 조화시키는 데 성공했다고 평가받을 때 대표적으로 제시되는 문장이다. 자연/본성(natura)는 아리스토텔레스의 철학이 보여주듯 나름의 정당성과 존재 이유를 갖는다. 하지만 그것이 보다 완벽해지려면 교회가 매개하는 신의 은총(gratia)을 받아야 한다. 은총과 신앙은 자연적인 세속세계를 거부하지 않고 그 선한 가능성을 완성으로 이끈다.

이와 같은 해석은 모든 분야와 연관되었다. 왕국이나 군주는 그 자체로 정당성을 지니지만 교회와 교황의 가르침을 받아야 완전해진다. 철학도 그 자체로 의의가 있지만 신학을 통해서만 완성에 이른다. 인간의 자유의지도 그 자체로 긍정할 만한 것이지만, 어디까지나 성직자의 지도를 받아야 온전해질 수 있다. 고딕 성당은 자연의 빛을 받아들여 보다 성스러운 곳으로 이끈다. 인간의 세속적인 활동은 모두 가치를 지니지만 어디까지나 교회가 이끄는 기독교 신앙의 길 위에서만 참된 가치를 지니게 된다.

하지만 중세 지식인들 모두가 아퀴나스의 주장에 동조한 것은 아니었다. 더군다나 교회 당국에는 아리스토텔레스와 아베로에스에 대해 여전히 불손하고 오만하다고 생각하는 인사들도 있었다. 사실 아퀴나스의 사상은 14세기에 와서야 교회의 공식 교리로 자리잡기 시작했다. 그가 살아 있을 당시만 하더라도 그 또한 아리스토텔레스 철학에 과도하게 의존한다는 비판을 면하기는 어려웠다. 13세기 후반에 어디까지 아리스토텔레스와 아베로에스의 주장을 받아들여야 하는지는 여전히 첨예한 논란의 대상이었다.

특히 파리대학 지식인 사회에서는 이른바 '라틴 아베로에스주의(Latin Averroism)'이라 불리는 학문적 경향성이 문제가 되었다. 라틴 기독교 세계에서 아베로에스를 추종하는 학문적 경향성이라는 뜻인데, 이는 아베로에스의 비기독교적인 주장들을 수용하는 경향성뿐만 아니라 신학의 진리와 철학의 진리를 구분하고 각자의 정당성을 인정한다는 '이중진리론'의 입장과 동일시되었다. 그리고 이와 같은 라틴 아베로에스주의자로는 13세기 말에 활동했던 시게루스 데 브라반티아(Sigerus de Brabantia, 1235~1284)와 보에티우스 데 다키아(Boethius de Dacia, ca. 1240~1284)가 거론된다. 왜냐하면 이 두 사람의 이름이 1277년에 파리 주교 스테파누스(Stephanus)가 선언한 파리대학에서 가르쳐서는 안 되는 학문적 오류 219개 조항과 관련하여 언급되었기 때문이었다.[4]

기독교 신학과 양립할 수 없는 오류로 판정된 219개 조항은 철학, 신학, 자연학, 영혼론, 윤리학 등 아리스토텔레스 철학 전반에 걸쳐 있었다. 특히 초미의 관심사가 된 것은 신앙과 배치되는 아리스토텔레스 또는 아베로에스주의 철학에 대한 입장이었다. 신학적(또는 종교적) 진리와 철학적 진리가 모두 가능하다고 여기는 이른바 '이중진리론'이라는 입장, 더 나아가 전자보다도 후자가 더 참되다고 여기는 입장이 문제가 되었다. 즉 파리 주교는 파리대학에서 신학과 철학이 대등하다거나 신학보다 철학이 우월하다고 주장해서는 절대 안 된다고, 또 만약 이를 가르치거나 청강하고 또는 글로 쓰거나 읽은 자가 이로부터 7일 이내에 대학 당국에 신고하지 않으면 파문 선고를 내릴 것이라고 경고한다.

구체적으로 문제가 된 철학적 주장의 사례로는 '세계의 영원성'과 '육체의 사멸'과 같은 주제들이었다. 이는 기독교 신학 및 신앙체계에서 절대로 물러설 수 없는 신의 창조와 종말, 부활, 세계에 대한 신의 역할 등의 주제와 전면적으로 배치되었다. 아리스토텔레스의 『자연학』에 따르면 세계(우주)는 시작도 끝도 없이 영원한 것인데, 이는 앞서 보았듯이 신의 창조를 부정하는 주장이었다.

또한 아리스토텔레스의 『생성소멸론』은 "소멸한 사물은 종적 동일성을 유지하며 되돌아올 수 있지만 수적 동일성을 유지하며 되돌아올 수 없다."고 주장했다. 이는 개개의 인간들이 각자의 고유한 육체로 부활할 가능성을 거부하는 내용이었다. 게다가 세상에서 전개되는 운동의 1차적이고 직접적인 원인을 달 아래에서 벌어지는 자연적인 인과관계로 설명하면서 신의 개입을 간접적인 2차 원인으로 자리매김했다. 마지막으로 인류의 지성은 영혼이나 육체처럼 개체화되지 않고 개체성 외부에서 하나의 단일한 지성으로 수렴된다고 하는 '지성단일성론' 또한 개별자에 대한 최후 심판을 내세우는 신학과 양립할 수 없었다.

사실 1277년 파리 주교의 금지령으로 대표되는, 13세기에 반포된 다양한 교회 당국의 금지령이 정말로 급진적인 아리스토텔레스주의나 라틴 아베로에스주의를 목표로 삼고 있었는지에 대해서는 많은 의문이 따른다. 최근의 연구들은 이러한 금지령이 실제 학문적인 차원에서의 검열을 의미하기보다는 학문 외적인 차원의 상황과 연관된다고 본다. 특히 1277년의 금지령은 프랑스 왕권과 교황권, 대학 당국, 파리 주교 간에 맺어진 미묘한 권력관계 속에서 파악되어야 할 필요가 있다. 그럼에도 1277년의 금지령이 명확하게 보여주는 것은 13세기 후반에 아리스토텔레스와 아베로에스의 철학이 당대 교회 및 대학 지식인들에게 광범위한 영향을 미치고 있었다는 사실이다.

마지막으로 철학사적인 문제 외에 정치·문화적인 차원에서 아리스토텔레스와 아베로에스의 영원성 개념이 미친 영향을 짚어봐야 할 것이다. 칸토로비치(Ernst H. Kantorowicz, 1895~1963)의 대작인 『왕의 두 신체King's Two Bodies』는 '법인(corporation)' 개념의 등장에 있어서 아베로에스와 함께 도입되기 시작한 새로운 종류의 영속성(perpetuality), 또는 영구성(sempiternity) 개념에 착목한다. 중세 초기만 하더라도 시간성과 관련해서는 한편으로는 신과 천상에 해당하는 영원성(Æternitas)과 다른 한편으로는 생성변화로 가득하며 시작과 끝을 지니는 피조물과 지상의 시간(Tempus)만을 사유할 수 있었다.

하지만 아리스토텔레스와 아베로에스의 새로운 영원성, 즉 생성과 소멸을 반복하면서 변화와 운동을 시작도 끝도 없이 영원히 진행시켜가는 시간 개념이 도입되면서 새로운 시간성이 창출되었다. 그리고 칸토로비치가 지적하고 있듯이, 이는 모든 것이 피조물이라는 기독교적 교리와 착종하면서 시작은 있지만 끝이 없는 시간성인 영속성(Perpetuitas)으로 변형되었다. 그것은 창조되었지만 물질적이지 않은 존재들의 시간으로서 천사의 시간이었다. 나아가 그것은 유적 또는 종적 본질, 의제적인(fictitious) 법인, 나아가 국가의 시간을 이루었다. 이렇게 해서 단순한 고대 유기체론이 아닌 영속성을 지니고 있는 법인체 이론의 근간이 형성되어 갔다.

서유럽 문학·회화 작품 속의 아베로에스

1277년의 금지령 이후 서유럽 세계에서 아베로에스는 자취를 감췄을까? 금지령의 실효성을 진지하게 생각하는 학자들은 이로 인해 서유럽 철학의 방향이 크게 선회했다고 주장하곤 했다. 하지만 세상 일이 그렇게 간단하게 재단되는 것은 아니다. 한편에서는 아베로에스에 대해 아리스토텔레스 철학을 잘못 해석한 자로 보면서, 오히려 아퀴나스가 그 본연의 뜻을 제대로 되살렸다고 하는 입장이 있었다. 하지만 다른 한편으로 많은 경우 아베로에스는 여전히 르네상스 시대까지 많은 철학자와 예술가들에게 중요한 영감을 주었다.

먼저 첫 번째 입장과 관련해서는 〈성 토마스 아퀴나스의 승리(Triumph of Saint Thomas Aquinas)〉라는 제목을 지닌 일련의 회화 작품을 이야기할 수 있다. 많은 화가가 같은 제목으로 작품을 남겼는데, 대표적으로 가장 널리 알려진 베노초 고촐리(Benozzo Gozzoli, 1420~1497)의 작품을 대표로 살펴보자. 그림은 크게 세 층위로 나누어

베노초 고촐리, 〈토마스 아퀴나스의 승리〉(1450~75년경, 루브르).

져 있다. 가장 위에는 천사로 둘러싸인 신-예수(성부이면서 성자)가 아래를 굽어보고 있고 바로 아래 우측에는 십계를 들고 있는 모세와 좌측에는 큰 칼을 들고 있는 사도 바울이 있다. 각각 구약과 신약에 등장하는 최고의 대표적 지성인들이다. 두 사람 앞으로는 4명의 복음사가(우측의 마태오와 루카, 좌측의 요한과 마르코)가 늘어서 있으며 가운데에는 신의 말씀인 "토마스야, 너는 나에 대해 잘 서술했구나(BENE SCRIPSISTI DE ME)."라는 문장이 위치해 있다.

그리고 그 아래로 내려오면 한가운데 토마스 아퀴나스가 여러 이단과 이교에 대해 가톨릭 신앙을 옹호하기 위해 집필한 『이교도대전 *Summa contra gentiles*』을 펼치고 있고, 양쪽에 서 있는 플라톤(좌)과 아리스토텔레스(우)가 아퀴나스를 보좌하고 있다. 반면 그의 발밑에는 아베로에스가 깔려 있고 그 양옆으로는 "여기 진정한 교회의 빛이 있다(VERE HIC EST LUMEN ECCLESIE)."와 "여기 그가 학문의 모든 길을 발견했다(HIC ADINVENIT OMNEM VIAM DISCIPLINE)."라는 문구가 각각 쓰여 있다. 그리고 맨 아래에는 수많은 성직자와 수도사, 학자들이 교황[5]의 주재로 토론을 벌이고 있다.

14세기의 리포 멤미(Lippo Memmi)나 15세기 말의 필리피노 리피(Filippino Lippi) 등도 같은 제목의 작품을 선보일 정도로 '성 토마스 아퀴나스의 승리'는 14~16세기 동안 인기 있는 주제가 되었다. 이 주제는 아베로에스로 대표되는 비 가톨릭적 교리나 사유에 대해 이제는 가톨릭 교리의 대표가 된 토마스 아퀴나스의 승리를 선전한다. 아베로에스의 철학을 밟고 선 토마스 아퀴나스의 신학은 위로는 기독교 신앙으로서 정통성을 부여받고 있으며, 양옆으로는 고대 철학의 지지를 받고 있다는 점을 웅변한다.

하지만 15세기 말까지 이러한 이미지가 생산되었다는 점은 그때까지도 여전히 아베로에스의 철학과 사상이 당대 서유럽에 상당한 영향을 끼치고 있었다는 점을 보여준다. 1277년의 금지령이 무색하게 14세기에는 아베로에스의 영향력이 파리대학을 넘어 유럽 전역으로 확산되었기 때문이었다. 그러면 이때 교황은 가만히 있었을까? 사실 교황은 예전만큼 유럽 전역에 걸쳐 명실상부한 보편적 영적 권력으로 자처하기 힘든 상황에 처해 있었다. 1303년 아나니 폭거 이후 1305년부터 프랑스 왕의 비호를 받는 아비뇽 교황의 시대가 시작되었기 때문이었다. 이제 교황은 세속권력 사이의 갈등을 통제하고 조정하는 심판자가 아니라 그 갈등에 휘둘리는 존재가 되어 있었다.

이러한 상황에서 아베로에스의 영향은 파리를 넘어 이탈리아로 뻗어나갔다. 가장 먼저 단테는 자신의 『신곡Divina Comedia』 중 〈지옥편〉에서 기독교도는 아니지만 선하고 의로운 사람이 가는 지옥의 맨 위층인 림보에서 아베로에스를 발견한다. 실제로 그는 『제정론De Monarchia』(1313)에서 아베로에스의 영향 아래 보편적 황제권에 의한 현세에서의 행복을 교황에 의한 내세에서의 행복과 대등하게 다루었다. 다른 한편 파리대학에서는 장 드 장됭(Jean de Jandun, 1280~1328)이 거리낌 없이 아리스토텔레스와 관련한 자연철학과 인식론을 연구했다. 그의 절친이었던 마르실리오 다 파도바(Marsilio da Padova, 1275~1342)는 논쟁적인 저작 『평화의 수호자Defensor Pacis』(1324)를 집필하였는데, 여기에서 그는 교회보다 세속 공동체의, 교황보다 황제의 우위를 주장하기도 했다. 이 모든 지적 활동에서 신학에 대한 철학의 우위를 주장한 아베로에스의 영향을 발견하기란 어렵지 않다.

장 드 장됭의 저작이 유럽 전역으로 번역되면서 라틴 아베로에스주의는 이탈리아와 독일 지역으로 퍼져나갔다. 특히 이탈리아 르네상스 인문주의자들 사이에서 아베로에스의 영향은 무시 못 할 수준이었다. 라파엘로(Raffaello Sanzio, 1483~1520)의 작품 〈아테네 학당〉은 이를 가장 잘 보여준다. 바티칸 교황청 내 '서명의 방(Stanza della Segnatura)' 네 벽면에 라파엘로는 인간의 네 가지 지적 활동인 신학, 철학, 시학, 법학을 그려놓았다. 그는 신학을 상징하는 작품인 〈성체 논쟁〉 맞은편에 철학을 상징하는 〈아테네 학당〉을 그렸는데, 수많은 고전 철학자들 사이에 유일하게 터번을 쓴 무슬림인 아베로에스가 당당하게 자리를 차지하고 있다.

물론 라파엘로는 〈성체 논쟁〉에서는 토마스 아퀴나스를 빼놓지 않고 있다. 하지만 두 작품이 대등하게 마주 보도록 배치되어 있다는 점, 나아가 작품의 규모는 〈아테네 학당〉이 더 크다는 점에서 '서명의 방' 벽화 전체가 아베로에스주의적 구도에 따른 것은 아닌지 의심을 품어볼 만하다. 무엇보다 주목해야 할 점은 르네상스 시기에 아베로에스는 이제 금지의 대상이 아니라 교황청 내부 장식화에서 표현될 수 있을 정도로 중요한 인물이 되었다는 사실이다. 물론 여전히 아베로에스는 기독교 세계에서 논쟁적인 인물이었다. 인문주의자들 사이에서도 페트라르카(Petrarca)나 마리실리오 피치노(Marsilio Ficino)는 아베로에스에 대해 비판적이었던 반면, 안젤로 폴리치아노(Angelo Poliziano)나 피코 델라 미란돌라(Pico della Miradola)는 아베로에스 철학을 긍정적으로 수용하기도 했다.

라파엘로 산지오, 〈아테네 학당〉 일부분(1512, 바티칸), 원 안의 인물이 아베로에스다.

아베로에스는 19~20세기에 와서도 서유럽에서는 여전히 철학사적인 차원에서 많은 논쟁을 자아내는 인물이다. 특히 근대 철학을 중세와의 단절이 아닌 중세적인 흐름과 유산 위에서 구축되었다는 차원에서 본다면, 아베로에스의 영향은 중세에서 끝나지 않고 근대 철학과 사상에도 깊은 영향을 미친 셈이 되기 때문이다. 19세기 중반 에른스트 르낭(Ernest Renan, 1823~1892)은 서구 지성사에서 아베로에스의 역할을 '상대화'하며 의미를 축소했지만, 결국 에티엔 질송(Étienne Gilson, 1884~1978)과 최근의 알랭 드 리베라(Alain de Libera, 1948~)는 아베로에스는 물론 서유럽 중세 철학사의 전개에서 이슬람 철학이 차지하는 중요성을 강조하고 있다.

특히 2008년 프랑스에서 실뱅 구게넴(Sylvain Gouguenheim)이 출간한 『몽생미셸의 아리스토텔레스Aristote au Mont-Saint-Michel』는 프랑스 철학계에 뜨거운 논쟁을 불러일으키기도 했다. 이 책은 이슬람 철학의 영향 없이 서유럽에서 자체적으로, 몽생미셸에서 이루어진 번역 작업을 통해 아리스토텔레스 철학이 발전했다고 주장을 담고 있었는데, 이는 서유럽의 지적 발전에서 아랍 및 이슬람의 영향을 지우려는 시도였기 때문이다. 이는 무슬림 이민자와 관련한 여러 사회적인 문제를 배경하고 있었기에 적지 않은 사회적 파장을 일으키기도 했다. 그런가 하면 10여 년 전부터는 정반대의 차원에서 아베로에스의 영향을 독일 계몽주의와 독일 고전 철학으로까지 확장하려는 시도가 이루어지고 있다. 예를 들어 칸트 철학에서 전개되고 있는 보편적인 '지성(Verstand)'이 합리적인 인간 모두에게 선험적으로 존재한다는 주장을 아베로에스의 지성단일성론과 연관 지어 지금까지 밝혀지지 않았던 새로운 철학사적 맥락이 탐색되고 있기도 하다.

　　소설가 보르헤스는 단편 「아베로에스의 탐색」에서 원본의 내용에서 늘 미끄러질 수밖에 없는 아베로에스 번역 작업의 운명을 지적한다. 서유럽에 수용된 아베로에스 또한 같은 운명 아닐까? 이슬람이기 이전에 철학으로서 아베로에스의 사상과 유산은 서유럽 지성사에 이리저리 굴곡진 길을 따라서, 하지만 시간과 장소에 따라 늘 변신하면서 영향을 미쳐왔다. 싫든 좋든, 인정하든 인정하지 않든 말이다.

이븐 할둔

주목받아야 할 생소한 기억

최성철

이븐 할둔, 그는 누구인가?

서구 학계에서 '기억의 장소'라는 개념으로 '이슬람 역사가'를 말해보라면 대부분 주저 없이 이븐 할둔(Ibn Khaldun, 1332~1406)이라는 이름을 댈 것이다. 그만큼 그는 서구 학계뿐만 아니라 전 세계 사학사 분야에서도 널리 알려진 인물이다. 단순히 그의 명성이 높기 때문이 아니라, 사실상 그를 제외한 다른 이슬람 역사가들은 관련 분야를 전공하는 연구자가 아니면 접하기 어렵기 때문이다. 그러나 이븐 할둔이 그저 운이 좋았다거나 그럴 능력이나 역량이 안되는 데도 유명해졌다는 뜻은 아니다. 그는 방대한 역사 저술을 남겼을 뿐만 아니라, 그의 저서에는 사회학, 경제학, 정치학, 지리학, 생물학 등 다양한 학문적 통찰이 담겨 있으며, 그가 남긴 사상은 오늘날까지도 연구되고 있다.

이븐 할둔(Ibn Khaldun, 1332~1406).

실제로 20세기 중반 이후 서구 학계에서는 이븐 할둔을 근대 유럽의 역사학, 사회학, 경제학, 인구통계학의 아버지로 보아야 한다는 논의가 꾸준히 제기되어 왔다. 최근에는 마키아벨리(Machiavelli), 비코(Giambattista Vico), 흄(David Hume), 헤겔(Georg Wilhelm Friedrich Hegel), 마르크스(Karl Marx), 콩트(Auguste Comte), 스미스(Adam Smith), 리카도(David Ricardo)의 사상적 토대가 이미 이븐 할둔의 저서에 담겨 있다는 연구들이 지속적으로 발표되고 있다.

그렇다면 근대 서구의 여러 학문과 지식 세계를 형성하는 데 이토록 큰 영향을 미친 이 중세 말의 이슬람 학자는 누구일까? 한 줄로 요약하면, '14세기 스페인과 북아프리카 지역의 아랍왕조에서 정치가이자 공직자로 활동하다 은퇴 후 방대한 역사서를 집필한 중세 말 이슬람 역사가'다. 그의 생애는 자서전 덕에 비교적 잘 알려져 있지만, 여기서는 개략적으로만 살펴보기로 하자.

1332년(이슬람력[AH]으로 732) 튀니스에서 아랍 혈통의 상류층인 안달루시아 가문에서 태어난 이븐 할둔은 북아프리카와 스페인, 중동 등 지중해 일대를 오가며 공직을 지냈다. 이후 은퇴한 뒤 역사 저술에 몰두하다가 1406년(이슬람력[AH]으로 808) 카이로에서 생을 마쳤다. 그의 본명은 '압두라흐만 빈 무하마드 빈 무하마드 빈 무하마드 빈 알-하산 빈 자비르 빈 무하마드 빈 이브라힘 빈 압두라흐만 빈 이븐 할둔 알-하드라미(Abdurahman bin Muhammad bin Muhammad bin Muhammad bin Al-Hasan bin Jabir bin Muhammad bin Ibrahim bin Abdurahman bin Ibn Khaldun al-Hadrami)'로 매우 길다. 그러나 일반적으로 가장 먼 조상의 이름을 따 '이븐 할둔'으로 불린다. 이 가문은 남아라비아 혈통으로 조상은 이슬람의 예언자 무함마드의 동료였던 와일 이븐 후즈르(Waíl ibn Hujr)와 친척인 예멘계 아랍족(a Yemeni Arab)에서 비롯됐다. 이븐 할둔의 가족은 안달루시아에서 여러 고위직을 지냈으나, 스페인의 국토회복운동(Reconquista)으로 인해 1248년, 세비야와 코르도바가 함락되기 직전 튀니스로 이주했다. 당시 스페인에서 온 난민들은 북아프리카 지역주민들보다 사회경제적으로 높은 지위를 가지고 있었으며, 그의 가족 역시 곧 튀니스에서 주요 행정직을 맡았다. 이븐 할둔의 아버지는 행정가이자 군인이었지만, 이후 공직을 포기하고 신학, 법학, 서간문 등을 연구하는 작업에 몰두했다. 그러나 1349년 흑사병이 튀니스를 휩쓸면서 이븐 할둔은 부모와 수많은 스승을 한꺼번에 잃었다. 어린 시절 그는 저명한 스승들로부터 양질의 교육을 받았다. 『꾸란』을 암기하고 주요 주석서를 연구했으며, 이슬람 율법의 기초를 익혔다. 또한 아랍 문학의 걸작들을 섭렵했고, 특히 아베로에스(Averroës)를 통해 아리스토텔레스 철학도 접했던 것으로 보인다. 그 결과 이븐 할둔은 명료하고 탁월한 문장력을 갖추게 되었으며 말년에 이르러 다양한 통치자를 위한 찬양 시와 간청문을 능숙하게 작성할 수 있었다. 약관 20세에 튀니스 궁정에서 관직을 얻었고, 3년 후 모로코 페즈(Fès)에서 술탄의 비서직을 맡으며 결혼도 했다. 그러나 그는 공직에 복무한 지 2년 만에 반란에 가담했다는 혐의로 투옥되었고, 거의 2년 뒤에야 석방되었다. 새로운 통치자가 후원한 덕분에 복권은 물론 승진도 했지만, 다시 불만을 느끼고는 모로코를 떠나기로 결심했다. 이븐 할둔은 당시 스페인에서 유일하게 남아 있던 이슬람 국가인 그라나다로 건너가 공직을 이어갔다. 이곳에서 카스티야의 왕 페드로 1세와 평화조약을 체결하며 외교적 역량을 발휘하기도 했다. 그러나 정세가 다시 어수선해지자 휴식을 취하겠다는 생각으로 아프리카로 돌아왔다. 이후 10년 동안 여러 국가와 군주를 섬기며 다양한 공직을 맡았지만, 정치 세계에 환멸을 느낀 그는 1374년에서 1377년 사이 모든 공관직에서 완전히 물러났다. 그는 한적한 시골에 칩거하며 역사책을 집필하는 작업에 몰두했고, 이후 북아프리카(마그레브)를 떠나 이집트로 이주했다. 그곳에서 대법원장까지 올랐으나, 튀니스에서 알렉산드리아로 오던 가족이 배가 난파해 몰살당하는 비극을 겪었다. 크게 상심한 그는 대법원장직을 사임하고, 그간 중단되었던 메카 순례길에 올랐다. 순례를 마친 뒤 이집트로 돌아와 강의와 저술 활동을 이어가던 이븐 할둔은 1400년 몽골계 타타르족이 침공하면서 중동의 전세가 불리해지자 맘루크 술탄의 요청을 받고 다마스쿠스로 향했다. 그는 타타르족의 티무르와 협상을 벌인 후 다시 이집트로 돌아와 교수와 대법관을 겸임하며 공직을 지내다 1406년 병으로 세상을 떠났다. 유해는 카이로의 나스르 성문 외곽의 수피 학파 묘지에 안장되었다.

이븐 할둔은 생전에 이슬람 신학 해석, 수피즘, 논리학 등을 주제로 여러 권의 책을 집필했다. 그러나 오늘날까지 전해지는 것은 『자서전 *Kitāb al-Ta'rīf*』과 『교훈의 책 *Kitāb al-'Ibar*』("성찰의 책", "충고의 책", "지혜의 책", "사례들의 책"으로도 불린다) 단 두 권뿐이다. 이중 후자는 원래 『교훈의 책: 아랍인, 페르시아인, 베르베르인 그리고 동시대 위대한 군주들에 관한 총체적 역사서 *Kitāb al-'Ibar wa Dīwān al-Mubtada' wa al-Khabar fī Ayyām al-'Arab wa al-'Ajam wa al-Barbar wa man 'Āṣarahum min Dhawī al-Sulṭān al-Akbar*』라는 긴 제목을 가지고 있었다. 제목이 너무 길어 보통 『교훈의 책 *Kitāb al-'ibar*』으로 축약해 부른다. 총 7권으로 구성된 이 책은 크게 세 부분으로 나뉜다. 서문과 서론을 제외한 제1권에서는 문명과 사회가 지닌 근본적인 특징을 분석했다. 제2권부터 제5권까지는 천지창조부터 이븐 할둔이 살던 시대까지 이어진 아랍과 세계의 역사, 즉 보편사를 다뤘다. 마지막으로 제6권과 제7권에서는 북아프리카 서부(마그레브) 지역에서 살아온 베르베르인들의 역사를 집중적으로 서술했다.

그중 내용과 형식 면에서 독립적인 성격을 갖춘 서문과 서론, 그리고 제1권만을 따로 묶어 출간한 책이 바로 '서설(Prolegomena)'이라는 뜻의 『무깟디마Muqaddimah』다. 이 책에는 역사의 의미와 가치, 역사를 분석하고 서술하는 방법론, 그리고 인간 역사의 흐름을 관통하는 일반적인 사회법칙 등이 담겨 있다. 이븐 할둔은 인간사회와 문명을 멀리서 조망하면서도, 한 국가의 흥망성쇠라는 역사적 흐름 속에서 작동하는 일반적인 원리와 법칙을 밝혀내려 했다. 이런 점에서 『무깟디마』는 단순한 역사서가 아니라 일종의 역사철학서이며, 더 정확하게는 문화형태학적 또는 비교문명론적 역사철학서로 볼 수 있다. 그는 동시대의 아랍권에서는 말할 것도 없고 기독교 문명권에서도 독보적인 학자였다. 서양에서도 18세기까지 그의 사상을 뛰어넘을 만한 인물은 거의 없었다. 흔히 몽테스키외(Montesquieu), 볼테르(Voltaire), 비코, 칸트(Immanuel Kant), 헤르더(Johann Gottfried von Herder), 헤겔 같은 계몽주의 및 낭만주의 시대의 역사철학자들과 어깨를 나란히 하거나 때로는 그들을 능가했다는 평가를 받기도 한다. 또한 20세기 초에 활동했던 슈펭글러(Oswald Spengler)와 토인비(Arnold J. Toynbee) 같은 문화형태학자들에게는 직계 선조로 여겨진다.

이븐 할둔과 유럽

이븐 할둔이 유럽에 처음 소개된 것은 통상 프랑스의 동양학자

바르텔레미 데르벨로 드 몰랭빌(Barthélemy d'Herbelot de Molainville, 1625~1695)의 『동양 도서관*Bibliothèque orientale*』에 그의 전기가 실린 1697년으로 알려져 있다. 이 책은 이슬람 문화에 대한 방대한 정보를 담은 백과사전적 저작이다. 데르벨로가 생전에 원고를 집필했으며, 『천일야화』를 유럽어로 처음 번역한 것으로 유명한 동시대 동양학자 앙투안 갈랑(Antoine Galland, 1646~1715)이 데르벨로가 죽자 원고를 정리하고 보완하여 1697년 출판했다. 원제는 『동양인의 지식과 관련된 모든 것을 담고 있는 동양 도서관, 즉 만국 사전*Bibliothèque orientale, ou dictionnaire universel contenant tout ce qui regarde la connoissance des peuples de l'Orient*』이다.[1] 한편 일부 학자들은 이븐 할둔이 유럽에 소개된 시점이 더 이전일 수 있다고 주장한다. 그에 따르면, 아랍 작가이자 여행가였던 이븐 아랍샤(Ibn Arabshah, 1389~1450)가 1435년에 완성한 티무르의 전기가 1636년 라틴어로 번역되면서 이븐 할둔의 사상이 서구에 전해졌을 가능성이 있다는 것이다.[2] 이러한 견해들을 종합하면, 늦어도 17세기 중후반부터는 이븐 할둔이라는 이름이 서구인들에게 알려졌다고 볼 수 있다. 특히 18세기 계몽주의 시대에 디드로(Denis Diderot)와 달랑베르(Jean le Rond D'Alembert)가 편찬한 백과전서에서도 이븐 할둔의 유산이 강조되고 있었다는 점이 이를 뒷받침한다.

이븐 할둔이 서구 지식계에서 본격적으로 알려지기 시작한 것은 1806년 프랑스의 문헌학자이자 아랍학자 앙투안-이삭 실베스트르 드 사시(Antoine-Isaac Silvestre de Sacy, 1758~1838)가 집필한 『아랍 명문집*Chrestomathie arabe*』에 그의 전기가 포함되고 『무깟디마』 일부가 번역되어 소개된 이후부터다.[3] 이후 『무깟디마』는 점점 더 많은 부분이 번역되었지만, 1858년 완전한 아랍어판이 출판될 때까지는 여전히 제한적으로만 알려졌을 뿐이다. 유럽 언어로 『무깟디마』를 처음 완역한 인물은 아일랜드 출신이지만 동양어를 배우기 위해 프랑스에 건너가 귀화한 윌리엄 맥거킨 드 슬레인(William Mac Guckin de Slane, 1801~1878)이었다. 그가 번역한 책은 1862년에서 1868년 사이 파리에서 프랑스어로 출판되었다. 그 이후 특히 20세기에 들어서면서 이븐 할둔이 남긴 학문적 업적은 서구 학계에서 더욱 주목받게 되었다. 오늘날까지도 그의 사상은 광범위하게 연구되고 있으며, 다양한 분야에서 지속적으로 재조명되고 있다.

랑케의 선구자: 근대 역사학의 탄생

유럽 지성사에서 이븐 할둔을 기억해야 할 가장 중요한 이유는, 그가 19세기 초 서구에서 본격적으로 이루어지기 시작한 역사서술의 학문화를 이미 14세기 중세 말에 제창했다는 점이다. 그는 역사를 바라보는 관점, 연구하는 방법, 그리고 서술하는 방식에서 획기적인 변화를 가져왔다. 그중에서도 가장 혁신적인 변화는, 역사를 단순한 '지식'이나 '정보'로 여기는 시각을 넘어 '학문', 그것도 '철학적이거나 사회과학적 학문'으로 확립할 필요성을 강조한 점이었다. 그는 주장했다. "역사학은 우리에게 과거 여러 민족의 속성과 예언자들의 언행 그리고 왕조들의 군주가 처했던 다양한 상황을 알려준다. […] 역사학은 많은 자료와 다양한 지식, 예리한 시각과 철저한 신중함을 요구한다. 마지막의 두 가지 요소를 통해 역사학자는 진리에 도달할 수 있고 실수와 오류를 피할 수 있다." 역사학자는 전해 내려오는 역사적인 정보를 액면 그대로 받아들이면 안 된다. "관습의 원리, 정치의 법칙, 문명의 속성, 인간사회에서 발생하는 여러 가지 상황들을 제대로 판단"하고, "고대의 자료를 평가하는 당시나 비슷한 시기의 자료"를 연구하려는 시기의 자료와 "비교"함으로써 균형 잡힌 통찰력을 갖춰야 한다. 그래야 비로소 "진리의 길"에 도달할 수 있기 때문이다. 이븐 할둔이 보기에, 그 이전 시대의 역사가들과 코란 연구자들은 전해 내려오는 기록을 단순히 지식으로만 간주하고 그대로 받아들였다. 그들은 역사적 사건이 발생한 내적 원리나 법칙을 밝히려는 시도를 하지 않았으며, 사료들을 비교하거나 교차검증하여 더 객관적인 진실에 다가가려는 노력도 기울이지 않았다.

이슬람 세계에서는 9세기에서 14세기까지 1,300권이 넘는 아랍 역사서가 집필될 정도로 역사 연구가 활발했다. 역사는 "아랍의 학문"으로 불릴 만큼 중요한 위치를 차지했지만, 그만큼 역사를 서술하는 기존 방식의 한계도 명확했다. 이러한 전통적인 비학문적 서술 방식에 반기를 든 이븐 할둔은 역사를 체계적으로 연구해야 한다고 주장했다. 그는 "예리한 시각"과 "철저한 신중함", 다시 말해 '철학적이고 사회과학적인 통찰'과 '사료비판적 엄밀성'을 바탕으로 학문적으로 접근할 필요가 있다고 강조했다. 그는 앞서 쓴 서문에서도 역사학을 단순히 사실을 기록하는 학문이 아니라, "의견과 조사, 사물들에 대한 설명과 상세한 원칙 그리고 여러 사건이 어떻게 발생했는지에 대한 지식과 심오한 이유"를 탐구하는 영역이라고 정의했다. 한마디로 "철학에 근원을 둔 학문의 일부"로 간주해야 한다고 역설했다. 역시 이어지는 서문의 후반부에서도 그는 '역사'가 철학과 깊이 연결된 학문이거나, 또는 철학으로부터 분리된 "독창적"이고 "독립적인 학문"이 되어야 한다고 다시 한번 강조했다.[4] 이븐 할둔에게 역사는 단순히 과거 사실을 전달하는 '지식'이나 '정보'가 아니었다. 역사는 철저한 분석을 통해 연구할 수 있는 '학문'이었으며, 그렇게 되어야만 한다고 보았다. 그는 기존의 '문예적 역사'와 자신이 제시한 '움란(Umran, 문명·사회)적 역사'를 명확히 구분하고 후자를 '새로운 학문'으로 정립했다. 이러한 점에서 그의『무깟디마』는 200~300년 후 등장한 베이컨(Francis Bacon)의『신기관 *Novum Organum*』이나 비코의『새로운 학문 *Scienza Nuova*』보다 앞선 저작이라고 할 수 있다.

이븐 할둔의 이러한 주장을 접하다 보면 자연스럽게 투키디데스(Thucydides)와 랑케(Leopold von Ranke)가 떠오른다. 서양에서 헤로도토스(Herodotus)는 오늘날 긍정적으로 재평가받고 있지만, 당대에는 '거짓말쟁이'라는 오명을 쓴 이야기꾼이었다. 키케로가 표현한 대로 '역사(ἱστορία)'라는 문학 장르를 출범시킨 '역사의 아버지'일 뿐이다. 반면, '역사학의 아버지'라는 명예로운 칭호는 차라리 투키디데스에게 더 어울린다. '근대' 역사학을 기준으로 보면, 그 영광은 랑케에게 돌아간다. 그렇다면 역사학은 (1) 고대의 투키디데스, (2) 중세의 이븐할둔, (3) 근대의 랑케로 이어지는 연속성을 가진 학문일까? 결론적으로 말하면, 그렇지 않다. (1)은 틀렸고, (2)는 부분적으로만 맞으며, (3)만 정답이기 때문이다. 투키디데스는 펠로폰네소스전쟁의 원인을 정치·외교·군사적인 관점에서 분석하고, 객관적인 진실을 찾기 위해 비판적이고 엄격한 방법을 사용했다. 이 점에서 합리적인 역사서술을 추구한 것은 맞다. 하지만 프랑스의 지정학자(地政學者) 이브 라코스트(Yves Lacoste)는 다음과 같이 지적한다. "투키디데스에게 진실의 추구는 요컨대 과학적인 태도이기보다 예술적인 태도에 속했다. 그는 헬레니즘 조각가가 대리석에 새김을 하듯 진실을 추구했다." 즉, 투키디데스는 객관적이고 합리적인 역사서술의 기틀을 마련했지만, 그것을 학문적으로 정립하지는 않았다. 라코스트에 따르면, "19세기 전에 투키디데스를 능가한 것은 이븐 할둔뿐이었다. 투키디데스는 역사의 발명자이고, 이븐 할둔은 역사를 학문으로 등장시켰다."[5] 실제로 투키디데스는 어디에서도 역사서술이 학문적이어야 한다고 주장한 바가 없었다.

반면, 이븐 할둔은 기존 아랍 역사가들이 사건을 다루는 방식을 비판했다. 그는 단순한 문학적·수사학적 접근과 표현이나 피상적 서술에서 벗어나 역사 속 사건들의 이면과 본질을 탐구하고, 원리와 법칙을 발견하는 데 집중해야 한다고 보았다. 이븐 할둔은 역사학이 독립적인 학문으로 자리잡을 가능성을 최초로 인식한 인물이었다. 그가 쓴 책의 제목부터 심상치 않다. 아랍어에서 '역사'는 보통 '아크바르(Akhbar)'와 '타리크(Tarikh)'라는 단어로 표현된다. '아크바르'는 '주목할 만한 사건들에 대한 정보', 즉 '사건' 자체를 의미하고, '타리크'는 기간 측정하기, 즉 '연대기'를 뜻한다. 하지만 이븐 할둔은 자신의 역사책 제목에 '이브라(Ibra)'의 복수형 '이바르(Ibar)'를 사용했다. '이브라'는 본래 '한곳에서 다른 곳으로 이동하는 것'이나 '장애를 극복하는 것'을 뜻한다. 확장된 뜻으로는 '사건이나 행위의 본질을 꿰뚫어 보는 것', 나아가 그 속에서 '정신적 실체에 도달하는 것'을 의미한다. 여기에 '키탑(Kitab)'이 더해져 『키탑 알-이바르Kitab al-'ibar』라는 제목이 완성되었다. 이를 직역하면 '교훈의 책'이며, 넓은 의미로는 통찰, 성찰, 지혜와 인식, 이해와 충고, 조언 등을 담은 역사서라고 할 수 있다. 즉, 단순히 사건을 나열하고 정보를 전달하는 것이 아니라, 독자가 인간의 사회와 문명, 한 민족의 정치와 경제 및 사회문화 제도, 왕조의 흥망성쇠와 그 작동 원리를 깊이 성찰하도록 촉구하는 책이다. 그 점에서 이븐 할둔이 집필한 역사서는 연대기가 아니라, 이미 투키디데스와 폴리비오스(Polybius)가 역사에 대해 정의했던 것처럼 '사례를 통한 철학서'라고 칭할 만하다.

이러한 점들을 종합하면, 이븐 할둔은 '서구 근대 역사학의 아버지'로 불리는 랑케의 진정한 선구자라고 할 수 있다. 랑케가 완성된 역사서술의 학문화 과정은 이미 이븐 할둔이 실천했거나 주장했던 것들이었다. 물론 19세기 서구 역사가들은 역사서술을 학문으로 정립하는 과정에서 새로운 요소들을 추가했다. 첫째, '역사적-비판적 방법'을 정리하여 역사 연구의 객관성을 강화했다. 둘째, 역사연구와 역사서술을 분리하여 학문적 체계를 구축했고, 셋째 대학 내에 역사학을 분과학문으로 설치했다. 넷째, 대규모 사료를 수집하고 편찬하는 작업을 진행했으며, 마지막으로 역사연구를 체계적으로 활성화하여 학문적 기반을 확장했다는 점 등이다.

토인비의 선구자: 문화형태학의 창시

서구 문명권에서 이븐 할둔이 가장 주목받은 순간을 꼽으라면, 아마도 토인비가 남긴 다음과 같은 평가일 것이다. 이븐 할둔의 『무깟디마』는 "시대와 장소를 불문하고 누구에 의해서 쓰였든, 이런 종류[역사철학]의 저작 중 의심할 여지 없이 가장 위대한 작품이다."[6] 이븐 할둔은 토인비에 의해 인류 역사상 "가장 위대한 역사철학자"로 선언되었다. 토인비가 비교문명론을 발전시킨 역사가라는 점을 고려하면, 여기서 말하는 역사철학이란 역사에 대한 거시적 관점에서의 해석과 그 안에서 관통하는 법칙의 발견(사변적 역사철학)이 아니라, '문화형태학(Cultural Morphology)'임을 알 수 있다. 그렇다면 이븐 할둔은 어떤 이유로, 무엇을 근거로 20세기 서구에서 등장한 문화형태학의 선구자로 평가받았을까? 그는 어떻게 슈펭글러와 토인비의 사상적 직계 선조가 될 수 있었을까?

이븐 할둔이 역사를 관찰하면서 이룬 두 번째 혁신적인 전환점은, 초점을 '사건'에서 '문명(움란)'으로 옮긴 것이다. 그는 '문명'을 단순한 시대적 배경이 아니라, '물리적 환경과 인간의 집단생활이 상호작용한 결과물'로 이해했다. 그가 정의한 '역사'는 바로 문명(사회)이 흥망성쇠를 거듭하고 발전해 가는 과정을 탐구하는 학문이었다. 따라서 역사가가 집중해야 할 대상은 개별적인 사건들이나 인물들이 아니라, "관습의 원리", "정치의 법칙", "문명의 속성", "인간사회에서 발생하는 여러 가지 상황들" 속에서 역사의 본질을 찾아내는 것이다. 그는 역사를 연구하는 목적이 특정 사건을 기록하는 것이 아니라 사회 전체, 즉 문명의 구조와 변화를 분석하는 데 있다고 보았다. 더 구체적으로는, 문명이 흥하고 망하는 이유, 작동 원리, 성장과 쇠퇴, 소멸 과정이 어떻게 이루어지는지 탐구해야 한다는 것이다. 또한 한 민족이나 왕조가 어떤 흐름에 따라 형성되고 변화하는지, 계층 간의 역학 관계와 각 집단(계층) 내부의 소통 방식이 어떤 영향을 미치는지도 분석해야 한다는 것이다. 문명의 존재와 변화의 본질을 꿰뚫어야만, 역사의 진정한 의미를 파악할 수 있기 때문이다. 이러한 관점에서 이븐 할둔은 다음과 같이 주장했다.

> 역사적 정보가 가능한 것인가에 대한 여부를 판단하는 법칙은 바로 인간의 사회, 즉 문명에 대하여 탐구하는 것을 의미한다. 우리는 문명 자체에 수반되어 나타나는 상황, 기대하지 않았으나 나타나는 상황, 결코 나타날 수 없는 상황을 구분해야만 한다. 우리가 이렇게 할 수 있다면 의심할 바 없는 논리적인 입증을 통해서 역사적인 정보에 진실과 거짓을 구분하는 법칙을 알게 될 것이다.[7]

이븐 할둔이 강조한 핵심은, 역사에서 중요한 것은 나무들, 즉 개별적인 사건이 아니라 숲, 다시 말해 문명의 전체적인 흐름을 파악하는 것이라는 점이다. 그의 이러한 관점은 20세기 프랑스 아날학파가 주목한 사회사, 구조사, 전체사를 떠올리게 한다. 즉, 앞서 살펴본 것처럼 '지식'을 '학문'으로 격상시킨 패러다임 전환이 19세기 랑케를 앞서갔다면, '사건'에서 '문명'으로 초점을 옮긴 패러다임 전환은 20세기 아날학파를 예견한 것이었다고 볼 수 있다.

이븐 할둔이 분석한 바에 따르면, 문명이 탄생하고 성장하며 쇠퇴한 후 소멸하는 데에는 '아싸비야(asabiyyah, 집단연대의식)'가 중심 역할을 한다. 그는 이렇게 말했다. "사치와 안일함에 빠지는 것은 지배력을 불러오는 아싸비야의 위력을 파괴한다. 일단 아싸비야가 파괴되면 부족은 더 이상 보호와 상호 방위를 수행하지 못하고, 필요한 것을 스스로 해결하지 못하게 되어 결국 그 부족은 다른 부족에게 통합된다."[8] 이븐 할둔은 문명을 크게 두 가지 유형으로 나누었다. 하나는 '움란 바다위(Umran Badawi)', 즉 전야(田野) 문명 또는 유목사회이고, 다른 하나는 '움란 하다리(Umran Hadari)', 즉 도회(都會) 문명 또는 정주사회. 그에 따르면, 아싸비야는 움란 바다위(유목사회)에서 강하게 나타나지만, 움란 하다리(정주사회)에서는 약해진다. 즉, 거친 사막에서 살아가는 유목민들은 강한 집단 연대 의식을 바탕으로 문명을 형성한다. 하지만 이들이 정주문화를 정복하고 정착하면, 점차 집단 연대 의식이 약해지면서 쇠퇴하게 된다.

이븐 할둔은 하나의 문명이 발전하려면 사회 구성원들이 공동의 목표 아래 결속될 수 있어야 하며, 이를 가능하게 하는 힘이 바로 "아싸비야"라고 보았다. 그는 아싸비야가 강해질 때 문명이 번성하지만, 집단 연대 의식이 약해지면 결국 쇠퇴하게 된다고 분석했다. 이븐 할둔은 아랍왕조의 역사를 추적하면서 집단 연대 의식이 형성되고 사라지는 메커니즘이 무엇인지, 그리고 이 과정이 사회 현상으로 어떻게 나타나는지 실증적으로 검토했다. 이를 바탕으로 그는 역사 속에서 반복되는 패턴을 발견하고, 이를 일반적인 역사법칙으로 정립했다. 물론 오늘날의 관점에서 보면, 이븐 할둔이 아랍왕조의 사례를 바탕으로 제시한 사회법칙을 그대로 적용하기는 어렵다. 그러나 시대와 문화적 배경이 다르다 하더라도, 사회 구성원들의 역학 관계 속에서 역사 변화의 법칙을 찾아내려 한 그의 통찰력은 여전히 유효하다. 특히 집단 연대 의식이 사회 발전의 원동력이라는 그의 결론은 오늘날에도 많은 시사점을 준다. 현대 사회는 개인화가 심화된 시대다. 이러한 환경에서 사회를 하나로 묶어주는 연대 의식이 얼마나 중요한지 이븐 할둔은 이미 수 세기 전에 간파하고 있었다.

이븐 할둔이 전개한 역사 이론과 놀라울 정도로 유사한 개념을 20세기 문화형태학에서 찾아볼 수 있다. 특히 슈펭글러와 토인비의 연구에서 그의 사상이 다시금 살아난다. 이들 사이의 연결고리는 분명하다. 슈펭글러가 『서양의 몰락』에서, 그리고 토인비가 『역사의 연구』에서 각각 전개한 논지는 이븐 할둔이 주장한 핵심 개념과 본질적으로 맞닿아 있다. 20세기 서구의 두 문명이론가는 전 세계에 존재했던 다양한 문명의 역사를 추적했다. 그들은 문명들이 일정한 패턴을 따라 흥망성쇠를 거듭하며 발전하고 쇠퇴한다는 사실을 분석했다. 또한 문명이 번성하거나 쇠락하는 이유, 그 과정에서 작용하는 환경적·사회적 조건, 그리고 문명을 움직이고 변화시키는 핵심 동력과 원리 등을 규명하려고 노력했다. 슈펭글러는 8개의 고도 문화권을, 토인비는 26개 문명권을 연구하면서 각각의 역사적 흐름을 정리했다.

슈펭글러는 세계 각 지역의 문화가 다양한 지역에서 각각 자신들만의 독자적인 형태로 발전해 왔다는 점을 강조하며, 자신의 저서 부제처럼 "세계사의 형태학(Morphologie der Weltgeschichte)"을 완성해 갔다. 슈펭글러에 따르면, 서구 문화는 다른 문화권과 달리 점진적으로 쇠퇴하고 있다. 제국주의, 팽창주의, 산업주의, 거대 금융자본주의 등으로 인해 문화가 문명의 단계로 변질되면서 본래의 창조적 에너지를 모두 소진했기 때문이다. 그 결과, 서구 사회는 더는 새로운 활력을 창출하지 못하고 정체 상태에 빠지게 되었다. 결국 역사가 지속되지 않는 "무역사"의 상태에 이르게 되었다는 것이다.

토인비 역시 슈펭글러와 마찬가지로 서구 문명이 필연적으로 쇠퇴할 것이라고 보았다. 그는 세계 곳곳에서 등장했던 문명들이 발생, 성장, 쇠퇴, 소멸이라는 일정한 순환 패턴을 따라 움직였다고 분석했다. 그러나 문명이 변화하는 양상을 해석하는 방식에서는 차이를 보였다. 슈펭글러가 문화의 쇠퇴를 운명처럼 바라본 반면, 토인비는 문명이 몰락에 이르는 과정에서 작용하는 원인과 법칙을 탐구했다. 그는 역사적 발전을 결정짓는 핵심 요인으로 자연환경과 인간 생활의 상호작용, 그리고 고차원 문명 간의 관계를 강조했다. 또한 '도전과 응전', '내적 프롤레타리아트와 외적 프롤레타리아트', '창조적 소수자와 대중의 모방' 같은 개념을 통해 문명의 변화를 설명했다. 이러한 차이에도 불구하고, 슈펭글러와 토인비는 문명과 역사를 생명체의 성장 과정에 비유했다는 점에서 동일한 관점을 공유했다. 그들은 사회를 하나의 유기체처럼 바라보았으며, 이러한 접근법에서 이븐 할둔의 사상을 계승했다. 결국 세 사람은 문명을 유기체적 사회로 이해한 동일한 범주의 사상가들로 묶인다.

이븐 할둔의 사회관 또는 역사관이 순환철학에 근거하고는 있지만, 그렇다고 그것이 20세기 문화형태학자들이 제시한 유기체적 역사관과 반드시 일치하는 것은 아니다. 오히려 차이가 뚜렷하다. 그는 역사를 단순히 흥망성쇠를 반복하는 과정으로 보지 않았다. 대신, 역사란 사회 구성 요소들이 상호작용하며 만들어내는 복합적인 흐름이라고 해석했다. 그의 관심은 사건들이 왜, 어떻게 발생하는지 논리적으로 설명하는 것에 있었다. 그러나 이를 설명하기 위해 순환 도식, 이론적 모델, 연구 방법론을 구축하는 데 초점을 맞춘 것은 아니었다. 물론 사건의 원인을 깊이 탐구하다 보면 일정한 이론적 법칙이나 모델에 도달할 수도 있다. 그에게 중요했던 것은 사건의 기원과 원인, 동기 등을 심층적으로 이해하고 분석하며 설명하는 것이었지, 이론을 만들어내는 것이 아니었다. 만약 그의 연구에서 일정한 이론 모델이 형성되었다면, 그것은 탐구 과정에서 자연스럽게 따라온 부산물에 불과했다.

애덤 스미스와 콩트의 선구자: 사회과학의 발견

이븐 할둔은 서구 지성사에서 사회과학과 문화과학이 탄생할 수 있는 토대를 마련한 인물로도 기억되어야 한다. 특히 사회학과 경제학이 학문으로 자리잡는 데 중요한 역할을 했다는 점에서 그의 사상은 더욱 주목할 만하다. 경제학자 폴 크루그먼(Paul Krugman)은 2013년 8월 26일 자 〈뉴욕 타임스〉 기고문에서 이븐 할둔을 "우리가 지금 사회과학이라고 부르는 것을 발명한 14세기 이슬람 철학자"라고 평가했다. 또한 1981년 당시 미국 대통령이었던 로널드 레이건(Ronald Reagan) 역시 자신의 공급 측면 경제 정책(레이거노믹스)에 영향을 준 사람으로 이븐 할둔을 언급했다. 이러한 점을 고려하면, 근대 경제학을 개척한 애덤 스미스와 근대 사회학을 창시한 오귀스트 콩트도 이븐 할둔의 사상에 빚을 지고 있는 셈이다. 그들이 저서에서 이 중세 이슬람 학자의 이름을 직접 언급했든 그렇지 않았든, 사회학이라는 학문이 탄생할 것을 예고한 선구자는 이븐 할둔이었다. 왜냐하면 그는 앞서 보았듯이, 개인과 사건이 아니라 집단과 구조를 분석했고, 움란(문명)이 발생하고 변화하는 과정을 추적하면서 사회를 더 깊이 이해하고 설명하는 것이 역사 연구의 핵심이 되어야 한다고 주장했기 때문이다.

그러나 일부 평자들의 주장처럼 이븐 할둔의 『무깟디마』를 역사학이 아니라 사회과학의 저작으로 간주하는 것은 적절하지 않다. 그가 이 책에서 다루려고 했던 핵심은 정치를 중심으로 한 역사적 사건을 설명하는 것이었기 때문이다. 앞서 언급했듯이, 그의 목표는 사회 전체를 이해하기 위한 이론 모델을 구축하거나 연구 방법론을 제시하는 것이 아니었다. 그는 정치적·외교적·군사적 사건을 이해하고 설명하려면 사회경제적 조건과 문화적 배경도 함께 탐구해야 한다고 강조했을 뿐이다. 사회구조가 발전하는 과정에서 역사적 사건의 근본 원인을 찾을 수 있다고 보았기 때문이다. 이븐 할둔에게는 사회과학적 탐구와 역사연구가 분리된 개념이 아니었다. 그는 두 분야를 하나로 통합해 연구했다. 따라서 그가 제시한 역사학이라는 '새로운 학문'은 단순한 연대기가 아니라 움란(문명)이 발전하는 과정을 연구하고, 역사적 사건의 원인을 분석하는 과학적 탐구이자 서술이었다. 이러한 점을 고려하면, 이븐 할둔은 기원전 2세기 로마 공화정이 단기간에 세계 제국으로 성장한 배경을 분석한 헬레니즘 시대의 역사가 폴리비오스를 떠올리게 한다. 폴리비오스도 역시 단순한 정치적 사건이 아니라 사회경제적 요인까지 고려하여 역사를 분석했기 때문이다.

　　이븐 할둔은 인간사회에서 조직이 반드시 필요하다는 것을 역설했다. 그는 다음과 같이 말했다. "사회 조직은 인류에게 필수불가결한 것이다. 사회 조직이 없다면 인류의 존재는 불완전한 것이다. 왜냐하면 알라께서 희망하는 것은 세계를 인류의 지구로 만들고, 바로 그 인간을 알라의 대리인으로 지상에 두려고 했기 때문이다. 이것이 지금 우리가 토론하고 있는 학문의 대상인 문명의 의미이다."[9] 이븐 할둔에 따르면, 사회 조직 가운데 가장 상위에는 '국가'가 위치한다. 그는 국가를 인간사회가 부정의(不正義)를 억제하기 위해 만들어낸 발명품으로 보았다. 그러나 국가는 그 자체로 부정의를 내포하고 있다. 왜냐하면 질서를 유지하기 위한 수단으로 '힘(권력)'을 사용하기 때문이다. 그럼에도 불구하고 사회가 존속하려면 국가라는 기구가 반드시 필요하다. 국가를 정점으로 한 사회가 형성되면 자연스레 문명이 뒤따른다. 문명 생활이 유지되려면 '경제'가 뒷받침되어야 한다. 사람들은 살아가면서 다양한 욕구를 가지게 되며, 이를 충족시키기 위해 여러 부문에서 노동을 통한 생산이 이루어진다. 이븐 할둔은 유럽 경제학자들이 18~19세기에 논쟁을 벌이기 훨씬 이전에 '노동가치설'에 대한 아이디어를 제시했다. 그는 상품의 가치가 그 생산 과정에서 투입된 노동량에 의해 결정된다는 사실을 간파했다. 금이나 은 같은 귀금속은 그 자체로는 가치를 지니지 않는 단순한 교환 수단에 불과하며, 오직 노동만이 부와 가치를 창출해낸다는 것이다.

　　18세기 후반에서 19세기에 이르러 산업혁명이 본궤도에 오르고

자본주의가 발전하면서 서구에서 경제이론이 본격적으로 정립되기 시작했다. 그러나 이미 14세기 이슬람 학자가 이러한 개념을 고민하고 있었다는 사실은 단순한 경이로움을 넘어선다. 물론 애덤 스미스, 데이비드 리카도, 마르크스 등이 정교화한 노동가치설이 수백 년 전에 이븐 할둔이 제시한 개념과 완전히 일치하는 것은 아니다. 하지만 그 핵심 아이디어의 출발점이 그로부터 비롯되었다는 점에는 이견이 있을 수 없다. 사회학의 개념도 마찬가지다. 이븐 할둔은 사회(문명)를 단순히 인간의 집합이 아니라, 살아 있는 유기체처럼 이해했다. 그리고 그 변화를 학문적으로 연구할 수 있다고 생각했다. 이러한 사고방식은 유럽에서는 적어도 400년이 넘도록 등장하지 않았다. 서구 지식인들은 '사회'라는 개념을 독립적으로 탐구하지 않았고, 단지 '국가'라는 틀 속에서만 이해했기 때문이다. 19세기에 실증주의 철학자 콩트가 등장하기 전까지 사회는 서구 학문에서 연구 대상이 아니었다. 그러나 프랑스혁명과 산업혁명을 겪으며 19세기에 들어서자, 상황이 달라졌다. 사회는 이제 더는 국가의 부속물이 아닌 독립된 공적 공간으로 인식되기 시작했다. 자유로운 시장을 기반으로 산업자본주의가 확립되었고, 정치적으로도 법 앞에서 누구나 평등한 '시민사회'가 등장했다. 이러한 변화 속에서 콩트는 사회가 일정한 원리와 구조에 따라 변화하며, 그 과정을 마치 자연과학에서처럼 체계적으로 연구할 수 있다고 보았다. 하지만 그보다 약 500년 전에 한 이슬람 학자가 같은 문제를 고민하고 있었으니, 이것이야말로 놀라운 일이 아닐 수 없다.

기타 학문과 사상의 아버지

지금까지 살펴본 내용만으로도 이븐 할둔의 사상은 놀라움의 연속이다. 그러나 아직 다 놀라기에는 이르다. 그는 몽테스키외를 400년 앞선 사상가로 기억되어야 한다. 그 이유는 간단하다. 이븐 할둔은 기후와 풍토가 인간의 성격뿐만 아니라, 법과 제도 같은 문명의 요소에도 영향을 미친다고 간파했기 때문이다. 그는 기후와 인간의 성향을 다음과 같이 설명했다. 예컨대, 흑인들은 음악이 들리면 언제라도 춤을 출 준비가 되어 있으며, 경박하고 쉽게 흥분하며, 극도로 감정적인 특성을 보인다고 묘사된다. 그는 이러한 특성이 단순히 문화적 요소가 아니라, 더운 지방의 기후가 기쁨과 즐거움 같은 동물적 생기를 확산시킨 결과라고 보았다. 반면, 온대기후에서 살아가는 사람들은 이와 다른 성향을 보인다. 그가 보기에, 학문, 기술, 건축, 의복, 식량, 과일, 심지어 동물까지 온대 지방에서는 온화하고 균형 잡힌 특징을 가진다. 이러한 환경 속에서 살아가는 사람들은 신체적 특성과 피부색을 포함한 성격과 전반적인 기질까지도 온화하고 절제된 편이라는 것이다. 이러한 사고방식은 기후와 풍토가 법과 제도의 형성에 영향을 미친다고 주장했던 몽테스키외를 즉각 떠올리게 한다. 이 때문인지, 19세기 프랑스 지식인들 사이에서 이븐 할둔은 "아랍의 몽테스키외"로 불렸다. 그러나 오히려 몽테스키외를 '유럽의 이븐 할둔'이라고 불러야 하지 않을까?

이븐 할둔은 인간이 원숭이로부터 진화한 동물이라는 진화론적 관점을 논할 때도 역시 반드시 떠올려야 할 중요한 '기억의 장소'다. 그는 자연이 점진적 과정을 거쳐 창조되었다고 주장했다. "창조의 세계"와 연관해서 보자면, 이 세상은 "광물에서 시작하여 점진적으로 식물·동물"로 "진행"한다. 그리고 진화를 거듭한 끝에 고등동물로서 인간이 탄생한다. 그에 따르면, 자연 속에서 "동물의 세계는 더욱 확대되고 동물의 종은 수없이 많아져서 창조의 점진적 과정은 생각하고 의견을 말할 수 있는 인간에 이르러서야 끝나게 된다. […] 이 지점에서 우리는 인간의 최초단계에 도달하고, 바로 여기까지 우리가 관찰할 수 있는 범위이다."[10] 이븐 할둔이 설명한 개념은 현대 진화론과 매우 유사하다. 찰스 다윈(Charles Darwin)은 아시아에서 자연선택 이론을 독립적으로 연구하던 앨프리드 러셀 월리스(Alfred Russel Wallace)의 편지를 받고 충격을 받았고, 그로 인해『종의 기원』을 서둘러 발표했다고 전해진다. 하지만 만약 다윈이 자신의 책을 집필하기 전에 이븐 할둔의 사상을 미리 알았더라면, 과연 어떤 반응을 보였을까?

이븐 할둔의『무깟디마』는 오늘날의 기준으로 보면, 거의 모든 학문과 지식 분야를 망라한 백과사전과도 같다. 이 책에는 실로 방대한 내용이 담겨 있는데, 여기서 다루지 못한 학문과 사상 분야를 열거해보면 다음과 같다. 우주론, 근대적 의미의 정치학(플라톤이나 아리스토텔레스가 아닌 마키아벨리와 장 보댕의 사상으로 이어지는 정치이론), 지리학(세계 지리와 인문 지리에 대한 폭넓은 논평), 합리적으로 체계화된 과학, 교육학, 수사학, 화학, 대수학, 기하학, 농학, 의학, 건축학, 도시학, 군사학, 미학, 신학, 법학, 문학, 언어학, 예술론, 기술론, 유물론 등이 포함된다. 여기에 더해 예언과 다양한 신비주의 이론들, 기적에 대한 논의, 연금술 연구까지 아우른다. 그래서『무깟디마』는 '아랍인들이 이루어낸 인문학의 가장 포괄적인 종합서'라는 평가를 받는다. 그러나 이 책은 단순한 백과사전이 아니다. 백과사전처럼 개별 항목을 무미건조하고 독립적으로 서술하는 것과 달리, 『무깟디마』는 각 학문과 지식 분야를 분석적이고 종합적인 관점에서 탐구했다. 또한 진화적인 관점에서 이러한 분야들이 서로 주고받으며 발전한다는 점을 강조했다. 결국 이 책은 단순히 지식을 나열한 것이 아니라 학문 간의 상호 연관성을 탐구한 분석적·종합적·진화적 백과사전이라 할 수 있다. 더욱 놀라운 점은 이 엄청난 작업을 단 한 사람이 해냈다는 사실이다. 그의 유산은 오늘날까지도 학문적 깊이와 방대함에서 쉽게 따라잡을 수 없는 수준이다.

물론 이븐 할둔이 『무깟디마』에서 모든 지식 분야를 동일한 가치와 비중을 두고 서술했던 것은 아니다. 또 모든 분야에서 독창적인 관점을 보여주었던 것도 아니다. 그가 탐구한 다양한 주제들은 결국 '역사'라는 더 상위개념 아래 놓인다. 그리고 그가 역점을 두었던 것은 '정치' 현상이었다. 하지만 단순히 정치적 사건을 서술하는 데 그치지는 않았다. 그는 정치를 형성하는 '사회적 요인들'까지 깊이 탐구했다. 그뿐만 아니라, 경제적 생존과 직결되는 '농업'에도 큰 관심을 기울였다. 농업이 독립적 학문 분야로 연구될 만큼 중요한 요소였기 때문이다. 지리와 기후가 사회와 문명에 미치는 영향 역시 비중 있게 다루었다. 이븐 할둔은 이 세계와 우주를 이해하는 데서 단순한 종합적·진화적 관점만을 적용하지 않았다. 유물론적, 유기체적, 변증법적 접근법을 결합하여 현실을 분석했다. 그리고 이 모든 관점은 앞서 설명한 "아싸비야"가 사회적 결속력을 유지하고, 문명의 흥망성쇠를 결정짓는 핵심 요소였다는 주장으로 수렴한다.

이븐 할둔과 현대 그리고 역사학

오늘날 서구 지식인들이 이븐 할둔을 기억해야 할 이유는 차고 넘친다. 그를 그저 한 시대를 대표하는 학자로 보고 지나쳐서는 안 된다. 그의 사상에 조금이라도 관심이 있는 사람이라면, 그가 지속적으로 연구되어야 할 중요한 인물임을 인정하지 않을 수 없을 것이다. 또한 이븐 할둔은 단순히 역사가로만 기억될 수 없는 학자다. 물론 그가 탐구를 시작한 출발점은 역사였지만, 그가 도달한 종착점은 인간과 인간을 둘러싼 환경, 즉 사회와 문명을 총체적으로 이해하는 종합학문이었다.

이제 다시 본론으로 돌아와, 이븐 할둔과 역사학에 대한 짤막한 단상을 남기며 글을 마무리 지어보자. 이븐 할둔은 역사를 바라보는 방식에 획기적인 변화를 가져왔다. 그는 역사의 관찰 대상을 '존재'에서 '발생'으로, '과거'에서 '현재'로, '시간'에서 '구조'로, '정치'에서 '사회(문화)'로, '개인'에서 '대중'으로 확장했다. 결국, 그가 제시한 새로운 역사관은 기존의 연대기를 넘어서는 '새로운 역사학의 탄생'이었다. 그는 역사를 교훈적·수사학적·문예적 기록이 아니라, 일찍이 플라톤과 아리스토텔레스가 세계의 본질을 이해하려고 했던 것처럼 사물의 기원과 원인을 탐구하는 철학적 학문으로 만들고자 했다. 오늘날 기준으로 보면, 이븐 할둔이 정의한 역사학은 단순한 인문학이 아니라, 사물의 본질과 세계의 원리를 규명하려는 사회과학 또는 심지어 자연과학에 가깝다. 그러나 그 명칭이 무엇이든, 이븐 할둔이 밝히려고 했던 역사적 탐구 정신은 시대를 초월해 모든 지식인이 본받아야 할 중요한 '터'로 기억되어야 할 것이다.

코페르니쿠스의 『회전』에 나타난 이슬람 천문학의 흔적

이진현

이슬람 천문학이 중세 유럽에 끼친 영향

이슬람 신자들은 꾸란의 지침대로 어느 곳에서나 메카를 향해 시간에 맞춰 하루 다섯 번 기도한다. 일정한 시간과 위치와 방향을 늘 알아야 하는 이런 신앙의 규칙적 일상은 천문학과 밀접하게 연관되어 있어 프톨레마이오스의 천체모델과 구면삼각법을 고려해야 정확하게 수행할 수 있다. 무슬림 학자들은 주요 도시마다 천문대를 짓고 아스트롤라베, 사분의, 적도의, 간의(Torquetum) 등 정밀한 기기로 하늘을 꾸준하게 관측하여 당대 문명권에서 가장 정확하게 천체들의 위치와 운행을 계산한 천문표(Zij)를 작성했다. 오늘날 천문학에서 사용하는 천정(zenith), 천저(nadir), 방위각(azimuth), 등고도권(almucantar) 등 많은 용어가 아랍어에서 유래한다. 이슬람 문명의 황금기(9~13세기) 고대 그리스·페르시아·인도의 천문학 지식은 시리아어와 아랍어로, 다시 라틴어로 번역되어 초기에는 주로 안달루스(이베리아반도)를 통해, 후기에는 이탈리아 남부와 비잔틴을 통해 유럽에 전해졌다. 비잔틴 제국에서 바그다드나 다마스쿠스를 거쳐 이탈리아로 전해진 문헌들과 안달루스에서 파리나 로마 등 서유럽 주요 도시로 전해져 여러 박물관과 문서고에 소장되어 있는 그리스어·라틴어·시리아어·페르시아어·아랍어 필사본, 그리고 이 문헌들의 유럽어 번역본과 인쇄본들을 비교 연구하면 시기별·지역별·학파별 학자들 간의 영향 관계가 선명하게 드러난다.

초기 압바스조 칼리프의 실권자였던 페르시아 출신 바르마크(Barmakids) 가문은 동방 기독교인들에게 프톨레마이오스의 『알마게스트』를 아랍어로 옮기도록 의뢰했다.[1] 이들의 번역 덕분에 이슬람 학자들은 고대에 작성된 가장 중요한 천문학 저작을 활용할 수 있게 되었다. 학술 활동을 적극 장려했던 칼리프 알마문(al-Mamun)의 통치 기간(813~833) 대표적인 페르시아 지식인이자 바그다드 지혜의 집(Bayt al-ⓗikmah) 도서관장 알콰리즈미(al-Khwarizmi, +840)는 825년 유명한 천문표(Zij as-Sindhind)를 제작했다. 848년 바그다드에서는 아부마샤르(Abu Ma'shar)가 점성술 입문서를 출간했고 948년 코르도바에서는 비잔틴으로부터 고대 그리스와 당대 이슬람권의 최신지식을 전수받는다.[2] 얼마 후 프랑스 수도승 제르베르(Gerbert d'Aurillac)는 카탈루냐 유학 기간(967~970) 이슬람의 최신 수학과 천문학을 습득하고 관련 문헌의 라틴어 번역본과 주판, 아라비아 숫자, 천문표, 혼천의, 휴대용 천문기구 등을 입수하여 돌아왔다. 그는 유럽 전역을 돌아다니며 교황과 군주 및 그들의 자녀들에게 선진지식을 알려주었고 그 과정에 얻은 명성을 바탕으로 교황까지 되어(Sylvestre II, 999~1003) 서기 천년 서방 그리스도교 세계의 구심점으로 활약한다.[3]

다음으로 '잉글랜드 최초의 과학자'로 지칭되는 애덜라드(Adelard of Bath, 1080~1150)는 12세기 초 시칠리아를 7년 동안 여행하면서 이슬람의 수학과 천문학을 습득하고 돌아와 신지식을 소개하며 일부 서적을 번역했다. 그는 유클리드 『원론Elements』의 아랍어 역본과 마드리드의 마슬라마(Maslama al-Madjriti, +1007)가 개정한 알콰리즈미의 천문표, 그리고 휴대용 천문관측기(astrolabe) 설명서를 번역했다. 르네상스 시기 유럽의 천문학자들은 알바타니(al-Battani, d. 929)의 이슬람 천문표를 자주 인용했는데, 이에 대해 레기오몬타누스(Regiomontanus, Johannes Müller, 1436~1476)가 해설한 천체력(Ephemerides, 1498~?)은 재판을 거듭했다. 1453년 비잔틴 제국 몰락 후에는 아랍어에서 그리스어로 번역된 천문지식이 르네상스 시기 유럽에 전해져 코페르니쿠스의 천구 회전 이론의 토대를 이루었다.

사실 태양 중심 우주 모델은 코페르니쿠스가 독창적으로 제안한 것이 아니라, 고대 그리스 천문학자 아리스타르코스(Aristarchus of Samos, 310~230 BC)가 최초로 제안했다. 코페르니쿠스는 『천구의 회전에 관하여』[4](이하 '회전') 서문과 제1권에서 지구가 정지 상태가 아니라 움직인다고 주장한 고대 그리스와 로마의 철학자들을 두 차례 거의 같은 내용으로 언급한다(피타고라스 학파의 Philolaous, Herakleides, Ponticus, Ecphantus, Hicetas, 그리고 이들을 언급한 Cicero와 Plutarch).[5] 하지만 이들의 주장은 개념적인 것이었고 관측적 증거나 기하학적 설명은 제시되지 않았다.

코페르니쿠스가 연구한 천구 체계는 본인 고유의 것이 아니라 선대 거인들에게 빚을 지고 있다. 『회전』의 천문 수치와 도식들은 고대 그리스의 히파르코스와 프톨레마이오스를 비롯해 10세기부터 14세기 알 안달루스와 이탈리아 남부를 통해 전해진 이슬람 천문학과 1453년 비잔틴 몰락 이후 이탈리아로 이주한 동방 학자들이 전해준 문헌(그리스어, 시리아어, 페르시아어) 속 행성 기하학에서 유래한다. 최근 이탈리아에서 발견된 15세기 필사본은 13세기 마라가 학파의 문헌이 비잔틴 경로로 전래된 증거를 보여주는데, 이는 코페르니쿠스가 이탈리아에 유학했던 시기(1495~1503)의 직·간접적인 영향 관계를 뒷받침한다.[6]

『회전』에 직접 명시된 이슬람 천문학자들

코페르니쿠스의 태양중심설 요지는 『회전』 제1권과 6권 일부에 들어 있다. 나머지 권들은 태양과 지구의 위치만 바꾸고 프톨레마이오스의 『알마게스트』[7] 체계를 거의 그대로 차용하거나 이슬람 천문학자들이 수정하고 새로 고안한 기하학 도식들(대부분 3권에 집중)을 변형하고 추가해서 매우 복잡하고 난해하다. 『회전』에 거명된 이슬람 천문학자들은 다섯 명으로, 이븐루시드와 알비트루지가 제1권 10장에 한 번씩 언급되고, 본격적으로는 제3권에 알바타니(28회), 알자르칼리(9회), 이븐 쿠라(2회) 순으로 그들의 관측 정보와 계산 수치 및 기하학 도식이 소개되고 있다.

1. 이븐 쿠라(Thabit ibn Qurra; Thebit, 826~901)

이븐 쿠라는 아바스 칼리프조 바그다드에서 활동한 수학자이자 천문학자로 『회전』 제3권 13장과 14장에 두 번 언급된다(80r, 81r). 코페르니쿠스의 인용에 따르면 그는 세차운동에 따른 춘분점의 미세이동(trepidation)[8]을 고려하여 1년(sidereal year)의 길이를 365일 더하기 24시간의 1/4이 조금 넘는(6시간 9분 12초) 오차 2초의 정밀도로 계산했다. 한 해의 균일한 길이는 이븐 쿠라가 처음 발견한 대로 고정별 천구에서 더 정확하게 도출된다(항성년, sidereal year). 그는 춘분과 동지가 더 천천히 반복될 때 1년이 더 빠르게 반복될 때보다 일정한 비율에 따라 더 길게 보인다는 사실에 근거하여 추론했을 것이다. 이는 항성 천구와 비교하여 균일한 길이를 구할 수 없다면 일어날 수 없는 일이었다[80r].[9]

항성년은 천구상을 지나는 태양이 황도상의 고정된 별과 겹친 뒤 다시 겹칠 때까지의 시간으로 1 항성년은 약 365.256363004일이다. 이와 달리 태양년(tropical year) 또는 회귀년은 태양이 춘분점에서 이듬해 춘분점까지의 평균으로 지구상에서는 황도를 따라 계절이 반복되는 주기이다. 1 태양년은 약 365.24219878일인데 세차운동에 따른 춘분점의 미세이동현상(trepidation)에 따라 100년에 약 0.5초씩 짧아진다. 그레고리력의 1 회귀년과는 약 0.0003일(26초)의 차이가 있다.

2. 알바타니(Al-Battani; Albategnius, c. 858~929)

알바타니는 『회전』에서 가장 많이 언급된 이슬람 천문학자로 프톨레마이오스(205회), 유클리드(38회), 히파르코스(36회) 다음으로 자주 등장한다(28회). 그는 시리아 라카(Raqqa)에서 주로 활동하면서 40년간의 천체 관측을 통해 삼각법과 천문학을 발전시켰다. 알바타니는 아랍의 프톨레마이오스라 불릴 정도로 지구 중심 우주 모델을 충실하게 따르면서도 알마게스트의 천문값 일부를 수정하여 해와 달의 운행표를 새로 작성했다. 그는 오랜 실측을 통해 태양의 원지점을 알아내고 연간 세차운동을 반영하여 55초를 수정했다. 알바타니는 또한 금환일식의 원리를 알아냈고, 황도경사각(적도와 황도면 사이의 각도), 태양년, 춘분점이 66년간 1도씩 앞당겨지는 세차값을 정밀하게 계산했다.

알바타니의 천문지식은 『회전』 제3권에 집중적으로 다루어져 코페르니쿠스의 새로운 우주모델 제시에 중요한 영향을 끼쳤다. 그런데 코페르니쿠스는 이보다 30년 전 작성한 『천체운동 가설에 관한 본인의 소논평 De hypothesibus motuum coelestium a se constitutis commentariolus』(1514, 이하 소논평)에서 태양 중심설을 제안하면서 알바타니를 언급했다. 알바타니의 천문표(Kitāb az-Zīj)는 예수회 수학자 클라비우스의 그레고리오 역법 개정에 활용되었고 티코 브라헤, 케플러, 갈릴레오, 리치올리, 에드먼드 핼리 모두 알바타니의 천문값을 자주 인용했으며 지금도 천문학과 지구과학 분야에서 그의 수치가 활용되고 있다.

3. 알자르칼리(Al-Zarkali; Arzachel, 1028~1087)

알자르칼리는 안달루스 톨레도와 코르도바에서 활동했으며 당대 최고의 기하학자이자 천문학자로 아스트롤라베를 비롯한 여러 천문기기의 혁신과 발명에 이바지했다. 그가 톨레도에서 작성한 천문표는 12세기 제라르(Gerard of Cremona, c. 1114~1187)가 라틴어로 번역하여 유럽에 큰 영향을 미쳤다. 15세기 레기오몬타누스는 알자르칼리의 업적을 다룬 책을 썼고 1530년 독일의 치글러(Jacob Ziegler)는 그의 저술에 관한 주해서를 썼다. 『회전』에서는 알바타니 다음으로 자주 알자르칼리가 언급되는데(9회) 모두 제3권에 등장하며, 특히 그의 계산에 따른 황도 경사각 23도 34분[10]이 항성천 배경의 태양 원지점 운동과 태양을 중심에 둔 모델에 적용되었다.

> 춘·추분점(分點, equinoxes)과 하·동지점(至點, solstices)의 불규칙한 세차를 확인하는 관측의 역사: […] 황도의 경사 운동에서도 유사한 차이가 발견되었다. 아리스타르코스(Aristarchus of Samos, c. 310~c. 230 BC)는 황도와 적도의 경사가 프톨레마이오스와 같은 23도 51분 20초, 알바타니는 23도 36분, 190년 후 스페인의 알자르칼리는 23도 34분, 230년 후 프랑스 남부의 유대인 프로파티우스(Prophatius, Jacob ben Machir ibn Tibbon, 1236~1304)는 약 2분 더 적다는 것을 알아냈고, 우리(코페르니쿠스) 시대에는 23도 28분 30초보다 크지 않은 것으로 드러났다. 따라서 아리스타르코스에서 프톨레마이오스까지의 움직임은 최소이지만 프톨레마이오스에서 알바타니까지의 움직임은 최대라는 것도 분명하다. [3권 2장 65v]
>
> 분점의 세차와 황도경사의 규칙적인 운동: 스페인의 알자르칼리는 23도 34분, […] 지난 30년간 자주 관측한 결과 우리 시대의 황

도경사각은 23도 28분 30초임이 밝혀졌다. 이것은 (코페르니쿠스) 직전의 푸에르바흐(Georg von Peuerbach, 1423~1461)와 레기오몬타누스의 관측값과 비교해 거의 차이가 없다. [3권 6장 69v]

4. 이븐루시드(Ibn Rushd; Averroes, 1126~98)

이븐루시드는 12세기 안달루시아의 최고 지성으로서 프톨레마이오스의 이심과 주전원 체계를 거부하고 아리스토텔레스의 원리에 따라 일월행성의 겉보기 운행을 동심원 운동으로 설명한다. 코페르니쿠스는 『회전』 제1권 10장 '천구의 순서'에서 아베로에스가 설명한 금성 및 수성의 태양과의 내합(conjunction: 2개 이상의 천체가 같은 황경黃經선에 있는 현상)을 인용하고 있다. 이븐루시드는 태양과 수성의 내합을 발견했을 때 검은 점 형태를 보았다고 본인의 『프톨레마이오스 의 역본 *Paraphrase of Ptolemy*』에서 언급하는데, 그가 계산한 「천문표」에 따르면 이 두 행성은 태양의 궤도 아래(안쪽)에서 움직이고 있는 것으로 판단된다[8r].

아리스토텔레스의 자연철학을 철저히 추종했던 이븐루시드는 주전원, 이심, 대심은 우주의 물리적 실체로 존재하지 않는다고 보았다. 그러나 동시에 "현상을 구하라"는 플라톤적 전통에 충실한 기하학적 이론도 거부할 수 없었다. 행성의 위치와 운행을 계산하고 예측하는 데에는 프톨레마이오스의 기하학 도식이 잘 맞았기 때문이다.[11]

5. 알비트루지(Al-Bitruji; Alpetragius, ?~1204)

알비트루지는 안달루스의 판관(Qadi)이자 이븐루시드의 제자로

『회전』에서 직접 언급된 가장 늦은 시기의 이슬람 학자이다. 그는 최초로 아리스토텔레스의 자연학에 기반한 프톨레마이오스 모델의 문제 해결을 시도하여 지구 중심의 동심구 행성계를 제시했고, 천체운동의 물리적 원인으로 추동력(impetus) 개념을 제안했다.

눈에 보이는 모든 것 중에서 가장 높은 곳(바깥)은 고정 별들의 천구이다. 누구도 이 점을 의심하지 않는다. 하지만 고대 철학자들은 공전주기에 따라 행성들을 배열하고자 했다. 그들이 가정한 원리에 따르면 유클리드의 광학에서 증명된 바와 같이 똑같이 빠르게 움직이는 천체들 중 멀리 있는 천체는 더 느리게 움직이는 것처럼 보인다. [이에 따르면] 달이 가장 짧은 주기로 공전하는 이유는 달이 지구에서 가장 가까운 천체로 가장 작은 원 궤도를 돌기 때문이다. 반면에 가장 높이 있는 행성은 토성으로, 가장 긴 시간 동안 가장 큰 궤도를 공전한다. 그 아래에 목성이 있고 그다음이 화성이다. 알비트루지는 금성을 태양 위(바깥)에, 수성을 태양 아래(안쪽)에 배치한다. [1권 10장 7v]

알비트루지의 대안 행성계 모델은 13세기에 유럽 대부분 지역에 알려졌고 코페르니쿠스의 행성 배열에 영향을 주었다.

『회전』에 영향을 준 중세 후기 이슬람 학자들

『회전』에서 명시적인 이슬람 학자 인용은 12세기 후반 알 안달루스에서 활동했던 알비트루지(Al-Bitruji)에서 끝나는데, 그가 사망한 1204년은 이 지역에서 이슬람 저작의 라틴어 번역이 뜸해진 시점이었

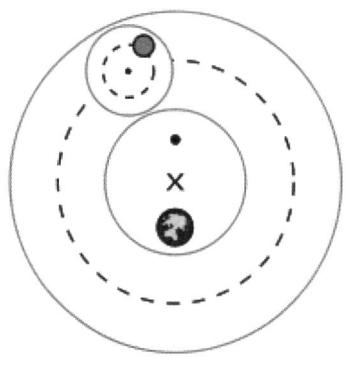 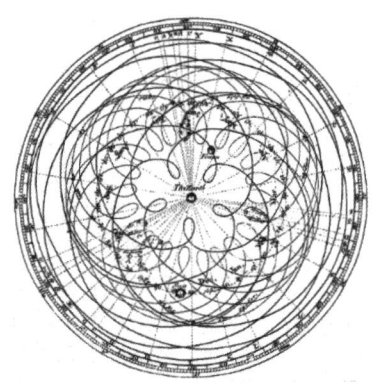

[좌] 프톨레마이오스의 이심대심 모델.   [우] 8년에 걸친 금성의 궤도와 7년에 걸친 화성의 궤도.

다. 지난 세기 초반까지 과학사에서 보기에 코페르니쿠스가 빚진 이슬람 천문학은 알비트루지까지였다. 그러나 1950년대 이후 일련의 문헌적 발견들은 13세기 이후에도 이슬람 천문학이 코페르니쿠스를 비롯한 유럽 르네상스 천문학에 중요한 영향을 끼쳤음을 알려주었다.[12] 비록 코페르니쿠스가 직접 이슬람권의 문헌 출처를 밝히지 않았지만, 『회전』 제3권의 도식들은 그가 13세기 마라가 학파의 알투시, 알우르디, 알샤티르의 행성계 기하학을 매우 유사하게 변용하고 있음을 보여준다.

1. 마라가 학파의 프톨레마이오스 체계 개선 시도

프톨레마이오스의 모델에서 각 행성은 대원(deferent, 이심원)을 따라 주전원(epicycle)을 그리며 도는데, 그림 1에서 대원의 중심 x(eccentric, 이심=편심)는 지구가 아닌 가상의 점이다. 이심원의 회전은 대심 • (對心 equant, 동시심: 지구와 이심의 거리만큼 반대 방향으로 떨어진 수학적 점)에서 볼 때 회전속도가 일정하도록 움직인다(그래서 대심을 '등각속도점'이라고도 한다). 이 기하학 도식은 원래 아폴로니우스가 고안한 이심·대원·주전원 체계에 프톨레마이오스가 추가한 대심으로 행성들의 운행을 상당히 정확하게 예측하지만 그림 2에서 보듯이 여러 원이 그리는 궤적들로 매우 복잡하고 지저분해 보인다. 이에 이슬람의 마라가 학파는 지구 중심 체계를 유지하면서 이심-대심 체계의 복잡성을 개선한 투시 조합과 우르디 보조정리를 제시하였다.

2. 알투시(Nasir al-Din al-Tusi, 1201~1274)

알투시는 13세기 페르시아 천문학자·철학자·신학자이자 삼각법을 체계화한 인물로, 서남아시아 이슬람권을 정복한 몽고의 일칸국 초대 통치자 훌라구(1218~1265)의 지원 아래 연구를 수행하여 150건의 저술과 번역을 남겼다. 이 중에서 유클리드 원론의 아랍어 번역, 아스트롤라베 설명서, 프톨레마이오스 체계의 문제점을 개선한 『천문학 비망록』(1331), 그리고 알마게스트의 이슬람 개정판으로 평가받는 『알마게스트 주해』(1247)로 유명하다.[13] 알투시는 내행성의 위도상(latitudinal) 궤도운동 난제 해결책으로 투시조합(Tusi-couple 또는 투시대원對圓)을 제시했는데, 그에 따르면 행성은 작은 주전원(對圓) 하나가 지름 두 배의 원둘레를 내접하는 형태로 안쪽으로 도는데, 결과적으로 주전원 반경을 따라 왕복선형운행을 한다.[14] 이 도식은 천 년 이상 활용된 프톨레마이오스의 대심(equant) 모델을 대체했다.

코페르니쿠스는 『회전』 제3권 4장에서 투시조합 개념과 그림, 알

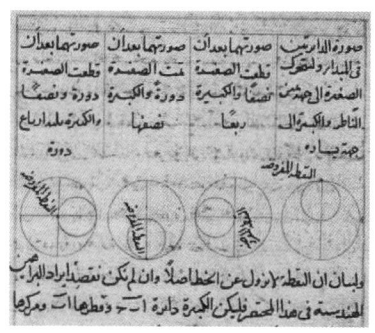
알투시.

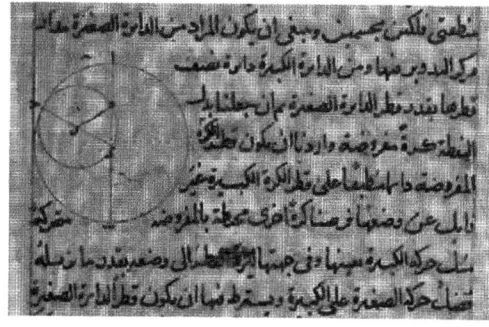
투시 조합(對圓, Tusi-couple).

 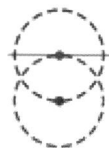  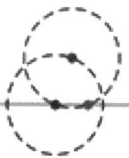 

[좌] 코페르니쿠스의 투시조합 활용   [우] "두 원이 『같은 속도로』 서로 반대 방향으로 회전한다."

파벳 순 기호표기를 거의 그대로 인용하면서 큰 원 안에 작은 원 2개를 배치했다.[15] 또한 그는 지구 중심 체계에 충실했던 원 고안자의 의도와 다르게 투시조합을 태양 중심 행성계에 활용한다. 그런데 코페르니쿠스는 원래 『소논평』(1514)에서 단순화된 투시조합을 본인이 처음 제안한 태양 중심 동심원 행성계에 적용시켰지만, 30년 후 『회전』(1543)에서는 완전한 동심원 궤도상 행성 운행의 속도 변화에 따른 관측오차를 해결하기 위해 소주전원(minor epicycle)을 여러 개 도입함으로써 오히려 더 복잡한 기하학 도식을 초래하고 말았다.

3. 알우르디(Moayad Al-Din Al-Urdi, c.1200~1266)

알우르디는 시리아 팔미라와 레사파 사이 우르드 출신으로 다마스쿠스에서 기하학 교사와 천문기기 제작자로 활동하였다. 1259년 이전 알투시의 요청으로 이란 북서부 마라가(Maragha)에 천문대를 설립하고 관측장비를 제작(1261~1279)하였다. 그는 프톨레마이오스 모델을 적극 비판했는데,[16] 특히 '우르디 정리'는 아폴로니우스의 정리를 확장하여 대원(deferent, 이심원)에서 대심까지의 거리 절반 지점을 중심으로 움직이는 등전주전원(equivalent epicycle)을 제안한다.[17]

코페르니쿠스는 원래 『소논평』(1514)에서 단순화된 투시조합을 본인이 처음 제안한 태양 중심 동심원 행성계에 적용시켰지만, 30년 후 『회전』(1543)에서는 완전한 동심원 궤도상 행성 운행의 속도 변화에 따른 관측오차를 해결하기 위해 우르디 보조정리를 적용한 소주전원을 추가로 도입함으로써 기하학 도식이 오히려 더 복잡해졌다.

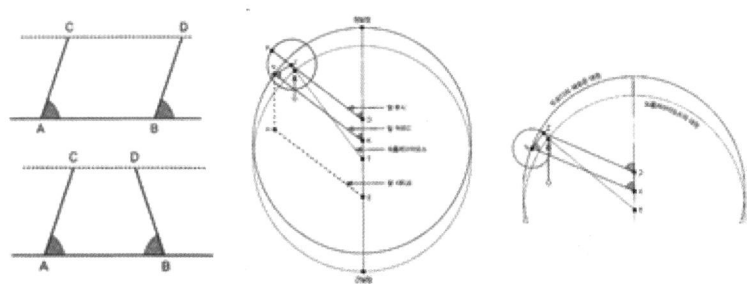

[좌] 우르디 보조정리: 직선 AB에서 출발한 두 선분 AC와 BD의 길이가 같고 두 선분에 대하여 그림에 표시한 각들의 크기가 같으면 두 점 C, D를 잇는 직선은 직선 AB와 평행이다.
[중] 우르디의 정리에 따라 프톨레마이오스 주전원의 중심 O의 등속운동이 새로운 점 Z로 대체되었다.
[우] 네 명의 외행성 수정 모델. 모든 수정 모델이 프톨레마이오스 모델과 겹친다.

4. 알샤티르(Ibn al-Shatir, 1304~1375)

알샤티르는 천문학 논고 『행성이론 수정에 관한 최종 탐구*A Final Inquiry Concerning the Rectification of Planetary Theory*』에서 '우르디 정리'를 통합하고 투시조합을 적용하여 코페르니쿠스의 모델과 수학적으로 동일하지만 개념적으로는 매우 다른 방식으로 프톨레마이오스 체계의 대심(對心 equant)을 제거했다. 이 새로운 행성모델은 그의 저서 『신행성 안내서*Al-Zij al-jadid*』에 실렸다. 이 책에는 새 모델을 제시하게 된 관측 과정도 기술되어 있다. 알샤티르는 『회전』에 직접 언급되지 않지만, 오늘날 역사가들은 그를 통해 마라가 학파 천문학자들의 지식이 15세기 유럽에서 전해지고 코페르니쿠스에게도 영향을 미친 것으로 본다.[18] 이에 따르면 코페르니쿠스도 천체 운행을 등속 원운동으로 보고 마라가 학파의 투시조합과 우르디 보조정리를 활용한 지구 중심 대심 문제 해결을 태양 중심 모델에 적용했다. 또한 알샤티르의 달과 수성 운행 도식은 코페르니쿠스 모델과의 유사성을 보여준다.[19] 코페르니쿠스는 이들의 기하학적 원리를 활용하여 지구와 태양의 위치만 바꿨다.

코페르니쿠스의 행성 기하학

1. 코페르니쿠스의 단순화 시도

고대부터 행성들의 변칙 운행은 태양과 무관한 1차 불규칙성과 태양과 관련된 2차 불규칙성으로 구분되어 고찰되었다. 2차 불규칙성

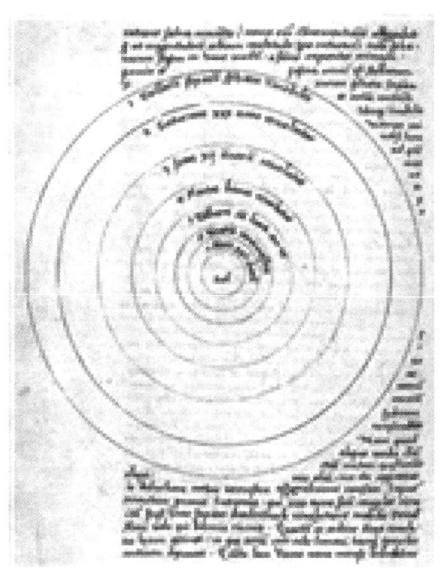
코페르니쿠스의 태양중심 행성계 순서

은 행성들의 역행운동으로, 프톨레마이오스는 지구를 중심에 둔 주전원 체계로 해결했고, 코페르니쿠스는 태양을 중심을 둠으로써 더 간단하게 해결했다. 코페르니쿠스의 핵심 개념은 『회전』 제1권 5장 "지구는 원운동을 하는가, 그 위치는?", 10장 "천구의 순서"와 11장 "지구의 세 가지 운동(자전, 공전, 궤도경사운동) 증명"에서 제시하고 있다.

천구의 크기를 시간의 길이로 측정하는 것이 가장 적합하다. 천구의 순서는 가장 높은 것부터 시작하면 다음과 같다. 첫 번째로 가장 높은 자리는 고정된 별들의 천구(항성천)로, 그 자신과 모든 것을 담고 있어 움직이지 않는다. 우주에서 다른 모든 천체운동과 위치와 비교되는 자리를 차지한다. 어떤 이들은 항성천이 어떤 식으로든 움직인다고 생각한다. 왜 그렇게 보이는지에 대해서는 1권 11장 지구의 운동에 관한 설명에서 다룰 것이다.

항성천 다음 [안쪽] 첫 번째 행성 토성은 30년 만에 궤도를 완주한다. 토성 다음 목성은 12년, 화성은 2년 공전한다. 앞서 1권 10장에서 언급했듯이 지구는 네 번째로 달과 함께 주전원으로 1년 공전한다. 다섯 번째 금성은 9개월 공전하고 마지막 6번째 수성은 80일 주기로 공전한다. 이 모든 것의 한가운데에는 태양이 있다.[20]

관측상의 모든 천체운동의 기하학적 해결이 어렵고 복잡해진 이유는 코페르니쿠스가 보기에 동일한 원인에서 비롯된 것인데 바로 지구의 위치였다. 그는 플라톤적 현상 구제를 위해서 단순히 지구 대신 태양을 중심에 두면 모든 천체의 조화로운 대칭성을 이룰 수 있다고 보았다.

코페르니쿠스 자신도 깨달았듯이, 태양 중심 천문학의 진짜 호소력은 실용적인 면이 아닌 미적인 면에 있었[다] […] 천문학자들에게 코페르니쿠스 체계와 프톨레마이오스 체계 사이의 선택은 처음에는 단지 취향의 문제일 수 있었[다].[21]

실용적인 면에서 행성들의 역행운동(2차 불규칙성)만 고려하면 기하학 도식으로는 천동설과 지동설 모두 동일한 결론에 이르며,[22] 육안 관측으로도 두 체계 사이를 구별할 수 없는 매우 작은 차이만 존재한다. 따라서 달력의 정확성은 태양을 중심에 두지 않고 지구 중심 체계만으로도 보장된다.[23] 사실 달력 자체가 지구상 사람의 시선으로 천체 운행 궤적을 계산하고 예측한 결과물이기 때문에 지금의 그레고리력을 포함하여 고대로부터 모든 문명권의 역법은 그 체계가 아무리 복잡해도 지구 중심 기하학 도식만으로 충분히 미세 조정할 수 있다.

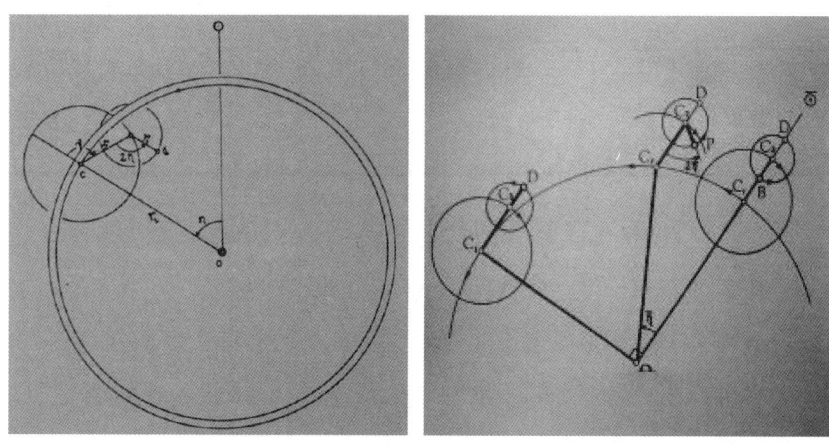

[좌] 코페르니쿠스의 달 운행 도식과 [우] 알샤티르.

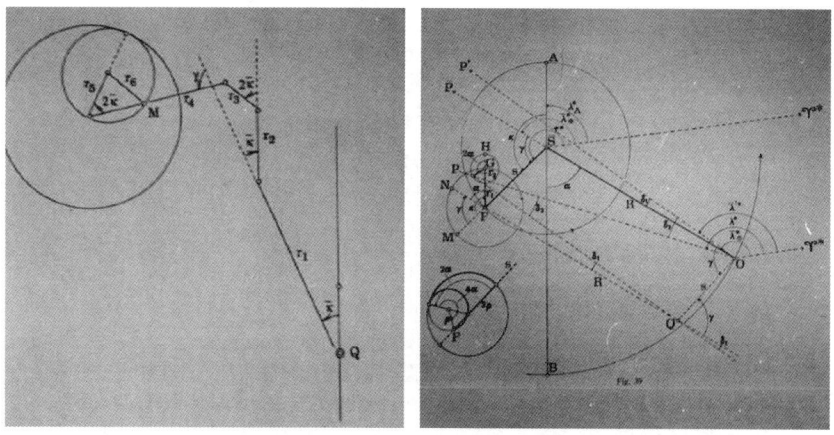

[좌] 코페르니쿠스의 수성 운행 도식과 [우] 알샤티르.

2. 코페르니쿠스의 미해결 난제

그런데 2차 불규칙성과 달리 행성운동의 1차 불규칙성은 주전원 체계로도 여전히 일정하지 않은 궤도상의 속도 차이로, 프톨레마이오스는 이심(eccentric)과 대심(equant)을 추가하여 더 복잡해진 미세조정으로 해결했고, 이슬람 천문학자들은 대심을 제거하고 이심과 투시조합에 2개의 소주전원을 배치하여 개선을 시도하였다. 그런데 행성운행 도식이 여전히 여러 원으로 가득 차 있어 1차 불규칙성의 복잡한 기하학은 해결되지 못했다.[24]

코페르니쿠스도 행성들의 부등속 궤도운동 문제로 고심했는데 『회전』에서 어떻게든 관측 현상을 등속 원운동 궤도로 맞추기 위한 해결을 시도한다. 그러나 제1권의 단순한 도식과 달리 2권부터 5권까지는 투시조합, 알우르디 정리, 알샤티르의 행성계 도식 등 13세기 이슬람 마라가 학파의 영향을 받은 것으로 보이는 다수의 소주전원들과

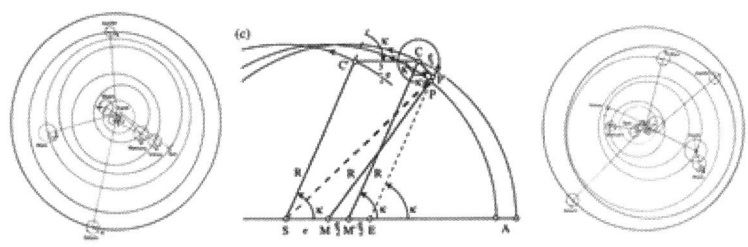

[좌] 프톨레마이오스의 이심-대심 모형.
[중] 코페르니쿠스의 투시조합 도식: 둘 다 복잡하지만 예측 행성 위치는 거의 같다.
[위] 코페르니쿠스도 이심원과 소주전원을 다수 배치하여 복잡성과 부정확성을 해결하지 못했다.

이심원들 및 계산 수치들로 가득 차 있어(대부분 3권에 집중) 이해하기가 매우 어렵다.

프톨레마이오스가 남긴 문제는 먼저 이슬람에서 새로운 해법을 구하고, 중세 유럽이 이어받아 해결을 시도했으나 헛수고였다. 코페르니쿠스도 여전히 같은 문제를 붙잡고 씨름하고 있었다.[25] 태양 중심 체계로의 전환은 순탄치 않았다. 투시의 직접 영향이든 간접 영향이든 이 도식을 적용한 코페르니쿠스는 『소논평』 마지막 문장에서 "우주의 전체 구조와 행성들의 운행은 단지 34개의 원으로 충분히 설명된다."[26]고 장담했으나 이미 프톨레마이오스의 주전원 27개보다 많은 데다 『회전』에서 관측상의 부등속 행성운동을 기하학적 등속 원궤도 운동으로 맞추기 위해 도입된 소주전원과 이심원 수가 더 늘어나 원래 취지와 달리 오히려 더 복잡해지고 말았다.

복잡성 문제의 근본적 원인과 최종 해결

중세 유럽보다 앞선 이슬람 천문학의 혁신에도 불구하고 9세기 이븐 쿠라부터 13세기 알투시와 알우르디, 14세기의 알샤티르까지 모든 이슬람 천문학자와 알 킨디(al-Kindi)부터 이븐루시드까지 모든 자연철학자는 두 가지 구체로 구성된 세계(천상계와 지상계)를 묘사한 고대 그리스의 도식, 곧 여러 겹의 천구가 지구를 에워싼 형태에서 벗어나지 않았다. 즉 이슬람 천문학은 프톨레마이오스의 지구 중심 모델을 고수하며 기하학적 개선에 집중했지, 태양 중심 모델을 제시한 적이 없다. 요컨대 중세 유럽의 기독교 신학적 우주론과 마찬가지로 이슬람 천문학도 완전한 원궤도 등속운동을 신이 창조한 천상 질서의 증거로 보는 종교적 지식체계에 매여 있었다.

 이와 같은 천구 체계를 당연한 전제로 여겼던 코페르니쿠스는 『소논평』에서 우주의 중심에 태양과 지구 위치만 바꾸는 제안으로 행성들의 겉보기 역행운동 문제를 간단히 해결하고 더 단순해진 전체 행성계 기하학 도식을 장담했으나, 이후 『회전』에서 행성들의 원 궤도 부등속 운동 문제를 해소하기 위해 도입한 소주전원 수가 오히려 늘어나 더 복잡해졌다. 1500년 넘게 지배했던 행성 운행의 불규칙성 난제는 티코 브라헤의 육안 관측에 따른 절충모델 제시, 갈릴레오의 망원경 관측에 이어 케플러가 타원궤도 법칙으로 대심-이심-주전원체계의 복잡성을 제거함으로써 비로소 해결되었다.

독일어 속 아랍어 차용어

'문화 간 협력'의 결과물

김형민

과거와 현재가 공존하는 공간
'빈 카페하우스(Wiener Kaffeehaus)'

오스트리아의 수도 빈(Wien)에는 수백 년의 시간이 켜켜이 쌓인 유서 깊은 건물들이 즐비하다. 고색창연한 건물 중 상당수는 오랜 역사와 전통을 간직한 문화적 공간으로서 단순한 건축물이 아니라 오늘날 빈의 독창적인 문화적 전통을 보여주는 상징적인 장소가 되었다. 그중에서도 세계인이 앞다투어 찾는 관광 명소이자 빈의 정체성을 대표하는 곳이 바로 카페하우스(Kaffeehaus)이다. '독일 문학계의 거장'으로 평가받는 빈 출신의 소설가 슈테판 츠바이크(Stefan Zweig, 1881~1942)는 사후에 출간된 자서전적 회고록 『어제의 세계. 한 유럽인의 회고록 *Die Welt von Gestern. Erinnerungen eines Europäers*』에서

커피 한 잔, 물 한 컵, 그리고 일간 신문이 놓인 카페하우스의 흔한 풍경.

빈에 있는 카페 첸트랄(Café Central).

당시 빈의 카페하우스를 다음과 같이 묘사했다.

> "모든 새로운 것에 대한 가장 훌륭한 교양의 장소는 카페하우스였다. […] 빈의 카페하우스는 세계의 어떤 장소와도 비교할 수 없는 특별한 시설이다. […] 그곳은 정말이지 싼값의 커피 한 잔으로 누구와도 가까이할 수 있는 클럽이다. 그래서 그곳은 일종의 민주적 클럽이다. 그곳에서는 어떤 손님이라도 커피 한 잔의 적은 금액으로 여러 시간 앉아 토론하고, 글을 쓰고, 카드놀이를 하고, 편지를 쓰고, 특히 수많은 신문과 잡지를 읽을 수 있다." (Zweig, 2012, 57)

슈테판 츠바이크가 살았던 시기의 빈 카페하우스와 오늘날의 빈 카페하우스는 상당히 다른 모습이다. 그러나 그곳이 과거와 현재가 공존하는 공간이자 문화적 교류의 기억이 스며 있는 장소라는 본질적인 의미는 변하지 않았다. 빈 카페하우스에 내재한 문화적 유산은 오랜 세월 면면히 이어져 내려와 마침내 세계적으로 인정받게 되었고, 2011년 유네스코 무형 문화 유산에 '빈 카페하우스 문화(Wiener Kaffeehauskultur)'로 등재되었다.

'오스트리아의 수도 빈' 하면 '카페하우스'를 떠올리고, '카페하우스' 하면 '오스트리아의 수도 빈'을 떠올릴 정도로 빈과 카페하우스는 떼려야 뗄 수 없는 관계를 맺고 있는 듯하다. 어떤 측면에서는 도시 빈의 문화적 아이콘으로 카페하우스가 뿌리를 깊이 내렸다고 생각할 수도 있다. 오죽하면 독일의 극작가이자 연극 연출자이며 시인으로 활동했던 베르톨트 브레히트(Bertolt Brecht, 1898~1956)가 "빈은 주민들이 앉아

게오르크 프란츠 콜쉬츠키(Georg Franz Kolschitzky, 1640~1694).

커피를 마시는 카페하우스 주변에 지어진 도시이다."라고 말했을까!

'오스트리아의 빈에 커피를 처음으로 소개한 인물'과 관련하여 몇 가지 떠도는 이야기가 있다. 그중 가장 유명하면서도 널리 알려진 이야기는 게오르크 프란츠 콜쉬츠키(Georg Franz Kolschitzky, 1640~1694)라는 인물에 관한 것이다. 이야기는 지금으로부터 340여 년 전, 1683년의 역사적 사건으로 거슬러 올라간다. 오스만 제국(Osmanisches Reich)의 군대는 1683년 7월 14일부터 9월 12일까지 2개월 조금 못 미치는 기간 동안 빈을 포위하는 군사 작전을 펼쳤다.

이 역사적 군사 작전은 오늘날 흔히 '제2차 오스만 제국의 빈 포위(Zweite Wiener Osmanenbelagerung)'[1]라고 불린다. 당시 콜쉬츠키는 폴란드의 사업가이자 외교 특사의 자격으로 빈에 머물고 있었다. 빈이 풍전등화의 위기에 처하자 튀르키예어에 능통했던 콜쉬츠키는 오스만 군인으로 변장한 채 위험을 무릅쓰고 포위망을 뚫고 나갔다. 그는 지원군이 곧 도착한다는 소식을 입수한 후 다시 빈으로 돌아왔고, 그 정보는 빈 수비군이 버티는 데 결정적인 역할을 했다. 결국 오스만 제국은 전투에서 패배하여 포위망을 풀고 퇴각했다.

오스만 제국의 군대는 퇴각하면서 커피 원두가 담긴 자루를 빈에 그대로 남겨두고 떠났다. 당시 빈의 주민은 커피 원두의 가치를 전혀 알지 못했다. 단순히 낙타 사료일 거라고 추측했다. 그러나 콜쉬츠키는 커피 원두의 가치를 정확히 알고 있었다. 그는 빈이 포위되었을 때 보여주었던 용감한 행동에 대한 보상을 받게 되자 빈에 버려진 커피 원두 자루를 요청했다. 그의 바람은 큰 장애물 없이 이루어졌다. 이후 콜쉬츠키는 빈에 카페하우스를 열어 빈의 주민들에게 새로운 음료인 커피를 선보였다고 한다.

독일어 어휘 체계에 뿌리를 깊이 내린 아랍어 차용어

독일어 사용 지역의 한 카페에서 손님이 "설탕을 넣은 커피 한 잔 주세요!"란 의미의 독일어 발화 "Eine Tasse Kaffee mit Zucker!"로 음료를 주문한다고 가정해보자. '설탕을 넣은 커피'를 주문하기 위해 사용된 독일어 발화는 5개의 낱말로 이루어져 있다. 이제 그 발화를 구성하는 낱말과 관련하여 다음과 같은 질문을 던진다. 발화 "Eine Tasse Kaffee mit Zucker!"에서 아랍어와 연관성을 찾을 수 있는 낱말은 과연 있을까? 있다면 몇 개의 낱말이 과연 아랍어와 연관성을 갖고 있을까?

이 질문에 대한 대답은 적지 않은 사람들을 놀라게 한다. 이 발화에서 낱말 3개가 아랍어와 깊은 관계를 맺기 때문이다. 부정관사 eine와 전치사 mit를 제외한 나머지 명사들, 즉 Tasse, Kaffee, Zucker는 통시적 차원에서 거슬러 올라가다 보면 아랍어에까지 이르게 된다. '커피'를 의미하는 Kaffee는 그렇다고 쳐도, '찻잔'을 의미하는 Tasse와 '설탕'을 의미하는 Zucker까지도 아랍어와 연관성이 있다니! 의심의 눈초리로 고개를 갸웃거리는 사람들이 있을 것 같다. 어떻게 된 일일까?

Tasse와 Zucker는 독일어권 지역의 일상적인 언어생활에서 매우 빈번히 출현하는 낱말로 독일어 어휘 체계의 핵심 구성성분에 속한다. 게다가 그 두 낱말은 수백 년 전에 독일어로 차용되어 오랜 전승 과정을 거쳤기에 '타 언어', 보다 정확히 말해 '아랍어'의 형태적 특징을 전혀 보이지 않는다. 독일어로 완전히 동화된 형태적 특징을 보여준다. 그래서 상당수의 독일어권 화자는 Tasse와 Zucker를 마치 독일어의 고유한 토박이 낱말(einheimisches Wort)처럼 여긴다. 이렇듯 독일어의 어휘 체계에 뿌리를 깊이 내리고 있으면서, 아랍어와 깊은 연관성을 갖는 독일어 낱말들이 존재한다.

'순수한 언어는 빈곤한 언어이다.'

'순수한 언어는 빈곤한 언어이다(A pure language is a poor language).'라는 말이 있다. 이 명제가 의미하는 바는 한 언어가 지나치게 '순수성'을 강조한 나머지 타 언어(들)에서 어휘를 수용하지 않고 토박이 낱말로만 어휘 체계를 구성할 경우, 그 언어는 필연적으로 표현의 폭이 제한되고 궁극적으로 빈곤해질 수밖에 없다는 뜻이다. 이렇듯 '언어의 순수성'과 '언어의 풍요성' 사이에는 반비례 관계가, '언어의 순수성'과 '언어의 빈곤성' 사이에는 비례 관계가 성립할 수 있다. 외래어의 유입을 제한하여 언어의 순수성을 높이면, 그 결과 언어의 표현력이 축소되어 빈곤해질 가능성이 크다. 그 역도 마찬가지로 성립한다. 타 언어(들)에서 낱말을 적극적으로 받아들여 순수성을 낮추면, 오히려 언어의 풍요성이 증대되고 표현의 확장성이 확보될 수 있다.

오늘날 어휘 체계를 토박이 낱말로만 구성한 인간언어가 과연 지구상에 존재할까? 이 질문에 대한 대답은 '아니오!'일 것이다. 현재 지구상에서 사용되는 모든 자연언어는 토박이 낱말만으로 어휘 체계를 구성하지 않으며, 구성할 수도 없다. 보다 구체적으로 말하자면, 오늘날 존재하는 모든 인간언어는 타 언어(들)에 뿌리를 둔 차용어의 도움 없이 고유어로만 어휘 체계를 유지할 수 없다. 더 나아가 오직 토박이 낱말로만 이루어진 인간언어를 상상하는 것조차 어렵다. 이는 비단 '현재'라는 공시적 단면에만 국한되지 않는다. 과거의 공시적 단면에도 그랬고, 미래의 공시적 단면에도 의심의 여지 없이 마찬가지일 것이다.

'문화 간 협력의 결과'로서의 어휘 체계

1952년 프랑스의 세계적 구조주의 철학자이자 문화인류학자인 클로드 레비스트로스(Claude Lévi-Strauss, 1908~2009)는 유네스코가 기획한 반인종주의 소책자 시리즈 중 하나인 『인종과 역사』를 영어(*Race and History*)와 프랑스어(*Race et histoire*)로 세상에 내놓았다. 그는 이 소책자에서 인류의 문화적·역사적 진보를 위해서는 '문화 다양성'이 전제되어야 하며, 문화적 다양성(또는 문화적 차이)의 기반 위에서 '문화 간 협력(collaboration between cultures)'이 절대적으로 중요하다고 힘주어 말했다.

"어떤 문화도 홀로 존재하지 않는다. 모든 문화는 언제나 타 문화들과 연합하여 출현한다."(Lévi-Strauss 1952a 41; 1952b 70; 1972, 65)

레비스트로스가 특별히 강조한 문화 간 협력은 이주, 교역, 교류, 전쟁 등의 문화 접촉을 통해 의식적이든 무의식적이든, 혹은 자발적이든 비자발적이든, 혹은 긍정적으로든 부정적으로든 각양각색의 형태나 현상으로 나타날 수 있다. 그와 같은 문화 간 협력의 결과물 중 하나가 '언어 간 어휘 차용'이다. '문화의 접촉'과 '언어의 (상호적) 유입'은 떼려야 뗄 수 없는 불가분의 관계이기 때문이다. 따라서 타 언어(들)로부터의 어휘 차용은 레비스트로스식으로 말하자면 '문화 간 협력' 과정에서 발생하는 지극히 당연하고 자연스러운 결과물 중의 하나라고 해석할 수 있다.

역사적으로 거의 모든 사회문화적 공동체는, 극히 제한된 경우를 도외시한다면, 주변의 타 사회문화적 공동체와 접촉하면서 서로 영향을 주고받아 왔다. 그 결과 언어 간 어휘 차용은 지구상에 존재하는 거의 모든 자연언어의 어휘 체계에서 자연스럽게 발생하는 현상이다. 앞에서도 이미 언급했듯이, 거의 모든 인간언어의 어휘 체계는 토박이 낱말과 타 언어(들)로부터 차용하여 수용한 낱말들로 구성된다.

유럽 언어들 속 아랍어 차용어

유럽의 많은 언어가 아랍어 낱말을 차용하여 수용한 것은 결코 우연이 아니다. 그 배경에는 충분하고도 타당한 이유가 있다. 아랍-이슬람 문화권과 유럽-그리스도교 문화권 사이에는 수 세기에 걸친 직·간접의 문화 접촉이 있었다. 오랜 기간에 걸친 지속적인 문화 접촉은 '어휘 차용(lexikalische Entlehnung)'이라는 지극히 당연한 결과를 초래했다. 유럽의 많은 언어가 아랍어 낱말을 차용하게 된 배경에 아랍-이슬람 문화권과 유럽-그리스도교 문화권 사이의 직·간접적 문화 접촉이 있었다는 뜻이다.

아랍-이슬람 문화권과 유럽-그리스도교 문화권 사이의 대표적인 문화 접촉은 크게 다음 네 가지로 나눠볼 수 있다.

첫째, 아랍-이슬람 세력에 의한 유럽-그리스도교 문화권의 직접 통치이다. 8세기 이후 아랍-이슬람 문화권은 지중해 중심의 유럽-그리스도교 문화권으로 세력을 본격적으로 확장하기 시작했다.

그 결과 수 세기 동안 아랍-이슬람 세력은 이베리아반도(Iberische Halbinsel)를 중심으로 유럽의 일부 지역을 직접 통치했다. 711년 다마스쿠스(Damascus)를 중심으로 한 아랍-이슬람 세력이 오늘날의 이베리아반도를 점령하기 시작했다. 3년 후인 714년에는 이베리아반도의 거의 모든 지역이 다마스쿠스 우마이야 왕조(Umayyadische Dynastie, 661~750)의 칼리파 통치 아래에 놓였다. 이후 아랍-이슬람 세력의 중심은 여러 차례 바뀌었으나 1492년까지 이베리아반도는 실질적으로 아랍-이슬람 문화권의 지배 아래에 있었다. 약 8세기 동안 아랍-이슬람 세력이 이베리아반도에 머물면서 아랍어는 특히 스페인어와 포르투갈어의 어휘 체계에 지대한 영향을 미쳤다. 한편 아랍-이슬람 세력은 827년부터 1091년까지 약 2세기에 걸쳐 지중해 최대의 섬인 시칠리아를 통치했다. 이에 따라 아랍어의 어휘가 오늘날 이탈리아 표준어 및 다양한 방언 속으로 자연스럽게 스며들게 되었다.

둘째, 아랍-이슬람 세계와 유럽-그리스도교 세계의 활발한 상업적 교역이다. 8세기 무렵부터 아랍 상인들은 중앙아시아와 인도는 물론 유럽-그리스도교 세계의 상인들과도 본격적인 교역을 시작했다. 정치적으로 볼 때 이 시기는 다마스쿠스를 중심으로 했던 우마이야 왕조가 몰락한 뒤 바그다드를 중심으로 한 압바스 왕조(Abbasidische Dynastie, 750~1258, 1261~1517)가 이슬람 세계를 이끌던 때다. 압바스 왕조는 이슬람 문명의 황금기를 이끌었으며, 특히 아랍 상인들은 동서 교역의 패권을 장악하는 데 중요한 역할을 했다. 동서 교역에서 아랍 상인의 주도권 장악은 교역과 상업에 관련된 아랍어 낱말들을 많은 유럽 언어로 확산시켰다.

셋째, 1095년부터 1291년까지 약 2세기 동안 이어진 십자군 전쟁이다. 중세 서유럽의 그리스도교 세계가 '성지 예루살렘의 탈환'이란 명분으로 중동의 이슬람 세계에 대항하여 감행한 대규모 군사 원정은 결과적으로 실패했다. 그러나 십자군 원정으로 인해 유럽 세계와 중동 세계의 동서 교류가 활발해졌고, 베네치아, 제노바, 피사 등의 유럽 도시는 동서 교역의 중심지가 되었다. 십자군 전쟁으로 촉발된 유럽-그리스도교 세계와 중동-이슬람 세계의 충돌은 종교적·군사적 측면에서뿐만 아니라, 경제적·상업적 측면에서도 두 세계 모두에 영향력을 크게 행사했다. 그 결과 아랍어 낱말들이 유럽 언어(들)의 어휘 체계로, 유럽 언어(들) 낱말들이 아랍어의 어휘 체계로 차용되었다.

넷째, 아랍어로 기록된 저작물을 유럽의 언어(들)로 번역하는 작업이다. 앞에서 언급한 세 종류의 아랍-이슬람 문화권과 유럽-그리스도교 문화권 사이의 직접적인 문화 접촉과 달리, 번역 작업은 두 문화권 사이의 간접적인 문화 접촉으로 이해할 수 있다. 아랍어는 중세에 학문언어(Wissenschaftssprache)나 문화언어(Kultursprache) 중 하나로 실질적 자리매김을 했다고 평가해도 지나침이 없다. 중세에 아랍인은 실제로 특히 수학, 천문학, 화학, 의학, 치의학, 식물학, 동물학 등의 학문 분야에서 유럽의 지적·학문적 수준을 훨씬 뛰어넘었다. 그래서 8세기에서 15세기까지 아랍-이슬람 세력의 지배 아래에 놓였던 안달루시아(Andalusia)[2]는 유럽 학문의 메카로 이슬람 학문을 유럽으로 전파하는 교두보의 역할을 톡톡히 했다. 게다가 이슬람 이전의 아랍인은 헬레니즘의 영향을 받아, 고대 그리스 작가들의 문헌을 포함하여 고대 로마 작가들의 문헌을 일찍이 아랍어로 번역했고, 아랍어로 번역된 고대 서양 문명의 문헌들은 특히 중세에 와서 유럽의 여러 언어로 (재)번역되었다. 이는 아랍어로 번역되어 전승된 고대 서양 문명의 문헌이 중세 유럽 학자들의 중요한 학문적 원천이자 토대가 되었기 때문이다. 고대 서양 문명의 문헌을 아랍어로, 다시 아랍어로 전승된 고대 서양의 문헌을 유럽의 언어들로 번역하는 작업은, 서양의 관점에서 바라보면, 아랍인에 의해 "고대의 정신적 유산을 전달(Weitergabe des geistigen Erbes der Antike)"(Müller 2012, 3)받는 과정에 비견될 듯하다. 원래 아랍어 원전 텍스트이든, 다른 언어로 기록된 원전 텍스트를 아랍어로 번역한 텍스트이든, 아랍어로 쓰인 텍스트를 유럽의 여러 언어로 번역하는 작업은 아랍어 낱말들이 유럽의 언어들로 수용되게 한 촉매제의 역할을 했다.

주목받지 못한 독일어 속 아랍어 차용어

글로벌 하계 언어학 연구소(SIL Global)[3]가 2024년에 편찬한 『에스놀로그: 세계 언어 *Ethnologue: Languages of the World*』에 따르면, 2024년 기준으로 지구에서 사용되는 인간언어(menschliche Sprache) 또는 자연언어(natürliche Sprache)는 7,164개에 달한다.[4] 지구상에 존재하는 7천 개가 넘는 거의 모든 언어의 어휘 체계는 토박이 낱말과 타 언어(들)에서 유래한 차용어로 이루어져 있다.

독일어는 한국어, 일본어, 영어, 프랑스어, 스페인어, 아랍어 등과 마찬가지로 인간언어이자 자연언어이다. 이제 독일어의 어휘 체계가 어떻게 이루어져 있는지를 살펴보자.

이미 수많은 연구에서 밝혔듯이, 독일어는 오랜 세월 전승되어 온 토박이 낱말과 함께, 라틴어, 고대 그리스어, 켈트어, 프랑스어, 영어, 스페인어, 이탈리아어, 포르투갈어, 네덜란드어, 러시아어, 튀르키예어, 아랍어 등과 같은 타 언어(들)에 뿌리를 둔 차용어로 어휘 체계를 형성한다. 다시 말해, 독일어의 어휘 체계는 '토박이 낱말로서의 고유어'와 문화 간 협력의 결과물로 이해할 수 있는 '타 언어(들)로부터의 차용어'로 구성되어 있다. 물론 이와 같은 어휘 체계 구성의 특성은 독일어를 포함한 지구상의 거의 모든 인간언어에 해당한다.

그런데 독일어의 어휘 체계를 구성하는 '타 언어(들)로부터의 차용어'와 관련하여 오늘날까지도 자세히 규명되지 않은, 어떤 의미에서는 중요성에 비해 큰 주목과 관심을 받지 못하고 등한시되어 온 영역들이 있다. 그중 한 가지 대표적인 영역이 바로 '독일어 속 아랍어 차용어'이다(김형민·이재호 2024, 146 참고).

독일어 속 아랍어 차용어의 양적 비중

독일어의 어휘 체계에 존재하는 독일어 속 아랍어 차용어는 정확히 몇 개나 될까? 자연언어의 어휘 체계를 구성하는 각각의 낱말은 탄생하여 성장하고 소멸하는 생애 주기를 겪는 유기체에 비견된다. 독일어 속 아랍어 차용어도 예외가 아니다. 어휘 체계의 구성성분인 낱말에 내재한 '유기체적 속성'을 고려하면, 독일어의 어휘 체계에 존재하는 독일어 속 아랍어 차용어의 정확한 개수를 묻는 것 자체는 유의미한 질문이 아닐 수 있다.

독일어 속 아랍어 차용어의 양적 비중과 관련하여 큰 어려움 없이 예측 가능한 사실이 하나 있다. 그것은 독일어의 어휘 체계에서 아랍어 차용어가 차지하는 양적 비중이 라틴어, 프랑스어, 영어, 그리스어, 스페인어, 이탈리아어 등에 뿌리를 둔 차용어의 양적 비중과 비교하면 상대적으로 현저히 낮다는 사실이다(Müller 2012, 8 참고). 이 사실은 다음에 근거한다. 독일어 문화권과 아랍어 문화권과의 인적·문화적 교류는 역사적으로 독일어 문화권과 라틴어 문화권, 독일어 문화권과 프랑스어 문화권, 독일어 문화권과 영어 문화권 등과 비교할 때 상대적으로 훨씬 덜 활발했거나 훨씬 덜 활발하다는 점이다. 동서고금을 막론하고 서로 다른 언어권의 인적·문화적 교류는 관련 언어(들)에 흔적을 남긴다(Littmann 1924, 1; Salzmann & Stanlaw & Adachi 2015, 220; Zhan 2023, 274-275와 282 참고). 이 점에 비추어 볼 때, 독일어 어휘 체계에서 아랍어 차용어의 상대적으로 낮은 비중은 독일어권과 아랍어권 사이의 인적·문화적 교류가 상대적으로 활발하지 않았음을 직·간접적으로 반영한다고 해석할 수 있다.

독일어 속 아랍어 차용어의 개수는, 연구자에 따라 어느 정도의 수적 편차를 보이지만, 대략 290~360개에 달한다. 라자 타찌(Rasa Tazi)는 1994년 독일의 하이델베르크 대학교에서 학술 논문 「독일어 속 아랍어 차용어. 아랍어에서 독일어로의 어휘 전이 *Arabismen im Deutschen. Lexikalische Transferenzen vom Arabischen ins Deutsche*」로 박사 학위를 취득했다. 이 박사 학위 논문은 4년 뒤인 1998년 학술

총서《게르만 언어학 연구Studia Linguistica Germanica》의 제47권으로 간행되었다. 이 연구서는 독일어 속 아랍어 차용어를 다룬 성공적인 학술적 연구성과물 중 하나로 평가받는다(Rubio 2001, 871 참고). 타찌(Tazi 1998, 381)가 자신의 연구서에서 밝혔듯이, 그녀는 약 350개의 독일어 속 아랍어 차용어 중에서 200여 개를 연구 대상으로 삼고 있다. 하지만 그녀는 몇몇 연구자의 사전류 편찬서에서 독일어 속 아랍어 차용어의 개수를 다음과 같이 확인했다(Tazi 1998, 3과 7 참고).

1. 독일의 중근동 어문학자로 활동했던 엔노 리트만(Enno Littmann, 1875~1958)이 1924년에 편찬한『독일어 속 중근동 언어들의 낱말Morgenländische Wörter im Deutschen』: 약 290개의 독일어 속 아랍어 차용어

2. 독일의 문헌학자이자 독일어 교사로 활동했던 카를 로코취(Karl Lokotsch, 1889~?)가 1927년에 편찬한『유럽 언어들 속 오리엔트 지역 언어 차용어의 어원 사전Etymologisches Wörterbuch der europäischen Wörter orientalischen Ursprungs』: 약 350개의 독일어 속 아랍어 차용어

3. 이집트 출신의 독어학자 나빌 오스만(Nabil Osman, 1934~)이 1982년에 편찬한『아랍어 기원의 독일어 낱말 소사전Kleines Lexikon deutscher Wörter arabischer Herkunft』: 338개의 독일어 속 아랍어 차용어

'차용 경로'에 따른 독일어 속 아랍어 차용어의 유형화

독일어 속 아랍어 차용어는 독일어에 유입된 라틴어, 프랑스어, 영어, 그리스어, 스페인어, 이탈리아어 차용어와 비교할 때 어휘 체계에서 상대적으로 현저히 낮은 비중을 차지한다. 이러한 이유로 독일어 속 아랍어 차용어는 오늘날까지도 학문적으로 충분히 주목받지 못했을 가능성이 있다. 그러나 현실 세계에서는 양적 비중과 질적 비중이 항상 정비례 관계를 보여주지 않는다. 독일어 속 아랍어 차용어도 이 경우에 해당한다.

독일어 속 아랍어 차용어는 독일어의 어휘 체계에서 양적으로 적은 비중을 차지하지만, 사용 빈도 측면에서는 결코 무시할 수 없을 만큼 독일어 텍스트에 자주 출현한다. 이는 독일어 속 아랍어 차용어에 대한 학문적 관심과 연구의 영역을 새롭게 조명할 만한 요소가 된다. 실제로 이러한 차용어들은 특정 분야의 전문 용어로만 쓰이는 것이 아니라 일상어로서도 빈번히 사용되고 있다.

더 나아가 작금에 아랍어권 지역을 중심으로 전개되는 국제정세와 아랍어권 지역의 정치적·군사적·경제적·종교적·문화적·사회적 사안에 대한 전 세계적 관심을 반영하듯이, 독일어 속 아랍어 차용어는 독일어권 대중매체에 거의 하루도 거르지 않고 등장하고 있다. 우선 독일어 속 아랍어 차용어의 이해를 돕기 위해 몇몇 구체적인 예를 들어 본다. Admiral '제독, 해군 사령관', Alkohol '알콜', Azimut '방위각', Diwan '회의, 집회, 회의실', Gitarre '기타', Hezbollah '헤즈볼라', Kaffee '커피', Kebab '케밥', Magazin '잡지', Matratze '매트리스', Natron '나트륨염', Ramadan '라마단', Risiko '위험, 모험', Schach '체스', Sirup '시럽', Sofa '소파', Tasse '잔', Ziffer '숫자, 영', Zucker '설탕' 등이 있다.

독일어 속 아랍어 차용어는 아랍어와 독일어 사이에 중개 언어(Vermittlungssprache)의 유무에 근거하여 '독일어 속 직접 아랍어 차용어'와 '독일어 속 간접 아랍어 차용어'로 양분할 수 있다.

독일어 속 직접 아랍어 차용어

독일어 속 직접 아랍어 차용어란, 아랍어 낱말이 중개 언어를 거치지 않고 독일어의 어휘 체계로 곧바로 차용된 경우를 가리킨다. 독일어의 어휘 체계에서 직접 아랍어 차용어의 수적 비중은 간접 아랍어 차용어에 비해 상대적으로 적다. 그러나 특히 20세기 이후 독일어 속 직접 아랍어 차용어의 수는 현저하게 증가하는 추세를 보인다. 이는 아랍-이슬람 문화권의 특수한 개념과 고유성을 담은 낱말들이 독일어를 비롯한 여러 언어에서 중개 언어를 거치지 않고 '국제어(internationales Wort)'의 성격으로 직접 차용되고 있기 때문이다. 이러한 직접 차용어의 증가 배경에는 교통·통신·정보기술의 비약적인 발전이 중요한 요인으로 작용하고 있다.

독일어 속 직접 아랍어 차용어의 대표적인 예로는 Al Dschasira/Al Jazeera '알자지라(아랍권의 대표적인 방송사를 가리키며, 자구적 의미는 '섬, 반도')', Al-Qaida/al-Kaida '알카이다(오사마 빈 라덴을 중심으로 창립된 극단주의적 이슬람 테러 단체를 가리키며, 자구적 의미는 '근본, 기본')', Allah '알라신(정관사 '알 al'과 '신'을 의미하는 '일라 illah'가 합쳐진 아랍어 낱말로 유일신을 가리킴)', Atlas '공단(두껍고 무늬는 없지만, 윤기가 도는 비단)', Burka '부르카(이슬람 여성이 머리부터 발목까지 신체의 전부위를 가리는 의복)', Dschihad/Djihad/Jihad '지하드(이슬람교의 전파를 위해 이슬람교도에게 부과된 종교적 의무를 가리키며, 자구적 의미는 성전(聖戰))', Emir '에미르(이슬람 지역의 군주, 수장, 총독, 사령관)', Fakir '파키르(이슬람교의 고행자, 탁발승, 수도자를 가리키며, 자구적 의미는 '정신적 의미에서의 가난한 사람')', Falafel '팔라펠(병아리콩을 으깨 작은 경단 모양으로 빚어 기름에 튀긴 음식)', Hamas '하마스(반이스라엘 팔레스타인 무장 단체)', Haschisch '하쉬쉬(대마를 가리키며 자구적 의미는 '풀')', Hezbollah '헤즈볼라(레바논 시아파 이슬람주의 성향의 정당, 무장 단체)', Intifada '인티파다(팔레스타인의 반이스라엘 저항운동을 가리키며, 자구적 의미는 '민중봉기')', Islam '이슬람교', Kadi '카디(이슬람법에 기초하여 판결을 내리는 재판)', Koran '꾸란(이슬람교의 경전을 가리키며, 자구적 의미는 '낭송')', Ramadan '라마단(이슬람력의 9월을 가리키며, 자구적 의미는 '무더운 달')', Scheich/Scheik '샤이히/샤이크(이슬람 지역의 가장, 수장, 족장)', Sultan '술탄(이슬람 국가의 군주를 가리키며, 자구적 의미는 '권위, 권력')', Wadi '와디(중동·북아프리카 지역에서 우기 때 외에는 물이 흐르지 않는 계곡)' 등이 있다.

독일어 속 간접 아랍어 차용어

　독일어 속 간접 아랍어 차용어란, 아랍어 낱말이 한 개 이상의 중개 언어를 거쳐 독일어의 어휘 체계로 차용된 경우를 가리킨다. 독일어 속 간접 아랍어 차용어의 전이 과정을 살펴보면, 많은 사례에서 아랍어 낱말과 독일어 낱말 사이에 두 개 이상의 중개 언어가 존재한다. 그런데 아랍어 낱말이 독일어 낱말로 전이되는 과정에 참여한 모든 언어를 중개 언어로 간주할 경우, 차용 경로에 따른 유형 분류가 어려워질 뿐만 아니라 기술상의 일관성에서도 크고 작은 문제점이 발생할 수밖에 없다. 따라서 '중개 언어'의 개념을 보다 엄격하게 제한할 필요가 있다.

　독일어 속 간접 아랍어 차용어에서 중개 언어를 언급할 때는, 아랍어 낱말을 독일어로 최종적으로 전이한 언어를 기준으로 삼는다. 다시 말해, 아랍어 낱말을 독일어로 직접 전달한 언어만을 '중개 언어'라고 명명한다. 한편 아랍어에서 독일어로 전이하는 과정에 관여했지만, 최종 전달자로서의 역할을 하지 않은 언어는 '통과언어(Durchgangssprache)'로 부른다. 이러한 방식으로 분류하면 독일어 속 간접 아랍어 차용어를 최종 전달자로서의 중개 언어를 기준으로 일관성 있게 유형화할 수 있다.

(1) a. Algebra '대수학' 〈 중세 라틴어 algebra '방정식' (15세기) 〈 아랍어 al-ǧabr '(부서진 부분) 원상회복'
　　b. Kaffee '커피' 〈 프랑스어 café 〈 튀르키예어 kahve '커피, 커피 원두, 다방' 〈 아랍어 qahwa '와인, 커피'

(1a)의 Algebra는 '(부서진 부분의) 원상회복'을 의미하는 아랍어 al-ǧabr가 중개 언어인 중세 라틴어를 거쳐 독일어로 수용된 예이다. 한편 (1b)의 Kaffee는 '와인, 커피'를 의미하는 아랍어 qahwa가 통과 언어로서의 튀르키예어와 중개 언어로서의 프랑스어를 거쳐 독일어로 수용된 예이다. 따라서 (1a)의 Algebra는 '중세 라틴어를 중개 언어로 한 독일어 속 간접 아랍어 차용어'로, (1b)의 Kaffee는 '프랑스어를 중개 언어로 한 독일어 속 간접 아랍어 차용어'로 유형화한다.

독일어 속 간접 아랍어 차용어의 전이 과정에서 최종 전달자로서의 중개 언어로 역할을 한 주요 언어는 프랑스어, 중세 라틴어, 이탈리아어, 스페인어, 네덜란드어, 영어, 튀르키예어 등이 있다. 각 유형의 몇몇 대표적인 예를 제시한다.

1. 중개 언어: 프랑스어

프랑스어를 중개 언어로 한 독일어 속 간접 아랍어 차용어의 대표적인 예로는 Admiral '해군 대장, 제독', Arabeske '아라베스크', Beduine '베두인', Chiffre '숫자, 암호', Dschinn '악령, 귀신', Gaze '거즈, 망사', Gazelle '가젤', Hasard '요행, 행운, 도박', Kaffee '커피', Kaliber '구경, 직경', Kalif '칼리프(이슬람 국가 지도자의 칭호)', Karat '캐럿', Lila '연보라색', Limone/Limonade '레몬수', Matt '(체스의) 외통수', Musselin '모슬린(평직으로 짠 무명)', Orange '오렌지', Razzia '(경찰의) 일제 단속', Tambour '고수, 북 치는 사람', Tarif '협정 요금, 세금, 정가표', Tasse '(손잡이가 있는) 잔' 등이 있다.

2. 중개 언어: 중세 라틴어

중세 라틴어를 중개 언어로 한 독일어 속 간접 아랍어 차용어의 대표적인 예로는 Alchemie '연금술', Algebra '대수학', Algorithmus '알고리즘', Alkali '알칼리', Alkohol '알코올, 술', Amalgam '아말감', Bezoar '우황, 장석', Borax '붕사', Elixier '(연금술사가 만든) 신비의 영약', Galgant '생강과 식물', Karbe '백리향', Markasit '백철광', Natron '나트륨염, 중탄산소다', Sirup '시럽(제), 당밀', Spinat '시금치', Sumach '옻나무' 등이 있다.

3. 중개 언어: 이탈리아어

이탈리아어를 중개 언어로 한 독일어 속 간접 아랍어 차용어의 대표적인 예로는 Arsenal '병기창, 무기고', Artischocke '엉겅퀴', Benzin '벤진', Giraffe '기린', Kandis '결정 사탕, 얼음 사탕', Lack '니스(칠)', Magazin '창고, 잡지', Marzipan '마르치판', Matratze '매트리스', Moschee '모스크, 이슬람 사원', Mumie '미라', Soda '소다, 탄산소다, 탄산나트륨', Zenit '천정(天頂), 절정' 등이 있다.

4. 중개 언어: 스페인어

스페인어를 중개 언어로 한 독일어 속 간접 아랍어 차용어의 대표적인 예로는 Alhambra '알함브라 궁전', Alkalde '재판관, 스페인의 시장', Alkazar '8~15세기 이슬람 통치 시기 이베리아반도에 세워진 이슬람 양식의 성과 궁전', Gitarre '기타', Jasmin '재스민', Mozaraber '8~15세기 이슬람 통치 시기 이베리아반도에 살았던 그리스도교인' 등이 있다.

5. 중개 언어: 네덜란드어

네덜란드어를 중개 언어로 한 독일어 속 간접 아랍어 차용어의 대표적인 예로는 Almanach '달력, 연감', Aprikose '살구', Kattun '면직물', Roche/Roch '(체스) 탑', Schach '체스' 등이 있다.

6. 중개 언어: 영어

영어를 중개 언어로 한 독일어 속 간접 아랍어 차용어의 대표적인 예로는 Albatros '앨버트로스', Kiff '대마초, 마리화나', Mohair/Mohär '모헤어(앙고라염소의 털)', Mokka/Mocca '모카', Monsun '몬순', Racket '테니스 라켓' 등이 있다.

7. 중개 언어: 튀르키예어

튀르키예어를 중개 언어로 한 독일어 속 간접 아랍어 차용어의 대표적인 예로는 Harem '하렘(이슬람교도의 여성 방)', Kebab/Kebap '케밥', Kismet '(이슬람교의 피할 수 없는) 운명, 숙명', Wakf '(이슬람교) 종교 재단' 등이 있다.

'문화 간 협력'의 결과물로서의 독일어 속 아랍어 차용어

한 언어의 어휘 체계는 시간의 흐름 속에서 고정불변의 상태로 머무르지 않고, 살아 있는 유기체처럼 끊임없이 변화한다. 특히 다른 문화권(들)과의 접촉은 특정 언어의 어휘 체계를 변화시키는 매우 중요한 기제로 작동한다. 달리 표현하면, 클로드 레비스트로스가 말한 '문화 간 협력'의 관점에서 볼 때, 지구상 거의 모든 인간언어의 어휘 체계는 타 문화권의 언어(들)로부터 직·간접적인 영향을 받으며, 이는 역으로도 마찬가지다. 이와 같은 언어 간 상호작용은 독일어의 어휘 체계라고 해서 예외가 될 수 없다. 이런 맥락에서 독일어 속 아랍어 차용어가 비록 독일어의 어휘 체계에서 차지하는 양적 비중이 그리 크지 않더라도, 그것이 아랍어 문화권과 독일어 문화권 간의 협력과 상호작용의 결과물이라는 점에서 의미를 가질 것이다.

스페인어 속의 아랍어

이강국

스페인어 형성에 영향을 끼친 언어들

　스페인어가 형성되는 과정에서 가장 큰 영향을 미친 언어는 단연 라틴어다. 그러나 로마가 이베리아반도를 점령하기 전, 이곳에는 켈트족과 이베로족이 원주민으로 거주하고 있었다. 이들의 언어는 일부 어휘와 지명에만 흔적을 남겼을 뿐, 현대 스페인어에 끼친 영향은 미미하다. 이외에도 로마가 도래하기 전 이 지역을 지배했던 종족으로는 페니키아인과 그리스인, 카르타고인이 있었다. 이들 역시 정복 민족이었지만 주로 교역을 목적으로 활동했으므로 스페인어에 남긴 흔적은 제한적이다. 기원전 218년, 로마와 카르타고 사이에서 제2차 포에니 전쟁이 발발했다. 이 전쟁에서 로마가 승리하자 카르타고의 식민지였던 이베리아반도는 로마의 속주로 편입되었다. 이와 함께 자연스럽게 라틴어가 널리 퍼지며 현 스페인어의 뿌리를 이루게 되었다.

언어뿐만 아니라 정치, 경제, 사회, 문화, 종교 등 모든 면에서 철저하게 로마화되면서 스페인의 정체성을 형성하는 근간 역시 로마문화가 되었다. 라틴어는 스페인어의 뼈대를 이루었고, 이후 이베리아반도를 지배한 모든 종족의 언어도 라틴어의 체계를 바꾸지 못했다. 강력한 힘을 가졌고 오랜 기간 지배했지만, 그들의 언어는 스페인어에 큰 영향을 주지 못했다. 476년 서로마제국이 멸망하자 이베리아반도는 게르만족의 한 갈래인 서고트족의 지배 아래 놓였다. 하지만 이들은 정복자였음에도 로마문화에 동화되었고, 자신들의 언어를 버리고 기꺼이 라틴어를 받아들였다. 이로 인해 서고트족이 남긴 언어 흔적은 일부 어휘와 지명, 인명에 한정되었다.

711년, 북아프리카를 장악한 이슬람 세력이 지브롤터 해협을 건너 이베리아반도를 점령했다. 이후 아랍어를 쓰는 이슬람교도들은 1492년 그라나다왕국이 멸망할 때까지 약 8세기 동안 이베리아반도에 머물며 많은 흔적을 남겼다. 이들이 남긴 흔적은 일반 어휘뿐만 아니라 지명에서도 뚜렷하게 나타난다. Lapesa(1981:133)에 따르면, 스페인어 어휘 중 약 4천 개가 아랍어에서 비롯되었다고 주장하며, 특히 이슬람 세력이 가장 오래 머물렀던 안달루시아 지방에는 수많은 지명이 남아 있어 그 영향을 쉽게 확인할 수 있다고 설명한다. 이슬람교도들이 약 8세기 동안 이베리아반도를 지배했지만, 아랍어조차 스페인어의 뼈대를 바꾸지는 못했다. 이는 종교와 문화의 차이로 인해 서로 적대적 관계를 유지했기 때문일 것이다. 서로 다른 성격을 가진 두 문화는 물과 기름처럼 끝내 섞이지 못했다.

이슬람교도들은 서고트족과 달리 끝까지 자신들의 언어인 아랍어와 종교인 이슬람을 고수했다. 서고트족이 라틴어와 로마가톨릭을 받아들였던 것과는 대조적으로 이슬람교도들은 자신들의 언어와 종교를 포기하지 않았다. 그 결과, 아랍어는 스페인어의 문법에 거의 영향을 미치지 못했고, 일반 어휘와 지명에만 일부 흔적을 남겼다. 이 글에서는 라페사(1981)와 이강국(2022)을 바탕으로, 아랍어에서 유래한 스페인어 어휘를 분야별로 분류하여 특정 분야에 주로 분포된 어휘를 살펴보고, 주요 지명에 남아 있는 흔적의 어원적 의미를 분석하려고 한다. 이를 통해 아랍어가 스페인어가 형성되는 과정에 끼친 영향과 더불어 스페인에 남아 있는 아랍 문화의 흔적을 체계적으로 정리하려고 한다.

스페인어 속의 아랍어 어휘들

스페인에서 아랍어의 흔적을 찾는 일은 흥미롭고 매혹적인 탐험과 같다. 우리에게 익숙한 많은 단어가 사실 아랍어에서 비롯되었다는 사실을 아는 순간 스페인어가 지닌 풍부한 역사적 배경이 새삼 느껴진다.

예를 들어, 농업과 원예에 관련된 아랍어로는 acelga(근대), acequia(관개수로), albaricoque(살구), albérchigo(복숭아), alcachofa(엉겅퀴), alfalfa(알팔파 풀), algodón(면화), alhelí(비단향꽃무), ajonjolí(참깨), aljibe(저수조), almunia(텃밭), amapola(양

귀비), arroz(쌀), azafrán(사프란), azahar(오렌지꽃), azúcar(설탕), azucena(나리꽃), azufaifa(대추), bellota(도토리), berenjena(가지), café(커피), espinaca(시금치), hachís(하치스), jazmín(자스민), limón(레몬), naranja(오렌지), noria(양수梁水), sandía(수박), sorgo(수수), zanahoria(당근) 등이 있다.

군사와 학문, 경제, 건축 등 다양한 영역에서 아랍어의 흔적은 여전히 스페인어 속에 남아 있다. 일상에서 무심코 사용되는 스페인어 단어들 가운데 사실은 아랍문화의 유산을 품고 있는 것들이 많다.

군사 분야에서는 adarga(방패), adarve(성벽 위 통로), alcaide(간수장), alcalde(시장市長), alcazaba(요새), alcázar(성채), alférez(기수), almena(흉벽), almirante(제독), hazaña(업적), zaga(후미대) 등이 있다. 이 단어들은 단순한 군사용 어휘를 넘어 당시 이슬람 문화가 지닌 군사적 조직과 전략의 흔적을 보여준다.

학문 분야에서는 acimut(방위각), alambique(증류기), alcalí(알칼리), alcohol(알코올), álgebra(대수代數), algoritmo(알고리즘), almagre(자토赭土), almanaque(달력), alquimia(연금술), alquitara(증류기), alumbre(명반明礬), azogue(수은), cénit/nadir(천정天頂), cero(0), cifra(숫자), elixir(묘약), guarismo(수량) 등이 있다. 지금도 우리가 학문적 개념으로 자주 사용하는 단어들이 아랍어에서 비롯되었다.

경제에서는 aduana(세관), almacén(창고), arroba(아로바), quilate(캐럿), tarifa(요금)처럼 중요한 역할을 했던 단어들이, 건축에서는 alarife(건축가), albañil(미장이), alcántara(아치, 다리), alcantarilla(하수도), alcoba(침실), aldaba(노커), alfombra(양탄

자), almohada(베개), azotea(옥상), azulejo(타일), taquilla(창문), zaguán(현관홀) 같은 건축 용어들이 아랍어의 영향을 보여준다. 일상생활에서도 ajorca(팔찌), albornoz(아라비아식 겉옷), alhaja(보석), aljófar(진주), talco(분粉)과 같은 아랍어를 통해 전해졌다.

　흥미로운 점은 앞에서 언급한 어휘들 가운데 일부는 본래 다른 언어에서 기원했지만 아랍어를 거쳐 이베리아반도로 들어왔다는 것이다. 스페인 왕립학술원 사전(이하 DRAE)과 이강국(2015)에 따르면, 아랍어는 단순히 자체적인 어휘를 전달하는 데 그치지 않고 다른 문화의 언어를 매개하는 역할도 했다.

　대표적인 예로, 수의 개념에서 혁명적인 발상으로 평가되는 cero(0)가 있다. 이 숫자는 본래 인도인들이 고안한 개념으로 아랍어를 통해 유럽에 전해졌다. 어원의 뿌리는 산스크리트어 shunya(공허, 텅 빔)로, 이 단어가 유럽의 수 체계에 영향을 끼쳤다. 비슷하게, '숫자'를 뜻하는 cifra도 같은 산스크리트어에서 비롯되었으며 아랍어를 매개로 스페인어에 자리잡았다.

　또 다른 예로 ajedrez(장기)가 있다. 이 단어는 본래 산스크리트어에서 유래했으나 아랍어를 매개로 스페인어에 자리잡았다. toronja(그레이프프루트, 자몽) 역시 산스크리트어에서 기원해 페르시아와 아랍을 거쳐 이베리아반도로 전래되었다.

　흥미롭게도 naranja(오렌지)의 어원은 타밀어에서 시작되었다. 이 단어는 산스크리트어, 페르시아어, 아랍어를 거쳐 유럽으로 전해졌으며, 스페인어에서는 아랍어 naranya를 통해 받아들여졌다. 이런 단어들은 아랍어가 단순히 이슬람 문화의 언어적 흔적을 남기는 데 그치지 않고, 여러 문화와 언어를 연결해주는 다리와 같은 역할을 했음을 보여준다.

berenjena(가지)는 페르시아어에서 유래한 단어로 아랍어 badhinyana를 거쳐 스페인으로 들어왔다. 가지의 원산지는 인도 북동부의 아삼 지방과 미얀마, 중국 등으로 알려져 있다. 아랍인들이 이 식물을 이베리아반도로 전파했으며, 이후 유럽 전역으로 퍼지게 되었다.

'장기'와 관련된 어휘로는 jaque와 mate가 있다. 이 단어들은 페르시아 펠비어(pelvi)에서 비롯되었으며 jaque는 '왕'을 의미하고, 우리말로 '장군!'을 부를 때 쓰는 말이다. mate는 '(왕이) 죽었다'는 뜻으로 역시 '장군!'이라는 의미로 쓰인다. 두 단어를 합쳐 jaque mate(장군!)로 표현되기도 한다. 이 외에도 펠비어에서 유래한 어휘로는 alcancía(저금통, 헌금함), alcoba(방) 등이 있다. 이러한 단어는 당시 다양한 언어와 문화가 교차했던 이베리아반도의 역동적인 언어적 배경을 잘 보여준다.

jazmín '자스민'은 중세 페르시아어인 펠비어 yasaman(신의 선물)에서 나왔다. 이 단어는 아랍어 yasamin을 거쳐 이베리아반도에 도달한 후 yasmin이 되었다가 현재의 형태로 정착했다.

tambor(북)라는 악기의 이름도 페르시아어에서 아랍어를 거쳐 스페인어로 전해졌다. 원래 페르시아어 tabir에서 시작된 이 단어는 아랍어 tanbur를 거쳐 스페인어 tambor가 된 것이다.

albérchigo(복숭아)는 페르시아에서 기원한 단어다. -bérchigo가 곧 persicum(페르시아의)에서 비롯된 말이기 때문이다. 복숭아는 로마 시대에도 존재했기에 스페인어에는 라틴어에서 유래한 복숭아와 관련된 어휘도 포함되어 있다. 바로 melocotón과 durazno이다. melocotón은 malum cotonium에서 유래했으며, 그야말로 '코튼처럼' 속이 하얗고 말랑말랑한 복숭아를 뜻한다. 반면, durazno는 duracĭnus에서 나온 것으로 '딱딱한' 복숭아를 지칭한다.

albaricoque '살구'는 아르메니아에서 비롯한 단어다. 학명 Prunus armeniaca(아르메니아 살구)에서 그 기원이 분명히 드러난다.

granada(석류)는 10세기경 베르베르인들이 이베리아반도에 들여온 것이다. 석류의 원산지는 페니키아로 알려져 있으며, 이 단어는 라틴어 [punica] granatum 또는 [malum] granatum에서 유래했다.

sandía(수박)는 파키스탄의 신드(Sind) 지방에서 비롯되었다고 한다. 이 과일은 신드 지방의 특산으로 여겨졌고, 아랍어 sindiyya를 거쳐 스페인어로 유입되었다.

sorgo(수수)는 시리아에서 유래한 단어다. 라틴어 Syrĭcum [granum](시리아 알갱이)에서 형용사형만 남아 surĭcum, surgum을 거쳐 만들어진 어휘다. 반면, granada(석류)는 [punica] granatum(페니키아 알갱이)에서 명사 granatum만 남아 변화한 단어다. sorgo는 형용사가, granada는 명사가 주축이 되어 바뀐 점에서 차이가 있다.

aceite(기름)는 시리아의 아람어에서 유래한 단어로, 아랍어를 거쳐 이베리아반도로 들어왔다. 그러나 로마인들도 올리브기름을 사용했기 때문에 라틴어에서 비롯된 óleo 역시 스페인어에 남아 있었다. 이로 인해 스페인어 내에서 같은 의미를 지닌 두 단어가 공존하게 되었고, 자연스럽게 사용 용도로 그 뜻이 나뉘었다. aceite는 주로 올리브유(aceite de oliva)와 같이 먹는 기름에 쓰이고, óleo는 유화(pintura al óleo)나 종유(los santos óleos)처럼 비식용 용도로 사용되었다. 비슷한 예로 taquilla(창구)를 들 수 있다. 이 단어는 아랍어 taca(창구)의 축소형에서 비롯되었으며, 로마 시대에도 '창문'을 뜻하는 라틴어 ventana가 이미 존재했다. 이 라틴어 단어에서 ventana의 축소형 ventanilla(창문)가 파생되었다. 이렇게 두 단어가 같은 의미로 스페인어에서 공존하게 되자 taquilla는 주로 박물관과 미술관, 공연장 등에서 '표를 파는 창구'로 ventanilla는 은행이나 사무실에서 '업무용 창구'로 사용되며 의미가 나뉘게 되었다.

taza(잔)과 copa(컵)의 관계도 비슷하다. copa는 라틴어 cuppa에서 유래해 이미 사용되던 단어였지만, 아랍어에서 taza가 들어오면서 두 단어가 공존하게 되었다. 그 결과, taza는 una taza de café(커피 한 잔)처럼 작은 잔을, copa는 una copa de vino(포도주 한 잔)처럼 상대적으로 큰 잔을 뜻하며 의미가 나뉘었다. alacrán(전갈)과 escorpión(전갈) 역시 마찬가지다. escorpión은 그리스어 σκορπίος(skorpíos)에서 스페인어로 들어온 단어다. 반면, 아랍어에서 유래한 alacrán은 aqrab에서 파생된 단어로 아랍어를 통해 스페인어에 전해졌다. 두 단어는 같은 의미를 가지며 경쟁 관계를 이루었지만, 현재까지도 둘 다 스페인어에서 사용되고 있다.

café(커피)는 에티오피아의 아비시니아고원을 원산지로 한다. 이 단어는 고전 아랍어 qahwah를 거쳐 유럽으로 전파되었다. 이베리아반도로 직접 들어온 것은 아니며, 터키어와 이탈리아어를 거쳐 스페인어로 전파된 어휘다.

이 단어 모두는 본래 다른 언어에서 기원했지만, 아랍어를 통해 스페인어로 유입되며 어휘를 풍부하게 하고, 문화적 교류의 흐름을 증명해준다. 특히 아랍어에서 들어온 어휘 가운데 많은 수가 이베리아반도에 없던 동식물, 제도, 도구 등을 지칭했기에 다른 어휘와 경쟁을 벌일 필요 없이 스페인어에 정착할 수 있었다. 반면, 이미 비슷한 의미를 가진 그리스어나 라틴어 기원의 단어가 존재하던 경우에는 경쟁이 불가피했다. 이런 경우에는 한 단어가 사라질 것 같지만, 실제로는 의미 기능을 나누는 방식으로 두 단어 모두를 남기는 쪽을 택했다. aceite와 óleo, taquilla와 ventanilla, taza와 copa, alacrán과 escorpión 등이 이 과정을 거쳐 스페인어 어휘로 자리잡았다. 이러한 공존은 스페인어 어휘를 더욱 풍부하고 다채롭게 만드는 데 기여했다.

라틴어 어간에 아랍어 관사나 접두사가 결합해 만들어진 단어들도 존재한다.

예를 들어, alcázar(성채)는 라틴어 castra에서 비롯된 어간에 아랍어 관사 al-이 결합된 단어다. 이는 아랍어 qaṣr(성채)에서 영향을 받은 결과다.

비슷한 사례로 almendra(아몬드)가 있다. 이 단어는 그리스 기원의 라틴어 amygdala에 아랍어 관사 al-이 더해져 만들어졌다.

atún(참치)는 본래 고전 라틴어 thunnus에서 유래한 단어다. 정상적인 언어 변화 과정을 겪었다면 ton 형태가 되었을 것이며, 이는 현재 tonina(다랑어=atún)에서 확인할 수 있다. 그러나 아랍어 관사 a-가 붙으면서 현재의 atún 형태로 정착했다.

amapola(양귀비)의 어원은 라틴 속어 papavera(고어는 papaver)에서 비롯된다. 이 단어는 형태 변화를 거쳐 papaura가 되었고, 여기에 아랍어로 '알갱이, 씨앗'을 뜻하는 habb가 결합해 habb-papaura가 만들어졌다. 다시 이 형태가 *habapaura〉*habapora〉*hamapora를 거쳐 hamapola로 변했으며, 최종적으로 h-가 묵음화되면서 현재와 같은 발음과 철자가 확립되었다. 한편, 이 꽃의 열매에서 추출하는 opio(아편)은 아랍어가 아닌 그리스어 ὄπιον(ópion)에서 나왔다. 이는 라틴어 opium을 거쳐 스페인어로 자리잡은 단어다. 흥미롭게도, 중국어로 음역된 '아편'이라는 단어 역시 여기에서 비롯되었다. 스페인 들판에서 흔히 볼 수 있는 양귀비는 아편 성분이 없는 변종이라고 한다.

건축 양식에 관한 두 용어: mozárabe와 mudéjar

이베리아반도에서 독특하게 발달한 건축 양식으로 모사라베 양식과 무데하르 양식이 있다. 모사라베(mozárabe)는 '이슬람 치하에서 살던 가톨릭교도들'을 가리키는 용어로, 아랍어 mustaʻrab(아랍화된 사람)에서 유래했다. 이들 중에서 '이슬람으로 개종한 가톨릭교도'를 별도로 물라디(muladi)라고 불렀다. 모사라베는 단순히 사람을 지칭하는 데 그치지 않고, '가톨릭적 양식에 이슬람식 표현을 가미한' 건축 양식에도 쓰이며, 대체로 다음과 같은 특징을 포함한다.

① 벽돌을 가로세로 엇갈리게 쌓는다.
② 외벽 장식은 거의 하지 않거나 소박하게 한다.

③ 층이 일정하지 않고, 비율과 공간이 약간씩 다르며 둥근 돔으로 덮는다.
④ 말발굽형 아치를 즐겨 사용하며, 아치의 둥근 부분이 거의 2/3까지 닫히는 형태로 만들기도 한다.
⑤ 벽과 아치 사이, 즉 아치의 위와 옆 부분에 보호부를 둔다.
⑥ 기둥을 즐겨 사용하며, 기둥머리는 주로 코린트식으로 꽃이나 식물무늬로 장식한다.
⑦ 추녀가 서까래 장식 위에 얹혀 밖으로 튀어나온다.

반면, 무데하르(mudéjar)는 '가톨릭 치하에서 살게 된 이슬람교도'를 가리키는 말로, 아랍어 mudayyan(남아 있는 자)에서 비롯되었다. 이는 국토 회복 운동이 진행되면서 '가톨릭 세계에 남게 된 이슬람교도'를 뜻한다. 시간이 흐르며 무데하르 인구가 늘어나자, 이슬람 양식에 가톨릭적 요소가 결합된 독특한 건축 양식이 발전했다. 무데하르 양식의 특징으로는 대체로 다음과 요소들을 들 수 있다.

① 석회와 벽돌을 주재료로 사용하며, 벽돌을 격자무늬, 마름모, 아치 모양으로 쌓아 독특한 디자인을 만든다.
② 검정, 초록, 흰색 등의 채색한 타일을 활용해 색채감을 강조한다.
③ 기하학적 무늬와 꽃, 도형 무늬 등 형이상학적인 무늬를 즐겨 사용한다.
④ 지붕은 주로 목재를 사용해 마감한다.

이처럼, 이베리아반도에는 이슬람 세계와 융합하며 유럽의 다른 나라에서는 보기 드문 독창적인 건축 양식이 발전했다.

명사 이외의 품사와 표현들

이 외에도 다양하지는 않지만 다른 품사에서도 아랍어의 흔적을 찾아볼 수 있다.

동사 중에서는 acicalar(닦다), halagar(기쁘게 하다), recamar(도드라지게 수를 놓다) 같은 단어가 언급할 만하다.

형용사에서도 아랍어의 흔적을 찾아볼 수 있다. 대표적인 예로 baladí(쓸모없는), baldío(미개간의), zahareño(길들이기 어려운), gandul(빈둥거리는 (사람)), mezquino(인색한) 등이 있다. 색깔을 나타내는 azul(푸른색)도 아랍어에서 유래한 단어다. 본래 이베리아반도에서 라틴어 caelum(하늘)의 형용사 caelestis에서 유래한 celeste(하늘색)가 '푸른색'을 의미했다. 그러나 아랍어에서 azul이 들어오면서 '푸른색'은 azul, '하늘색'은 celeste로 의미가 분화되었다. 지중해의 짙푸른 하늘을 보면, 하늘의 색이 왜 '푸른색'으로 인식되었는지 쉽게 이해할 수 있을 것이다.

전치사 중에서도 아랍어 기원을 가진 단어가 있다. hasta(-까지)는 아랍어 hatta에서 유래한 전치사다. 반면, desde(-로부터)는 라틴에서 비롯된 단어로, de, ex, de 세 전치사가 합성되어 만들어졌다.

또한, 알라에 대한 신앙심이 투철한 아랍인들의 말투를 로망스어로 표현한 흔적도 있다. 가장 대표적인 예로, 알라에게 기원하는 표현에서 유래된 감탄사 ¡Ojalá! 가 있다. 이 단어는 아랍어 Law sha'a Allah('알라께서 원하신다면')에서 비롯되었으며, 같은 뜻을 가진 스페인어 Si quiere Alá로 번역된다. 이와 유사한 표현으로, 가톨릭교도들은 Alá 대신에 Dios(신, 하느님)를 넣어 Si quiere Dios(신께서 원하신다면), Que Dios te ampare(신이 그대를 보호하시기를), Que Dios te guarde(신이 그대를 지켜주시기를) 등의 표현으로 변형해 사용했다. 아이러니하게도, 수백 년간 이슬람교도들과 싸워온 이베리아반도의 가톨릭교도들은 오늘날까지도 거리낌 없이 ¡Ojalá!('알라!')를 외치고 있다. 싸우면서 정이 든 모양이다. 널리 알려진 아랍어 표현 In sha'a Allah(인샬라) 역시 같은 뜻으로, '알라께서 원하신다면' 또는 '알라의 뜻이라면'이라는 의미를 담고 있다.

 스페인어 표현 중에는 He aquí가 있다. 이 표현은 '여기 있다'라는 뜻으로, 여기서 he는 아랍어에서 유래한 동사다. 흔히 라틴에서 기원한 동사 haber의 변화형으로 착각하기 쉬운데, 이 he는 아랍어 기원이기 때문에 동사로서 별도의 어미변화 과정을 거치지 않는다. 즉, 인칭이나 수와 관계없이 항상 he라는 형태로 사용된다. 이 동사는 고전 아랍어 hā에서 나왔으며, 뒤에 aquí, allí, allá와 같은 부사나 me, te lo 등의 대명사를 목적어로 취한다. 예를 들어, He ahí su casa('그의 집이 저기에 있다')와 같이 일반 명사도 목적어로 쓸 수 있다.

 주로 종족이나 언어를 표시할 때 사용되는 접미사 -í도 아랍어에서 유래한 형태소다. 현재 alfonsí, israelí, kuwaití, marroquí, pakistaní, sefardí 등과 같은 단어에서 사용되고 있다. -í로 끝나는 다른 일반 어휘들은 복수형을 만들 때 rubís(루비들)와 rubíes처럼 두 가지 형태가 공존하지만, 지명 형용사에서는 특이하게도 alfonsíes(알폰소 추종자들), israelíes(이스라엘 사람들)처럼 -es 형태만 쓰인다.

또한, 아랍어에서 의미적 영향을 받아 만들어진 단어나 기존 단어의 의미가 변화된 사례들도 있다.

아랍어 ibn은 본래 '-의 아들'이라는 뜻 외에도 '귀족 가문(사람)' 또는 '재산이 많은(사람)'이라는 의미를 포함하고 있었다. 여기에서 영향을 받아 로망스어에서 hijo de algo라는 표현이 생겨났고, 이는 변형되어 '하급 귀족' 또는 '시골 귀족'을 의미하는 hidalgo가 되었다. 따라서 hidalgo는 아랍어에서 직접 기원한 단어는 아니지만, 아랍식으로 합성된 것이다. 세르반테스의 소설 『돈키호테 *El ingenioso hidalgo Don Quijote de la Mancha*』에 등장하는 hidalgo가 바로 이러한 의미를 지닌다. 한편, infante의 어원은 라틴어 infans(말 못 하는 아기)의 대격인 infantem에서 비롯되었다. 그러나 아랍어 walad(왕의 자녀)의 영향을 받아 스페인에서는 '왕자' 또는 '공주'를 뜻하게 되었다. 현재 스페인에서 왕위 계승 서열에 포함되지 않은 왕자나 공주는 infante 또는 infanta로 불리며, 왕위 계승자는 príncipe(왕자) 또는 princesa(공주)로 칭한다.

아랍어 기원의 지명들

7세기 초, 마호메트에 의해 종교적으로 통합되기 시작한 이슬람 세력은 7세기 말에는 북아프리카의 모로코까지 진출했다. 이베리아반도와는 단 14km에 불과한 해협만이 가로막고 있을 뿐이었다. 710년 7월, 탕헤르의 총독 타릭(Tariq)은 휘하 장군인 타리프(Tarif)와 약 500명의 병사를 보내 이베리아반도를 정탐하게 했다. 이들은 이슬람군으로서 최초로 이베리아반도에 발을 디딘 병사들이었으며, 상륙한 섬은 지휘관 타리프의 이름을 따 타라파(Tarifa)로 명명되었다. 이는 아랍어 Al Yazira Tarif('타리프의 섬')에서 유래한 이름이다. 현재는 모양만 섬일 뿐 육지와 모래톱으로 연결되어 있다.

이듬해 4월, 타릭은 약 7천 명의 병력을 이끌고 본격적으로 해협을 건넜다. 이때 붙여진 지명이 바로 Gibraltar(지브롤터)다. Gibr는 '바위', '산'을, al은 관사를 의미하며 tar는 타릭(Tariq)에서 따왔다. 즉, '타릭의 바위' 또는 '타릭의 산'이라는 의미. 지브롤터는 실제로 거대한 바위산으로 이루어져 있어, 북아프리카에서 이를 바라보면 왜 이런 이름을 붙였는지 이해가 갈 것이다. Gibr-가 들어간 지명에는 말라가의 뒷산인 Gibralfaro가 있다.[1]

당시 타릭은 현재 모로코 탕헤르(Tánger)의 총독이었다. 이 도시의 이름에서 유래한 단어가 바로 tangerina(귤)이다. 일반적으로 귤은 mandarina라고 부르는데, 이는 중국 청나라 관리들의 옷 색깔에서 유래한 표현으로, 귤이 중국에서 전래한 과일이라는 것을 반영한다. 그러나 아랍 세계로 유입된 후, 귤은 주로 북아프리카 일대에서 재배되었고, 탕헤르를 통해 수출되면서 이 도시의 형용사형 tangerina가 귤을 뜻하게 되었다. 여기서 여성형 형용사가 사용된 이유는, 여성명사 la naranja(오렌지)가 생략되었기 때문이다. 즉, '탕헤르의 오렌지'

가 곧 '귤'을 의미했던 것이다. 당시에는 귤도 색깔이 같은 오렌지의 일종으로 여겨졌던 모양이다. 비록 이러한 어원은 8세기 당시가 아니라 19세기에 형성된 것이지만, 탕헤르와 관련된 어휘로 알아둘 만하다.

711년, 이슬람군이 최초로 상륙한 지역 중 하나가 Algeciras였다. 이곳은 지브롤터 서쪽 인근의 도시로, 본래의 의미는 아랍어 Al Yazira al Jadrā(녹색의 섬)이다. 현재는 도시와 항구가 확장되면서 섬은 사라졌지만, 당시에는 아름다운 녹색의 섬이었던 것으로 보인다.

같은 해 7월, 이슬람군과 서고트군은 Guadalete 강변에서 격전을 벌였다. 여기서 Guadalete의 Guad는 아랍어로 '강'을, Lete는 그리스 신화에 나오는 '망각의 강'을 의미한다. 수 세기 전, 이 지역에 페니키아인들이 먼저 들어와 상권을 장악했으며, 이후 그리스인들이 뒤따라 들어왔다. 두 세력은 오랜 충돌 끝에 화해했고, 이를 기념하며 강 이름을 '구원을 잊자'는 의미로 Lete라고 지었다고 한다. 그러나 711년, 서고트왕국은 이 강변에서 벌어진 전투에서 크게 패해 멸망하고 말았다. 아랍어 Guad(강)와 합성된 대표적인 지명으로는 Guadalquivir가 있다. 이외에도 Guadalajara, Guadalupe, Guadarrama 등이 있다.

이슬람군이 정복하려고 했던 곳은 바로 수도 Toledo였다. 이 도시는 라틴어 Toletum에서 이름이 유래했으며, 이는 '강이 휘도는 곳'을 뜻한다. 그러나 이 도시의 대광장은 Zocodover라는 이름을 가지고 있다. 이는 아랍어 zoco(광장, 시장)와 de vair(가축, 짐승)이 결합된 것으로 '가축 시장'이라는 뜻이다. 한편, 세고비아에 있는 수도교(acueducto)가 자리한 광장은 Azoguejo라고 불린다. 이 단어 역시

zoco의 축소형으로 '작은 광장'을 의미한다.

　이슬람 세력은 새로 정복한 이베리아반도를 Al-Andalus라 불렀다. 이는 현재 안달루시아(Andalucía)의 기원이 되었다. 여기서 Al은 아랍어 관사이고, Andalus는 게르만족의 일파인 반달족(vandalus)에서 유래한 이름이다. 409년, 게르만족의 이동 시기에 이베리아반도로 들어온 이 반달족은 429년 북아프리카로 이동했다. 당시 북아프리카에서 로마가톨릭파와 종파 전쟁을 벌이고 있던 아리우스파가 군사 지원을 요청했기 때문이었다. 북아프리카로 건너간 반달족은 439년에 카르타고를 점령해 왕국을 건설했고, 455년에는 로마를 약탈하기까지 했다. 이들이 정복한 지역은 파괴적인 흔적을 남겼고, 그로 인해 vandalismo(문화파괴주의, 야만주의)라는 어휘가 생겨났다. Al-Andalus는 아랍인들이 반달족이 건너온 지역이라는 뜻으로 붙인 이름이다. al은 아랍어 관사이고, vandalus는 당시 발음으로 '완달루스'에 가까웠을 것이다. 시간이 흐르면서 [w]가 탈락하며 '안달루스'로 변화했다. 이 이름은 과거 반달족이 지나갔던 길을 아랍인들이 거꾸로 되짚어 온 역사를 반영하고 있다.

　스페인 중부지방의 Castilla-La Mancha에 속한 La Mancha 역시 아랍어에서 유래한 지명이다. 이 단어는 아랍어로 '고원'이나 '평원(altiplanicie)'을 뜻하며, 라틴어 기원의 la mancha(얼룩)와는 의미가 완전히 다르다. 형태는 같지만 서로 상이한 어휘라는 것을 주의해야 한다.

　711년 말, 이슬람 세력이 톨레도를 정복한 후 북쪽으로 진격하면서 여러 도시를 건설하고 정착지를 세우기 시작했다. 그중 대표적인 예가 Medinaceli다. Medina는 아랍어로 '성벽으로 둘러싸인 도심'이라는 뜻하며, 본래 아라비아에 있는 도시 이름이다. 622년, 마호메트가 메카에서 포교하다 다른 신을 섬기는 부족들의 박해를 피해 Yathrib이라는 도시로 피신했고, 이는 이슬람교에서 헤지라, 즉 '성천(聖遷)'이라고 알려져 있다. 이후 마호메트가 이 도시에서 정권을 잡은 뒤, 도시의 의미를 Medina로 바꾸며 그 의미를 기렸다. 이베리아반도로 들어온 이슬람교도들 또한 여러 도시를 세우며 Medina라는 이름을 따랐고, Medinaceli도 그중 하나였다. celi는 당시 이곳에 정착한 부족의 지도자였던 Selim ibn Waral의 이름에서 비롯되었으며, 이는 '셀림의 도시'를 뜻한다.[2]

코르도바 북동쪽 약 8km 지점에는 Medina Azahara라는 도시 흔적이 있다. 이 이름은 아랍어로 '빛나는 도시'를 뜻하며, 936년부터 940년 사이에 압데라만 3세가 칼리프를 칭한 후 세운 신도시다. 이 도시는 새로운 칼리프의 권위와 자신의 종파인 수니파의 위세를 과시하기 위해 건설된 것으로 알려져 있다. 당시 이베리아반도의 이슬람 세력은 수니파를 믿고 있었으며, 시아파를 믿는 북아프리카의 파티미 왕조와 종파 간 심각한 대립 관계에 있었다. 압데라만 3세는 칼리프를 독자적으로 칭하며 정치적으로도 대립했는데, Medina Azahara는 이러한 갈등을 극복하기 위해 세워진 상징적인 도시였다. 그러나 제국이 분열기에 접어든 11세기 초반, 이 도시는 폐허가 되었고, 현재는 일부 흔적만 있다. 이 밖에도 medina가 포함된 지명으로는 Medina del Campo, Medina de Pomar, Medina de Ríoseco 등이 있다.

마드리드주(Comunidad de Madrid)를 수호하는 성모의 이름은

Almudena(알무데나)이다. 이 이름은 아랍어 al-mudayna(작은 성채(ciudadela))에서 유래했으며, medina의 축소형이다. 1085년, 카스티야의 알폰소 6세가 재정복했을 당시 지금의 대성당과 왕궁이 있는 자리에 성벽으로 둘러싸인 메스키타(이슬람 사원)와 이슬람 요새가 있었다고 전해진다. 이 요새는 규모가 그리 크지 않아 medina가 아닌 그 축소형인 al mudayna라고 불렸다. 허물어진 성벽 속에서 과거 가톨릭교도들이 숨겨두었던 성모상이 발견되었고, 이를 '알무데나 성모'라고 부르게 되었다. 현재 알무데나 성모는 마드리드주의 수호 성모로 대성당에 모셔져 있다.

'성채'를 뜻하는 Qal'at에서 유래한 지명도 많다. 대표적으로 Alcalá de Henares를 예로 들 수 있다. 이곳은 본래 로마 시대에 '땅이 비옥한 지역'이라는 의미에서 Complutum이라고 불렸는데, 이슬람교도들이 이 지역에 성채를 세우면서 이름이 바뀐 것이다. 여기서 Henares는 라틴어에서 기원을 찾을 수 있으며, '풀밭' 또는 '초원'을 뜻한다.

또 다른 예로는 Calatayud가 있다. Calatayud는 Al Qal'at(성채)와 Ayyub(욥)이 결합된 이름으로, '욥의 성'을 의미한다. Lapesa(1981:141)에 따르면, 이 이름은 716년에 알-안달루스의 에미르였던 Ayyub ibn Habib al Lajmí의 이름에서 유래한 것이라고 한다.

라만차 지방에는 Calatrava라는 지명이 있다. 이 이름은 Qal'at Rabah에서 유래했으며, '요새' 또는 성채'를 뜻한다. 이 성채는 8세기 모하메드 1세 시기에 톨레도와 코르도바를 연결하는 도로를 통제하기 위해 세워졌다. 이후 13세기부터 Calatrava la Vieja로 불리기 시작했다. 이곳은 1159년 가톨릭 기사단인 칼라트라바 기사단의 첫 본부가 되었던 곳이기도 하다. Rabah에서 변형된 단어인 rábida는 '이슬람 전사들이 머무는 요새이자 메스키타 역할을 하는 곳'을 가리킨다. 결국, rábida 역시 '요새'라는 뜻이다. 흥미롭게도 수 세기 동안 이교도인 이슬람군과 맞서 싸웠던 가톨릭 기사단의 본부 이름이 아랍어에서 유래했다는 점은 놀랍고도 재미있다. 당시에도 이미 이러한 이름이 고유명사로 굳어져 어원적 의미와 상관없이 사용되었던 모양이다. 이와 비슷한 사례로는 포르투갈의 Fátima라는 지명이 있다. 1917년, 포르투갈의 어린아이 세 명이 성모 발현을 목격한 일로 유명해진 곳인데, 이 이름은 마호메트의 딸 Fátima az-Zahra에서 나온 것이라고 한다. 가톨릭 성지의 이름이 이슬람교 창시자의 딸 이름에서 비롯된 사례는 매우 드물다. 아마도 수백 년간 서로 어울려 살면서 이 정도 차이는 자연스럽게 받아들이는 경지에 이르렀던 모양이다.

이베리아반도에서 Rabah와 결합한 지명으로는 San Carlos de la Rápita, La Rápita, La Rábida, La Rábita 등이 있으며, 포르투갈의 Arrábida와 모로코의 Rabat도 같은 어원에서 파생되었다. 또한, Qal'at이 들어간 지명으로는 Calatalifa, Calatañazor, Calatorao, Calaceite, Calamocha 등이 있으며, 관사 al이 붙은 것으로는 Alcalá de Henares 외에도 Alcalá la Real, Alcolea 등이 있다.

쿠엥카 지방에 있는 Alarcón도 '성채(fortaleza)'를 의미하는 단어에서 유래한 지명이다. 한편, Borja와 Atalaya는 Qal'at(성채)보다 작은 규모의 마을로, 각각 '망루'와 '감시탑'을 뜻한다. 과거에는 소규모 분견대가 주둔했던 장소로 알려져 있다. Borja는 사라고사 지방의 마을로, 두바이에 있는 Burj Khalifa(부르즈 칼리파)와 같은 어원을 공유한다. Atalaya는 Atalaya de Cañavate, Atalaya de Torrelodones 등 여러 마을에서 그 흔적을 찾을 수 있다. 마을 이름의 어원을 알게 되면 과거 그 마을이 어떤 역할을 했는지 역사가 자연스럽게 드러난다.

'-의 아들'이라는 의미를 지닌 ben-에서 유래한 지명도 있다. 대표적으로 Benicarló와 Benicasim이 있다. Benicarló는 beni Gazlum에서 비롯되었으며, '가슬룸의 자손들의 땅'을 뜻한다. Benicasim은 beni Qásim에서 유래한 이름으로 '카심의 자손들의 땅'을 의미한다.[3] 이 두 지명은 모두 스페인 동부 지중해에 위치한 아름다운 휴양지로 국토 회복 운동 이후 지금의 형태로 변화했다. 사람 이름 Benjamín도 이러한 어원에서 파생된 이름이다.

이슬람 세력이 남긴 지명 중 가장 유명한 것은 아마도 Granada와 Alhambra 궁전일 것이다. Granada는 과일 '석류'를 뜻하기도 하지만, 어원상 도시 이름과 과일은 관련이 없다. 과일 석류는 punica granatum(페니키아 알갱이)에서 유래했지만, 도시명은 Gar-anat(순례자들의 언덕)에서 비롯된 것이기 때문이다.[4] 페니키아인들은 특히 뛰어난 염색 기술로 유명했으며, 가장 귀한 염료는 자색이었다고 전해진다. 이 염료는 라틴어로 murex라 불리는 '뿔고둥'에서 추출되었으나 양이 적어 매우 귀했다. 그 대체재로 석류를 많이 재배했으며, 이 과일이 이베리아반도로 전해진 것도 아랍인들을 통해서였다. 그러나 Granada라는 도시 이름과 석류는 단지 형태가 비슷할 뿐, 어원은 전혀 다르다. Granada의 기원은 다른 아랍 기원의 도시들에 비해 비교적 후기에 속하는 것으로 알려져 있다.

본래 그라나다 서쪽 인근에는 메디나 일비라(Medina Ilbira), 현재의 엘비라(Elvira)라 불리는 도시가 있었다. 그러나 11세기 초 칼리프 제국이 해체되는 과정에서 이 도시는 폐허가 되었다. 이후 사람들이 방어에 유리한 지금의 알바이신 언덕으로 이동해 정착하기 시작했고, 1013년경 아랍인들이 Medina Garnata를 세우면서 이곳이 새로운 중심지가 되었다. 도시 이름 Granata는 시간이 흐르면서 자음변화와 유성음화를 겪어 Granada로 바뀌었고, 결과적으로 과일 석류의 이름과 형태가 동일해졌다. 이 영향으로 오늘날 스페인의 문장(escudo)에는 석류꽃이 포함되어 있다. 석류꽃은 현대 스페인을 형성하는 데 중요한 역할을 했던 여러 왕국 중 '그라나다왕국'을 상징한다. 그라나다왕국은 1238년 나사리 가문의 모하메트 1세가 이 도시를 점령하고 술탄을 칭하면서 시작되었다. 같은 해, 모하메트 1세는 알람브라 궁전(Alhambra)을 짓기 시작했다. 궁전 이름에서 Al은 아랍어 관사이고, hambra는 ham'ra(붉은(성))에서 나온 것이다. 즉, al-Qal'a al-hamra(붉은 성)라는 의미를 가진다. 알람브라 궁전의 별궁인 헤네랄리페(Generalife)는 아랍어 jannat al-'arif에서 유래했으며, 의미는 다양하게 해석되지만 대체로 '건축가의 정원'으로 풀이된다.

안달루시아에서 그라나다 외에 가장 크고 유명한 도시를 꼽는다면 단연 세비야(Sevilla)와 코르도바(Córdoba)일 것이다. 이 두 도시는 이슬람 치하에서 크게 발전한 것은 사실이지만, 아랍인들이 세운 도시는 아니다. 먼저, 세비야는 페니키아인들이 세운 도시로 알려져 있다. 도시 이름의 기원에 대해서는 여러 설이 있지만, Pascual Barea(2013:65-74)에 따르면 페니키아어 Hisbaal에서 유래했으며, 이는 '바알신의 선물' 또는 '바알신의 자손'을 뜻한다고 한다. 세비야와 아랍 문화의 연결고리 가운데 가장 유명한 유적은 12~13세기 알모아데 왕조에서 개축한 레알 알카사르(Real Alcázar de Sevilla)이다. 한편, 코르도바는 이슬람 시대에 코르도바 칼리프제국의 수도였을 정도로 가장 큰 도시였다. 도시 이름의 기원에 대한 다양한 설이 존재하지만, 확인된 사실은 기원전 2세기 로마인들이 Colonia Patricia Corduba라는 이름으로 도시를 세웠다는 점이다.[5] 이 도시에서 가장 유명한 유적은 메스키타(Mezquita)이다. 메스키타는 '이슬람 대사원'을 뜻하며, 이는 '무릎을 꿇다'라는 의미를 지닌 동사에서 파생된 단어로 '기도소' 또는 '예배소'를 의미한다.

스페인 곳곳에는 alhama라는 이름이 들어간 지명이 많이 있다. 이 단어는 '온천'이나 '목욕탕'을 뜻하며, 아랍어 alhamman(성스러운 물)에서 유래했다. 대표적인 예로 Alhama de Almería, Alhama de Aragón, Alhama de Granada, Alhama de Murcia 등이 있다.

이 외에도 많은 도시와 건축물이 아랍인들에 의해 세워졌으며, 그 어원을 따라가다 보면 지명과 건축물의 유래와 경위, 그리고 의미를 살펴볼 수 있다. 그 수가 너무 많아 일일이 다 열거할 수는 없지만, 대표적인 몇 가지만 예를 들어보았다. 언어는 그 언어를 사용한 사람들의 정신과 문화를 반영한다. 어원을 분석하는 것은 이를 이해하는 데 중요한 도구가 되며, 이베리아반도에 남아 있는 아랍 문화의 흔적 역시 아랍어 기원 어휘의 어원을 분석함으로써 구체적으로 살펴볼 수 있다.

part 4

일상의 기억

플라멩코

아랍 부모에게서 태어난 스페인 춤

김재희

플라멩코란 무엇인가?

희미한 붉은 조명 아래 스페인 집시 기타리스트가 동료 뮤지션들의 규칙적인 박수와 카혼(Cajon, 나무 상자로 된 악기)의 비트에 따라 한껏 기교를 넣은 연주를 시작하면 곧이어 화려한 레이스로 장식된 플라멩코 드레스를 입고 드레스 색과 어울리는 장미꽃을 머리에 꽂은 댄서가 등장한다. 댄서는 도도하게 두 손을 번쩍 들어올리고 구두 뒤꿈치로 리듬을 맞추며 춤을 추기 시작한다. 주변 사람들은 전혀 의식하지 않은 채, 자신의 영혼은 오직 리듬에만 매료되었다는 듯, 끝까지 미소를 거부하며 마치 세상에서 가장 슬픈 춤을 추고 있는 것 같다.

플라멩코를 추는 여인.

　　음악(Toque, 토케), 노래(Cante, 칸테), 춤(Baile, 바일레)으로 이루어진 공연 예술인 플라멩코. 흔히 스페인 안달루시아에서 집시에 의해 탄생한 예술로 알려졌지만, 위의 제목에서 과감히 언급했듯 플라멩코는 아랍 부모에게서 태어난 아랍 안달루시아 춤이라고 할 수 있다. 아랍인들은 플라멩코라는 단어가 원래 살고 있던 터전을 강제로 상실한 모리스코 농부들을 일컫던 아랍어에서 유래했다고 주장한다. 모리스코 농부들이 살던 터전을 잃고 자신들의 문화를 빼앗긴 좌절과 고통을 함께 공감하던 집시들과 어울리면서 춤과 음악으로 표현했는데 이것이 바로 플라멩코의 탄생이다(어떤 이들은 동일한 이름을 가진 분홍색 플라멩코새와 연관을 짓기도 한다). 플라멩코라는 단어를 처음으로 사용한 사람은 스페인 작가이자 사상가이며 오늘날의 안달루시아 자치법을 위해 투쟁한 '안달루시아의 아버지'라 불리는 블라스 인판테(Blas Infante, 1885~1936)라는 설이 가장 유력하다.

플라멩코 춤과 음악을 탄생시킨 모리스코(Moriscos, 무어)인들은 1492년 기독교 세력이 이베리아반도에서 8세기 동안 통치했던 무슬림들을 추방한 이후에도 떠나지 않고 남아 있던 아랍 무슬림들을 일컫는다. '모리스코'라는 용어는 무슬림들이 점령했던 그라나다가 기독교 세력에 함락된 직후부터 사용되기 시작했다. 이 용어는 기독교 통치하에서도 살아남고자 했던 무슬림들과 1082년 톨레도 함락 이후 스페인 북부 기독교 왕국의 통치하에 살던 무데하르(Mudéjar)족을 포함한다. 모리스코인들이 누구인지 이해하기 위하여 먼저 무슬림의 이베리아반도 정복의 역사부터 알아보자.

무슬림의 이베리아반도 정복 이야기

711년 4월 말, 우마이야 왕조의 군 사령관인 따리끄 이븐 지야드(Tariq Ibn Ziyad)는 북아프리카 총독인 무싸 이븐 누싸이르(Musa Ibn Nusayr)의 명령으로 7,000명의 군대를 이끌고 지중해를 건너 이베리아반도로 진군했다. 이는 당시 세우타(Ceuta)의 총독 율리안(Julian, Count of Ceuta)이 서고트족 왕국의 통치자 로데리크(Roderic)와 갈등을 빚으면서 도움을 요청한 데 따른 것으로 알려졌지만 역사적인 사실 여부는 다소 논란이 있다. 확실한 것은 우마이야 왕조가 영토를 확장하려는 목적에서 이 원정을 단행했다는 점이다. 무슬림 군대는 서고트족의 군대를 손쉽게 제압했고, 로데리크는 전투에서 전사했으며, 스페인과 포르투갈 대부분 지역이 큰 저항 없이 무슬림의 통치 아래 들어갔다. 720년경에는 이베리아반도의 대부분이 무슬림 통치하에 놓였으며, 이후 8세기에 걸친 무슬림 통치 기간 내내 이 지역은 '안달루시아'라고 불렸다.

이베리아반도를 특별히 '안달루시아'라고 부르게 된 원인에 관하여, 아랍 지리학자들과 역사학자들은 이 단어가 '알 안달리쉬', '알 안달루슈', 혹은 '알 안달루쓰'에서 유래했다고 본다. 429~854년 동안 이베리아반도의 상당 부분을 지배했던 반달족이 사용했던 명칭에서 비롯되었다는 설도 있다. 무슬림의 통치는 주로 남부 스페인의 안달루시아에 집중되었다. 안달루시아는 특히 동부에서 압바스 왕조의 군대를 피해 안달루시아로 도망친 우마이야 왕조의 압드 알라흐만(Abd al Rahman) 왕자가 입성하면서 안정기를 맞이했다. 무슬림 통치하에서 유대인과 기독교인들은 일정한 자유를 누릴 수 있었지만, 일부 조건을 따라야 했다. 대체로 비무슬림들은 동시대 다른 정복된 지역의 주민들보다는 더 나은 대우를 받았다. 예를 들면, 노예가 되지 않았으며, 자신들의 종교의식을 자유롭게 수행할 수 있었고, 이슬람으로 개종을 강요당하지 않았다. 그러나 무슬림들과 동등한 권리를 누릴 수는 없었고, '딤미' 계층으로 분류되었다. 이슬람 통치를 받아들이고 무슬림 통치자들에게 '지즈야(Jizya)'[1]세를 납부하며 무기를 소지하지 않는다면, 무슬림이 정복한 스페인에서 어느 정도 관용을 누릴 수 있었다. 이에 따라 스페인 내 많은 기독교인이 이슬람 문화에 통합되어 일부는 아랍어를 배우고 일부는 통치자들의 의상을 입기도 했으며, 일부 기독교인들은 머리에 히잡을 착용하고 아랍 이름을 사용하기도 했다. 이와 같이 아랍 문화에 융화된 기독교인들을 '무자랍(mozárabes)'이라고 불렀다.

이슬람이 기독교와 유대교에 관용을 베풀었던 이유에 대해서는 기독교와 유대교 역시 유일신으로서 같은 신을 숭배한다는 점, 그리고 기독교인 수가 무슬림보다 많다는 점, 통치자에게 충성하는 사람들이 무슬림 집단과 별다른 연관성이 없다는 점 등 여러 가지가 있었을 것으로 추측된다. 이슬람 통치하에서 이베리아반도는 특히 우마이야 왕조의 수도였던 코르도바를 중심으로 학문과 문화가 꽃을 피웠다. 코르도바는 그리스와 유럽 철학을 잇는 학문의 중심지로 발전했으며, 특히 '황금기'라고 불리는 시기 동안 무슬림 학자들은 과학과 의학 분야에서 눈부신 성과를 이루었다. 또한 이슬람 건축 양식을 반영한 수많은 건물이 세워졌고, 음악, 문학, 예술 등 다양한 분야에 걸쳐 지속적인 영향을 남겼다. 오늘날까지도 이 시기의 찬란한 유산이 곳곳에서 발견된다.

영원할 것 같았던 무슬림의 이베리아반도 통치가 무너지게 된 주된 이유는 무슬림 통치자들 간 내분 때문이었다. 11세기 초부터 안달루시아는 여러 이마라트(토후국)로 분열되었고, 1085년에는 무슬림 지배 지역 중 최초로 톨레도가 기독교 세력에 함락되었다. 이에 무라비트 왕조의 술탄이자 모로코 마라케시의 창건자인 유수프 이븐 타슈핀(Yusuf ibn Tshfin, 1061~1106 재위)이 군대를 이끌고 스페인으로 진격하여 1086년 기독교 세력을 물리쳤다. 1102년경에는 안달루시아의 대부분 지역을 되찾았다.

그러나 1144년과 1145년에 대규모 반란이 발생했고(진압되기는 했지만), 결국 스페인 내 무슬림 통치는 서서히 막을 내리게 된다. 사라고사(Zaragoza), 세비야, 코르도바, 말라가 등의 이마라트들이 차례로 함락된 후 마침내 1492년 카스티야 왕국의 이사벨 여왕과 아라곤 왕국의 페르난도 국왕이 연합하여 안달루시아의 마지막 무슬림 거점이었던 그라나다를 점령했다. 이후 안달루시아에서 추방된 무슬림들은 주로 북아프리카로 이주하여 모로코의 타뜨완(Tetouan), 페스(Fès), 샤프샤운(Chefchaouen), 라바트, 살레(Salé)뿐만 아니라 알제리와 튀니지의 여러 도시에 정착했다.

플라멩코의 탄생

1492년 그라나다 입성 후 카스티야의 이사벨 여왕과 아라곤의 페르난도 국왕은 남아 있던 무슬림들의 종교적, 경제적, 사회적, 문화적인 권리를 인정하고 권리 보호를 보장하겠다고 약속했다. 그러나 불과 1년 후 그들은 그라나다의 마지막 왕이었던 '아부 압둘라 알싸기르'로 알려진 '아부 압둘라 무함마드 12세(1482~1483, 1486~1492 통치)'[2]를 강제로 이주시키고, 그의 재산을 몰수한 뒤 모로코로 떠나 다시는 돌아오지 못하게 했다. 결국 남아 있던 수십만 명으로 추산되는 무슬림들은 그 후 120년 동안 가장 끔찍한 인간적인 비극을 겪게 된다. 정복자로서 이베리아반도에 들어와 기독교인 주민들과 맺은 약속을 지키고 종교적, 사회적, 경제적인 권리와 재산을 보호했던 무슬림들과는 달리 안달루시아 무슬림들은 기독교 통치하에 굴욕과 고문, 권리 침해의 120년을 살아야 했다. 기독교 왕국은 이슬람 문화를 완전히 말살하기 위해 공공 도서관뿐만 아니라 개인 소장 서적까지 불태웠으며, 모리스코인들에게는 가혹한 세금을 부과하거나 강제 개종을 강요했다. 16세기 초, 스페인 정부는 모리스코인들을 대대적으로 추방했고, 약 30만 명 이상의 모리스코인들이 북아프리카 특히 모로코와 튀니지, 알제리 등으로 이주했다. 반면 스페인에 남은 모리크스코인들은 가톨릭교회가 주도한 강제 개종과 종교재판, 고문에 시달렸으며, 그들에게는 기독교로 개종하는 것 외에는 선택지가 없었다. 많은 이들이 신앙을 숨기며 살아야 했고, 종교뿐만 아니라 일상생활에서도 감시와 규제를 받았다. 모리스코인들은 의복 규제를 받았고, 칼과 같은 무기가 될 수 있는 도구의 사용이 제한되었으며, 아랍어 책을 소지하는 것조차 허용되지 않았다. 또한 이슬람 도축 방식이 아닌 기독교 방식으로만 동물을 도축하게 하는 등 모리스코인들을 대상으로 한 새로운 법률이 잇따라 발표되었다. 스페인에 남게 된 모리스코인들은 자녀들이 십자가를 숭배하고 돼지고기 등을 먹고 이슬람에서 금지한 술을 마시는 것을 보고도 이를 막거나 금지할 수 없어 괴로워했다고 역사가들은 전한다. 결국 견디다 못한 모리스코인들은 박해를 피해 산으로 도망쳤고, 그곳에서 역시 주류에 섞이지 못하고 소외되어 살던, 인도 춤과 노래를 부르던 집시들을 만나 함께 설움과 좌절을 몸짓으로 표현하는 플라멩코라는 훌륭한 예술을 탄생시킨 것이다.

플라멩코는 비잔틴 동양 리듬과 원시 안달루시아 음악의 영향을 많이 받았다. 모리스코인들이 거주했던 그라나다 인근 여러 마을의 민속 예술을 보면 플라멩코가 고대 아랍 음악의 영향을 얼마나 많이 받았는지, 안달루시아 노래와 플라멩코가 서로 얼마나 유사한지를 알 수 있다. 즉, 플라멩코는 아랍 민속 음악과 안달루시아 전통춤이 어우러진 예술의 융합으로, 플라멩코의 발전에는 집시들의 역할과 기여가 상당했다고 연구들은 인정한다. 학자들은 플라멩코라는 발음이 '팔라흐 만쿠(혹은 팔라흐 민쿰, 원래는 '팔라흐 만쿰'으로 실의에 빠진 농부라는 의미)'라는 단어에서 유래했다고 보고 있다. 즉 무슬림의 안달루시아 지역 점령이 끝난 후 토지와 재산을 몰수당한 아랍 농부를 일컫는 것이다. 그들은 스스로를 '팔라 민쿠'라고 소개했는데, 이것은 자신들과 같이 강제로 종교를 개종해야 했던 농민들에게 자신들을 소개하는 일종의 암호였다.

플라멩코는 사회적인 불의, 고단한 삶, 그 외 고통의 표현으로서 슬픔과 우울함이 특징이다. 플라멩코는 노래할 때 후두에 의존하고, 아랍 우드악기 연주에서 흔히 볼 수 있는 것처럼 음악을 작곡할 때 화성에 의존하는 동양적인 특성을 지금까지 유지하고 있다. 8세기 가까운 오랜 기간 안달루시아에 머물렀던 아랍 무슬림들이 함께 가져온 멜로디, 리듬, '마깜'이라는 선율, 악기, 그리고 8세기 압바스 시대 천상의 목소리를 가진 천재 음악가 '지르얍(Ziryab)'[3]을 비롯한 아랍 음악가들 덕분이었다.

플라멩코에는 다양한 특징이 있다. 그 노래는 마치 울음과도 같은데, 이를 '칸테 쿤도(Cante Jondo)'라고 부른다. 가수는 숨이 막힐 듯한 절규 속에서 노래를 부르는데, 마치 누군가가 자신의 목소리를 들을까 봐 두려워하는 듯하면서도 내면의 고통을 터뜨리는 듯 강렬한 표현을 담아낸다. 이는 무슬림이 신앙고백을 할 때 손가락을 올리며 발음하는 단어인 '올라(Allah)'에서 유래했을 가능성이 있다. 그러나 이베리아반도에서는 아랍어 사용이 금지되었기 때문에, 종교 재판에 대한 우려와 두려움에서 아랍어 원어에서 왜곡된 형태로 불렀던 것으로 보인다.

기타로 연주하는 플라멩코에도 여러 가지 기법이 있다. 그중 하나는 현을 최고 속도로 연속적으로 손가락을 튕기거나, 팔이 이완된 상태에서 손목만 움직이고 나머지 팔은 고정된 상태에서 손가락 끝으로 빠르게 위아래로 터뜨리는 방식으로 연주하는 것이다. 스페인어로 '라스게아도(RASGUEDO)'라고 하는데, 이 단어의 어원은 '루스그야드(손목)'라는 아랍어에서 유래한 것이라는 주장들이 있다. 이 주법은 팔 전체를 움직이지 않고 오직 손목만을 이용해 연주하는 것이 특징이다. 또한 플라멩코 연주 기법 중 하나인 '알자푸아(alzapua)' 역시 단어 자체는 스페인어처럼 보이지만 정관사 '알'로 시작하는 것으로 보아 어원은 아랍어다. 이 기법에서는 연주가가 모든 현을 내리거나 올라갈 때 깃털 역할을 하는 엄지손가락만 사용하여 내릴 때는 손가락의 바닥을 사용하고 올라갈 때는 손톱을 사용하기 때문에, '알자푸아(alzapua)'는 아랍어로 손가락을 의미하는 단어 '알아쓰바으'에서 유래했음을 알 수 있다. '라스게아도' 또는 '루스그 야드'와 '알자푸아'의 연관성은 플라멩코라는 단어의 어원이 아랍어임을 확인시켜준다.

모리스코인들은 알아즈미야어(Aljamiado, 안달루시아인들이 고대 스페인어나 아라곤어와 같은 로망스어를 아랍어로 필사할 때 사용하던 모리스코 알파벳)라는 문자를 사용했다. 기독교로 개종한 무슬림들은 스페인 문자를 쓸 수 없었기 때문에 스페인 단어들을 아랍어로 기록하는 것이 허용되었다. 이 과정에서 두 언어 간의 일부 발음 차이를 이용하여 종교적 의미를 담은 아랍어 표현을 감추거나 왜곡하는 방식도 활용되었다.

플라멩코는 표면적으로 스페인의 전통 예술로 보이지만, 그 뿌리를 깊이 들여다보면 사실은 아랍의 것임을 알 수 있다. 그렇게 국가와 왕국과 문명은 시간이 지나면 소멸하지만, 예술은 불멸한다. 위대한 건축물은 후대로 이어지며, 이야기와 시 그리고 음악은 세대를 넘어 전해진다.

시리아의 위대한 시인 '니자르 깝바니(Nizar Qabbani, 1923~1998)'는 플라멩코에 대하여 다음과 같은 시를 썼다:

플라멩코… 플라멩코…
잠들었던 선술집이 깨어난다
나무 캐스터네츠의 깔깔거리는 소리와
그리고 슬픈 목소리의 쉰 울림이 황금 분수처럼 흘러오는
황금빛 분수처럼 흐른다 슬프고 애절한 목소리에 깨어난다.
나는 한 구석에 앉아
내 눈물을 모으고
아랍의 잔해를 모은다….

니자르 깝바니는 스페인에서 플라멩코 춤과 안달루시아 노래를 경험하고 나서 플라멩코가 오래전부터 이어져 온 박자가 매우 느리고 감성적이며 모음 음절이 길어지는 것이 특징인 전통적이고 대중적인 즉흥 아랍 시의 일종인 '알마왈'[4)]과 유사하다고 봤다. 플라멩코는 일반적으로 고통받는 사람들의 목구멍에서 흘러나온다. 그들의 비극적인 사연은 아무리 로맨스로 포장하더라도 슬프기 마련이다. 손목과 손가락은 플라멩코의 기원에 대한 언어적 증거이다. 스페인어에는 4,000개 이상의 아랍어 단어가 포함되어 있으며, 역사적, 정치적 이유로 왜곡된 아랍어 어근을 가진 단어들도 존재한다. 안달루시아에 남아 있던 아랍인들은 언어와 종교를 숨겨야 했고, 아랍어, 특히 종교적인 단어의 발음을 왜곡해야만 했다. 스페인 연구자들에 따르면 무용수들이 박수를 치기 시작할 때 외치는 '올라(Olé)'라는 단어는 본래 '라 일라하 일랄 라(La ilaha illallah, 알라 외에는 신이 없다)'라는 이슬람의 신앙고백에서 유래한 것으로 보인다. 이는 어쩌면 기독교 사회에 미친 아랍 문화의 영향을 감추기 위해 의도적으로 변형한 것일지도 모른다.

플라멩코 댄서

춤을 시작할 때 의식은 자유롭다. 여성 댄서가 리드하고 남자는 따라간다. 여성들의 춤은 연시를 낭송하도록 부추긴다. 플라멩코 댄서는 두 팔과 두 다리의 움직임을 통해 자부심을 표현하고 박수를 치거나, 발 두드리기 등 빠르고 강한 동작으로 내면의 감정을 표현하며, 처음부터 끝까지 손끝과 발끝까지 모든 움직임에 의존한다. 춤으로 최고의 경지에 이르려면 경험과 성숙함이 필요하고 예술적 감각도 필요하며, 손, 발 팔의 움직임에 힘, 공격성 및 감정과 열정의 강도에 따라 달라지기 때문에 30세 미만 중 유명한 댄서는 없다. 이 춤은 음악의 리듬, 소리의 리듬, 빠른 춤 동작, 발소리에서 나오는 소리의 강도에 맞춰 춤추는 몸을 동시에 움직여 복잡한 리듬을 만들어내는데, 폭력이 춤의 원동력이므로 여성보다 남성 무용수가 빠른 리듬을 더 잘 표현할 수 있다.

마리아 파게스(María Pagés)는 가장 유명한 플라멩코 댄서로 인정받는다. 1990년 그녀의 이름을 딴 회사를 차려 플라멩코 댄서를 교육하고 스페인 음악 전통을 가르치고 있다. 60세 가까운 나이에도 불구하고, 놀라울 만큼 유연함과 프로다운 춤으로 대중을 사로잡고 있다.

2022년 두바이 엑스포 기간에 스페인 관에서 관객들을 감동시킨 공연을 펼친 메르세데스 디 코르도바(Mercedes de Córdoba)로 알려진 메르세데스 루이즈(Mercedes Ruiz) 역시 세계적으로 유명한 스페인의 플라멩코 댄서로 정열적이고 독창적인 춤 스타일로 유명하다. 플라멩코 춤으로 유명한 가족 출신이기도 하며 4세 때 춤의 세계에 입문하여 17세 때 코르도바에 있는 댄스 연극예술 고등학교에서 공부했으며, 세비야에 있는 음악 연구소 산하 고전 발레단에 입단하여 명성을 얻기 시작했고, 세계적인 무대에서 활동했다. 특히 전통적인 플라멩코의 기법과 현대적인 해석을 조화롭게 결합하여 감각적이고 강렬한 공연을 선보이는 것으로 유명하다. 플라멩코의 정통성을 유지하면서 대중에게 더 다가갈 수 있는 현대적인 요소를 도입하여 스페인뿐만 아니라 세계 여러 나라에서 명성을 얻고 있다.

아랍 댄서 중에는 스페인 모로코 출신의 1977년생 쑤라야 클라비조(Soraya Clavijo)가 유명하다. 13세 때 춤에 입문했으며 블레리아스 카르멘 아마야(Bulerías Carmen Amaya)(2004 코르도바)의 프레미오 나시오날 데 플라멩코의 새로운 우승자다. 전통적인 플라멩코 춤에 아랍 음악을 섞어 공연하는 것으로 알려져 있다. 안무가이자 무대 감독이기도 하다.

한편, 플라멩코 기타 연주가로는 파코 데 루시아(de Lucia Paco, 1947~2014)로 알려진 스페인의 전설적인 플라멩코 기타리스트 프란시스코 산체스 고메즈(Francisco Sánchez Gómez)가 세계적으로 유명하다. 플라멩코뿐만 아니라 재즈와 클래식 등 다른 음악 장르에도 재능이 있어 장르의 경계를 허무는 아티스트로 평가받고 있으며 후배 기타리스트들에게 영감을 주고 플라멩코 음악의 새로운 지평을 열었던 플라멩코 음악의 대중화와 세계화를 이끈 선구자였다.

유럽과 이슬람의 융합, 플라멩코

'잃어버린 낙원'. 역사학자들이 당시 세계에서 건축, 예술, 문화적인 창의성이 절정에 달했던 안달루시아를 묘사하는 말이다. 안달루시아가 함락된 후 안달루시아에서 박해와 감시를 받으며 강제로 기독교로 개종당하고 자신들의 문화와 언어를 말살당한 채 살아야 했던 실의에 빠진 모리스코인들과 집시들 덕분에 탄생했던 아랍 부모에게서 태어난 스페인 춤 플라멩코. 여러 연구 결과가 내린 단 하나의 결론은 이 민속 음악 예술의 뿌리는 명백히 안달루시아에 살았던 아랍 무슬림들이라는 것이다. 플라멩코라는 단어의 어원과 의미, 악기 이름, 혹은 손가락 연주 방식을 의미하는 라스게아도, 알자푸아, 사랑하는 사람과의 이별, 사랑의 고통에 대한 슬픔을 표현하는 아랍 고전 정형시이자 서정시인 까시다의 형태와 유사하며 특히 까시다의 종결과 매우 유사한 '칸트 인테르 메디오(Cante Intermedio, 중간 노래)' 등 아랍의 흔적은 많다. 비록 귀족들로부터는 외면받았지만, 집시와 시골 사람들이 주로 공연했고, 1850년에 이르러 플라멩코는 카디스(Cádiz), 헤레스(Jerez de la Frontera), 말라가, 세비야와 같은 도시와 안달루시아에 있는 술집에서 가장 인기 있는 유흥이 되었다.

반면, 현재 모습의 플라멩코는 아랍과 그리스 문화, 현대 스페인 문화의 종합이다. 예를 들어 현란한 다리 움직임은 20세기에나 등장했다. 또한 여성들이 다리를 드러내기를 거부하던 아랍 문화와는 연결되지 않는다. 일부 학자들은 더 나아가, 유대인 문화가 스페인 문화에, 특히 플라멩코에 영향을 주었으리라고 보고 있다. 히브리어 음악과 플라멩코 음악의 일부분이 유사한 것이 그 증거다. 플라멩코는 사랑과 흥분, 슬픔, 분노, 열정이 아우러져 여기에 음악과 춤과 노래가 가미된 매우 매력적인 예술 형식이다. 유네스코에 따르면 플라멩코의 악기, 표정, 몸짓, 동작, 고통, 목소리가 불러일으키는 감정 표현은 슬픔, 기쁨, 환희, 공포가 혼합된 것이다. 2010년 유네스코는 플라멩코를 무형 문화 유산에 등재했으며, 이후 매년 11월 16일을 플라멩코의 날로 지정해 기념하고 있다.

모리스코인들과 달리 당시 안달루시아에 함께 살다가 추방되거나 박해를 받은 유대인들은 스페인 정부로부터 역사적 화해 사업을 통해 인정받았고, 스페인 국적을 부여받을 수 있었다. 이에 따라 스페인 법률에 의해 천여 명의 유대인들이 스페인 국적을 얻었다. 반면 모리스코 후손인 '압둘 가파르 알아낄'은 전직 은행원이자 조형 예술가로 현재 모로코에 거주하는데, 그는 안달루시아에서 강제로 이주당한 선조들의 고단했던 삶을 기억하며 살아가고 있다. 그는 자신을 '안달루시아인'으로 소개하며 그의 아버지와 할아버지가 그라나다에서 추방당해 모로코로 이주한 모리스코 무슬림들이었다고 밝혔다. 언젠가 잃어버린 낙원으로 돌아가기를 희망했지만, 결국 그 꿈을 이루지 못한 채 살고 있다고 회고한다.

현재 그는 모로코 테투완시 교외에 안달루시아풍의 집을 짓고 살고 있으며, 그의 할아버지가 남긴 그라나다에 있는 집 열쇠를 아직도 간직하고 있다. 그는 "이 열쇠를 보고 있으면 마치 15세기로 돌아가는 것 같다."라고 했다. 스페인어를 유창하게 구사하는 그는 집 외부뿐만 아니라, 인테리어, 벽, 주방을 모두 안달루시아풍으로 꾸몄다. 자신을 모로코인으로 생각하면서도 동시에 스페인과도 깊은 관련이 있다고도 느낀다고 했다.

그가 바라는 것은 스페인 정부의 인정과 사과다. 스페인은 지난 수 세기 동안 강제로 떠나야 했던 모리스코인들의 문명을 박탈했고, 오늘날 스페인의 대표적인 관광지로 자리잡은 아름답고 찬란한 안달루시아 문화는 그들의 희생 위에 남겨졌다. 그는 스페인 정부가 과거 모리스코인들에게 가했던 박해와 학살, 강제 이주, 종교적 탄압에 대해 인정하고 사과할 것을 촉구하고 있다. 이에 덧붙여서 그는 "내가 살아 있는 동안 이 바람이 이루어지지 않는다 해도, 난 이 열쇠를 내 아이들에게 물려줄 것이며, 그들이 나의 뒤를 이어 횃불을 들 것이고, 역사는 우리에게 정의를 실현해줄 것을 희망하고 있다."라고 말했다.

홀바인 카펫

유럽인의 일상 공간에 색을 더하다

최선아

홀바인 카펫이란?

화가 한스 홀바인(Hans Holbein, 1497년~1543)의 작품 〈대사들(The Ambassadors)〉(1533)에서는 두 명의 인물이 카펫이 덮인 탁상을 배경으로 서 있다. 그림에서 볼 수 있듯이, 붉은 바탕에 다양한 문양이 직조된 카펫은 〈대사들〉뿐만 아니라 홀바인의 여러 작품에서 반복적으로 등장한다. 19세기~20세기의 유럽 미술사가들은 실제 카펫을 연구하는 과정에서, 일부 카펫이 홀바인의 그림에 등장하는 것과 유사하다는 점에 주목했다. 이에 따라 미술사가들은 이 카펫[1]을 기준으로 '홀바인 카펫'이라고 명명하고, 유형별로 분류하기 시작했다.

엄밀히 말하면, '홀바인 카펫'은 15세기~16세기 오스만 제국 중서부의 도시인 우샥(Uşak) 지방에서 직조된 특정 유형의 카펫을 가리

대사들(The Ambassadors, 1533).

킨다. 우샥에서 제작된 카펫은 오스만 제국 서부 항구 도시인 이즈미르(옛 이름 스미르나)를 거쳐 유럽으로 유입되었기 때문에 일부 기록에서는 '홀바인 카펫(우샥 카펫)'을 '스미르나 카펫'으로 잘못 표기하기도 했다.

    미술사가들은 이 '홀바인 카펫'을 다음과 같은 네 유형으로 분류했다. 첫 번째 유형은 소형 카펫으로, 바탕을 작은 정사각형으로 나누고 그 안을 팔각형 문양으로 채우는 것이 특징이다. 각 사각형의 모서리는 삼각형으로 장식되며, 이러한 삼각형이 서로 맞물려 마름모 형태를 이루는 것이 기본적인 형태이다. 두 번째 유형은 첫 번째 패턴을 기본으로 하지만, 기하학적 요소보다는 식물 문양이 더 두드러진다. 처음 보면 첫 번째 유형과 크게 달라 보이는데 기본 구조는 유지되고 있다. 팔각형의 윤곽선이 흐릿해지고, 마름모 안은 팔메트와 루미(Rumi)[2] 문양으로 채워진다. 세 번째는 대형 카펫으로, 큰 정사각형 내부에 팔각형을 배치하고 이러한 정사각형을 다시 큰 정사각형으로 둘러싸는 구성이 기본이다. 크기에 따라 정사각형 안에 있는 팔각형이 두 개나 네 개가 될 수 있다. 마지막 유형은 세 번째 유형을 한층 발전시킨 디자인이다. 팔각형이 채워진 정사각형을 둘러싼 패널 내부에 다시 작은 팔각형 문양이 두 개씩 배치되는 것이 특징이다.

그러나 두 번째 유형, 즉 작은 문양 카펫에 식물 문양이 추가된 형태는 실제로 홀바인이 그린 것이 아니다. 오히려 이 유형의 카펫은 화가 로렌조 로토(Lorenzo Lotto, 1480~1556)의 작품에 등장하며, 이 때문에 '로토 카펫'으로 분류되기도 한다. 즉, '홀바인 카펫'으로 분류된 일부 카펫은 실제로 홀바인의 그림에 등장하지 않았음에도 불구하고 그의 이름을 따서 명명된 것이다.

사실, 르네상스 시대의 유럽 화가들 중 한스 홀바인뿐만 아니라 많은 이들이 '홀바인 카펫'을 비롯한 수입 카펫을 자신들의 작품에 묘사했다. 특히, 홀바인 카펫 세 번째 유형은 한스 멤링(Hans Memling, 1430~1493)이나 카를로 크리벨리(Carlo Crivelli, 1435~1495) 같은 화가들의 작품에도 등장한다.

정리하자면, 서구 사학계와 미술사 학계에서는 19세기부터 동양의 현존하는 카펫을 연구하는 과정에서, 르네상스 시대 회화 묘사된 카펫과 비교하여 패턴을 분류하는 방식을 채택했다. 이 과정에서 관례적으로 해당 카펫이 등장한 화가의 이름을 붙여 분류했으며, 그 결과 홀바인 카펫을 포함해 벨리니 카펫(Bellini Carpet), 크리벨리 카펫(Crivelli carpet), 멤링 카펫(Memling Carpet), 로또 카펫(Lotto Carpet)과 같이 화가의 이름을 딴 다양한 카펫 분류명이 탄생하게 되었다.

앞서 언급했듯이 홀바인 카펫으로 분류된 카펫 중 일부는 실제로는 로또 카펫에 해당한다. 따라서 '홀바인 카펫'이라는 명칭은 유럽으로 수출된 중동지역 카펫을 대표하는 상징처럼 사용되지만, 그 모든 유형을 포괄하지는 않는다. 또한, 화가의 이름이 붙은 카펫은 주로 초기 오스만 카펫에 해당하며, 이후 시대의 카펫은 고전 오스만 카펫과 후기 오스만 카펫으로 구분된다. 고전 오스만 카펫은 생산지에 따라 궁전 생산 카펫과 우샥 카펫, 트란실바니아 카펫 등으로 분류되며, 후기 오스만 카펫은 아나톨리아 서부 생산 카펫, 헤레케(Hereke) 카펫, 에르델(Erdel) 카펫 등으로 나뉜다.

따라서 이 글의 제목을 '홀바인 카펫'으로 정하긴 했지만, 내용은 단순히 15세기~16세기 오스만 제국에서 생산된 특정 유형의 카펫에 국한되지 않는다. 이어지는 논의에서는 오스만 제국의 '튀르키예[3] 카펫'을 비롯해 중동 일부 지역에서 생산된 카펫의 수출과 유통 과정, 그리고 이른바 '오리엔탈 카펫'이 유럽에서 어떻게 유행하고 활용되었는지 다룰 것이다.

유럽으로 진출한 튀르키예 카펫

앞서 언급했듯이 홀바인을 비롯한 많은 르네상스 화가가 자신들의 작품 속에서 카펫을 자주 묘사했다. 중세에서 르네상스로 넘어가는 과정에서 회화 예술에도 변화가 찾아왔다. 이 시기에는 사실주의적 화풍과 원근법이 발전하며 회화의 기술적 정교함이 높아졌고, 이러한 변화와 더불어 카펫이 등장하는 빈도도 증가했다. 과거보다 더욱 사실적인 회화 속에서 카펫이 자주 등장했다는 사실은 한 가지 점을 시사한다. 당시 유럽 사회에서 카펫이 널리 유통되었으며, 실제로 사용되고 있었다는 것이다. 그렇다면, 튀르키예의 카펫은 어떻게 유럽으로 유입되었을까?

이를 이해하기 위해서는 먼저 아나톨리아 반도에 정착한 투르크인들의 카펫 문화에 대해 먼저 살펴볼 필요가 있다. 투르크인은 유목민으로서 이미 오래전부터 중앙아시아에서 카펫을 사용해 왔다. 고대 문헌에서도 다양한 국가와 민족의 카펫을 언급하고 있으나, 현존하는 가장 오래된 카펫은 파지리크 카펫으로 5세기경에 만들어진 것으로 추정된다. 파지리크 유물의 민족적 기원에 대한 논쟁은 있지만, 많은 학자가 이를 투르크 카펫의 기원으로 본다. 이러한 문화적 유산을 가진 투르크 민족은 중앙아시아를 거쳐 아나톨리아로 이동했으며, 1071년 만지케르트 전투 이후 서쪽으로는 비잔틴 제국을 두고 중부와 동부 지역을 중심으로 정착하게 되었다. 이후, 아나톨리아에는 아나톨리아 셀주크(또는 소아시아 셀주크 또는 룸 셀주크)를 비롯한 다양한 투르크계 공국들이 세워졌다.

당시 아나톨리아 셀주크 왕조의 중심지였던 콘야(Konya)는 카펫을 제작하는 핵심 도시였다. 궁전에서 사용할 카펫을 직조하기 위해 콘야에는 두 개의 공방이 세워졌으며, 13세기 마르코 폴로(Marco

Polo, ca. 1254~1324)의 여행기에서도 콘야에서 생산된 카펫의 아름다움이 언급되었다. 이외에도 셀주크 왕조의 또 다른 거점이었던 베이쉐히르(Beyşehir)와 푸스타트(Fustat)에서도 카펫이 제작되었다. 물론, 이곳에서 생산된 카펫은 주로 궁정에서 사용되는 고급 직물이었지만, 일반 가정에서도 일상적으로 사용할 수 있는 카펫이 함께 제작되었다. 이러한 배경 속에서 르네상스 이전인 11세기부터 카펫이 유럽으로 수출되기 시작했다. 다만, 당시 유럽에 유입된 카펫이 정확히 어디에서 직조되었는지, 어떤 형태였는지에 대한 구체적인 기록은 현재 남아있지 않다.

13세기 몽골의 침략으로 셀주크 왕조가 해체된 이후에도 투르크인들은 계속해서 카펫을 제작했다. 13세기 이후에는 가정뿐만 아니라 독립적인 공방에서도 카펫을 생산하며, 대형 카펫을 직조하기도 했다. 오스만 왕조가 건국된 초기에는 카펫을 비잔틴 궁정에 결혼 선물로 보내기도 했다. 또한, 당시 셀주크 왕조 및 오스만 왕조와 인접했던 비잔틴 왕실에서는 선물로 받은 카펫 외에도 이미 자체적으로 구매한 카펫을 보유하고 있었을 것으로 추정된다. 다만, 이는 정황상 추측일 뿐 명확하게 입증된 바는 없다. 비슷한 사례로 '정황상 추정'되는 또 다른 가능성은 4차 십자군(1202~1204)과 관련이 있다. 당시 콘스탄티노플을 점령한 십자군에는 베네치아인들도 포함되어 있었는데, 이들은 셀주크 왕조의 지배를 받던 비잔틴 인접 지역에서 사치품을 접하게 되었고, 그중 일부를 베니스로 보냈을 것으로 보인다. 이 사치품 목록에 카펫도 포함되었을 가능성이 제기되지만, 역시 명확한 증거는 남아 있지 않다.

한편, 서유럽은 중세 전반에 걸쳐 아시아에서 비단을 수입했으며, 이 과정에서 많은 카펫도 함께 유입되었을 것으로 보인다. 특히, 12세기 후반에는 스페인 남부의 무슬림 지역에서 카펫이 수출되었다는 기록이 남아 있다. 1254년, 카스티야 출신의 엘리노어(Eleanor of Castile, 1241~1290)가 되는 에드워드 1세(Edward I, 1239~1307)가 되는 왕자와 결혼하기 위해 런던에 도착했을 때, 스페인에서 카펫과 직물을 가져왔다는 기록이 그 예이다. 이는 중세 유럽에서 카펫이 교역과 결혼 동맹을 통해 확산되었다는 것을 보여주는 사례 중 하나다.

14세기에서 15세기에 접어들면서 카펫의 수출이 본격화되었고, 다양한 기록과 회화 속에서 카펫이 등장하는 빈도도 급격히 증가했다. 이로 인해 카펫의 수출과 유통 경로를 체계적으로 추적할 수 있게 되었다. 1320년에 작성된 피렌체의 한 사본에는 네 곳의 주요 카펫 교역소가 기록되어 있다. 모로코에서는 사피(Safi)와 아젬무어(Immouzer), 튀르키예에서는 안탈리아(Antalya)와 셀축(Seçuk), 이집트에서는 알렉산드리아(Alexandria), 그리고 레바논에서는 베이루트(Beirut)가 교역 거점으로 등장한다. 한편, 프라토 출신의 상인이었던 프란체스코 디 마르코 다티니(Francesco di Marco Datini)의 아카이브에는 알렉산드리아, 베이루트, 콘스탄티노플, 트레비존드(Trebizond)가 카펫 교역소로 기록되어 있다.

회화 속에서 카펫이 등장한 초기 사례로는 시모네 마르티니(Simone Martini, 1284~1344)의 〈툴루즈의 성 루이스의 형제인 앙주의 로베르에게 양위(San Ludovico di Tolosa che incorona il fratello Roberto d'Angiò)〉(1317)가 있다. 이 작품에서는 바닥에 카펫이 깔려 있지만, 문양이 명확하게 드러나지 않아 어느 지역에서 직조된 것인지 확실히 파악할 수 없다. 또 다른 예로는 프라토의 산토 스피리토(Santo Spirito) 성당에 있는 야코포 디 치오네(Jacopo di Cione, 1325~1399)의 〈수태고지〉가 있다. 라퀼라(L'Aquila)의 움브리아 국립 박물관(Museo Nazionale dell 'Umbria)에 소장된 메오 다 시에나(Meoda Siena)의 작품에서도 팔각형으로 구획된 작은 깔개가 일부 보인다. 사노 디 페이트로(Sano di Pietro, 1405~1481)가 그린 〈성모의 약혼(Betrothal of the Virgin)〉(1452)에는 새 문양이 들어간 카펫이 묘사되어 있다. 한편, 14세기 회화에서는 동물 문양과 환상적인 존재(용과 봉황 등)가 포함된 카펫이 종종 등장하기도 한다. 동물 문양이 들어간 카펫은 주로 콘야 지방에서 제작된 것으로 알려졌지만, 회화 속에 등장하는 카펫과 완전히 일치하는 실물이 아직까지 발견되지 않았다. 따라서 현재로서는 아나톨리아 반도에서 제작된 것으로 추정할 뿐이다.

 1453년, 오스만 제국이 콘스탄티노플(현 이스탄불)을 정복한 이후, 오스만을 비롯한 중동지역의 카펫이 유럽에 본격적으로 알려지기 시작했다. 오스만의 술탄들은 여전히 유럽의 통치자와 대사들에게 카펫을 선물로 증정했다. 일례로, 1464년 메흐메드 2세(Mehmed II, 1차 재위:1444~1446, 2차 재위:1451~1481)는 나폴리 왕국의 페르디난도(Ferdinando I, 재위:1458~1494)에게 100장의 카펫을 선물했다. 이후 바예지드 2세(Bayezid II, 재위: 1481~1512)와 술레이만 1세(Süleyman I, 1520~1566) 역시 유럽의 고위 관계자들에게 카펫을 선물했다는 기록이 남아 있다.

 물론, 일부 고위 관계자들에게 선물로 전달된 것만으로 카펫이 널리 알려지기는 어려웠다. 하지만 이스탄불 정복 이후, 유럽 각국의 대사들이 오스만 제국과 무역할 수 있는 권한을 얻게 되면서 자연스럽게 카펫도 주요 수입 품목에 포함되었다. 오스만의 카펫을 처음으로 수입한 무역상들은 당시 지중해 무역을 주도하던 베네치아인들이었다. 이후, 제노바인뿐만 아니라 네덜란드, 영국, 유대인, 아르메니아계 무역상들도 카펫 교역에 적극적으로 참여하며 중요한 역할을 하게 되었다.

유럽에서 카펫을 적극적으로 수입하게 된 이유는 여러 가지가 있었다. 고급 사치품에 대한 수요가 증가하고, 인테리어 유행이 변화한 것과 더불어 새로운 세계에 대한 호기심이 그 주요 원인으로 꼽힌다. 오스만 제국의 술탄 메흐메드 2세는 젠틸레 벨리니(Gentile Bellini, 1429~1507)를 비롯한 이탈리아 예술가들을 초청해 작품을 제작하도록 했다. 이와 함께 오스만 제국을 방문한 이탈리아 화가들은 동양 의상을 입은 이국적인 인물들을 그림 속에 담았다. 이스탄불을 정복한 오스만 군대가 끊임없이 유럽을 위협하자 유럽인들은 두려움을 느끼면서도 동시에 오스만의 관습, 사회 조직, 그리고 특히 외모와 복장에 큰 관심을 가졌다. 16세기에 유행했던 의상 삽화집에도 동양 의상이 포함되었으며, 오스만의 복식은 유럽 패션에도 일부 영향을 미쳤다. 이와 더불어 공예품 역시 유럽인들의 호기심을 자극하는 대상이었다. 한편, 신대륙에서 대량으로 약탈된 금과 은이 유럽으로 유입되면서 오스만 제국을 비롯한 중동 국가들은 유럽 시장에 사치품을 적극적으로 수출했다. 카펫 역시 이러한 고급 수출품 중 하나였다. 특히, 16세기 중반 대재상이었던 뤼스템 파샤(Rüstem Paşa, 1500~1561)는 '오스만'이라는 브랜드를 적극적으로 홍보하며 유럽 시장에서 오스만 제품의 위상을 강화하려고 했다.

이러한 복합적인 요인의 결과로 홀바인, 멤링, 피에로 델라 프란체스카(Piero della Francesca, 1415~1492), 베르메르(Joannis Vermeer, 1632~1675), 로또, 얀 반 에이크(Jan van Eyck, 1380/1390~1441), 페트러스 크리스터스(Petrus Christus, 1410/1420~1475/1476)와 같은 르네상스 화가들의 작품에서 카펫이 생생하게 묘사되었다. 이 시기의 작품을 후원한 자나 주문한 사람은 카펫이 정교하게 표현되기를 원했으며, 이에 따라 화가들은 작품 속에서 카펫의 문양과 직조 방식을 섬세하게 그려 넣었다. 또한, 몇몇 화가들은 단순히 주문을 받아서 그린 것이 아니라, 카펫 자체에 관심을 가지기도 했으며, 실제로 여러 장을 수집한 경우도 있었다. 이처럼 카펫 수출이 활발해지면서 회화 속에 묘사된 카펫이 늘어나게 되었고, 후대에는 이러한 그림들이 중요한 연구 자료로 활용되는 계기가 되었다.

17세기 후반, 프랑스에서 시작된 바로크와 로코코 양식이 유행하면서 유럽 궁정에서는 동양 카펫에 대한 관심이 점차 줄어들었다. 그럼에도 18세기 내내 네덜란드 중산층 사이에서는 여전히 동양 카펫이 인기를 끌었다. 이후 19세기에 접어들며 프랑스와 영국 같은 식민지 제국이 번영하면서, 오리엔탈리즘의 영향 아래 동양 카펫은 다시 한번 유럽인의 관심을 끌었다. 19세기 후반까지 이슬람 세계에서 제작된 카펫은 뉴잉글랜드를 비롯한 미국의 여러 지역에서 큰 인기를 끌었으며, 아르메니아인들을 포함한 중동 출신 이민자들에 의해 제조되고 판매되었다. 특히, 프랑스와 영국의 귀족 문화를 모방하던 미국 상류층은 뉴욕의 저택에 16세기부터 18세기 사이에 제작된 방대한 양의 오래된 이슬람권의 카펫을 수입해 사용했다.

19세기에 열린 세계 박람회와 전시회는 튀르키예 카펫을 유럽과 미국에 소개하는 중요한 기회가 되었다. 런던 박람회(1851)와 스톡홀름 전시회(1897)에서는 오스만에서 생산된 카펫이 전시되었지만, 시카고 세계 박람회(1893)에서는 오스만식 정자 내부를 헤레케(Hereke)산 직물과 카펫으로 장식했다. 리옹(Lyon)에서 개최된 국제 섬유 제품 박람회(1894)와 뮌헨 전시회(1910)에서도 제국 카펫 공장(Halı Fabrika-i Hümayunu)에서 제작한 카펫이 전시되었다. 독일 황제 빌헬름 2세(Wilhelm II, 재위:1888~1918)가 헤레케를 방문하면서 헤레케 카펫의 명성이 더욱 높아졌다는 기록이 있다.

이처럼 유럽에 지속적으로 유입된 카펫은 회화뿐만 아니라 다양한 역사적 기록에도 등장했다. 그렇다면, 유럽 각국에서는 카펫을 어떻게 기록했고, 시간이 지나면서 그 인식이 어떻게 변화했을까?

이탈리아에 남아 있는 기록을 보면, 카펫은 상당한 사치품으로 취급되었다. 15세기 말 수장품 목록과 같은 문헌에 따르면, 당시 카펫 한 장의 가격은 개당 10~70 플로린(florin) 정도였다. 같은 시기, 은실로 장식한 가구가 10 플로린 이하였으며, 유약을 바른 도자기는 그보다 더 저렴했다는 기록과 비교하면, 카펫의 높은 가치를 짐작할 수 있다. 1520년, 베네치아에서 런던으로 보내진 60여 장의 카펫은 총 1,000 두카(ducat) 이상에 거래되었다. 최고급 카펫의 가격은 이탈리아 궁정에서 주문한 조각이나 회화 작품과 맞먹을 정도로 비쌌다. 실제로 로렌초 메디치(Lorenzo dei Medici, 1449~1492)의 1492년 수장고 목록에는 30, 70, 60 플로린에 달하는 카펫이 기록되어 있다. 이탈리아에서 가장 부유했다는 메디치 가문조차도 고급 카펫을 구하는 데 어려움을 겪은 경우가 있었다. 1473년 기록에 따르면, 이스탄불에 파견된 로렌조 메디치의 대리인은 주인이 원했던 고급 테이블용 카펫을 구하지 못해 품질이 낮은 카펫을 대신 보냈다고 전한다. 물론, 이것은 메디치 가문의 자금이 부족한 탓이 아니라, 원하는 품질의 카펫을 확보하기 위해 생산지까지 직접 가야 하는 물리적 한계 때문이었다.

중동에서 제작된 수공예품은 주로 베네치아를 통해 유럽으로 유입되었으며, 영국 역시 이와 같은 방식으로 카펫을 수입한 것으로 보인다. 영국에서 튀르키예의 카펫이 처음으로 기록된 것은 1439년으로 거슬러 올라간다. 당시 안토니 퀘리누스(Antony Querrinus)는 성 요한 수도원의 대수도원장을 위해 로도스에서 투르크 카펫과 무기, 갑옷, 견직물, 와인 등을 가져왔으며, 이들 물품에 대한 관세를 면제해 달라는 신청서를 제출했다.

또한, 베네치아와 제노바 출신 무역상들이 카펫을 오스만에서 런던으로 들여와 영국산 모직물과 교환했다는 기록도 남아 있다. 이러한 교역을 통해 튀르키예 카펫은 점차 영국 상류층 사이에서도 중요한 사치품으로 자리잡게 되었다.

영국에 유입된 튀르키예산 카펫과 관련해 반드시 언급되는 두 인물이 있다. 그중 한 명이 영국의 대주교였던 토마스 울지(Thomas Wolsey, 1473~1530) 추기경이다. 울지 추기경은 카펫에 상당한 관심을 가졌던 것으로 보인다. 실제로 영국 대사가 베네치아 원로원에 카펫 400장을 구해달라고 요청한 기록이 남아 있다. 그러나 추기경이 최종적으로 받은 것은 60장에 불과했다. 이 기록은 당시 그가 엄청난 부와 권력을 가지고 있었는데도 카펫이 매우 비싸고 희귀한 사치품이었다는 것을 보여준다. 울지 추기경과 관련된 또 다른 일화도 전해진다. 당시 베네치아 출신 상인들은 관세 문제로 정부와 분쟁을 겪게 되자, 중재를 요청하기 위해 추기경을 찾았다. 이 과정에서 상인들이 관세를 낼 수 있는 품목 가운데 60~100장의 카펫이 포함되어 있었고, 이 카펫들은 결국 추기경에게 '선물'로 전달되었다. 추기경은 직접 카펫을 살펴본 뒤 크게 만족했으며, 이에 대한 보답으로 상인들에게 편의를 제공하겠다고 말했다고 전해진다.

이 '선물'을 기록한 구체적인 자료는 남아 있지 않지만, 1529년 추기경이 사망한 후 그의 소유품은 헨리 8세(Henry VIII, 재위:1509~1547)에게 넘어갔다. 헨리 8세 역시 영국 카펫 역사에서 반드시 언급되는 중요한 인물이다. 그는 이전 왕들로부터 물려받은 부와 권력을 바탕으로 궁전의 인테리어를 자주 바꿨으며, 그 과정에서 카펫도 중요한 장식 요소로 사용했다. 헨리 8세가 사망한 후 작성된 수장품 목록에는 총 801장의 카펫이 기록되어 있으며, 그중 오스만산 카펫이 444개 장을 차지하고 있었다.

헨리 8세가 소유했던 카펫은 후대에도 계속 전해졌다. 1599년, 토마스 플래터(Thomas Platter, 1574~1628)와 그의 친구들이 엘리자베스 1세(Elizabeth I, 재위:1558~1603)의 궁전을 방문했을 때, 왕좌에만 튀르키예산 카펫이 깔려 있다는 설명을 들었다. 또한, 1598년 헤츠너(Hentzer)라는 외국인은 햄프턴 궁전(Hampton Court Palace)에 대해 기록을 남겼다. 그는 엘리자베스 여왕이 때때로 머물던 방의 벽이 비

〈헨리 8세 초상화〉(한스 홀바인 작, 1540년)에 등장한 카펫.

단 카펫으로 장식되어 있었으며, 카펫에는 전쟁 장면이 묘사되어 있었다고 설명했다. 당시 왕실은 그에게 다마스쿠스산 카펫 12~15장을 가져오도록 요청했고, 이에 대한 대가로 카펫 7장을 주었다고 한다. 연구자들은 이를 궁전 수장품 목록에서 자주 등장하는 책상용 카펫으로 보고 있다.

1756년 영국에서 출판된 무역 용어 사전에는 카펫에 대한 설명이 나오는데, 최고의 카펫은 이란과 튀르키예에서 만들어진다고 언급되어 있다. 또한, 당시 유통되던 카펫의 이름은 대부분 아나톨리아의 지명을 따라 명명되었다.

헝가리 교회에서도 튀르키예산 카펫은 오랫동안 장식용으로 사용되었다. 관련한 기록 중 하나로, 이슈트반 5세(V. István, 재위:1270~1272)의 여동생 마리아가 자신이 소유한 카펫의 아름다움을 극찬한 편지가 전해진다. 또 다른 기록에 따르면, 1503년 튀르키예산 카펫 500장이 헝가리에 도착한 것으로 확인된다.

알바이울리아(Gyulafehérvár) 궁전에는 튀르키예산 카펫 105장이 사용되었다는 기록이 남아 있다. 또한, 1541년 드라스코비치(Drašković) 가문의 궁전에는 대형 카펫 4장, 식탁보용 카펫 5장, 소형 카펫 7장이 있었다고 전해진다. 1521년에는 헝가리 사령관 죄르지 투지(György Thury, 1519~1571)의 궁전에 튀르키예산 카펫 39장이 있었다고 한다.

트란실바니아에서 부유층이나 귀족 가문이 튀르키예 카펫을 사용하는 것은 매우 흔한 일이었다. 오늘날까지 남아 있는 많은 궁전과 저택에 깔린 카펫이 그 증거다. 트란실바니아는 한때 오스만 제국의 지배를 받았으며, 지리적으로 가까운 위치에 있었기 때문에 튀르키예 카펫의 영향을 받은 것은 자연스러운 일이었다. 이러한 영향은 귀족 저택과 왕궁뿐만 아니라 성당에서도 확인된다. 예를 들어, 브라쇼브(Brassó)의 네아그라 성당(Biserica Neagră)에서는 110장의 튀르키예산 카펫이 사용되었으며, 시기쇼아라의 수사 성당(Biserica Călugărească Sighișoara)에도 40장이 존재했다.

16세기, 제노바와 베네치아는 해상 무역로를 통해 오스만의 카펫을 주로 공급했지만, 육지를 통한 무역도 상당한 비중을 차지했다. 특히 트란실바니아가 중요한 역할을 했다. 1502년, 트란실바니아 브라쇼브의 변경 세관에 남아 있는 일부 기록에 따르면, 과세 당국을 통과한 튀르키예 카펫이 500장 이상이었다고 한다. 브라쇼브는 당시 중부 유럽을 잇는 주요 무역로 중 하나로 튀르키예 카펫이 유럽 각지로 퍼지는 중심지 역할을 했다.

폴란드 역시 튀르키예 카펫을 궁전에 사용한 국가 가운데 하나였다. 1585년, 폴란드 왕 스테판 바토리(Stephen Báthory, 재위:1576~1586)는 아르메니아 상인으로부터 튀르키예 카펫 26장을 구입한 것으로 전해진다. 이들 대부분은 이스탄불에서 들여온 것으로, 17세기부터 19세기까지 폴란드의 궁전, 부유층 저택, 교회 장식에 활용되었다. 폴란드는 단순히 튀르키예 카펫을 수입하는 데 그치지 않고, 이를 모방해 직접 직조하고 생산하려고 시도하기도 했다.

네덜란드는 16세기 무역이 급격히 성장하면서 경제적으로 풍요로워졌고, 17세기 동인도회사가 설립되면서 카펫 소비도 더욱 활발해졌다. 특히 네덜란드의 귀족과 부르주아 계층에서는 카펫을 테이블 덮개로 자주 사용했으며, 이러한 풍경은 다양한 회화 작품에 남아 있다. 네덜란드 회화에서 카펫은 부유한 귀족 가문을 묘사하는 작품뿐만 아니라, 평범한 일상을 그린 작품에서도 정교하게 표현되었다.

유럽인들의 카펫 생산

앞서 잠시 언급했듯이, 유럽인들은 서부 아나톨리아뿐만 아니라 유럽과 아메리카에서도 여러 카펫 공방과 공장을 세웠다. 당시 카펫은 가격이 비싸고 귀한 물건이었으므로 수입에만 의존해야 하는 상황에 대해 유럽인들은 상당한 불만은 가졌던 것으로 보인다. 시간이 지나면서 유럽인들은 튀르키예 카펫을 흉내 내보려고 했다.

예를 들어, 영국에서는 튀르키예 카펫이 널리 사랑받으며 판매된 동시에, 이를 모방해 생산하려는 움직임도 16세기부터 시작되었다. 시장 흐름을 잘 파악했던 리처드 해클리트(Richard Hakluyt, 1552~1616)는 1579년 모스크바 회사 소속 직공에게 페르시아로 가서 카펫 직조법을 배우고, 장인들을 영국으로 데려오라는 명령을 내렸다. 그러나 이 시도가 실제로 성공했는지는 알려지지 않았다.

조금 더 이른 시기인 1539년, 오르몬드 공작 피어스(Duke Pierce of Ormond)는 킬케니(Kikenny)에서 튀르키예 카펫과 베개, 태피스트리 따위를 흉내 내 생산하게 했다. 이들은 모조품을 'Turkey work carpet'이라는 이름으로 판매했다.

튀르키예 카펫을 모방해 자체적으로 생산하려는 시도는 영국뿐만 아니라 유럽 여러 나라에서도 이루어졌다. 17세기, 피에르 뒤 퐁(Pierre Du pont, 1560~1640)은 루브르 궁전에서 카펫 생산을 위한 허가를 받아 작업을 시작했다. 그는 투르크식 매듭법[4], 즉 괴르데스 매듭을 사용해 작은 카펫을 제작했다. 피에르 뒤퐁 이후, 사보네리(Savonnerie)에서는 튀르키예 카펫에서 기술적·예술적 영감을 받아 카펫을 생산했고, 1644년 유럽에서 일부가 '튀르키예 카펫'이라는 이름으로 판매되었다. 또한, 이곳에서 제작된 카펫에는 왕가의 상징이 새겨졌으며, 외교 선물로 사용되기도 했다. 비슷한 시기, 프랑스 오뷔송(Aubusson)에서도 카펫을 제작하는 기술과 함께 예술성이 발전하면서 프랑스는 유럽 내 카펫 생산의 중심지로 자리잡았다.

이렇듯 유럽이 자신들만의 카펫 역사를 새롭게 창조하면서 19세기 서구화 시대를 맞은 오스만 제국으로 다시 수출되었고, 아나톨리아 카펫 예술에도 영향을 미치게 되었다. 18세기 말, 프랑스에서는 사보네리와 오뷔숑에서 만들어진 태피스트리 문양을 모방해 일부 카펫을 직조하기 시작했다. 이러한 흐름은 오스만 제국에도 영향을 미쳤다. 1843년, 오스만 제국은 헤레케(Hereke)에 직조 공방을 설립했고, 1891년부터 본격적으로 카펫을 생산해 오스만 황궁에 공급했다. 이곳에서 제작된 일부 카펫은 프랑스풍 디자인을 따랐으며, 다시 유럽으로 수출되기도 했다.

영국 왕립 예술 협회는 카펫 예술을 널리 보급하기 위해 대회를 열었고, 이 대회에서 수상한 토마스 휘티(Thomas Whitty, 1713~1792)는 액스민스터(Axminster)에 카펫을 제작하는 공방을 세웠다. 그의 공방은 1835년 오스만 술탄 마흐무드 2세(Mahmud II, 재위:1808~1839)가 사용할 대형 카펫을 주문받아 제작을 맡았다. 가로 23m, 세로 16m에 달하는 거대한 카펫을 완성하는 데 성공하자, 공장 장인들과 지역 주민들은 이를 함께 축하했고, 심지어 교회에서 이 대작업을 기념하기 위한 추수감사절 예배를 드리기도 했다. 하지만 이 공장은 19세기 중반까지 운영되었으나, 결국 오스만 제국의 공장에서 생산된 카펫과 경쟁이 되지 않아 문을 닫고 말았다.

스코틀랜드에서는 오스만 제국에서 원료를 수입해 카펫을 제작하는 라헤브 튀르키예 파일 카펫(Raheb Turkish Pile Carpet) 회사가 설립되었다. 이외에도 오리엔탈 카펫 제조사(Oriental Carpet

Manufactures), 카디널 & 하퍼드 카펫(Cardinal & Harford Carpets), 제이 베이커(J. Baker), 시드니 라 폰테인(Sydney La Fontaine's Carpet Co.) 같은 회사들이 서부 아나톨리아에서 운영되었으며, 이들이 제작한 카펫은 '스미르나 카펫(Smyrna Carpet)'이라는 이름으로 유럽 시장에서 판매되었다.

19세기에는 영국인을 비롯한 유럽인들이 서부 아나톨리아를 방문하여 P. 드 안드레아(P. De Andrea, 1836), 하비프 & 폴라코(Habif & Polako, 1840), T.A. 스파르탈리(T.A. Spartali, 1842)와 같은 회사를 설립했다. 이들은 우샥과 그 인근 지역의 장인들에게 비단과 자신들이 원하는 형식의 카펫을 직조하게 했으며, 이렇게 직조된 카펫은 유럽으로 판매되었다. 결국 1880년대에 들어서면서 동방 카펫 회사가 서부 아나톨리아의 카펫 생산을 독점하게 되었고, 영국인들은 이 지역에서 제작된 카펫을 유럽 시장에 대량으로 공급할 수 있게 되었다.

유럽에서 카펫의 사용법

투르크인들이 아나톨리아반도로 이동하기 전, 중앙아시아에서 카펫은 주로 바닥에 깔거나 벽을 장식하는 용도로 사용되었다. 이슬람화 이후에는 일부 카펫이 기도용 깔개로 활용되기도 했다. 유럽에서도 카펫은 바닥 깔개로 사용되었지만, 그 쓰임새는 중앙아시아나 이슬람권과는 다소 차이가 있었다.

15세기 초 르네상스 양식으로 지어진 궁전과 저택의 내부 바닥

〈아르놀피니 부부의 초상〉(1434).

은 주로 돌이나 목재로 마감되었고, 벽에는 목재 패널과 태피스트리가 사용되었다. 이러한 실내 공간을 더욱 화려하게 꾸미기 위해 카펫이 활용되기 시작했다. 특히 유럽에서는 왕궁과 귀족 저택에서 벽과 바닥을 장식하는 인테리어 스타일이 유행하면서, 카펫이 중요한 장식 요소로 자리잡았다. 이러한 경향은 카펫의 수입이 급증한 주요 요인 중 하나로 여겨진다.

 품질이 낮거나 이미 사용되어 손상된 카펫은 주로 바닥에 깔았다. 15세기 중반까지 이탈리아 회화에서 카펫은 중요한 인물이 있는 자리나, 축제의 성격을 가진 종교의식이 열리는 장소의 바닥, 마리아가 앉아 있는 의자 아래, 혹은 침실 등에 놓인 모습으로 자주 등장했다. 이러한 그림에서 인물이 카펫 위에 서 있는 것은 종종 해당 인물의 중요성을 강조하거나 존경심을 표현하는 방식으로 해석되기도 한다. 이와 유사하게 교회에서도 제단 앞에 카펫을 깔아 장식하는 경우가 많았다. 또한, 익명의 프랑스 화가가 그린 〈성 자일스의 미사(La Messe de saint Gilles)〉에는 교회에서 홀바인 카펫이 어떻게 사용되었는지 보여준다. 실내 공간뿐만 아니라, 베네치아 예술가 마테오 파가노(Matteo Pagano, 1515~1588)가 15세기 후반에 제작한 〈성 마르코 광장에서 열린 종려 주일 행렬(La Processione della Domenica delle Palme in Piazza San Marco)〉 목판화에서도 카펫이 공공 행사에서 어떻게 활용되었는지 확인할 수 있다.

이탈리아뿐만 아니라 유럽 각국의 통치자들도 공식 행사에서 바닥에 카펫을 깔아 자신의 권위와 위엄을 드러냈다. 특히 카펫을 비롯한 실내 장식에 관심이 많았던 영국의 헨리 8세를 묘사한 거의 모든 초상화에는 홀바인 카펫을 비롯한 다양한 카펫이 등장한다.

그러나 바닥에 카펫을 까는 것은 단순히 권위를 과시하거나 인테리어 효과를 위한 것만은 아니었다. 북유럽에서는 기초적인 난방만 가능했기에 침대 옆이나 바닥에 두꺼운 파일 카펫을 깔아 추위를 막는 역할을 하기도 했다. 이러한 용도를 잘 보여주는 대표적인 예가 얀 반 에이크가 그린 〈아르놀피니 부부의 초상(Arnolfini Portrait)〉(1434)이다. 그림 속 배경을 살펴보면 침실 바닥에 카펫이 놓여 있어 난방 효과를 보완하는 용도로 사용되었다는 것을 알 수 있다.

앞서 언급했듯이 다소 낡거나 더러워진 카펫은 바닥에 깔았지만,

비교적 깨끗한 카펫은 벽에 걸거나 발코니에 내걸어 장식용으로 사용했다. 사실 유럽에서는 오랫동안 태피스트리를 벽에 걸어 실내를 꾸미는 전통이 있었기 때문에, 카펫을 인테리어 요소로 활용하는 것은 자연스러운 일이었다.

15세기 이후, 성모 마리아나 성인의 발밑에 깔린 카펫뿐만 아니라 벽이나 발코니에 걸린 모습으로도 점차 묘사되기 시작했다. 예를 들어, 코스타빌리 궁전(Palazzo Costabili)의 프레스코화에는 발코니에 걸린 튀르키예 카펫이 그려져 있다. 그림 속 카펫은 사실적으로 표현되어 있으며, 그중 하나는 서부 아나톨리아에서 제작된 기도용 카펫이고, 다른 하나는 콘야에서 생산된 카펫이며, 나머지는 우샤 지방에서 직조된 카펫이다. 흥미롭게도, 이 프레스코화에 등장하는 카펫은 실제로 코스타빌리 궁전에 남아 있는 유물과 일치한다. 또한, 트란실바니아의 네아그라 성당에서도 선물받은 카펫이 발코니에 걸려 있는 모습을 확인할 수 있다.

특히 벽이나 발코니에 크게 늘어뜨려 장식된 카펫은, 더 정확히 말하면 이렇게 활용된 모습이 회화에 묘사될 때, 카펫의 전체적인 문양과 색상, 형태를 확인할 수 있어 중요한 연구 자료로 활용되기도 한다. 또한, 회화 속에서 카펫이 전면에 배치되어 화면의 구성을 더욱 풍부하게 만들고, 색채의 조화를 강조하는 역할을 하기도 했다.

고급 사치품인 카펫을 이렇게 전시할 수 있었다는 것은 곧 부와 권력의 상징이었기 때문에, 이를 소유하기 어려운 사람들은 때때로 카펫을 대여하기도 했다.

유럽에서 사용된 카펫의 큰 특징 중 하나는 기존 중동 국가와 달리 덮개로 활용되었다는 점이다. 초기에는 새 카펫을 바닥에 까는 것이 아니라 덮개로 사용하고, 오래되거나 낡은 카펫만 바닥에 놓는 것이 일반적이었다. 르네상스 시대의 저택에는 침실과 서재(작업실)가 결합된 공간이 있었고, 경제적 여유가 있는 가정에서는 이 공간을 다양한 미술품과 수입 카펫으로 장식했다. 카펫은 침대 옆에 놓거나 책상, 벽에 붙은 소파, 상자를 덮는 용도로 사용되었으며, 식탁 위에도 올려졌다. 다만 식탁의 특성상, 카펫 위에 천을 덧씌워 오염을 방지하는 방식이 흔히 사용되었다.

카펫은 앞서 언급한 것처럼 고가의 사치품이었으며, 부와 권력을 가진 이들조차 쉽게 구하지 못하는 경우가 많았다. 16세기와 17세기에 이르러 카펫은 저명한 인물의 초상화를 장식하는 중요한 요소

카라바조(Caravaggio)의 작품
〈에마오에서 식사(Supper at Emmaus, 1601)〉.

로 자리잡았다. 앞서 살펴봤듯이, 유럽 군주의 발아래 카펫이 깔리거나 탁자 위에 늘어진 모습으로 그려지는 경우가 많았다. 이와 함께, 안소니 반 다이크(Anthony van Dyck, 1599~1641)가 그린 플랑드르 상인 〈루카스 반 우펠렌의 초상화(Lucas van Uffel)〉(1621)에서 볼 수 있듯이, 카펫은 단순한 장식품 이상의 의미를 지니기도 했다. 그림 속에서 카펫은 천구, 콤파스, 종이와 같은 지적 능력을 상징하는 소품들과 함께 등장한다. 또한, 책, 펜, 잉크, 종이 등 기본적인 필기구를 비롯해 악기나 대리석 조각과 같은 인물의 사회적 지위를 드러내는 물건들이 카펫이 깔린 책상 위에 놓이는 경우도 많았다. 이처럼 초상화에서 카펫은 인물의 부유함뿐만 아니라 지성을 강조하는 요소로도 활용되었다.

즉, 카펫이 깔개로 사용되든 덮개로 활용되든 혹은 인테리어 소품으로 배치되든, 그 본질적인 역할은 소유자의 사회적 지위와 계급을 드러내고 권위를 상징하는 것이었다. 성인을 묘사한 회화나 종교적인 장면을 담은 회화에서 카펫이 자주 등장하는 것도 이러한 인식을 반영한 결과로 볼 수 있다. 그러나 한편으로, 희귀한 사치품이자 장식품이었던 카펫은 16세기 중반 이후 회화에서 때때로 방탕함과 허영심을 상징하는 요소로 해석되기도 했다. 카펫이 가진 이중적인 의미는 그 시대의 문화와 가치관을 반영하는 중요한 단서가 되며, 단순한 장식품을 넘어선 상징적 역할을 했다고 볼 수 있다.

귀족과 성직자의 초상화에서 중동지역의 카펫이 등장하는 전통은 17세기까지 지속되었다. 앞서 언급했듯이 네덜란드의 부유한 도시 중산층 가정에서도 카펫이 자주 사용되었으며, 이를 통해 카펫이 사회적 지위를 나타내는 중요한 요소로 자리잡은 사실을 알 수 있다. 결국, 카펫은 귀족과 성직자뿐만 아니라 부를 축적한 신흥 중산층까지 그 사용 범위가 확장되며, 부와 권위를 상징하는 기능까지 담당했다고 볼 수 있다.

유럽인의 생활에 스민 카펫

때때로 어떤 물질문화는 이념이나 종교의 경계를 초월해 널리 확산되기도 한다. 이슬람권과 유럽 지역이 전쟁과 경쟁 속에서 긴장 관계를 유지했던 시기에도 수많은 카펫이 이슬람권에서 유럽으로 유입되었다. 카펫은 회화 속에서는 다양한 의미를 지닌 상징적 소품이었지만, 현실에서는 유럽인들의 일상에서 활발하게 사용되는 실용적인 물품이었다. 초기에는 오직 왕이나 유력자만이 소유할 수 있는 귀한 물건이었으나 무역이 발달하고 부가 확장되면서 점차 중산층의 생활에도 스며들었다. 카펫은 추운 가옥에서 난방 기능을 하는 실용적인 역할을 하는 한편, 공간을 아름답게 장식하는 중요한 인테리어 요소로도 자리잡았다. 또한, 유럽인들 역시 점차 카펫을 직조하는 기술을 습득하며 자체 생산을 시작했고, 산업화를 통해 더 빠르고 저렴하게 생산된 카펫이 보급되었다. 그 결과, 오늘날에는 카펫의 기원과 상관없이 자연스럽게 사용되며, 유럽인들의 공간을 더욱 다채롭고 따뜻하게 만드는 요소로 자리잡았다. 이렇듯 이방에서 온 문화가 유럽인의 생활 한편에 스며들어 더는 낯선 것이 아닌 익숙한 풍경이 되었다.

포막족의 결혼식[1)]

불가리아 내 이슬람 문화의 증언

이하얀

리브노보의 결혼식 풍경

리브노보(Рибново) 마을은 평소 조용하고 한적한 분위기 속에서 고요함을 간직한 곳이었다. 산과 계곡으로 둘러싸인 이곳은 소박하면서도 아름다운 풍광으로 방문객을 맞이했다. 그러나 결혼식이 열리는 주말이 되면 마을은 전혀 다른 활기가 감돌았다. 그날 아침, 마을은 서서히 깨어나는 듯했다. 작은 집들이 늘어선 골목길에는 하나둘씩 사람들이 모여들었고, 평소에는 들리지 않던 웃음소리와 이야기 소리가 공기를 가득 채웠다. 차가운 겨울바람에도 불구하고 사람들의 얼굴은 따뜻함으로 빛나고 있었다.

신부의 집 앞마당은 이미 축제의 중심이 되어 있었다. 문턱을 넘는 순간, 밝고 다채로운 색감의 장식들이 시선을 사로잡았다. 정성스럽게 꾸며진 화려한 침구와 옷가지, 주방에서 사용할 도구들, 그리고 미래의 새 가족을 위한 작은 물건들. 마당 한쪽에서는 이웃 여성들이 모여 신부의 지참금을 장식하고 있었다(신부의 지참금은 새로운 삶을 향한 축복을 상징한다). 그들의 손놀림은 놀라울 정도로 빠르고 정교했으며, 하나하나에 담긴 정성은 그들의 마음을 고스란히 보여주었다. 이따금 웃음이 터져 나왔고, 누군가는 오래된 이야기를 꺼내 과거의 결혼식을 회상하기도 했다. 그것은 단순한 물질적인 준비를 넘어, 신부를 향한 사랑과 가족의 헌신이 깃든 의식이었다.

집 안에는 깊은 정적과 설렘이 공존하고 있었다. 신부는 아직 방 안에 머물며 어머니와 몇몇 친척 여성들에게 둘러싸여 있었다. 약간 긴장한 듯한 표정이었지만, 어머니의 손길을 느낄 때마다 이따금 살며시 미소를 지었다. 어머니는 딸의 머리카락을 조심스레 손질하며 낮고 부드러운 목소리로 축복의 말을 속삭였다. 딸을 떠나보내는 슬픔과 새로운 출발을 축하하는 기쁨이 뒤섞인 순간이었다.

다음 날 아침, 마을은 다시 한번 술렁였다. 오늘은 마침내 '껠리나(гелина)' 의식이 열리는 날이었다. 새벽부터 마을 사람들은 분주히 움직였고, 신부의 집 앞마당은 어느새 발 디딜 틈 없이 가득 찼다. 모두가 숨을 죽인 채 신부를 기다리고 있었다. 그리고 마침내 신부가 모습을 드러내는 순간, 군중 사이에서 잔잔한 탄성이 흘러나왔다.

신부의 얼굴은 하얀 물감으로 완전히 덮여 있었다. 그 위에는 반짝이는 스팽글과 다양한 색깔의 작은 장식들이 세심하게 배치되어 있었다. 그녀는 눈을 감은 채 조용히 자신의 자리에 앉아 있었다. 이 장식들은 그저 얼굴을 치장하기 위한 화장이 아니었다. 하얗게 칠한 얼굴은 신부를 악의 기운으로부터 보호하고, 새로운 시작을 축복하는 중요한 상징이었다. 순백의 얼굴을 한 신부는 현실과 동떨어진 신비로운 존재처럼 보였다. 마치 전통과 신화가 공존하는 무대 위에서, 그녀는 그 중심에 선 주인공 같았다.

겔리나 의식이 진행되는 동안, 주변에 모여든 이들의 눈빛은 특별했다. 그들은 단순히 결혼식을 구경하는 것이 아니라, 포막족(Помаци) 고유의 전통이 살아 숨 쉬는 순간을 직접 마주하고 있었다. 오랜 세월 이어져 온 이 의식은 과거를 재현하는 데 그치지 않았다. 그것은 마을 사람들에게 자신들의 정체성과 유산을 확인하고, 이를 다음 세대로 전하는 살아 있는 다리였다.

결혼식이 진행되는 내내 사람들의 얼굴에는 감동과 기쁨이 서려 있었다. 신부의 얼굴을 장식한 스팽글이 햇빛을 받아 반짝일 때마다, 마치 그녀가 향하는 새로운 삶의 희망을 비추는 듯했다. 그 광경을 바라보며 나는 이 결혼식이 단순한 개인의 사건이 아니라, 공동체 전체의 이야기임을 깨달았다. 이 순간은 전통과 가족, 그리고 새로운 시작이 하나로 어우러지는 장면이었다.

그 순간 나는 수백 년 동안 이어져 온 포막족의 혼례 의식이 그저 하나의 관습이 아니라는 것을 깨달았다. 그것은 삶의 이야기이자 공동체의 유대였으며, 시간을 초월한 사랑의 표현이었다. 신부의 하얀 얼굴 위에서 반짝이는 스팽글처럼 포막족의 전통은 현대 사회 속에서도 여전히 빛을 발하고 있었다.

포막족은 누구인가?

포막족은 불가리아 영토 내에서 불가리아어를 사용하는 무슬림 공동체다. 포막족은 발칸 반도의 여러 지역에 분포하며, 그중 다수가 불가리아의 로도피(Родопи)산맥에 거주한다. 이들은 오스만 제국 통치 시기에 이슬람으로 개종한 불가리아 기독교인의 후손으로 추정되며, 현재까지도 불가리아어를 사용하고 특정 정교회 전통을 유지하고 있다. 정확한 인구 통계는 없지만, 포막족의 수는 약 16만에서 24만 명으로 추정된다. 불가리아 당국은 이들을 독립된 소수 민족으로 인정하지 않으며, 공식 인구조사에서도 별도로 집계하지 않는다. 다만, 불가리아 민족에 속하면서도 무슬림으로 정체성을 가진 사람들의 수치만 제공되며, 이는 비공식 추정치보다 현저히 낮다. 2014년 유럽평의회 소수자 보호 프레임워크 자문위원회(European Commission Against Racism and Intolerance, ECRI) 보고서에 따르면, 불가리아 공식 인구조사에서는 불가리아인, 튀르키예인, 로마인 세 민족만이 사전에 정의된 민족 그룹으로 포함된다. 이로 인해 북마케도니아인이나 포막족으로 등록하려는 경우 이를 방해받거나 거부당하는 다수의 사례가 보고되었다.

'포막(Помак)'이라는 명칭의 기원은 불가리아 무슬림 공동체를 이해하는 중요한 단서가 되며, 다양한 학설을 통해 그 의미를 탐색할 수 있다. 이 명칭은 불가리아 남부 로도피산맥 지역을 중심으로 살아가는 이슬람 신앙을 가진 슬라브계 주민들을 가리키며, 그 기원에 대해서는 여러 가지 이론이 존재한다.

첫째, '포막'이라는 명칭이 불가리아어 '포마가치(Помагаци)'에서 유래했다는 설이 있다. 이 단어는 '도움을 주는 자' 또는 '지원자'를 의미하며, 오스만 제국 통치 시기 포막족이 지역 내 행정적 혹은 군사적 지원 역할을 맡았다는 역사적 배경과 연결된다. 이 주장은 오스만어와 현대 튀르키예어에서 약한 'g' 소리가 생략되는 발음적 특성에 따라 '포마가치'가 '포마치'를 거쳐 '포막'으로 변화했다는 설명과도 맞닿아 있다. 당시 오스만 제국은 이슬람화된 지역주민들에게 특권적 지위를 부여했으며, 이는 포막족이 지역 사회에서 중요한 역할을 했다는 점을 시사한다. 그러나 이 이론은 언어학적 증거가 부족하다는 비판을 받기도 한다.

둘째, 포막이라는 이름이 '포마첸(Помачен)', 즉 '고문받은 자'를 의미한다는 설이 있다. 이 이론은 포막족이 오스만 제국 통치 시기에 강제로 이슬람으로 개종되면서 겪은 고통과 관련이 있다. 불가리아 문헌과 전설, 특히 「메토디 드라기노프의 연대기」와 같은 기록에는 로도피 지역주민들이 강제로 개종을 당한 과정이 묘사되어 있으며, 이에 따라 포막족이라는 이름이 고난의 상징으로 자리잡았다는 주장이 제기된다. 그러나 학자들은 오스만 제국의 이슬람화 과정이 폭력적으로 강제 개종한 것이 아니라 점진적이고 다양한 요인에 의해 이루어졌다고 반박한다. 이들은 강제 개종설이 지나치게 단순화된 시각일 가능성을 지적하며, 보다 복합적인 역사적 맥락에서 접근할 필요가 있다고 주장한다.

포막족의 기원

앞서 살펴본 것처럼, '포막'이라는 명칭의 기원은 단일한 설명으로 규명하기 어렵다. 다양한 역사적·문화적 맥락이 얽혀 있기 때문이다. 각 이론은 오스만 제국 통치 시기의 독특한 사회·정치적 배경을 반영하며, 포막족의 역사와 정체성을 이해하는 데 중요한 단서를 제공한다. 이러한 논의는 포막족이 거쳐온 복잡한 역사적 과정을 조명하며, 그들의 문화적 유산을 보다 깊이 이해할 수 있는 토대를 마련한다.[1]

포막족의 기원에 대한 논의는 다양한 이론을 통해 전개되어 왔다. 널리 알려진 주장 중 하나는 포막족이 오스만 제국 통치 시기에 이슬람으로 개종한 슬라브계 기독교인의 후손이라는 것이다. 오스만 제국의 고위 관료이자 역사가였던 미드하트 파샤는 1878년 프랑스 잡지에 기고한 글에서 불가리아 무슬림이 아시아에서 이주해 온 집단이 아니라 오스만 제국의 정복 과정에서 이슬람으로 개종한 불가리아인의 후손이라고 언급했다. 이는 포막족이 불가리아 민족의 일부이며, 언어와 문화적 정체성을 여전히 유지하고 있다는 사실을 보여준다.

포막족의 이슬람화는 단순한 종교적 선택의 결과가 아니라, 복합적인 역사적 배경 속에서 이루어졌다. 오스만 제국은 전략적으로 중요한 지역에서 군사적 기반을 강화하기 위해 무슬림 인구가 필요했으며, 이를 위해 슬라브계 주민들의 개종을 적극적으로 장려하거나 강제했다. 경제적 요인도 개종의 중요한 배경이었다. 무슬림은 비무슬림이 납부해야 했던 지즈야에서 면제되었기 때문에 많은 이가 경제적 부담을 줄이기 위해 이슬람을 받아들였다. 이와 더불어, 일부 불가리아 기독교인은 그리스 정교회의 부패와 높은 세금을 피하기 위해 개종을 선택하기도 했다. 19세기 작가 바실 아프릴로프는 많은 불가리아 마을이 대주교의 탐욕에서 벗어나기 위해 이슬람으로 개종했다고 언급하며, 당시 종교적 억압과 사회적 불평등이 개종의 주요 요인 가운데 하나였음을 보여준다.

이들이 이슬람으로 개종한 이유와 과정에 대해서는 여러 가지 설이 존재하며, 대표적으로 자발적 개종설과 강제 개종설이 있다.

첫 번째 설은 자발적 개종설로, 오스만 제국이 발칸 반도를 지배하던 시기에 많은 슬라브계 주민이 자신의 의지로 이슬람으로 받아들였다는 주장이다. 이 설에 따르면, 오스만 제국은 발칸 반도의 다양한 민족들에게 종교적 자유를 보장했으며, 이슬람으로 개종한 이들은 행정적·사회적 혜택을 누릴 수 있었다. 특히, 개종자들은 비이슬람 신자들에게 부과된 지즈야에서 면제되었고, 이러한 경제적 이점이 많은 사람이 이슬람을 선택한 주요 요인으로 작용했다는 설명이 제시된다.

두 번째 설은 강제 개종설이다. 오스만 제국이 이슬람화 정책의 일환으로 발칸 반도의 슬라브계 주민들을 강제로 개종시켰다는 주장이다. 이 설에 따르면, 불가리아어를 사용하는 무슬림들은 1912~1913년에 강제 개종을 겪었으며, 1940년대 초에는 정부 주도로 이름이 변경되었다. 1948년, 공산주의 정권은 동화정책을 도입했고, 이는 불가리아계 거주지로의 인구 이동 프로그램을 포함하고 있었다. 1970년부터 1973년 사이에는 포막족이 무슬림 및 아랍식 이름을 포기하고 불가리아식 이름을 채택하도록 강요하는 강력한 동화정책이 시행되었다.

전통 혼례 화장을 한 포막족의 신부.

이처럼 오스만 제국은 발칸 지역을 통제하기 위해 이슬람화를 적극적으로 추진했으며, 특히 전략적으로 중요한 지역에서는 강압적인 개종이 이루어졌다고 한다. 많은 주민이 이에 저항했으나 결국 제국의 군사력 앞에서 개종을 받아들일 수밖에 없었다는 주장이 나온다. 이 과정은 폭력적으로 진행되었으며 많은 사망자가 발생했다. 1980년대 후반, 포막족은 공산 정권의 강제 개명 캠페인에 대한 대규모 시위에 참여했다. 그러나 튀르키예계 민족과 달리 불가리아어를 사용하는 무슬림들은 당국으로부터 튀르키예로 이주할 수 있는 허가를 받지 못했다.

이 두 가지 설은 포막족의 역사적 기원에 대한 중요한 논쟁을 형성하고 있으며, 개종에 대한 기억과 해석은 포막족 내부에서도 다르게 나타난다. 일부는 조상들이 자발적으로 이슬람을 받아들였다고 주장하는 반면, 다른 이들은 강제로 개종을 당했다고 생각한다. 이러한 역사적 배경은 포막족의 정체성을 형성하는 데 큰 영향을 미쳤으며, 오늘날 이들은 자신들의 정체성을 이슬람과 슬라브 전통이 결합한 독특한 혼합물로 인식하고 있다.

지역적 요인 또한 포막족의 형성에 중요한 역할을 했다. 서부 마케도니아에서는 알바니아 세력이 확장되면서 불가리아 기독교인들에게 압력이 가해졌고, 이에 따라 일부가 이슬람으로 개종했다. 그러나 이 지역의 포막족은 알바니아의 영향력에 저항하며 독자적인 정체성을 유지했다. 현대에 들어서 그리스와 북마케도니아에서는 포막족을 독립된 민족으로 간주하려는 정치적 시도가 있었으며, 이 문제는 더욱 확장되어 정치적 논쟁으로 이어졌다.

포막족 정체성의 형성과 변화의 역사

포막족이 형성되고 이슬람화하는 과정은 단순한 종교적 전환이 아니라, 경제적·정치적·사회적 요인이 복합적으로 얽힌 현상이었다. 이들은 오스만 제국의 통치 아래에서 언어와 문화적 정체성을 일부 유지하면서도 이슬람적 요소를 받아들였으며, 이러한 혼합된 정체성은 오늘날까지 이어지고 있다. 포막족 내부에서도 개종에 대한 기억과 해석은 다양하게 나타나며, 이는 이들 공동체의 정체성과 역사적 경험을 깊이 이해할 필요성을 보여준다.

오스만 제국 통치 기간에 포막족은 이슬람 신앙을 받아들이면서도 슬라브 전통에 깊이 뿌리를 둔 생활 방식과 문화를 유지했다. 이는 이들이 개종한 이후에도 고유한 언어와 관습, 민속을 지속적으로 지켜온 모습에서 잘 드러난다. 포막족은 이슬람 신앙을 따르면서도 전통적인 생활 방식과 문화를 상당 부분 보존했으며, 이러한 문화적 이중성은 포막족이 불가리아 내에서 독특한 정체성을 형성하는 데 중요한 역할을 했다.

포막족의 종교 생활은 오스만 제국의 밀레트(millet) 제도에 따라 규제되었다. 밀레트 제도는 각 종교 공동체가 자치적으로 종교 및 법률문제를 해결할 수 있도록 허용한 체제로 이를 통해 이슬람, 동방 정교회, 유대교 등 다양한 종교가 제국 내에서 공존할 수 있었다. 포막족은 이슬람 공동체에 속해 있었지만, 그들이 거주하는 로도피산맥의 지리적 고립성 덕분에 이슬람 문화를 독자적인 방식으로 실천할 수 있었다. 이로 인해 그들의 신앙과 생활 방식은 전통적인 슬라브 문화와 융합되었으며, 다른 무슬림 공동체와는 차별화된 독특한 종교적 정체성을 형성했다.[2]

1878년 베를린 조약은 발칸반도의 정치 지형을 크게 변화시키며, 다양한 민족 집단 특히 불가리아 무슬림 공동체(포막)의 역사에 중대한 영향을 미쳤다. 이 조약은 오스만 제국의 세력이 약화되면서 불가리아, 세르비아, 루마니아 등이 독립하거나 자치권을 획득하는 계기가 되었다. 특히 불가리아는 조약에 따라 북부 불가리아와 소피아 지역에 한정된 불가리아 공국으로 자치권을 인정받았지만, 남부 불가리아는 동루멜리아 자치정부로 지정되면서 여전히 오스만 제국의 지배하에 남게 되었다. 로도피산맥 지역에 거주하던 포막족도 동루멜리아의 일부로 포함되었다.

이러한 구분은 불가리아 민족주의와 기독교 다수 인구의 정체성을 강조하며, 지역 내 무슬림 소수 집단인 포막족에게 불안과 불만을 야기했다. 동루멜리아 자치정부는 기독교인들이 주도하는 행정 체계였고, 무슬림 공동체는 상대적으로 소외되었다. 이로 인해 경제적 불평등과 정치적 억압이 심화되었으며, 특히 포막족은 자신들의 정체성과 권리를 보장받기 어려운 상황에 놓였다. 결국, 베를린 조약이 체결된 이후 포막족은 새로운 행정 체제에서 권리를 보장받지 못한다고 느끼며 독립적인 자치권을 추구하는 움직임을 보이게 되었다.

1879년에서 1886년까지 포막족이 주도한 주요한 분리 운동 가운데 하나는 트럼러시(Tamrash) 지역을 중심으로 한 독립적인 체계를 구축하는 것이었다. 트럼러시와 브차강(Vacha River) 유역의 20개 이상의 마을은 동루멜리아 자치정부의 통치를 거부하며, '포막 공화국' 또는 '트럼러시 공화국'이라는 독립적 지역 체계를 수립했다. 이는 동루멜리아 정부의 기독교 중심 행정 체계를 거부하고, 경제적 자율성과 정체성을 유지하려는 포막족의 노력의 일환이었다. 특히, 이 과정에서 폴란드계 영국 장교인 센클레어(Sinclair)가 중요한 역할을 했으며, 그의 지원 아래 지역 공동체는 독립을 선언하고 자치를 추진했다.

그러나 포막족의 독립 시도는 오래가지 못했다. 1885년, 불가리아 공국이 동루멜리아를 합병하며 통일 불가리아를 선언했다. 이는 불가리아 민족주의의 승리로 평가되었지만, 포막족에게는 또 다른 위기를 의미했다. 동루멜리아 지역은 불가리아 왕국에 흡수되면서 로도피

산맥에 거주하던 포막족은 더욱 심각한 정치적 소외와 억압에 직면했다. 톱하네 협정(1886)에 따라 트럼러시와 주변 지역이 오스만 제국에 반환되었으나, 1912년 발칸 전쟁 중 불가리아가 해당 지역을 다시 합병하면서 포막족의 자치권에 대한 희망은 완전히 사라졌다.

이러한 배경 속에서 포막족은 정치적 자율성과 문화적 정체성을 지키기 위해 여러 차례 독립을 시도했다. 1913년 8월 16일, 포막족과 튀르크계 주민들은 마리차(Maritsa), 메스타(Mesta), 아르다(Arda)강 사이 지역에서 독립을 선언하며 '서트라키아 독립 정부'를 수립했다. 이 독립 정부는 포막족 지도자 하피즈 살리(Hafiz Sali)의 지도하에 조직되었는데, 이는 당시 포막족의 자치권에 대한 요구를 국제적으로 알리려는 노력의 일환이었다. 그러나 이 시도 역시 발칸반도의 복잡한 정치적 상황과 주변 강대국들의 이해관계 속에서 오래 지속되지는 못했다.

이후에도 포막족은 독립적인 정체성을 지키기 위해 여러 차례 분리를 시도했다. 1942년부터 1946년 사이, 남부 로도피 접경 지역에서 영국의 지원을 받은 포막족 무장 게릴라들이 활동하며 불가리아로부터의 분리를 추진했다. 그러나 이 시도는 불가리아 정부의 강력한 탄압에 부딪혀 실패로 끝났다. 게릴라 지도자 알리레자 케하이오프(Alireza Kehayov)를 비롯한 대다수 게릴라는 터키로 망명했고, 이로 인해 포막족 공동체는 분열되었으며 지역 내 영향력도 약화되었다. 더 나아가, 1949년부터 1951년 사이 불가리아 정부는 국경 지역에 거주하던 포막족 주민들을 북부 불가리아로 강제 이주시켜, 지역적 정체성을 더욱 약화시키고 중앙정부의 통제를 강화하려 했다.

1935년 포막족 모습.

1950년대 후반부터 1970년대까지, 불가리아 공산주의 정권은 포막족의 이슬람 신앙과 전통을 탄압하기 위한 다양한 정책을 시행했다. 특히, 1970년대에는 대규모 강제 개종 운동이 진행되었으며, 포막족은 동방 정교회식 이름을 강요받고 이슬람 전통을 포기하도록 압력을 받았다.[3] 이러한 탄압은 포막족 공동체에 깊은 상처를 남겼으며 정체성에 대한 혼란을 초래했다. 그럼에도 포막족은 문화적 유산을 지키기 위해 끊임없이 노력했으며, 강압적인 환경 속에서도 비공식적인 방식으로 전통을 유지하려는 시도를 지속했다.

특히 포막족의 전통 결혼식은 공산주의 시기의 억압 속에서도 중요한 문화적 유산으로 남아 있다. 결혼식은 단순한 사회적 행사를 넘어 공동체의 결속을 강화하고 정체성을 보존하는 역할을 했다. 공산주의 정권은 결혼식과 같은 전통 의례를 허례허식이라 비판하며 금지하려 했지만, 포막족은 이 전통을 은밀하게 유지하며 그들의 정체성을 지켜나갔다.

19세기 말부터 20세기 초까지, 불가리아 포막족은 강제로 기독교로 개종당할 위기에 놓였고, 이에 저항하면서 정체성이 크게 변화했다. 1881년, 로베치 주교 나타나일 오흐리드스키(Natanail Ohridski)는 교구 내 포막족을 정교회로 개종시키기 위해 선교사들을 파견했다. 불가리아 정부는 이 작업을 돕기 위해 재정적 지원을 아끼지 않았다. 사실 이는 단순한 종교적 개종이 아니라 국가 차원에서 주도하는 정체성 동화정책의 일부였다.

1883년, 개신교 선교사들이 포막족 공동체에서 활동을 시작했다. 이는 기독교 내 여러 교파가 포막족을 개종하는 일에 관심을 기울였다는 것을 보여주는 사례다. 같은 시기, 이스탄불에서 온 수피파 이슬람 전도자들이 등장하여 포막족이 전통적인 이슬람 신앙을 회복할 수 있도록 도우려 했다. 그러나 기독교화를 추진하던 당국이 이들을 추방하면서, 포막족은 종교적 정체성의 경계에서 다양한 압력과 갈등을 겪어야 했다. 1912년부터 1913년까지 발칸 전쟁이 벌어지는 동안 포막족을 대상으로 한 두 번째 대규모 기독교화 시도가 이루어졌다. 이번에는 이전보다 훨씬 강압적이고 폭력적인 방식이 동원되었다. 전쟁이 계속되는 동안 포막족이 거주하던 마을들이 불에 타고, 많은 주민이 학살당하거나 강제로 이주해야 했다. 이러한 폭력과 파괴는 강제 개종 정책의 일부로 진행되었으며, 포막족 정체성에 깊은 상처를 남겼다. 하지만 이는 오히려 포막족이 이슬람 신앙과 전통을 지키기 위해 더욱 강하게 결속하는 계기로 작용하기도 했다. 이 시기, 포막족은 재산을 몰수당하고 강제 노동에 동원되었으며, 집단적으로 폭력과 억압을 경험했다. 이러한 상황 속에서 많은 포막족은 불가리아 남부와 튀르키예로 떠나 새로운 터전을 찾아야 했다. 이주 과정에서 공동체 내부에는 큰 변화가 일어났고, 이는 포막족의 문화적·종교적 정체성을 더욱 복잡하게 만들었다.

이 시기의 사건들은 포막족 정체성이 어떻게 변화했는지를 이해하는 중요한 단서를 제공한다. 기독교화 시도와 이슬람 신앙 회복 운동은 단순한 종교적 갈등이 아니라, 포막족 공동체의 생존과 정체성을 지키는 문제와 직결되어 있었다. 이와 같은 경험을 통해 포막족이 외부의 압력에도 흔들리지 않고 전통과 신앙을 지키려는 강한 의지를 갖게 되었다.

포막족 정체성 변화를 위한 시도

1942년, 불가리아 정부와 지식인들은 포막족의 정체성을 변화시키기 위한 새로운 정책을 추진했다. 이들은 '로디나(Rodina)' 운동을 통해 포막족을 기독교화하고, 전통적인 생활 방식을 등지게 하고, 이름마저 슬라브식으로 바꾸려 했다. 로디나 운동의 주도자들은 교사와 종교 지도자들을 동원해 포막족의 이름과 관습을 바꾸는 데 집중했으며, 이를 통해 포막족을 불가리아 민족 정체성의 틀 안으로 끌어들이려 했다. 이러한 움직임은 당시 국가적 통합과 민족 동화 정책의 연장선에서 이루어졌다.

1949년, 소련 지도자 요시프 스탈린의 지시에 따라 불가리아 공산당은 포막족을 대상으로 '정교회로의 회귀 운동'을 시작했다. 이 운동은 포막족의 이슬람 신앙과 전통을 없애려는 목적 아래 추진되었으며 종교적 실천과 상징을 체계적으로 억압하는 방식으로 진행되었다. 특히 여성들은 사진을 촬영할 때 이슬람식 베일을 벗도록 강요받았고, 공공장소에서 종교적 상징을 드러내지 못하도록 강제하는 조치가 취해졌다. 이러한 탄압은 단순히 개인의 종교적 자유를 제한하는 수준을 넘어, 공동체 전체의 문화적 정체성에도 깊은 영향을 미쳤다.

　1956년, 불가리아 공산당 중앙위원회는 '이슬람 신앙을 가진 불가리아인들이 민족적 정체성을 자각하도록 돕는다.'라는 목표 아래 새로운 정책을 승인했다. 이 정책은 표면적으로는 자발적 참여를 강조했지만, 실제로는 강제 동화에 가까운 방식으로 시행되었다. 1959년 이후, 당국은 포막족의 전통적 복장을 금지했으며, 많은 이들에게 이슬람식 이름을 슬라브식으로 바꾸도록 강요하는 사례가 급증했다. 이 같은 강압적인 변화는 포막족의 종교적 관습뿐만 아니라 공동체의 정체성까지 위협하며 문화적 유산에도 크나큰 상처를 남겼다.

　1970년대와 1980년대, 불가리아 공산 정권은 포막족을 대상으로 한 동화정책을 더욱 강화했다. 이 시기, 당국은 '부흥 과정(Vazroditelen Protses)'이라는 이름의 대규모 동화 캠페인을 시행했다. 모든 포막족은 이슬람식 이름을 불가리아식으로 강제로 바꾸어야 했으며, 전통적인 이슬람 복장도 착용할 수 없었다. 이와 같은 조치는 단순히 외적 정체성을 억압하는 수준을 넘어, 포막족의 문화와 종교적 전통을 근본적으로 제거하려는 시도로 평가받는다.

불가리아 당국은 개명 정책을 강압적으로 시행했으며, 이를 거부한 포막족은 심각한 사회적 불이익을 감수해야 했다. 다수의 포막족은 자신의 정체성을 지키기 위해 불가리아식 이름을 받아들이는 대신 튀르키예로 이주하는 길을 선택했다. 당시 터키 정부는 포막족을 받아들이며 정착을 지원했고, 이는 불가리아의 동화정책에 대한 반발로 나타난 대규모 이동 현상으로 이어졌다.

1989년, 불가리아 공산 정권은 테테벤 지역에서 포막족의 전통 의상을 제거하기 위한 강제 캠페인을 시행했다. 이는 단순히 의복 스타일을 바꾸도록 강요하는 것을 넘어, 이슬람 신앙과 포막족 문화의 상징적 요소를 공공연히 억압하려는 시도로 보인다. 당국은 전통 의상이 과거를 떠올리게 만드는 유물이므로 이를 없애는 것이 현대화에 필수적인 조치라고 주장했다. 그러나 이러한 정책은 포막족 공동체의 강한 반발을 불러일으켰고, 정체성과 문화적 유산을 지키려는 저항운동이 촉발되는 계기가 되었다.

이 시기의 동화정책은 포막족의 문화적 정체성을 뿌리째 흔들었지만, 동시에 공동체 내부의 결속을 강화하고 정체성을 재확인하는 계기가 되었다. 튀르키예로 이주한 포막족은 새로운 환경에서도 전통을 지키기 위해 노력했으며, 불가리아에 남은 이들 또한 억압에 맞서 전통과 문화를 보존하려는 저항을 이어갔다. 20세기 후반은 외부에서 동화시키려는 압력을 가하는 환경에서도 포막족이 정체성을 지키기 위해 투쟁한 중요한 시기다.

1989년 공산주의 체제가 붕괴된 이후에도 포막족은 독립된 정체성으로 인정받지 못했다. 동시에 튀르키예계 공동체와 정교회, 기타 종교단체로부터 정체성에 대한 압력을 받았다. 동부 로도피산맥에 거주하는 일부 포막족은 우니아테 교회나 개신교 교회로 개종하며 기독교 신앙을 받아들였다.[4] 한편, 중부와 동부 로도피 지역에 사는 포막족은 불가리아인으로 정체성을 규정하는 경향을 보였지만, 경제적으로 어려움을 겪고 사회적으로 소외된 서부 로도피 지역에서는 스스로 튀르키예인으로 인식하는 경우가 많았다. 1992년 인구조사에서는 약 2만 7천 명의 불가리아어를 사용하는 무슬림이 자신을 터키인으로, 3만 5천 명이 모국어로 튀르키예어를 표기했다. 그러나 이들 중 상다수는 실제로는 튀르키예어를 구사하지 못했다. 이는 종교적 유대감과 경제적 요인이 영향을 미친 탓으로, 당시 튀르키예로 이주하는 것이 취업 문제를 해결하는 방법으로 여겨졌기 때문이다. 1992년을 기준으로, 포막족 공동체의 약 3분의 1은 자신을 튀르키예인으로, 또 다른 3분의 1은 불가리아인으로 인식했으며, 나머지는 '포막'이라는 독자적인 정체성을 유지했다.

불가리아가 민주화되면서 종교적 자유도 점차 회복되었다. 이를 계기로 포막족은 전통과 종교를 되살릴 기회를 맞이했다. 오랜 억압에서 벗어난 포막족 공동체는 이슬람적 전통을 공개적으로 실천할 수 있게 되었으며, 특히 결혼식과 같은 전통 의례를 다시 대대적으로 거행했다. 1995년 이후, 포막족의 결혼식은 문화적 부활의 상징으로 자리잡았다. 오랜 기간 억압되었던 전통 의식들이 되살아나면서 결혼식은 개인적 축제를 넘어, 공동체 전체가 참여하는 중요한 사회적 행사로 변모했다. 결혼식에서 진행되는 다양한 의례와 상징은 포막족의 정체성을 재확립하고, 그들의 역사적 기억을 유지하는 데 중요한 역할을 했다.

2007년 1월, 불가리아가 EU에 가입하면서 튀르키예인, 포막족, 로마인 공동체의 영향으로 무슬림 인구 비율이 가장 높은 EU 회원국이 되었다. 포막족은 오스만 제국 시기에 이슬람으로 개종한 불가리아인의 후손으로, 이슬람 신앙과 슬라브 전통을 조화롭게 유지해 온 독특한 정체성을 지니고 있다. 기본적으로 불가리아어를 사용하지만, 튀르키예어와 아랍어의 영향을 받아 형성된 포막족의 언어는 이들의 복합적인 문화적 정체성을 보여주며, 종교의식과 일상에서도 그 독특함을 드러낸다. 또한, 전통 결혼식에서 신부가 입는 의상은 슬라브 스타일과 이슬람적 장식이 혼합되어 포막족의 다층적인 정체성을 잘 나타낸다.

변화의 흐름 속에서 전통과 정체성을 지키는 포막족

현대 사회에서 포막족은 문화적 정체성을 재정립하며 새로운 환경에 적응하고 있지만, 정치적·사회적 의제에 참여할 권리는 여전히 제한적이다. 1997년, 정부가 소수 민족 권리와 관련된 주요 자문 기관인 '민족 및 인구문제 국가위원회'를 구성했을 때, 포막족은 제외되었으며, 정치적 발언권도 지역 수준에 머물렀다. 게다가 최근 무슬림에 대한 대중의 인식이 악화하면서 일부 정치인들은 포막족을 로마인, 이민자들과 함께 반사회적·반국가적 집단으로 묘사하고 있다.[5]

이러한 환경 아래서도 포막족은 결혼식과 같은 전통 의례를 통해 정체성을 지켜나가고 있다. 결혼식은 공동체의 결속을 강화하고, 그

리브노보 마을의 이슬람 사원.

들이 누구인지 상기시키는 중요한 상징적 행위로 자리잡았다. 이처럼 포막족의 문화는 현대적 변화와 전통적 가치가 공존하는 가운데 유럽과 이슬람 문화가 만나면서 새로운 형태로 발전하고 있다.

포막족의 결혼식

결혼 전야, 소년들은 횃불을 들고 마을 거리를 행진하며 축제 분위기를 돋운다. 예비 신랑과 신부, 그리고 그들의 가족은 마을 광장이나 학교 운동장에서 전통춤인 '호로'를 추며, 마을 사람들과 함께 축제를 즐긴다. 포막족의 결혼식은 신부와 신랑이 각자의 집에서 결혼식을 준비하는 것으로 시작된다. 가족과 이웃들이 협력하여 준비하는 것을 돕는데, 이는 공동체의 협력과 유대를 상징적으로 보여준다. 결혼식 전날 또는 첫날에는 신부의 지참금을 전시하는 의식이 진행된다. 이 전통은 포막족 결혼식에서 중요한 사회적 의미를 지니며, 신부의 가문과 사회적 지위, 그리고 공동체 내에서의 역할을 강조하는 요소로 작용한다.

포막족 결혼식에서 신부의 지참금은 단순한 재산을 넘어, 결혼 생활을 시작하는 데 필요한 모든 물품을 포함한다. 침구, 옷, 가정용품, 손뜨개 양말, 아기 담요 등이 포함되며, 신부의 가족이 직접 손으로 만들거나 정성스럽게 준비하는 것이 일반적이다. 지참금을 공개적으로 전시하는 것은 신부의 가문이 그녀를 위해 얼마나 많은 준비를 했는지 보여주는 행위이며, 공동체 내에서 그녀가 중요한 존재임을 강조하는 상징적인 의미를 담고 있다. 전시된 지참금은 마을 사람들이 모두 볼 수 있도록 집 밖에 걸리며, 신부가 새로운 가정을 꾸리는 데 필요한 모든 것을 갖추었다는 것을 뜻한다.

지참금을 전시하는 것은 결혼이 단순한 개인적인 일이 아니라, 공동체 전체의 관심과 참여가 필요한 사회적 행사임을 보여준다. 마을 주민들은 전시된 지참금을 보며, 신부의 가정이 얼마나 성실한지, 또 새로운 생활을 맞이할 준비가 잘 되어 있는지 평가한다. 이 의식은 신부의 사회적 지위를 더욱 강화하는 역할을 하며, 결혼이 단순한 개인 간의 결합을 넘어 공동체 전체의 연대와 협력을 반영하는 중요한 의례임을 나타낸다.

결혼식에서 신부와 신랑의 의상은 결혼의 상징적 의미를 더욱 강조하는 중요한 요소이다. 신부는 화려한 색상과 복잡한 수공예 장식이 어우러진 전통 슬라브 의상을 입는다. 이 의상은 가족이 오랜 시간 정성스럽게 준비한 결과물이기도 하다. 반면, 신랑은 단순한 전통 의상을 입거나 현대적인 복장을 선택할 수 있다. 신랑의 수수한 차림은 신부의 화려한 의상과 대조를 이루며, 결혼식에서 신부의 중요성과 그녀가 맡은 역할을 더욱 부각시킨다.

신부의 의상은 단순한 결혼 예복이 아니라, 그녀가 새로운 가정으로 들어가면서 공동체의 일원으로서 이전과 다른 역할을 맡게 된다는 것을 상징한다. 전통적인 포막족 결혼식에서 신부는 결혼식 동안 얼굴을 감추고, 눈을 감은 채 다른 사람들과 눈을 마주치지 않는다. 이는 그녀가 결혼을 통해 새로운 삶을 시작하고, 공동체 내에서 새로운 정체성을 획득하는 의미를 지닌다.

포막족 결혼식에서 가장 상징적이고 중요한 의식 가운데 하나는 두 번째 날에 행해지는 신부의 화장 의식, '겔리나'이다. 이 의식은 남성의 시선이 닿지 않는 공간에서 두 시간 이상 정교하게 진행되며, 신부의 얼굴에 두껍게 하얀 페인트를 바르고 다채로운 스팽글로 장식하는 과정으로 이루어진다. 신부는 붉은 머리 스카프를 두르고, 얼굴을 꽃과 반짝이는 장식으로 감싸며 완전히 다른 모습으로 변모한다. 마을에서는 소수의 여성만이 이 복잡한 화장 기법을 알고 있어, 이 기술 또한 대를 이어 전해지는 전통으로 간주된다. 겔리나는 신부가 결혼을 통해 새로운 삶을 시작하고, 그녀의 정체성과 역할이 변화하는 과정을 상징적으로 나타낸다. 신부의 얼굴을 흰색 페인트와 다채로운 스팽글로 장식하는 이 의식은 악의 영향으로부터 신부가 보호받고,

결혼을 통해 순수하고 새로운 상태로 거듭난다는 의미를 담고 있다. 이 의식은 신부의 변신을 상징하며, 그녀가 결혼을 통해 새로운 존재로 다시 태어난다는 것을 나타낸다. 신부의 얼굴을 완전히 덮는 마스크는 그녀의 기존 정체성이 사라지고, 결혼을 통해 새로운 삶을 시작하게 된다는 것을 상징한다. 또한, 신부의 얼굴을 덮는 하얀색 페인트는 순수함과 결백을 의미하며, 그녀가 결혼을 통해 새로운 가정의 중심으로서 역할을 하게 된다는 뜻을 담고 있다.

이 의식은 공동체 내에서 신부의 사회적 역할이 변화하는 과정을 상징적으로 보여준다. 결혼 전까지 신부는 부모와 함께 생활하며 그들의 보호 아래 있었지만, 결혼한 후에는 새로운 가정의 중심인물로서 역할을 맡게 된다. 젤리나는 단순한 미적인 목적을 위해 화장하는 것을 넘어 신부가 결혼을 통해 새롭게 주어진 역할을 받아들이는 과정과 깊이 연결되어 있다. 포막족은 결혼식에서 신부가 악의 눈으로부터 보호받아야 한다고 믿으며, 신부의 얼굴을 감추는 의식을 그녀를 악령으로부터 지키는 중요한 의례로 간주한다. 이러한 전통은 결혼이 단순히 두 사람의 결합이 아니라, 영적 보호와 신성함을 요구하는 중요한 의식임을 보여준다. 신부의 얼굴을 완전히 덮는 마스크는 상징적인 장벽 역할을 하며, 신부가 결혼을 통해 새로운 가정의 보호 아래에 들어가는 것을 의미한다.

결혼식 의식의 정점에서 신부는 작은 거울을 손에 들고 신랑의 집으로 발걸음을 옮긴다. 이 거울은 단순한 소품이 아니라 신부가 새롭게 맞이할 인생과 떠나온 가정을 이어주는 마지막 연결고리를 상징한다. 신부는 거울 속에 비친 친정이 시야에서 완전히 사라질 때까지

뒤돌아보지 않고, 오직 거울 속 모습에만 집중한다. 마침내 친정이 거울 속에서 사라지면 그녀의 눈이 천으로 가려지는데, 이는 이전의 삶을 완전히 떠나 새로운 가정으로 향한다는 의미를 담고 있다.

신랑의 집에 도착한 후, 신혼부부는 사흘 동안 외부와 모든 접촉을 끊고 집 안에 머문다. 이 기간에는 방문객을 받지 않으며, 누구도 그들을 만날 수 없다. 이 고요한 격리의 시간은 결혼 생활을 보호하는 의례로 여겨지며, '악한 기운'이 부부에게 닿지 않도록 막아준다고 믿는다. 신혼부부는 이 기간 집에서 제공되는 음식만 먹으며, 세상과 단절된 상태에서 서로를 보호하는 상징적인 역할을 맡는다.

결혼식이 끝난 후, 신부의 얼굴을 덮었던 겔리나 화장은 신중한 의식을 통해 조심스럽게 지워진다. 이 과정은 신랑이 직접 맡으며, 단순한 동작이 아니라 두 사람이 새로운 가정을 이루며 함께하는 상징적 순간을 의미한다. 신랑은 따뜻한 우유를 손에 적셔 신부의 얼굴을 부드럽게 씻어낸다. 우유는 순수함과 결백을 상징하며, 이를 통해 신부는 이제 새로운 삶을 받아들일 준비를 마치고 새로운 가정으로 첫 발을 내딛는다. 이 의식은 신부가 이전의 삶과 연결된 모든 것을 지우고 새 출발을 맞이하는 동시에, 신랑이 그녀를 새로운 가정의 일원으로 받아들이고 보호하겠다는 약속을 뜻한다. 두 사람은 이 과정을 함께하며 하나가 되고, 새로운 가정을 꾸리는 여정을 시작한다. 신부의 얼굴에서 겔리나 화장이 완전히 지워지면 마을과 공동체는 이제 한 가정을 이룬 두 사람의 앞날을 축복한다.

포막족 결혼식에서 음악과 춤은 축하의 의미를 담는 동시에 공동체의 결속을 상징하는 중요한 요소이다. 전통적으로 결혼식 내내 마을 사람들이 함께 악기를 연주하고 춤을 추며 신랑과 신부의 결합을 축복한다. 이러한 축제 분위기는 마을 전체가 하나로 연결되어 있음을 보여주는 상징적인 행위로 여겨진다. 결혼식에서 연주되는 대표적인 전통 악기는 주르나(зурна)와 다불(Давул)이다. 주르나는 목관 악기로 신비로운 선율을 만들어내고 다불은 리드미컬한 북소리로 흥을 돋우며 결혼식장의 활기를 북돋운다. 특히, 신부가 등장하거나 신랑과 함께 무대에 오를 때 울려 퍼지는 주르나와 다불의 소리는 포막족의 정체성을 더욱 강조하며, 이슬람적 전통과 슬라브적 전통이 어우러진 독특한 문화적 분위기를 고조시킨다.

 포막족의 결혼식에서 춤은 결혼을 축하하는 동시에 공동체의 연대와 결속을 상징하는 중요한 요소다. 결혼식 내내 마을 주민들은 함께 손을 잡고 춤을 추며, 이 과정은 신랑과 신부의 결합을 축복하는 것을 넘어 공동체의 연대와 결속을 나타내는 상징적인 행위로 여겨진다. 이들이 추는 '호로(xopo)'라는 춤은 불가리아의 전통 집단 춤으로, 그리스어 '호로스(χορός)'에서 유래되었으며, 발칸반도 여러 나라에서 볼 수 있는 춤 형식이다. 주로 원을 이루며 추는 호로는 불가리아인의 삶과 전통을 담고 있으며, 사람들의 연결과 유대, 공동체의 일체감을 표현하는 중요한 문화적 표현이다. 포막족들이 손을 맞잡고 원을 그리며 추는 호로는 공동체의 결속을 나타내는 중요한 행위로, 신랑과 신부뿐 아니라 결혼식에 참석한 모든 이가 함께 참여한다. 결혼식이 단순히 두 사람 간의 결합이 아니라, 공동체 전체의 축제이자 연대를 확인하는 장임을 보여준다.

 포막족에게 결혼식은 단순히 두 사람이 가정을 이루는 일이 아니다. 이는 공동체가 함께 만들어가는 문화적 유산이며, 세대를 거쳐 이어지는 전통의 연속성 그 자체이다. 결혼식에서 함께 춤을 추는 순간, 참석자들은 관객이 아니라 공동체의 일원으로서 이 전통을 계승하는 존재가 된다. 손을 맞잡고 원을 이루며 추는 호로 춤은 개인이 공동체 속에서 조화를 이루고 살아가고 있다는 것을 보여준다. 이는 결혼이 개인에 국한된 일회성 이벤트를 넘어 공동체 전체의 축제이자 연대의 장임을 상징한다.

되너 케밥

'기억의 장소'에서 독일의 국민 거리 음식으로

윤용선

되너의 탄생과 성공

1950년대 말, 서독 경제는 한국 전쟁 특수(Korea-Boom)를 비롯한 여러 호재 덕분에 바닥을 치고 올라가 회복세로 접어들었다. 그러나 예상하지 못한 새로운 문제가 있었다. 전쟁으로 인해 노동력이 크게 부족해진 것이다. 수많은 젊은 남성이 전사하거나 소련에 포로로 억류되어, 노동력 공백은 심각한 수준이었다. 이에 서독 정부는 남유럽, 북아프리카, 아시아 국가들과 일련의 노동 이주 협정을 체결하며 이 문제를 해결하려고 했다. 그중에서도 1961년 튀르키예와 맺은 협정은 노동력 부족 문제를 해결하는 데 중요한 전환점이 되었다.

1961년 협정으로 튀르키예 노동자들이 루르 탄광지역에 도착한 지도 어느새 60년이 넘었다. 당시 노동자들은 서독 정부의 순환 원칙

산업사회의 패스트푸드로 진화한 유목민 전통음식 되너 케밥.

(Rotationsprinzip) 방침에 따라 2년간 취업한 후 대부분 고향인 아나톨리아로 돌아가야 했다. 이는 노동자들의 정착으로 인한 이주민화를 우려한 조치였다. 그러나 석유 파동으로 세계 경제가 저성장의 늪에 빠지면서 서독 정부는 1973년, 튀르키예 노동자의 서독 취업을 중단한다. 외국인 노동력의 순환 유입이 멈추자 기존에 서독에서 일하고 있던 튀르키예 노동자들에게 2년을 초과하는 장기체류가 허용되었다. 장기체류가 가능해지자 이번에는 튀르키예에 남아 있던 가족이 독일로 이주하기 시작했다. 이렇게 독일 내 튀르키예 이주민의 역사가 시작되었고 서독은 서서히 이주 국가로 자리잡게 되었다.

그러나 튀르키예 이주민을 한시적인 노동력으로만 간주했던 독일은 이주민 2~3세대가 엄연히 존재하던 2000년에 이르러서야 비로소 속지주의를 채택했다. 이주 국가임에도 독일은 이주민의 존재를 제도적으로 인정하는 데 소극적이었고, 대신 튀르키예 이주민의 독일화를 지속적으로 요구했다. 1980~1990년대 독일의 정치와 사회는 주로 이주민의 문화적 동화에만 초점을 맞췄다. 이로 인해 이주가 가져오는 문화적 혼종성을 피하고 독일의 집단 정체성을 유지하려는 목적으로 소위 '주도문화(Leitkultur)'[1]라는 개념이 등장했다. 물론 이는 경제적 효용성이 사라져 보이는 노동 이주민을 정리하려는 의도를 숨기기 위한 것이기도 했다.

이처럼 20세기 독일에서 튀르키예 이주민에 대한 논의는 경제적 측면을 간과한 채 주로 문화적 동화의 관점에서 이루어졌다. 그러나 다른 한편으로는 이러한 논의와 대조적으로 독일 내에서 튀르키예화 내지는 튀르키예-독일 간의 문화적 융합이 일상에서 활발히 진행되고 있었다. 그 대표적인 사례가 1970년대 초 베를린에서 처음으로 등장한 튀르키예의 거리 음식 되너 케밥(Döner Kebab)이다. 되너 케밥은 곧 독일 대도시로 빠르게 확산되었으며, 탄생 반세기를 넘긴 오늘날에는 특히 독일 젊은이들 사이에서 거리 음식으로 사랑받고 있다. 되너의 성공은 독일을 넘어 유럽의 주요 도시로 퍼져나가고 있다.

천덕꾸러기 취급을 당하던 튀르키예 이주민 음식문화의 성공담에는 맥도날드나 KFC와는 전혀 다른 맥락이 있다. 세계 전역에서 유행을 선도하는 미국 대중문화가 수용되는 것은 그리 특별한 일이 아니다. 그러나 이슬람과 유목민 문화에서 비롯된 튀르키예 전통음식이 유럽에서 각광받는 일은 매우 이례적이다. 되너의 성공은 유럽에 뿌리 깊게 자리잡은 반이슬람 정서와 무슬림 이주민의 음식문화에 대한 편견을 고려할 때 더욱 놀랍다.

되너 케밥은 직화로 구운 고기 요리를 통칭하는 케밥의 한 종류다. 튀르키예 요리에는 약 110가지 이상의 케밥이 존재한다고 알려져 있다. 그중 되너 케밥은 양념에 재운 고기를 납작하게 잘라 원통 형태로 겹겹이 쌓아 수직 오븐에서 회전시키며 굽는다. 노릇하게 익은 표면을 칼로 저며내어 채소와 소스를 곁들여 빵 사이에 넣어 먹는 방식이 특징이다. 튀르키예에서는 주로 양고기를 사용하지만, 독일과 유럽에서 인기 있는 재료는 주로 쇠고기와 닭고기다. 수직 오븐은 19세기 중반 아나톨리아의 요리사 함디 우스타(Hamdi Usta)가 발명했지만, 오늘날 독일에서 볼 수 있는 그릴은 초기 형태와는 크게 다르다.

베를린에서 튀르키예 간이식당(Imbiss, 이하 임비스)이 처음 등장한 것은 1970년대 초로 거슬러 올라간다. 임비스에서는 레스토랑과 달리 음식을 접시 대신 튀르키예식 빵 사이에 넣어 샌드위치 형태로 제공했다. 이렇게 탄생한 베를린의 임비스 되너는 먼저 이주민 인구가 많은 대도시로 확산되었고, 이후 독일(당시 서독) 전역으로 퍼져나갔다. 흥미로운 점은 1980년대 초에 이르면 독일의 주요 대학도시에서도 튀르키예 임비스를 쉽게 찾아볼 수 있었다는 사실이다. 외래문화 대다수가 그러하듯 되너 역시 먼저 젊은 세대의 주목을 받으며 인기를 얻었다.

20세기 후반, 독일인의 식습관은 커다란 변화를 맞이했다. 이러한 변화를 이끈 주요 요인 가운데 하나는 무엇보다 외국 음식과 음료의 도입이었다. 이 과정에서 중요한 역할을 한 것은 남유럽 출신 이주민이었다. 그들은 새로운 기호식품을 독일로 가져왔고, 그들이 운영하는 식료품점과 식당을 찾는 독일인이 점차 늘어나며 외국 음식은 독일 식문화의 중요한 일부가 되었다. 그중에서도 특히 독일인의 사랑을 받은 음식 중 하나가 되너 케밥이었다. 2007년 수천 명의 젊은이를 대상으로 진행된 설문조사에서 되너 케밥은 베를린을 대표하는 거리 음식으로 선정되어 독일 수도를 상징하는 음식으로 자리잡았다.

되너의 기원에 대해서는 다양한 설이 존재하지만, 모두 입증된 것은 아니다. 베를린 기원설에 따르면, 1972년 카디르 누르만(Kadir Nurman)이 최초로 고기를 둥글납작한 빵에 넣어 독일식 되너를 탄생시켰다고 한다. 유럽 튀르키예 되너 제조업자협회(ATDiD, Avrupa Türk Döner İmalatçıları Derneği)는 공식적으로 이주노동자 출신인 누르만을 독일식 되너의 창시자로 인정하고 있다. 한편, 튀르키예식 정통 되너 케밥을 처음으로 만든 사람은 부르사(Bursa) 출신의 이스켄데르 에펜디(Iskender Efendi)로 알려져 있다. 되너 케밥 자체를 최초로 만든 사람은 에펜디[2]이며, 샌드위치 형태의 독일식 되너를 최초로 만든 사람은 누르만이라는 말이다. 독일식 되너의 아버지라 불리는 카디르 누르만은 2013년 10월, 80세로 베를린에서 생을 마감했다.

이와 다른 기원설도 존재한다. 독일 주요 일간지 〈프랑크푸르터 룬트샤우*Frankfurter Rundschau*〉는 2001년 되너 케밥의 30주년을 기념하며 다음과 같은 기사를 게재했다. "1971년, 삼촌이 운영하는 베를린 코트부스담의 튀르키예 레스토랑에서 일하던 16세 메메트 아이귄(Mehmet Aygün)에게 기발한 생각이 떠올랐다. [⋯] 접시로 서빙되던 되너 케밥을 빵 사이에 넣어 2.5 마르크에 팔기로 한 것이었다." 이야기는 ATDiD의 공식적인 입장과 다른 되너 케밥의 기원설로 독일식 되너의 탄생에 대한 또 다른 해석을 제시한다.

이처럼 불분명한 독일 되너의 기원은 어쩌면 되너의 성공이 낳은 결과일지도 모른다. 처음에는 별다른 주목을 받지 못했던 되너가 서서히 사랑받는 거리 음식으로 주목받으면서, 사람들은 그제야 그 기원에 관심을 두기 시작했기 때문에 일어난 혼란일 수 있다. 말하자면 유명해진 뒤에야 그 이전의 불명확한 기원으로 거슬러 오르려다 생긴 현상일 수도 있는 것이다.

기원이야 어찌 됐든 오늘날 되너의 명성은 가히 하늘을 찌를 정도다. "내가 가장 좋아하는 독일 음식은 되너 케밥입니다!" 가장 좋아하는 독일 음식이 무엇이냐는 질문을 받은 테슬라의 CEO 일론 머스크(Elon Musk)가 한 말이다. 머스크는 2019년 11월 12일, 베를린의 유서 깊은 최고급 호텔 아들론(Adlon)에서 테슬라 유럽 생산공장을 베를린 근교에 짓겠다고 발표했다. 머스크가 되너를 접한 곳도 바로 이 아들론 호텔이었다. 이곳에서는 2018년 8월부터 '튀르키예 클래식(türkischer Klassiker)'이라는 이름으로 접시에 담지 않고 빵에 끼워 제공되는 되너를 메뉴에 올렸다. 물론, 아들론 호텔에서 제공되는 되너는 전형적인 거리 음식과는 다르다. 송로버섯 크림소스를 곁들인 이 되너의 가격은 26유로로 거리에서 판매되는 일반적인 되너보다 5배가량 비싸다.

일개 거리 음식이 독일 최고급 호텔의 메뉴에 오른 것은 되너의 성공을 상징적으로 보여준다. 되너 산업은 이제 요식업계의 거대한 공룡으로 성장했다. 독일 전역의 18,500여 개의 가게에서 매일 550톤에 달하는 고기가 되너의 재료로 사용되고 있다. 패스트푸드의 대명사인 맥도날드나 KFC조차 되너의 연간 매출 규모와는 비교가 되지 않는다.[3] ATDiD에 따르면, 독일에서 되너 산업에 종사하는 250개 기업이 EU 시장의 80퍼센트에 달하는 물량을 공급한다. ATDiD 회장 타르칸 타시움루크(Tarkan Tasyumruk)에 따르면, 독일 되너 산업 전체의 연간 매출은 35억 유로에 달한다.

되너의 고향은 베를린이다. 앞서 언급한 두 기원설에 따르면, 서로 다른 두 명의 창시자 모두가 서베를린에 거주했다는 점에서 적어도 되너가 탄생한 장소와 관련해서는 이견이 없는 듯하다. 되너와 베를린의 밀접한 관계는 오늘날까지도 이어지고 있다. 독일의 수도 베를린은 가히 '되너의 수도'라 불릴 만한데, 독일에서 영업 중인 18,500여 개의 되너 가게 중 1,600개 이상이 베를린에 몰려 있다.

베를린에서 시작해 독일에서 쌓은 되너의 명성은 해외로 확산되고 있다. 『되너: 튀르키예-독일 문화사 *Döner: Eine türkisch-deutsche Kulturgeschichte*』의 저자 에버하르트 자이델(Eberhard Seidel)은 되너가 세계적인 거리 음식으로 자리잡았다고 평가한다. 실제로 뉴욕, 런던, 두바이 등지에 독일식 되너 케밥 레스토랑이 문을 열었으며, 베를린 여행안내 사이트에는 한 시간 이상 줄을 서야 먹을 수 있는 되너 트럭 '무스타파'를 소개하기도 한다. 한국에서도 이태원을 시작으로 서울 시내 곳곳에 되너 가게가 등장했지만 아직은 흔치 않은 모습이다.

되너는 국경을 넘어 성공을 거둔 많은 음식문화가 그렇듯, 외래 요소가 가미된 소위 퓨전의 산물이었다. 흔히 퓨전 음식은 맛이나 형태에서 현지인의 기호를 반영하며, 원형 토착 음식과 다소 차이를 보이는 경우가 많다. 그러나 맛이나 조리 방식이 크게 변하지 않더라도 소비자의 편의에 맞추어 진화한 음식 역시 퓨전의 또 다른 형태라 할 수 있다. 시간의 구애를 별로 받지 않던 유목민의 고기구이(케밥)가 산업사회의 빠른 속도에 발맞춰 패스트푸드로 재탄생한 되너는 이러한 퓨전 음식의 대표적인 사례라 할 수 있다.

그렇다면 되너는 패스트푸드의 대명사인 맥도날드의 독일-튀르키예 버전일까? 실제로 대중문화의 미국화가 절정에 달했던 1990년대에 미국 패스트푸드에 편승한 마케팅의 일환으로 '맥케밥(McKebab)'이나 '미스터 케밥(Mister Kebab)' 같은 상호와 브랜드가 등장하기도 했다. 겉보기에는 고기와 채소를 빵 사이에 끼워 소스를 뿌려 먹는다는 점에서 되너와 햄버거가 유사해 보일 수 있다. 하지만 이러한 형태의 음식은 이미 18세기 중엽 영국의 샌드위치 백작(The 4th Earl of Sandwich)에 의해 알려진 후 보편화한 음식 형태였다. 게다가 산업화를 경험한 각국에는 나름의 독특한 패스트푸드가 존재했다. 19세기 산업혁명 이후, 유럽 대부분의 나라에서는 목가적인 농경 생활이 점차 자취를 감추고 시간에 쫓기는 삶이 시작되면서 식생활 또한 이에 맞게 변화했다. 독일에서도 감자튀김이나 빵과 함께 먹는 카레소시지(Currywurst)[4]와 떡갈비(Boulette) 등이 되너 이전의 대표적인 패스트푸드였다. 유목민의 요리가 독일식 되너로 진화한 것은 바로 이러한 산업사회의 음식문화에 맞춘 결과였다.

기억의 장소 되너

음식은 의복이나 언어와 함께 집단적이면서도 개인적 정체성을 형성하는 중요한 요소다. 특히 특별한 날과 연관된 음식은 단순히 일상의 일부를 넘어, 다양한 의미를 담은 사회적 기호로 작용한다. 음식에는 여러 층위의 의미가 내재하는데, 음식을 조리하고 소비하는 과정은 삶의 다양한 측면에 영향을 미친다. 음식의 맛은 감각을 자극하고, 때로는 강렬한 기억을 불러일으키고, 그 기억은 자연스럽게 스토리텔링으로 이어진다. 누가 음식을 요리하고, 누가 먹으며, 얼마나 많이 먹는지는 민족적·인종적 관계를 드러내는 데 중요한 역할을 한다.

되너가 등장하기 수 세기 전, 오스만 제국의 음식문화가 독일에 처음 소개되었다. 그러나 당시에는 주로 상류층의 전유물이었던 커피하우스를 통해 제한적으로 알려졌을 뿐, 일상이나 음식문화 전반에 큰 영향을 미치지는 못했다. 19세기에 들어서면서 세계 음식 요리책이 출판되었고, 이를 통해 오스만 요리의 조리법이 처음으로 독일에 알려졌다. 그러나 이 요리책들에서 다룬 오스만 음식은 한정적이었다. 주로 육반(肉飯, Pilaw)을 곁들인 양고기 요리와 케밥 정도가 전부였다. 책에서는 이탈리아인이 마카로니를 먹고 독일인이 감자를 먹듯이, 튀르키예인은 "삼시 세끼 육반을 먹는다."라고 하면서 그들의 식문화를 간략히 전달했다.

서독에 튀르키예 식당의 수가 급격히 늘어난 시기는 이주노동자들이 정착하기 시작한 1970년대 무렵이었다. 이 시기에 식료품 가게와 할랄 정육점, 레스토랑, 거리 음식점 등이 대폭 증가했다. 초기 튀르키예 이주민 자영업자들은 주로 음식문화와 관련된 사업에 종사했으며, 이는 훗날 성공한 이주민 기업가들 역시 대부분 음식이나 식품과 관련된 사업에서 출발하게 된 배경이 되었다.

튀르키예 식품산업과 요식업의 시작과 지속적인 성장은 몇 가지 주요 요인에 힘입었다. 첫째, 석유 파동으로 인한 경제위기로 서독 정부가 1973년 11월에 이주노동력 유입을 중단한 조치는 튀르키예 이주민의 인구 구조를 근본적으로 바꿔놓았다. 1960년대에는 일자리를 가진 남성 1인 가구가 절대다수를 차지했으나 1974년 이후에는 가족이 대거 유입되면서 과거 기숙사에 생활하던 독신 남성들이 가정을 꾸리게 되었다. 자녀 출생과 함께 튀르키예 이주민의 수가 증가했고, 이에 따라 식료품을 비롯한 다양한 생필품에 대한 수요도 자연스럽게 늘어났다.

튀르키예 이주민들은 독일에서 구하기 어려운 각종 식자재를 고국에서 수입하기 시작했다. 그 결과 각종 과일과 채소, 유제품, 향신료, 올리브 등의 수입이 대폭 늘어났다. 한 이주민은 당시를 이렇게 회상했다. "우리 튀르키예 가정의 식탁에 빠질 수 없는 가지, 호박, 양젖 치즈, 올리브 등은 당시 베를린에서 거의 찾아보기 어려웠다. 우리는 올리브라면 종류에 상관없이 좋아했는데, 베를린에서 구할 수 있는 올리브는 대부분 피망이나 아몬드 소를 채운 에스파냐산이었고 가격도 비쌌다." 이러한 현상은 이주민 집단에서 특히 초기 이주 시기에 흔히 나타난다. 음식은 이주민과 고국 사이의 정서적이고 문화적인 연결고리로 작용하며 동시에 음식은 유입국에 이주로 인한 문화적 영향을 초래하는 중요한 초기 요인 중 하나가 된다.

이처럼 되너는 고유의 식습관을 쉽게 바꾸기 어려웠던 튀르키예 이주민이 만든 거리 음식이었다. 그러나 시간이 흐르며 완전히 독일화한 21세기의 되너는 튀르키예 이주민이 독일 사회에 통합되었음을 보여주는 사례로 가장 먼저 언급되곤 한다. 어린 시절부터 되너를 먹어온 독일인에게 되너는 더는 튀르키예 음식이 아니라 독일 음식으로 여겨진다. 이는 어린 시절부터 다양한 K-치킨을 즐겨 먹은 한국의 젊은 세대가 치킨을 켄터키 프라이드 치킨과 연관 짓지 않는 것과 같은 맥락이다. 이처럼 되너는 이제 자신을 만들어낸 튀르키예 이주민의 손을 떠나 독일의 대표적인 거리 음식으로 확고하게 자리잡았다.

앞서 언급한 튀르키예 이주민 출신 ATDiD 회장 타시움루크는 되너가 튀르키예 음식이라는 항간의 통념에 대해 단호히 반박하며 "되너는 독일 음식이다."라고 주장했다. 그는 과거 오스만 제국에서 꼬치에 끼워 구운 케밥이 일주일에 한 번 궁전에서 상류층의 별미로 접시에 담겨 제공되었지만, 그는 "되너는 독일식으로 진화한 이후에야 비로소 세상에 알려지게 되었습니다."라고 말했다. 그의 주장에 따르면, 독일에서 탄생한 '하이브리드 제품'인 되너는 결국 둥글납작한 빵에 끼워진 형태로 튀르키예로 역수입되었다. 튀르키예 출생의 이주민으로 사민당 이주 전문가인 아메트 이디틀리(Ahmet Iyidirli)는 피자, 카푸치노, 되너 케밥, 기로스와 같은 음식이 소시지(Bratwurst)와 양배추절임(Sauerkraut)과 함께 명실상부한 독일 음식으로 자리잡았다고 평가한다.

되너는 독일을 넘어 글로벌한 거리 음식으로 발전했지만, 여전히 깊은 문화적 뿌리를 간직한 음식이다. 그렇다면 독일의 튀르키예 이주민들에게 되너는 어떤 의미일까? 앞서 언급한 바대로 독일에서는 되너가 소시지와 함께 대표적인 거리 음식으로 자리를 잡은 지 오래다. 이 때문에 되너는 다문화주의와 통합의 상징으로도 여겨진다. 그런데 흥미로운 점은 독일적인 색채로 재탄생한 되너가 튀르키예 이주민 공동체에는 여전히 그들의 정체성을 일깨우는 역할을 하는 것이다.

튀르키예 이주민의 '기억의 장소'이자 호구지책이었던 되너 케밥.

이러한 의미에서 되너는 독일 튀르키예 이주민 공동체에 프랑스 역사학자 피에르 노라(Pierre Nora)가 말하는 '기억의 장소(Erinnerungsort)'라고 할 수도 있다. '기억의 장소'는 특정 집단—노라의 경우 프랑스 국가—의 집단적 기억이 특정 장소에서 결정화되며, 개별 기억이나 문화의 역사적·사회적 준거 또는 토대로 작용한다는 개념이다. 여기서 '장소'는 반드시 물리적 공간을 뜻하는 개념이 아니다. 이 '장소'는 하나의 비유로 신화적 인물과 역사적 사건, 제도, 개념, 책이나 예술 작품, 혹은 문화 등 다양한 형태로 나타날 수 있다. 즉, '기억의 장소'는 상징적인 의미를 지니며, 특정 집단의 정체성을 형성하고 유지하는 기능을 한다.[5]

따라서 되너를 '기억의 장소'로 본다는 소리는 그것이 튀르키예 이주민의 문화, 역사, 정체성과 밀접하게 연관되어 있다는 점을 전제하는 것이다. 되너의 생산과 소비는 단순히 음식을 먹고 만드는 행위를 넘어 정체성과 장소를 만들어가는 과정으로 볼 수 있다. 음식은 개인이나 민족의 집단 정체성을 구성하는 중요한 요소다. 물론, 세계화와 이주의 증가로 인해 특정 나라나 지역에서도 다양한 이국적인 요리를 더 많이 접할 수 있게 되었고, 그로 인해 음식이 만들어내는 장벽 역시 낮아진 것처럼 보인다. 그러나 외국 음식을 즐기는 것과 음식을 자신의 정체성과 연결하는 것은 분명히 다르다. 예를 들어, 미국 LA 코리아타운에서 소주를 곁들여 삼겹살을 먹는다고 할 때, 소주와 삼겹살은 이를 좋아하는 토착 미국인과 나이가 지긋한 한국 출신 이주민에게 전혀 다른 의미를 지닌다. 전자에게 그것은 그저 맛있는 이국적인 음식일 뿐이지만 후자에게는 자신이 한국인이라는 정체성을 새삼 일깨워주는, 맛 이외에 의미와 상징, 기억을 담은 특별한 음식일 수 있다.[6)]

되너가 오늘날 독일에서 더는 튀르키예 음식이 아닌 튀르키예-독일 음식으로 여겨진다 해도 튀르키예 이주민들에게는 여전히 이들만의 튀르키예적인 음식으로 간주된다. 되너는 튀르키예 이주민과 그 후세대가 자신의 집단 정체성과 문화를 기억하고 표현하는 중요한 수단이다. 독일의 젊은 세대가 되너를 더는 튀르키예 음식으로 인식하지 않아도 되너를 만든 이들이 여전히 튀르키예 이주민이라는 점은 변함없다. 이는 되너가 단순히 독일-튀르키예 음식을 넘어 문화적·정서적으로 튀르키예계 독일인 및 이주민과 떼려야 뗄 수 없는 관계에 있는 음식이라는 점을 보여준다. 결국, 되너는 이주민 공동체에서 세대를 초월해 '기억의 장소'로서 기능하는 음식이라 할 수 있다.

그러나 '기억의 장소'로서 되너의 기능도 언젠가 끝날지 모른다. 세대를 거듭할수록 통합적이며 자기주장이 강해진 이주민 3~4세대들은 더 나은 보수가 보장되는 전문직을 꿈꾸며, 머지않아 아랍 이주민의 샤와르마(shawarma)[7]가 되너를 대신할지도 모른다. 뒤스부르크-에센 대학 튀르키예 연구 센터의 유누스 울루소이(Yunus Ulusoy)는 독일 튀르키예 이주민 공동체의 변화를 상징적으로 보여준 되너 역시 변화를 겪을 것으로 내다본다. "되너는 [튀르키예 노동이주민이] 손님 노동자에서 기업가로 변신했음을 보여주는 사례입니다. 그러나 이 성공 신화는 정점에 도달했습니다."라고 그는 말한다. 베를린에서 되너 가게 타딤(Tadim)을 운영하는 톨가 튀르크멘(Tolga Türkmen)도 비슷한 의견을 내놓았다. "제 아이들은 다른 일을 하고 싶어 해요. 젊은이들은 메르세데스와 좋은 옷을 원하지만, 되너를 팔아서는 그런 것을 가질 수 없어요. 제 부모님 세대는 독일어를 못했기 때문에 되너를 팔았어요. 젊은이들은 되너를 여전히 좋아하지만 만드는 일은 원치 않아요."

정리하자면, 되너는 독일 튀르키예 이주민 공동체가 사회적 소수자인 이주민으로서 정체성을 유지하면서 동시에 독일 사회에 통합되는 이중의 과제를 성공적으로 수행하는 데 중요한 역할을 했다. 되너는 그 맛으로 튀르키예 이주민을 고국과 연결해주는 가교역할을 했을 뿐 아니라, 독일인의 입맛을 사로잡아 무슬림 이주민의 문화적 자존감을 고취시켰다. 또한, 되너는 경제위기가 불어닥친 1970년대에 튀르키예 이주민들에게 생계를 위한 수단이 되어 경제적 통합을 이루는 데도 중요한 기여를 했다. 그러나 울루소이와 튀르크멘이 지적했듯,

3~4세대로 접어든 튀르키예 이주민 공동체에서 되너는 과거의 역할과 기능을 점차 상실할 수 있다는 점 또한 사실이다.

되너에 대한 저항과 거부

되너가 탄생한 1970년대는 석유 파동으로 튀르키예 이주민이 경제적으로 큰 어려움을 겪던 시기와 맞물린다. 당시 되너는 이주노동자들에게 육체적으로 고된 탄광이나 공장 노동에서 벗어날 수 있는 탈출구 역할을 했다. 고된 육체노동 외에는 생계를 이어가기 어려웠던 많은 튀르키예 이주민은 귀국을 선택할 수밖에 없었다. 그러나 되너 요식업이 점차 성공을 거두면서, 많은 이주민이 이 사업에 뛰어들었다. 물론 되너 가게를 운영하는 일 역시 고되었고 벌이가 넉넉하지는 않았지만, 가족 구성원에게 일자리를 제공한다는 점에서 이주민 가정을 경제적으로 통합하는 데 중요한 역할을 했다.

게다가 되너 가게는 독일인이 케밥을 즐겨 찾지 않던 초기에 이주민 공동체가 정서적으로 편안함을 느낄 수 있는 공간으로 기능했다. 가게는 친구와 친지들이 모이는 장소가 되었으며, 공동체의 결속을 강화해주었다. 울루소이에 따르면, 되너가 아직 독일 사회에 잘 알려지지 않았던 초기에는 독일 고객이 드물었고 튀르키예 이주민이 주요 고객이었다. 튀르키예에서는 오랫동안 육류가 노동자들이 쉽게 접근할 수 없는 고급 식재료로 여겨졌으며, 1970년대까지도 주로 중산층의 전유물이자 고급 레스토랑에서나 먹을 수 있었던 음식이라고 한다.

극우주의 테러의 표적이 된 되너 임비스. 독일의 주요 도시에서는 어디서나 이러한 튀르키예 간이음식점을 볼 수 있다.

그러나 평균 임금이 높았던 독일에서는 튀르키예 이주민들도 육류를 쉽게 접할 수 있었고, 이러한 환경에서 되너가 탄생하게 되었다.

되너는 독일 튀르키예 이주민들에게 경제적 기회를 제공하며, 많은 사람이 성공적으로 비즈니스를 시작할 수 있는 기반이 되었다. 이주민들이 사업에서 성공하면서 사회적·경제적 지위가 높아졌고, 빈곤한 무슬림 이주민에 대해 독일 사회가 가지고 있던 고정관념도 서서히 변하기 시작했다. 그러나 독일 사회에서 되너를 바라보는 시선은 이중적이었다. 되너의 성공은 독일이 다문화를 받아들였다는 증거로 해석되기도 했지만,[8] 튀르키예 이주민들은 여전히 일상에서 차별과 배제를 경험해야 했다. 특히 잊을 만하면 발생하는 극우주의 테러는 그들에게 분노를 넘어 깊은 트라우마가 되고 있다.[9]

되너가 항상 사랑받는 것은 아니다. 튀르키예 이주민들이 독일의 경제 발전에 기여했다는 사실은 널리 알려졌지만, 시간이 지나거나 경제 상황이 악화하면 이러한 공로는 쉽게 잊히곤 한다. 그러나 독일인의 일상에 깊숙이 자리잡은 되너는 튀르키예 이주민의 존재를 날마다 상기시킨다. 그래서 국수주의적인 소비자나 극우주의자들은 단지 튀르키예 음식이라는 이유로 되너를 혐오하기도 한다. 가령, "되너 말고 보크소시지(Bockwurst statt Döner)" 같은 네오나치의 집회 구호는 되너가 이주민이나 외국인 혐오와도 밀접하게 연관되어 있다는 것을 보여준다.[10] 이러한 거부감은 극단적인 폭력으로 이어지기도 했다. 네오나치는 독일의 주요 도시에서 튀르키예 이주민을 대상으로 권총을 사용한 연쇄 살인을 저질렀다. 2000년부터 2006년까지 독일의 6개 대도시에서 총 9건의 연쇄 살인 사건이 발생했으며, 뉘른베르크에서 3건, 뮌헨에서 2건, 함부르크, 카셀, 도르트문트, 로스톡에서 각각 1건씩 발생했다.

사건 초기, 경찰 당국은 극우 조직의 테러 가능성은 배제하고, 희생자와 그 주변 인물을 중심으로 수사를 진행했다. 동일범의 소행으로 추정되는 9건의 살인 사건은 6년에 걸쳐 산발적으로 발생했다. 처음 4건은 2000년 9월부터 2001년 8월까지 약 11개월 사이에, 다섯 번째 살인은 2년 반이 지난 2004년 2월에 일어났다. 나머지 네 건은 2005년 6월부터 2006년 4월까지 10개월 동안 이어졌다. 희생자들은 모두 남성으로 상점에서 일하던 중 권총으로 살해당했다. 국적별로는 튀르키예인 6명, 튀르키예계 독일인 2명, 그리스인 1명으로 모두 이주민 출신이었다. 특히, 튀르키예 출신 피해자 8명 중 5명은 쿠르드족으로 밝혀졌다. 수사 당국은 피해자들의 이주 배경 외에는 살해 동기를 찾지 못했다. 이 가운데 두 건은 독일의 거리 음식점으로 알려진 되너 임비스에서 벌어졌다. 당시 언론은 이 사건을 튀르키예 이주민을 대상으로 한 인종주의 증오 범죄로 해석하며 '되너 연쇄 살인(Döner-Morde)'이라고 명명했다.[11]

독일이 통일된 이후 옛 동독 지역이 되너의 새로운 시장으로 떠오르면서, 튀르키예 이주민들에게는 또 다른 시련이 닥쳤다. 경제위기가 휩쓴 구동독 지역에서는 극우 폭력 조직이 활개를 치기 시작했고, 옛 서독 지역에서도 외국인 혐오 폭력이 급증했다. 1993년, 극우 스킨헤드가 졸링엔(Solingen)의 튀르키예 이주민 가정집에 방화를 저질러 일가족 5명이 사망하는 참사가 일어났다. 자이델의 연구에 따르면, 통일 이후 옛 동독 지역에서 튀르키예 식당을 대상으로 벌인 테러가 무려 1,000건 이상 발생한 것으로 추정된다. 비교적 최근에 자행된 극우 테러로는 2019년 10월 옛 동독 지역 할레(Halle)에서 벌어진 총격 사건을 들 수 있다. 당시 지역의 유대교 회당에 들어가는 데 실패한 극우주의자는 인근 유대인 공동묘지 근처에서 한 여성을 총으로 살해한 후, 차를 몰고 되너 가게로 향해 총격을 가했다. 이로 인해 손님 한 명이 목숨을 잃는 비극이 벌어졌다.

반(反)튀르키예 정서는 극우 진영에 국한된 현상이 아니었다. 2017년에 작고한 헬무트 콜(Helmut Kohl) 총리는 1982년 10월 사적인 대화 자리에서 독일 튀르키예 이주민의 절반을 보내버리고 싶다고 발언한 사실이 영국 비밀문서를 통해 밝혀졌다. 그의 반(反)튀르키예적 입장은 1990년대 초 이주민 법을 강화하면서 더욱 분명히 드러났다.

아이러니하게도 그는 생전에 되너를 즐겨 먹었으며, 2001년에는 둘째 아들의 결혼으로 튀르키예와 사돈지간이 되었다.

언론이 만든 '되너 연쇄 살인'이라는 사건 이름에서 알 수 있듯, 되너는 독일에서 튀르키예의 상징으로 자리삽았다. 그러나 이는 고정관념을 강화하거나 튀르키예 문화를 음식 하나로 제한하는 위험을 동반하기도 한다. 되너 하나로 튀르키예 문화의 유서 깊고 풍부한 전통을 지나치게 단순화한 이미지가 만들어질 수 있다. 특정 음식을 '공적인 정체성의 상징'이나 특정 국민 문화를 대표하는 전형으로 단순화하면 인종주의적 고정관념을 만드는 데 악용될 가능성도 충분하다. 예를 들어, '하렘의 오달리스크'가 오스만 제국의 술탄과 황실을 향락과 퇴폐의 이미지로 왜곡하면서 19세기 프랑스 화가들의 상상력을 자극했던 사례는 널리 알려져 있다. 마찬가지로 독일화한 되너가 오리엔탈리즘적 색채로 해석될 여지도 있다.

독일에서 되너의 인기는 이주, 다문화주의, 국가 정체성을 둘러싼 정치적·사회적 논의와 갈등을 불러일으키기도 했다. 앞서 언급한 바대로 되너가 큰 반향을 일으켰던 1990년대에 튀르키예 이주민을 겨냥한 극우 집단의 폭력이 증가한 것은 심각하게 받아들여야 할 문제다. 이는 에스닉 푸드가 유행한다고 에스닉 그룹을 바라보는 시선이 긍정적으로 바뀌지 않는다는 것을 보여준다. 되너는 다문화를 받아들이고 이주민이 사회에 통합되었다는 것을 상징하면서도, 동시에 이주와 다문화를 거부하는 사람들에게 두려움과 분노를 불러일으키는 존재였다. 독일에 무려 18,000개가 넘는 되너 가게가 있다고 해서 이주민 통합이 이루어졌다고 단정할 수는 없다. "되너는 인종주의자도 먹는다."

는 독일 언론인 헤리베르트 프란틀(Heribert Prantl)의 지적은 이 점을 통렬하게 드러낸다. 그는 되너의 성공이 튀르키예 이주민의 통합과 별개의 문제라는 점을 분명히 했다.

2024년 초부터 독일과 오스트리아를 뜨겁게 달군 반(反)극우주의 시위 열풍은 이주민을 독일 사회의 일부로 받아들이는 사람과 여전히 이를 주저하는 이들이 공존하고 있음을 보여준다. 반이주민 정책을 노골적으로 주장하는 극우 정당 '독일을 위한 대안(Alternative für Deutschland, AfD)'이 지방 선거를 앞두고 크게 약진하는 모습을 보이자, 전국 곳곳에서 반(反)AfD 집회가 연일 이어졌다. 그럼에도 AfD는 2024년 9월 1일 실시된 튀링엔 지방 선거에서 32.8퍼센트의 득표율을 기록하며 23.6퍼센트를 얻은 기독교민주연합(Christlich Demokratische Union Deutschlands, CDU)을 크게 앞지르고 제1당으로 부상했다. 같은 날 치러진 작센 지방 선거에서는 AfD가 30.6퍼센트의 득표율로 31.9퍼센트를 득표한 기민연(CDU)에 근소한 차이로 뒤지며 제1당 자리를 내주었다.

그러나 되너의 독일화는 극우주의와 관계없이 점점 더 확고해지고 있다. 2022년 10월, 한 남성이 뮌헨 거리에서 올라프 숄츠(Olaf Scholz) 총리에게 되너 가격이 두 배로 올랐다며 푸틴과 당장 우크라이나 전쟁 종식을 협상하라고 소리쳤다. 그의 항의는 단순한 해프닝에 불과했지만, 몇 주 뒤 프랑크푸르트에서 10유로짜리 되너가 등장했다는 언론의 분노 어린 헤드라인은 그냥 웃고 넘길 일이 아니었다. '국민 거리 음식'으로 자리한 되너의 가격은 이제 독일 민심을 엿볼 수 있는 바로미터가 되어버렸다.

2023년 2월 베를린 총선을 앞두고, 집권 사민당은 물가 안정 정책을 홍보하기 위해 되너 가격 상한제를 요구하는 풍자 포스터를 제작했다. 이 에피소드는 되너 가격이 오늘날 독일에서 서민 물가의 움직임을 보여주는 지표가 되었다는 것을 의미한다. 저렴한 되너는 이미 서민들의 음식으로 자리잡았으며, 사회 복지의 수준을 가늠하는 척도다. 복지 수당과 최저 임금은 되너를 몇 개 살 수 있는지를 기준으로 논의되기도 한다. 정치인, CEO, 노동자, 난민 등 누구나 즐겨 먹는 되너는 이제 독일에서 사회적 평등을 상징하는 역할을 맡고 있다. 그러나 저렴한 가격으로 든든하게 배를 채워주던 되너는 튀르키예 이주민의 저임금 노동 덕분이었다.

되너는 통합과 저항의 한 조각이다

되너는 독일에 정착한 튀르키예 이주민들에게 '기억의 장소'로 자리 잡으며, 문화 융합과 정체성 유지, 경제적 통합에 큰 영향을 끼쳤다. 하지만 이러한 역할은 항상 저항과 충돌을 동반했다. 독일의 대표적인 거리 음식으로 뿌리내린 되너는 독일 사회에서 거부감과 위기감을 불러일으키기도 했다. 세대가 교체되면서 이주민 공동체의 정체성이 희미해질수록, 되너가 지닌 각별한 의미도 점차 사라질 가능성이 크다. 이주민 1~2세대가 경제적으로 자리잡는 데 디딤돌이 되었던 되너가 3~4세대에게는 단순히 가난하고 배우지 못한 부모 세대의 생계 수단으로 여겨질지도 모른다.

이주 60년을 훌쩍 지난 오늘날, 튀르키예 이주 배경을 가진 독일인은 이전 세대보다 더 많은 기회를 누리며 다양한 분야에서 두각을 나타내고 있다. 예를 들어, 연방 식품 농림부 장관 셈 외즈데미르, 바르셀로나 소속 독일 국가대표 축구선수 일카이 귄도안(İlkay Gündoğan), 바이오엔텍(BioNTech)을 공동으로 설립해 최초의 코로나19 백신을 개발한 과학자 우구르 샤힌(Uğur Şahin)과 외츨렘 튀레치(Özlem Türeci) 등이 그들이다. 되너는 이들을 키워준 부모님의 시장통 국밥 같은 든든한 존재였다.

주린 배를 든든히 채워주는 소박한 거리 음식이었던 되너는 이제 다양한 의미를 담은 문화적 코드가 되었다. 튀르키예 이주 배경을 가진 언론인이자 연방 차별금지 위원(Unabhängige Bundesbeauftragte für Antidiskriminierung)인 페르다 아타만(Ferda Ataman)은 2019년 《슈피겔Der Spiegel》에 기고한 글에서 되너를 '민주주의의 리트머스 시험지(demokratischer Lackmustest)'라고 표현했다. 오늘날 많은 독일인이 되너를 독일 문화의 일부로 받아들이지만, 여전히 일부는 되너를 독일의 전통과 문화를 교란하는 외래종으로 간주한다. 그러나 '되너 연쇄 살인'을 비롯한 튀르키예 이주민을 겨냥한 증오 범죄는 세계화와 이주라는 21세기 역사의 주류 흐름을 거스르려는 헛된 저항에 불과하다.

이주는 이제 인류 삶의 일부가 되었다. 되너의 독일화는 마치 중국 산동의 작장면(炸醬麵)이 화교의 이주를 통해 한반도로 유입된 뒤 '퓨전'이라는 맛의 융합 과정을 거치며 한국인의 소울푸드인 짜장면으로 자리잡은 과정과 닮았다. 중국인의 이주가 없었다면 짜장면은 없었을 것이고, 이에 얽힌 한국인의 기억과 문화, 정체성도 존재하지 않았을 것이다. 이처럼 이주는 유입국에서 외래문화와 토착 문화가 융합해 새로운 토착 문화를 창조하고, 때로는 다시 유출국으로 역수출되기도 한다. 물론 이주는 문화 갈등을 초래하기도 하시만, 농시에 문화를 융합하고 창조하는 힘을 지닌다. 되너는 현재 독일과 유럽에서 이러한 역할을 하고 있다.

주

part 1 종교의 기억

헝가리의 이슬람 기억의 장소_페치(Pécs)의 여코발리 허싼(Jakováli Hasszán), 가지 카심 (Gazi Kasim) 모스크를 중심으로

1) 피에르 노라(Pierre Nora)가 참여한 "기억의 장소Les Lieux de mémoire"는 '역사학의 혁명'이라 불릴 정도로 획기적인 역사 기획서라 평가받는다. 이 책에서 피에르 노라는 '기억의 장소'란 민족적 기억이 구체화되고, 사람들의 행동이나 수 세기에 걸친 작용을 통해 특별한 의미와 선명한 상징물로 존재하게 된 물질적, 비물질적 장소를 의미한다고 설명하고 있다.

2) 지리적 측면에서 헝가리를 포함하는 카르파티아 분지는 유럽의 중앙부이다. 헝가리 영토는 동부 대초원의 가장 서쪽 평야로서 민족들의 이동 경로인 '민족의 고속도로'에 걸쳐 있다고 표현된다. 중세에 사람들이 동쪽에서 서쪽으로 이동한 곳이 바로 이 지역이었으며, 그들 중 일부는 여기에 정착하다가 역사의 폐허 속으로 사라졌다(예: 사르마티아인, 게피드인, 훈족, 아바르인, 기타). 마자르인(헝가리인)은 아시아 민족으로 유럽의 중앙에 정착하면서 주변의 문화를 흡수하여 자신의 문화를 창조하였다.

3) Balázs Sudár, "Baths in Ottoman Hungary" *Acta Orientalia Academiae Scientiarum Hungaricae*, Vol.57, No.4 (December 2004), pp.391-447.

4) 현재도 페치는 헝가리에서 가장 오스트리아적, 독일적 성향이 강한 도시로 알려져 있다. 페치의 독일어식 이름은 퓐프키르헨(5개의 교회)이다.

5) 이 외에도 오스만 제국의 건축적, 문화적 영향을 잘 보여주는 베야제드 파샤의 묘(Türbe of Idrisz Baba)가 있다. 이 묘는 당시의 묘 건축 양식을 잘 반영하고 있다. 이 묘는 오스만 제국 시대의 영적 지도자였던 이드리즈 바바의 묘이다. 16세기 후반에 건축되었으며, 팔각형의 독특한 건축 양식을 가지고 있다. 또한 퍼셔 카심 모스크(Pasha Qasim Mosque)는 페치의 시나고그와 인접해 있는 오스만 시대의 또 다른 중요한 건축물이다. 현재는 박물관으로 사용되고 있으며, 당시의 건축 양식과 장식을 엿볼 수 있는 건축물로서, 특히 오스만 제국 시기에 유대인 공동체와의 관계를 보여주는 중요한 유산이다. 야콥 알리 파샤 모스크(Jakováli Hasszán Pasha Mosque)는 16세기 후반에 지어진 것으로 추정되며, 건물 내부에는 오스만 시대의 장식과 글씨가 남아 있다. 이 모스크는 미나렛이 잘 보존된 몇 안 되는 오스만 모스크 중 하나이다. 현재도 이슬람 신자들이 예배를 드리는 장소로 사용되고 있다.

파리 대모스크_무슬림 병사 '추모 공간'에서 프랑스 국민 모두의 '화합 공간'으로

1) Jacques Frémeaux, *Les Colonies dans la grande guerre* (Editions 14-18, 2006), p.202.

2) Robert Aldrich, *Vestiges of the Colonial Empire in France: Monuments, Museums and Colonial Memories* (Palgrave Macmillan, 2005), p.52.

3) 모스크뿐만 아니라 보비니(Bobigny)에 세워진 프랑코-이슬람 병원 등도 마찬가지 역할을 했다. John Tolan, *Nouvelle histoire de l'islam: VIIe -XXIe siècle*, 박효은 옮김, 『세상 친절한 이슬람 역사』(미래의 창, 2024, p.319-320).

4) Ethan Katz, "Did the Paris Mosque Save Jews?: A Mystery and Its Memory", *Jewish Quarterly Review*, Vol. 102, No.2 (Spring, 2012), p.257.

5) 이 주제는 *Le Nouvel Observateur*에 실린 뱅상 모니에(Vincent Monnier)가 쓴, "Mosquée de Paris. Un abri pour les juifs" (파리 모스크. 유대인을 위한 피난처)라는 제목의 기사에서 직접적으로 영감을 받은 것으로 알려졌다(2007년 10월 18일).

히잡_불편한 기억의 터

1) Joan Wallach Scott, *The Politics of Veil* (Princeton University Press, 2007).

2) Sara Ahmed, *The Cultural Politics of Emotion*, 시우 역, 『감정의 문화정치』(오월의봄, 2023).

3) Fadwa El Guindi, *Veil: Modesty, Privacy and Resistance* (Berg, 1999), p.xi, p.7.

4) Jack Straw, "I want to unveil my views on an important issue," *The Lancashire Telegraph* (October, 2006). http://www.lancashiretelegraph.co.uk/blog/index.var.488.0.i_want_to_unveil_my_views_on_an_important_issue.php (검색일: 2024년 10월 31일)

5) Madeleine Bunting, "Jack Straw has unleashed a storm of prejudice and intensified division," *The Guardian*, (October, 2006). https://www.theguardian.com/commentisfree/2006/oct/09/comment.politics (검색일: 2024년 10월 31일).

6) Tariq Modood, Anna Triandafyllidou and Ricard Zapata-Barrero, eds., *Multiculturalism, Muslims and Citizenship: A European Approach* (Routledge, 2006), pp.37-56.

7) Chandra Talpade Mohanty, *Feminism without borders: Decolonizing theory, practicing solidarity*, 문현아 옮김, 『경계 없는 페미니즘』(여이연, 2005), p.59.

8) 염운옥, 「영국의 무슬림 '베일' 논쟁」, 『대구사학』101집 (2010), p.280.

9) Saied R. Ameli and Arzu Merali, eds., "Hijab, Meaning, Identity, Otherization and Politics: British Muslim Women," *British Muslims Expectations of the Government series* (Islamic Human Rights Commission, 2006).

10) Steven Vertovec, "Islamophobia and Muslim Recognition in Britain," Yvonne Yazbeck Haddad, eds., *Muslims in the West: From Sojourners to Citizens* (Oxford University Press, 2002), pp.24-29.

11) 염운옥, 『낙인찍힌 몸: 흑인부터 난민까지 인종화된 몸의 역사』(돌베개, 2019), p.310.

초승달과 별로 읽는 유로메나

1) https://x.com/Thabet_UAE/status/360823122456358913?t=zG7Er6nF9uNw_duDWpXz3w&s=19 (검색일: 2024.06.28)

part 2 문화의 기억

엘 시드의 노래_기독교와 이슬람의 조우 속 저항의 기억

1) 통합유럽연구 제15권 3집(통권 제34호., 2024년 11월, pp.27-48)에 실린 글을 요약하였음.

2) Watt Montgomery and Pierre Cachia, *A History of Islamic Spain* (Edinburgh University Press, 1996).

3) Watt Montgomery and Pierre Cachia, *A History of Islamic Spain* (Edinburgh University Press, 1996).

4) 오스만 제국의 비무슬림 신하를 지칭하는 용어로, 사회 구성원에 대한 이슬람 법 개념에서 유래했다. 비무슬림 '딤미'들은 국가의 보호를 받았고 특정 세금을 납부하는 대신 군복무를 하지 않았다. 딤미 지위는 1839년 귈하네 칙령으로 법적으로 폐지되었고, 이후 1869년 오스만 제국 국적법을 통해 공식화되었으며, 이는 탄지마트 개혁의 일환이었다. 그러나 이러한 공식적 변화에도 불구하고, 제국 내 여러 지역에서 비무슬림 신하들은 다양한 형태의 제도적 차별을 겪었다. (출처:https://rpl.hds.harvard.edu/faq/dhimmi#:~:text=A%20dhimmi%20refers%20to%20a,in%20return%20for%20specific%20taxes).

5) Homi K. Bhabha, *The Location of Culture, 2nd ed.* (Routledge, 1994).

6) Ramón Menéndez Pidal, *The Cid and His Spain* (Routledge, [1934], 1971).

7) Montgomery Watt and Pierre Cachia, *A History of Islamic Spain* (Edinburgh University Press, 1996).

8) Ramón Menéndez Pidal, *The Cid and His Spain* (Routledge, [1934], 1971).

9) Michael Harney, "The Cantar de Mio Cid as Pre-War Propaganda," *Romance Quarterly*, Vol.60, No.2 (Taylor & Francis, 2013), p.82, p.81.

10) Jaime Vicens Vives, *Economic History of Spain* (Princeton University Press, ([1969], 2016).

11) Christopher Tyerman, *God's War: A New History of the Crusades* (Belknap Press: An Imprint of Harvard University Press, 2009).

12) Bhabha, *The Location of Culture* (Routledge, 1994).

로제루 2세의 대관복_9세기 이후 시칠리아에 남은 아랍-이슬람 문화

1) Alex Metcalfe, *The Muslims of Medieval Italy* (Edinburgh University Press, 2009), pp.32-34.; Charles Dalli, "From Islam to Christianity: the Case of Sicily", *Religion, Ritual and Mythology.*

Aspects of Identity Formation in Europe (Pisa University Press, 2006) p.153.

2) Alex Metcalfe, "The Musilms of Sicily under Chistian Rule," *The Society of Norman Italy, eds,.* G.A. Loud and A. Metcalfe (Brill, 2002), pp.300-302.

3) Charles Dalli, "From Islam to Christianity: the Case of Sicily", *Religion, Ritual and Mythology. Aspects of Identity Formation in Europe* (Pisa University Press, 2006) p.152

4) 김차규, 「아랍의 시칠리아 정복과 비잔티움의 대응」, 『중동문제연구소』, 13권 4호, (2014).

5) Clare Vernon, "Dressing for Succession in Norman Italy: The Mantle of King Roger II," *Al-Masaq*, Vol.31, No.1 (Taylor & Francis, 2019), p.95.

6) Stewart Gordon, ed., "The Mantle of Roger II of Sicily," *Robes and Honor: The Medieval World of Investiture* (Palgrave Macmillan, 2001), pp.241-249.

알람브라 궁전이 전하는 과거와 현재의 기억

1) Washington Irving. *Tales of the Alhambra*. (Simon and Schuster, 2015).

2) 문화 혼종과 관련한 추가 내용은 다음을 참고 바람. Peter Burke. *Cultural Hybridity*. (Polity, 2009).

르네상스 시대 베네치아 예술_이슬람 세계를 보여주는 거울

1) Fernand Braudel, *La Méditerranée et le monde méditerranéen à l'époque de Philippe II - Tome 3: 3. Les événements, la politique et les hommes*, 주경철 외 옮김, 『지중해: 펠리페 2세 시대의 지중해 세계』 (까치, 2019); William McNeill, *Venice: the hinge of Europe, 1081-1797* (Chicago, 1974).

2) Stefano Carboni, ed., *Venice and the Islamic world*, 828-1797 (Yale University press, 2006).

3) J. Martin and D. Romano, eds., *Venice reconsidered: the history and civilization of an Italian city-state, 1297-1797* (Johns Hopkins University, 2000).

4) Deborah Howard, Stefano Carboni, ed., "Venice and the Mamluks", *Venice and the Islamic world, 828-1797* (Yale University Press, 2007), p.84.

5) Georg Christ, *Trading conflicts: Venetian merchants and Mamluk officials in Late Medieval Alexandria* (Brill, 2012), p.63.

6) Deborah Howard, Stefano Carboni, ed., "Venice and the Mamluks", *Venice and the Islamic world, 828-1797* (Yale University Press, 2007), p.82, 85.

7) Julian Raby, "The Serenissima and the sublime Porte: art in the art of diplomacy 1453-1600," *Venice and the Islamic world 828-1797* (Yale University Press, 2007), p.92.

8) Catarina Schmidt Arcangeli, "Orientalist paintings in Venice, 15th - 17th centuries," *Venice and the Islamic world 828-1797* (Yale University Press, 2007), pp.123-127.

9) Julian Raby, "The Serenissima and the sublime Porte: art in the art of diplomacy 1453-1600," *Venice and the Islamic world 828-1797* (Yale University Press, 2007), p.94.

10) Richard William Southern, *Western view of Islam in the Middle Ages* (Cambridge, MA and London, 1962).

11) Paul wood, "Aspects of art in Venice: encounters with the East,", ed., Kathleen Christian and Leah R. Clark, *European art and the wider world 1350-1550* (Manchester University Press, 2017), pp.155-156.

세이버(sabre), 악마의 무기에서 근대화의 상징까지_유럽에 남긴 오스만의 군사적 유산

1) Ibn Fadlan, Translation by Paul Lunde, Charlotte Stone *Ibn Fadlan and Land of Darkness : Arab Travellers to the Far North* (Penguin Books, 2011), pp.14-20.

2) Kenneth W. Harl, *Empires of the Steppes: The Nomadic Tribes Who Shaped Civilisation* (Bloomsbury Publishing, 2023), p.251.

3) Rhoads Murphey, *Ottoman Warfare, 1500-1700* (UCL Press, 1999), p.20.

4) Jan Ostrowski, Wojciech Bochnak, "Polish Sabres: their origins and evolution," Robert Held ed., *Art, Arms and Armour: An International Anthology* (Chiasso, 1979), p.223.

5) David Blackmore, *British Cavalry in the Mid-18th Century* (Partizan Press, 2008), p.98.

파리 아랍 세계 연구소_프랑스와 아랍 세계를 연결하는 '문화의 집'

1)https://www.elysee.fr/francois-mitterrand/1990/01/10/allocution-de-m-francois-mitterrand-president-de-la-republique-sur-linstitut-du-monde-arabe-et-sur-limportance-des-relations-entre-la-culture-europeenne-et-la-culture-arabe-paris-le-10-janvier-1990 (검색일: 2024.05.13.)

2)https://www.lefigaro.fr/politique/le-scan/2015/01/14/25001-20150114ARTFIG00316-hollande-bouleverse-son-agenda-pour-visiter-l-institut-du-monde-arabe.php (검색일: 2024.04.22.)

3)https://www.lemonde.fr/m-moyen-format/article/2016/06/21/l-expo-sur-les-migrants-qui-passionne-les-jeunes_4955276_4497271.html (검색일: 2024.04.22.)

4)https://www.lemonde.fr/architecture/article/2015/06/05/la-cite-arabe-en-debat-a-l-ima_4647878_1809550.html (검색일: 2024.04.22.)

part 3 사상·언어의 기억

아베로에스와 중세 서유럽의 지적 대변동

1) 북아프리카 베르베르인이 세운 나라로 알모하드, 또는 무와히드 칼리파국이라고도 부른다.

1121년~1269년 동안 북아프리카에서 이베리아반도 남부에 이르는 지역을 다스렸다.

2) 그는 시칠리아 왕국의 왕이자 신성로마제국 황제였다. 황제로서는 '프리드리히 2세(Friedrich II, 1215~1250)'라 불린다.

3) 원래 '기체'라고 번역되는 '휘포케이메논(ὑποκείμενον, Hypokeimenon)'을 뜻한다.

4) 시게루스와 보에티우스는 종종 이들이 공부했던 파리를 고려하여 프랑스어로 '시제 드 브라방(Siger de Brabant)', '보에스 드 다시(Boèce de Dacie)'라고 불리기도 한다. 전자는 브라반트 출신이고 후자는 덴마크 또는 스칸디나비아 반도 출신으로 알려져 있다. 파리 주교 스테파누스는 프랑스어로 에티엔 탕피에(Étienne Tempier)로 불린다. 생몰연대는 미상이고 1268~1279년 동안 파리 주교직을 맡았다.

5) 교황이 누군지에 대해서는 그림의 연대가 확실치 않아 여러 설이 제기되고 있다. 그 자신이 인문주의자였던 피우스 2세(재위 1458~1464)이거나 바티칸 도서관을 설립한 식스투스 4세(Sixtus IV, 재위 1471~1484)일 가능성이 높다. 이 작품은 원래 피사 대성당에 있던 작품으로 1813년 나폴레옹에 의래 루브르로 옮겨졌다.

이븐 할둔_주목받아야 할 생소한 기억

1) Barthélemy d'Herbelot de Molainville, *Bibliothèque orientale, ou dictionnaire universel contenant tout ce qui regarde la connoissance des peuples de l'Orient* (Compagnie des Libraries, 1697).

2) Syed Farid al-Attas, *Ibn Khaldun* (Oxford University Press, 2013), pp.106-109.

3) Antoine-Isaac Silvestre de Sacy, *Chrestomathie arabe, ou extraits de divers écrivains arabes: tant en prose qu'en vers, à l'usage des élèves de l'École spéciale des Langues Orientales vivantes*, 3 Vols. (Imprimerie royale, 1806).

4) Ibn Khaldun, Muqaddimah, 김정아 옮김, 『무깟디마: 이슬람 역사와 문명에 대한 기록』, (소명출판, 2020), pp.29-30, p.20, pp.79-80.

5) Yves Lacoste, Ibn Khaldoun, *Naissance de l'histoire passé du tiers monde*, 노서경 옮김, 『이븐 할둔: 역사의 탄생과 제3세계의 과거』 (알마, 2009), p.242.

6) Arnold J. Toynbee, *A Study of History: The Growths of Civilizations*, 3 Vols., Vol. 3 (Oxford University Press, 1962), p.322.

7) Ibn Khaldun, 『무깟디마: 이슬람 역사와 문명에 대한 기록』, p.79.

8) Ibn Khaldun,『무깟디마: 이슬람 역사와 문명에 대한 기록』, p.240.

9) Ibn Khaldun,『무깟디마: 이슬람 역사와 문명에 대한 기록』, p.89.

10) Ibn Khaldun,『무깟디마: 이슬람 역사와 문명에 대한 기록』, pp.168-169.

코페르니쿠스의 『회전』에 나타난 이슬람 천문학의 흔적

* 모든 웹페이지 검색은 2024년 11월 11일 주소 확인

1) 고대 지식의 번역으로 이슬람 사회에 협력한 기독교인들에 대해서는 Richard Fletcher, *The Cross and the Crescent*, 박홍식·구자섬 옮김, 『십자가와 초승달, 천년의 공존: 그리스도교와 이슬람의 극적인 초기 교류사』(21세기북스, 2020), 전자책 참고

2) Jonathan Lyons, *The House of Wisdom*, 김한영 옮김, 『지혜의 집 이슬람은 어떻게 유럽 문명을 바꾸었는가』, 책과함께, 2013.

3) 자세한 사항은 이진현, 「기독교 수도승 제르베르의 아스트롤라베 도입 사례로 본 이슬람 천문학의 중세 유럽 전래」, 『통합유럽연구』 11권 3호 (2020) 참고.

4) Copernicus, *De Revolutionibus Orbium Coelestium Libri VI*, Translation by Edward Rosen, *On the Revolutions of the Heavenly Spheres* (Polish Scientific Publications, 1978)

5) Nicolaus Copernicus, 민영기·최원재 옮김,『천체의 회전에 관하여』(서해문집, 1998):「바오로 3세 교황에게 바치는 헌정문」과 제1권 5장.

6) Rivka Feldhay, F. Jamil Ragep,eds,. *Before Copernicus* (McGill-Queen's University Press, 2017); F. Jamil Ragep, "Copernicus and His Islamic Predecessors," *History of Science*, Vol.45, No.1 (March, 2007).

7) Almagest (c. 150): 직역하면 '위대한 책'이란 뜻으로 '천문학 집대성', '천문학 대계' 등으로 번역되는데 여기서는 프톨레마이오스와 바로 연계되는 통칭 '알마게스트'를 사용한다.

8) 이 현상에 대해서는 테온(Theon of Alexandria, 335-405)이 프톨레마이오스의 간추린 천문표 Handy Tables of Ptolemy 주해에서 처음 언급한 것으로 알려져 있다.

9) Copernicus, *De Revolutionibus Orbium Coelestium Libri VI*, Translation by Edward Rosen, *On the Revolutions of the Heavenly Spheres* (Polish Scientific Publications, 1978). 이하 인용문 필자 번역.

10) 황도경사(obliquity of the ecliptic)는 황도에 대한 지구 자전축의 기울기 또는 지구의 적도와 황도가 이루는 각으로 현재값은 약 23.4도이고 섭동(perturbation)으로 인해 100년당 0.013도(47아크초)씩 줄어들고 있다.

11) 남호영, 『코페르니쿠스의 거인, 뉴턴의 거인』 (솔빛길, 2020), p.117.

12) F. Jamil Ragep, "Copernicus and His Islamic Predecessors: Some Historical Remarks," *History of Science*, Vol.45, No.1 (March, 2007), pp.65-66.

13) Tadhkira fi 'ilm al-ha'a (Memorandum of Astronomy); Tahrir al-Majisti (Commentary on the Almagest)의 경우 남호영의 『코페르니쿠스의 거인, 뉴턴의 거인』에서는 '천문학 보감'으로 번역했는데, 여기서는 알투시와 프톨레마이오스와의 관계를 강조하는 뜻에서 '알마게스트 주해'로 번역했다.

14) '투시조합의 두 가지 상호 반전운행은 링크의 움직이는 그림 gif 참조, https://en.wikipedia.org/wiki/Tusi_couple# 상단에서는 주원이 정지 상태에서 소원이 회전하고, 하단에서 두 원은 같은 방향으로 회전, 두 경우 모두 내행성은 선형으로 왕복 운동한다.

15) Copernicus, *Revolutionibus*: "The two circles move ... in opposite direction."

16) Al-Urdi의 대표작: *Risālat al-Raṣ*(Treatise on Observational Instruments); *Kitāb al-Hay'a*(Book of the Authority, A Work on Theoretical Astronomy)

17) George Saliba, *The Astronomical Work of Mu'ayyad al-Din al-'Urdi: A Thirteenth-Century Reform of Ptolemaic Astronomy* (Center for Arab Unity Studies, 1990), pp. 31-36; "Whose Science is Arabic Science in Renaissance Europe?" (Columbia University, 1999), https://www.columbia.edu/~gas1/project/visions/case1/sci.2.html

18) O. Neugebauer, *The Exact Sciences in Antiquity* (Dover publications, [1957]1969), p.219.

19) 달과 수성 운동 도식에서 알샤티르와 코페르니쿠스가 매우 비슷함을 설명한 연구: George Saliba, "Whose Science is Arabic Science in Renaissance Europe?" (Columbia University, 1999)

20) 라틴어 원문과 비교 rharriso.sites.truman.edu/post-classical figures/copernicus/copernicus_de_revolutionibus/

21) Thomas Kuhn, *The Copernican Revolution*, 정동욱 옮김, 『코페르니쿠스 혁명』 5장 (지식을만드는지식, 2016), 전자책.

22) 직관적인 이해를 위한 영상: catalogue.museogalileo.it/multimedia/CopernicanSystem.html

23) N. M. Swerdlow, "An Essay on Thomas Kuhn's First Scientific Revolution," *Proceedings of the American Philosophical Society*, Vol.148, No.1 (March, 2004), p.114.

24) 정동욱·정원호, 「위기 없는 혁명: 코페르니쿠스 혁명을 중심으로」, 『과학철학』 Vol.23, No.2 (2020), pp.45-46.

25) Thomas Kuhn, *The Copernican Revolution*, 정동욱 옮김, 『코페르니쿠스 혁명』 2장 (지식을만드는지식, 2016), 전자책.

26) Copernicus, *Commentariolus* (1514), Translation by Edward Rosen, *Three Copernican Treatises: The Commentariolus of Copernicu* (Literary Licensing, LLC, 2011)

독일어 속 아랍어 차용어_'문화 간 협력'의 결과물

1) 오스만 제국의 군대는 '제2차 오스만 제국의 빈 포위'를 감행하기 154년 전인 1529년 5월 27일부터 10월 14일까지 빈을 포위하는 군사 작전을 전개했다. 이 역사적 사건을 가리켜 오늘날 흔히 '제1차 오스만 제국의 빈 포위(Erste Wiener Osmanenbelagerung)'가 언급된다.

2) 명칭 '안달루시아'는 아랍어 '알 안달루스(Al-Andalus)'에서 유래했으며, 두 가지 중의적 의미로 사용되고 있다. 그중 하나는 711년에서 1492년 사이에 아랍-이슬람 세력에 의해 통치를 받았던 이베리아반도의 지역을 지칭한다. 다른 하나는 오늘날 스페인 남부 지역의 자치주 '안달루시아'를 가리킨다. 여기에서는 전자의 의미로 사용된다.

3) '글로벌 하계 언어학 연구소'는 미국 텍사스주 댈러스(Dallas)에 본부를 둔 개신교 비영리 단체로 1934년에 설립되었다. 이 연구소는 설립되었을 당시 '하계 언어학 연구소(Summer Institute of Linguistics= SIL)'로 불렸으며, 이후 '국제 하계 언어학 연구소(International Summer Institute of Linguistics= International SIL)'를 거쳐 오늘날의 이름을 갖게 되었다. 글로벌 하계 언어학 연구소는 오늘날 지구상에서 사용되는 언어의 수, 세계 언어의 사용자 수 및 지역별 분포, 소멸 위기에 처한 언어, 소멸 직전의 언어 등에 관련한 가장 신뢰할 만하며 권위 있는 통계 자료를 매년 발표하고 있다.

4) https://www.ethnologue.com/insights/how-many-languages/ (검색일: 2024.10.18.)

스페인어 속의 아랍어

1) Málaga는 기원전 8세기에 페니키아의 티레인들이 세운 도시로 Melqart '왕의 도시'라는 의미이다. faro '등대'는 라틴어 pharus에서 나온 것이다. 아랍어와 라틴어가 합성된 지명으로 '등대 산'이라는 의미이다. 항구 바로 북쪽에 위치한 해발 약 130m의 산으로 성벽과 알카사바가 남아 있다. 이에 관한 자세한 사항은 https://www.malaga.eu/la-ciudad/historia-de-la-ciudad/ 참조 (검색일: 2024. 10. 2.).

2) celi는 '안전한'이라는 의미도 있으므로 '안전한 도시'도 된다. Lapesa(1981:141) 참조. 다른 설로는 켈트 기원설도 있다. 즉, 본래의 도시 이름은 켈트인들이 세운 '언덕(colina)'이라는 의미의 Occilis였는데 아랍인들이 들어와 이름이 madina-celi로 바뀌었으며, 이것이 변해 Medinaceli가 된 것이라고도 한다. 이에 관한 자세한 사항은 https://medinaceli.es/conocenos-ayto/ 참조 (검색일: 2024. 10. 3.).

3) 지중해의 유명한 휴양지인 Benidorm의 어원은 명확하지 않다고 한다. 얼핏 보기에는 이 지명 역시 아랍어 기원 같지만 이베로어 Pinnatorm '곶(promontorio)'에서 유래했다는 주장이 제기되기도 한다.

4) 이 도시 명의 어원에 대해서는 여러 설이 분분하다. 그러나 대체로 위 주장이 가장 많이 받아들여지고 있다. 이에 관한 자세한 사항은 "Del nombre de Granada", http://www.nueva-acropolis.es/granada/pagina.asp?art=2925 참조 (검색일: 2024. 10. 2.).

5) 이 도시 명의 어원에 대해서는 이베로어 Qart-Oba '강 또는 언덕의 도시' 설, 페니키아 계통의 셈어 Qorteba '올리브 압착소' 설, 카르타고 페니키아어 Qart-Juba '유바의 도시' 설 등 다양하다. 이에 관한 자세한 사항은 Villar (2000:140) 참조.

part 4 일상의 기억

플라멩코_아랍 부모에게서 태어난 스페인 춤

1) 이슬람국가에 살고 있는 비이슬람인들, '딤미'인들에게 국가에서 매년 부과하는 인두세의 일종.

2) 아부 압둘라 12세는 안달루시아의 마지막 무슬림 왕으로, 스페인 사람들은 그를 '알싸기르'와 '아부 압딜'이라고 불렀으며 그라나다 사람들은 '불운한 사람'이라는 의미로 '알자그하비'로 불렀다. 불안했던 이 통치자는 역사와 영화 작품 및 아랍, 스페인 소설에서 많이 다루어졌는데, 특히 어머니 아이샤의 명령에 굴복하는 젊고 비겁한 통치자로 묘사되곤 한다. 마지막 그라나다 열쇠를 넘겨주고 언덕에서 알람브라궁전을 바라보며 우는 그를 보고 어머니 아이샤가 "남자들처럼 지키지 못한 왕을 위해 여자처럼 울어라."라고 말했다고 알려졌지만, 이슬람 역사학자들은 "역사는 승리자의 손에 의해 쓰여진다."고 하듯이 아부 압둘라 12세에 대하여 상당히 과장되었다고 한다. 그는 그라나다 열쇠를 쉽게 넘겨준 비겁한 겁쟁이 통치자가 아니었으며 자신의 통치에 반기를 든 '알자갈' 숙부(압둘라 무함마드 13세, 1485~1486 그라나다 왕국 통치)와 대립하면서 동시에 카스티야인들과 전쟁을 했다고 전한다. https://espanaenarabe.com/2022/04/28 (검색일: 2022.04.08)

3) Ziryab, Zeryab 또는 Zaryab으로 더 잘 알려진 Abu al-Hasan ʿAli Ibn Nafiʿ는 789년에 바그다

드 태생의 가수이자 우드 및 류트 연주자이며 작곡가, 시인, 교사였다. 중세 이슬람 시대에 현재의 이라크, 북아프리카, 안달루시아 지역에서 살면서 활동했다. 감미로운 목소리와 검은 깃털을 가진 노래하는 새에 비유되는 어두운 피부색으로 인해 지르얍이라는 별명으로 알려졌다. https://muslimheritage.com/ziryab-the-musician/ (검색일: 2022.04.08)

4) 알마왈은 전통적인 아랍 노래 형식 중 하나인 대중 예술로서 고전 시와는 달리 문법적인 규칙에서 벗어나 보다 자유롭고 감정적으로 풍부한 방식으로 표현된다. 일반적으로 낭송 또는 내레이션 형식으로, 이야기나 감정을 전달하는 데 사용된다. 고정된 운율을 따르지 않고 가수나 시인이 자유롭게 리듬을 조절할 수 있으며, 사랑, 슬픔, 그리움 등 심오한 감정이나 삶의 철학을 주 내용으로 삼는다. 또한 즉흥적인 것이 특징이다. https://arabmusicmagazine.org/item/981-2020-10-13-14-06-07 (검색일: 2020.10.13)

홀바인 카펫_유럽인의 일상 공간에 색을 더하다

1) 홀바인 카펫은 종종 홀바인 '러그(Rug)'로 표기되기도 한다. 카펫과 러그는 일반적으로 크기로 구분한다. 카펫은 바닥 전체를 깔 정도의 크기이고, 러그는 바닥 일부분을 덮을 정도의 크기이다. 여기서는 구분 없이 모두 '카펫'으로 통일하여 지칭한다.

2) 아나톨리아 투르크 장식 예술에서 볼 수 있는 쉼표처럼 살짝 구부러진 둥근 몸체에 끝이 뾰족한 양식화된 잎사귀 형태의 문양이다. 소위 '아라베스크' 문양이라고 종종 불리기도 하지만 이는 올바른 명칭이 아니다.

3) 이 글에서 사용된 '튀르키예'는 현재의 '튀르키예 공화국' 국명만이 아닌, 그 이전 시기의 아나톨리아 반도에 정착한 투르크 민족과 문화를 포함한 의미이다.

4) 현대 튀르키예어로는 '괴르데스 매듭(Gördes düğümü)'이라고도 불리는 매듭법으로 두 개의 날실을 감싸 고리를 만든 후, 고리 끝이 두 날실 사이에 빠져나오게 하여 엮는 방식이다. 또 다른 유명한 매듭법으로는 페르시아식 매듭법인 '시네(Sine)' 매듭법이 있다. 이 매듭법은 고리 끝이 하나의 날실만을 감싼 형태다. 투르크식 매듭법을 사용한 카펫이 좀 더 튼튼하고 오래간다면 페르시아식 매듭법을 사용한 카펫은 좀 더 부드럽다는 특징이 있다.

포막족의 결혼식_불가리아 내 이슬람 문화의 증언

1) 이 장은 『통합유럽연구』 통권 35호(2025)에 게재된 「문화적 정체성 이론을 통한 포막족 결혼식 분석: 공동체 결속과 전통의 역할」를 수정·보완한 글이다.

2) Mary Neuburger. "Pomak Borderlands: Muslims on the Edge of Nations," *Nationalities Papers*, Vol.28, No.1 (2000), pp.181-198.

3) Georgiev, V., S. Trifonov, eds. *Pokrustvaneto na bulgarite mohamedani 1912-13. Dokumenti* (Akademichno Izdatelstvo, 1995).

4) 이하얀, 「중동부유럽 국가의 공산체제 전환과 청산과정에 대한 연구: 불가리아 사례를 중심으로」, 『EU연구』 No.60 (2021), p.240.

5) Internet Archive, "The Human Rights Of Muslims In Bulgaria In Law And Politics Since 1878," http ://archive .org /details /the -human -rights -of -muslims -in -bulgaria -in -law -and -politics -since -1878 (검색일: 2024. 8. 22).

6) Алексей Кальонски, Михаил Груев, *Възродителният процес. Мюсюлманските общности и комунистическият режим* (Сиела, 2008).

되너 케밥_'기억의 장소'에서 독일의 국민 거리 음식으로

1) '주도문화' 개념은 원래 시리아계 독일 정치학자인 티비(Bassam Tibi)가 처음 사용했다. 그는 민주주의, 정교분리, 계몽, 인권 등과 같은 유럽적 가치는 독일인과 이주민을 하나로 묶어주는 보편적 가치로 이를 '주도문화'라고 명명했다. 그러나 독일의 보수 진영은 이 개념에 수식어를 붙여 이주민의 독일화를 요구하는 '독일 주도문화(deutsche Leitkultur)'로 탈바꿈시켰다. 그로 인해 독일에서는 2000년대에 소위 '주도문화 논쟁'이 벌어졌다.

2) 오늘날 튀르키예에서 흔히 볼 수 있는 이스켄데르 되너는 독일식 되너와 달리 겹겹이 쌓은 고깃덩어리를 수평으로 눕혀 익은 부분을 먼저 쇠꼬치에 꽂은 다음 저민다. 물론 수직 오븐에 굽는 이스켄데르 되너도 있다.

3) 오늘날 독일에는 1,426개의 맥도날드 매장에 58,000명이 일하고 있는 반면, 되너의 경우 18,500개의 매장에 80,000여 명이 종사하고 있다.

4) 카레소시지는 구운 독일 소시지를 잘게 잘라 그 위에 카레 가루와 토마토케첩을 듬뿍 뿌린 거리 음식이다. 그런데 원래 독일인에게 생소한 카레 가루와 케첩은 1945년 종전 직후 암시장에 나온 미군 보급품이었다. 독일에서는 원래 소시지를 겨자소스의 일종인 젠프(Senf)와 함께 먹는다. 따라서 카레소시지도 되너와 마찬가지로 퓨전화한 독일 음식이라 할 수 있다.

5) Nora, Pierre,ed., *Erinnerungsorte Frankreichs* (C. H. Beck, 2005). 노라가 7권의 책으로 엮은 프랑스의 '기억의 장소'는 다른 유럽 국가에서도 반향을 불러일으켰다. 예를 들어, 독일에서는 3권으로 엮은 독일 기억의 장소(Deutsche Erinnerungsorte)가 2001년부터 출판되었다. 2012년에는 역시 3권으로 구성된 유럽의 기억의 장소(Europäische Erinnerungsorte)가 출판되었다. 물론 노라에 대한 비판도 존재한다. 앙리 루소(Henry Rousso)는 자신이 생각하는 기억과 노라가 프랑스의 기억의 장소에서 말하는 기억은 분명하게 다르다고 말한다. 그는 노라의 기억을 "유럽연합 시대에 프랑스가 역사의 중심이기를 바라면서 프랑스 민족의 기억을 공식화하려는 전통적이고 보수적이고 애국적인 학자의 입장"이라고 비판한다. 양재혁, 「'기억의 장소' 또는 '망각의 장소'」, 『사림』, No.57 (2016), pp.71-100, pp.81-82

6) 한국인은 한국 음식을 자신과 동일시하는 경향이 강해 한국 음식을 즐기는 외국인에게 호감을 느끼기도 한다. 오늘날 한국 음식을 좋아하는-물론 연출일 수도 있다- 외국인을 다루는 먹는 방송 유튜브 채널이 인기가 있는 것은 이와 무관하지 않을 것이다.

7) 레반트 지역에서 부르는 되너 케밥의 아랍어 이름.

8) 튀르키예 이주 배경을 가진 현 독일 연방식품농림부 장관 셈 외즈데미르(Cem Özdemir)는 1999년 출간한 『카레소시지와 되너 케밥』이란 제목의 책에서 독일의 대표적인 두 거리 음식을 문화 공존

과 이주민 통합의 상징으로 보았다. Cem Özdemir, *Currywurst und Döner Kebeb. Integration in Deutschland.* (Bergisch Gladbach, 1999)

9) 독일의 유력 언론인 〈차이트*DIE ZEIT*〉와 〈베를린 타게스슈피겔*Berliner Tagespiegel*〉의 조사에 따르면, 1990년~2009년까지 극우주의 테러로 사망한 사람은 최소 137명으로, 이는 정부 당국이 발표한 것보다 약 3배나 많은 수치이다.

10) 끓는 물에 데쳐서 따뜻하게 해 겨자소스와 함께 먹는 보크소시지 역시 17세기 프랑스 위그노가 프로이센에 들여온 이주민 음식이다. 보크(Bock)라는 이름은 19세기 말 베를린의 한 술집 주인이 뜨겁게 데친 소시지를 진한 에일 맥주 보크맥주(Bockbier)의 안주로 내놓은 데서 유래했다.

11) 주범인 네오 나치 우베 문틀로스(Uwe Mundlos)와 우베 뵌하르트(Uwe Böhnhardt)는 2011년 11월 4일 은행강도를 저지른 직후 경찰의 추격을 받던 도중 자살했다. 여성 공범 베아테 체페(Beate Zschäpe)는 범죄를 자백하는 동영상을 공개했고, 이를 통해 연쇄 살인은 극우 테러 단체 국가사회주의 지하조직(Nationalsozialistischer Untergrund, NSU)의 소행으로 밝혀졌다. 체페는 문틀로스와 뵌하르트가 목숨을 끊은 지 4일 후인 11월 8일 경찰에 자수했고, 재판은 2013년 5월~2018년 7월까지 진행되었다. 나머지 공범 4명도 기소되었고, 5명 모두에게 실형이 선고되었으며, 체페는 종신형에 처해졌다.

그림일람

part 1 종교의 기억

헝가리의 이슬람 기억의 장소_ 페치(Pécs)의 여코발리 허싼(Jakováli Hasszán), 가지 카심 (Gazi Kasim) 모스크를 중심으로

18쪽, 27쪽, 30쪽 위키미디어 공용

영국의 샤 자한(Shah Jahan) 모스크_영국에 새겨진 이슬람 문화의 기억

40쪽, 44쪽, 52쪽, 54쪽 위키미디어 공용

파리 대모스크_ 무슬림 병사 '추모 공간'에서 프랑스 국민 모두의 '화합 공간'으로

64쪽 https://gallica.bnf.fr/ark:/12148/bpt6k7170522/f8.item
73쪽 위키미디어 공용
76쪽 https://www.grandemosqueedeparis.fr/recteur6
78쪽 https://www.la-croix.com/Actualite/Monde/Chesnot-et-Malbrunot-sont-libres-_NG_-2004-12-30-506927

히잡_불편한 기억의 터

88쪽 https://www.bbc.com/korean/international-58564238
105쪽 https://www.pexels.com/ko-kr/photo/13681388/

초승달과 별로 읽는 유로메나

108쪽 https://freeislamiccalligraphy.com/?portfolio=shahdatayn
109쪽 https://www.pngegg.com/ko/png-njhoh
110쪽
https://images.app.goo.gl/t66Ue1GzwEvn1NCf9

https://images.app.goo.gl/uw7eY3x79LoWAkzE8

111쪽 한국이슬람교 중앙성원(이태원)

튀르키예 국기

113쪽 https://images.app.goo.gl/hQPkzVjTXfRSTj217

115쪽 https://images.app.goo.gl/H9tzNnrqWhZwr2ueA

116쪽

https://images.app.goo.gl/qPp8g4XfXpuWNUMK9

https://images.app.goo.gl/wtkfT3rRR1jkYahTA

https://images.app.goo.gl/yD4n7FWDXYwKWABLA

117쪽

https://images.app.goo.gl/czrBLMmbrxt5QwD88

https://images.app.goo.gl/q4GNpUDiFPuK9rZm7

118쪽 https://images.app.goo.gl/SpT3EzEjEXTQ77rW9

119쪽

http://news.bbc.co.uk/2/hi/uk_news/5090870.stm

https://fr.m.wikipedia.org/wiki/Islam_en_Roumanie

https://images.app.goo.gl/PvjMYviazVpqMDp97

https://images.app.goo.gl/BU2TWgRXWKdgGvEE6

121쪽

https://m.ohmynews.com/NWS_Web/Mobile/at_pg.aspx?CNTN_CD=A0000297594#cb

https://ko.m.wikipedia.org/wiki/%ED%8C%8C%EC%9D%BC:Red_Star_of_David.svg

124쪽 https://en.wikipedia.org/wiki/Jyllands-Posten_Muhammad_cartoons_controversy

127쪽 National Cemetery Administration / https://www.ccm.va.gov/hmm/emblems.asp

128쪽

https://aldewaneya.blogspot.com/2010/02/o-o.html?m=1

https://m.soundcloud.com/breakfast-jumpers-2

https://kr.pinterest.com/pin/coke-celebrates-ramadan-coke-will-be-decorating-cans-withcrescent-moons-stars-august-2008--381117187195459453/

part 2 문화의 기억

엘 시드의 노래_기독교와 이슬람의 조우 속 저항의 기억

136쪽 https://commons.wikimedia.org/wiki/File:Sepulcro_de_El_Cid,_Monasterio_de_San_Pedro_de_Carde%C3%B1a.jpg

142쪽 https://www.pexels.com/ko-kr/photo/2431438/

148쪽 https://commons.wikimedia.org/wiki/File:Reconquista_-_1.jpg

로제루 2세의 대관복_9세기 이후 시칠리아에 남은 아랍-이슬람 문화

159쪽, 161쪽 위키미디어 공용

알람브라 궁전이 전하는 과거와 현재의 기억

170쪽 https://commons.wikimedia.org/wiki/File:Alhambra_at_dusk.jpg

174쪽 https://commons.wikimedia.org/wiki/File:Spain_Andalusia_Granada_BW_2015-10-25_17-22-07.jpg

180쪽 https://commons.wikimedia.org/wiki/File:Detail_ceiling_two_sisters_hall_Alhambra_Granada_Spain.jpg

르네상스 시대 베네치아 예술_이슬람 세계를 보여주는 거울

205쪽, 208쪽, 211쪽, 212쪽 위키미디어 공용

세이버(sabre), 악마의 무기에서 근대화의 상징까지_유럽에 남긴 오스만의 군사적 유산

222쪽 뉴욕 메트로폴리탄 박물관 홈페이지(Sword (Kilij) with Scabbard | Turkish | The Metropolitan Museum of Art)

224쪽 위키미디어 공용

234쪽 위키미디어 공용

〈네 명의 무어인 상(像)〉_리보르노의 무슬림 노예들

241쪽, 242쪽, 245쪽, 249쪽, 252쪽 위키미디어 공용

파리 아랍 세계 연구소_프랑스와 아랍 세계를 연결하는 '문화의 집'

271쪽 https://www.researchgate.net/figure/Institut-du-Monde-Arabe-by-Jean-Nouvel_fig4_26514491

279쪽 https://english.alarabiya.net/life-style/art-and-culture/2015/01/30/After-Charlie-Hebdo-Arab-World-Institute-fights-terror-with-culture

281쪽 https://observers.france24.com/fr/20150216-combo-street-art-coexist-religionsagression-france-paris-charlie-islam

part 3 사상·언어의 기억

아베로에스와 중세 서유럽의 지적 대변동

292쪽, 295쪽, 309쪽, 313쪽 위키미디어 공용

이븐 할둔_주목받아야 할 생소한 기억

316쪽 위키미디어 공용

코페르니쿠스의 『회전』에 나타난 이슬람 천문학의 흔적

350쪽 https://ko.m.wikipedia.org/wiki/%ED%8C%8C%EC%9D%BC:Ptolemaic_elements.svg (Encyclopædia Britannica, 1777) en.m.wikipedia.org/wiki/File:Cassini_apparent.jpg

352쪽 『Tahrir al-Majisti알마게스트 주해 Commentary on the Almagest』, fol. 29r.

13세기 그림(바티칸 아랍어 필사본 ms 319)

코페르니쿠스, 『회전』, 제3권 4장 fol. 67r

Copernicus, Revolutionibus: "The two circles move ... in opposite direction."

353쪽 남호영, 『코페르니쿠스의 거인, 뉴턴의 거인』, 128-129.

355쪽 천체별 공전주기가 표기된 천구순서도 『회전』 초판 1권 10장, 9v.

357쪽 https://www.columbia.edu/~gas1/project/visions/case1/finished/663-1-1_580-1.JPG

https://www.columbia.edu/~gas1/project/visions/case1/finished/704-2-1_699-3.JPG

358쪽 N. M. Swerdlow, "An Essay on Thomas Kuhn's First Scientific Revolution," Proceedings of the American Philosophical Society, Vol. 148, No.1 (Mar., 2004), 114; 정동욱·정원호, 「위기 없는 혁명」 (2020) 재인용

독일어 속 아랍어 차용어_'문화 간 협력'의 결과물

362쪽, 364쪽 위키미디어 공용

part 4 일상의 기억

플라멩코_아랍 부모에게서 태어난 스페인 춤

410쪽 생성형 AI(ChatGPT)로 그린 그림이다.

홀바인 카펫 _유럽인의 일상 공간에 색을 더하다

426쪽, 438쪽, 444쪽, 447쪽 위키미디어 공용

포막족의 결혼식_불가리아 내 이슬람 문화의 증언

457쪽 Nikolay Doychinov
462쪽 위키미디어 공용
469쪽 Pixabay

되너 케밥_'기억의 장소'에서 독일의 국민 거리 음식으로

477쪽 위키미디어 공용

참고문헌

part 1 종교의 기억

헝가리의 이슬람 기억의 장소_페치(Pécs)의 여코발리 허쌍(Jakováli Hasszán), 가지 카심 (Gazi Kasim) 모스크를 중심으로

Balázs Sudár, "Baths in Ottoman Hungary", *Acta Orientalia Academiae Scientiarum Hungaricae*, Vol.57, No.4, (Budapest, 2004), pp.391-437.

Rados, Jenő, *Magyar építészettörténet* (Budapest, 1961), pp. 161-168.

Foerk, Ernő, *Török emlékek Magyarországban, A budapesti M. áll. felsőép. isk. szünidei felvételei* (Budapest, 1918).

Genthon, István, *Török műemlékek, Különnyomat* (Budapest, 1944).

Lehel, Ferenc, *A magyar művészet a török világ idején* (Budapest, 1913).

Molnár, József, "A török műemlékeink ablakrácsairól" *Műemlékvédelem* (Budapest, 1959).

Németh, Lajos, *Török mecsetek Budán* (Budapest, 1878).

Omer, Ferideun, "Budai török emlékek", *Archeológiai Ért.*, XXXIII (Budapest, 1913).

Polgár, Iván, *Török imaházak Magyarországon, Élet* (Budapest, 1916).

Sudár, Balázs, *Dzsámik és mecsetek a hódolt Magyarországon és Magyar történelmi emlékek. Adattárak* (MTA BTK Történettudományi Intézet, 2014).

영국의 샤 자한(Shah Jahan) 모스크_영국에 새겨진 이슬람 문화의 기억

Ansari, Humayun, "The Woking Mosque: A Case Study of Muslim Engagement with British Society since 1889," Immigrants & Minorities, Vol.21, No.3 (2002), pp.1-24. https://doi.org/10.1080/02619288.2002.9975044.

Ansari, Humayun, "A Mosque in London Worthy of the Tradition of Islam and Worthy of the Capital of the British Empire: The Struggle to Create Muslim Space 1910-1944," Susheila Nasta, ed., India in Britain: South Asian Networks and Connections, 1858 – 1950 (Palgrave Macmillan, 2013), pp.80-95.

Basu, Shrabani, Victoria & Abdul: The True Story of the Queen's Closest Confidant (The History Press, 2010).

Gilham, Jamie, "Professor G. W. Leitner in England: The Oriental Institute, Woking Mosque, Islam and Relations with Muslims, 1884-1899," Islam and Christian-Muslim Relations, Vol.32, No.1 (2021), pp.1-24. https://doi.org/10.1080/09596410.2020.1851932.

Hasted, Rachel, "Remembrance and Forgetting: The Muslim Burial Ground, Horsell Common, Woking and Other Great War Memorials to the Indian Army in England," Exploring Surrey's Past, (January 2016). https://www.exploringsurreyspast.org.uk/wp-content/uploads/2015/01/Rachel-Hasted-article-WW1-Indian-Army-monuments-in-England-RH-v.3-20.1.2016-Updated-2016-05-31.pdf (검색일: 2024. 10. 11).

Mawani, Rizwan, Beyond the Mosque: Diverse Spaces of Muslim Worship (Bloomsbury Publishing, 2019).

McNamara, Brendan, "Establishing Islam in Britain: The Founding of Woking Mission," Journal of Muslims in Europe, Vol.7, No.3 (2018), pp.309-30. https://doi.org/10.1163/22117954-12341376.

Nash, Geoffrey, ed, Marmaduke Pickthall: Islam and the Modern World. Leiden (Brill, 2017).

Naylor, Simon , James R. Ryan, "The Mosque in the Suburbs: Negotiating Religion and Ethnicity in South London," Social & Cultural Geography, Vol.3, No.1 (2002), pp. 39-59. https://doi.org/10.1080/14649360120114134.

Saleem, Shahed, The British Mosque: An Architectural and Social History (Historic England, 2018).

Shearmur, Jeremy, "The Woking Mosque Muslims: British Islam in the Early Twentieth Century," Journal of Muslim Minority Affairs, Vol.34, No.2 (2014), pp. 165-73. https://doi.org/10.1080/1360 2004.2014.911584.

파리 대모스크_무슬림 병사 '추모 공간'에서 프랑스 국민 모두의 '화합 공간'으로

박단, 『프랑스의 문화전쟁-공화국과 이슬람』 (책세상, 2005).

박단, 『프랑스 공화국과 이방인들』 (서강대 출판부, 2013).

박단, 「프랑스 내 무슬림 차별 기원과 공화주의 유산-'1905년 법'과 그 적용 사례를 중심으로-」, 『통합유럽연구』 12권 1호 (2021).

이하나, 「20세기 초 식민지 알제리에서 시민권과 라이시테-에미르 칼레드의 정치활동을 중심으로」, 서울대학교 서양사학과 석사논문 (2023년 6월).

Aldrich, Robert, *Vestiges of the Colonial Empire in France:* Monuments, Museums and Colonial Memories (Palgrave Macmillan, 2005).

Frémeaux, Jacques, *Les Colonies dans la grande guerre* (Editions 14-18, 2006).

Katz, Ethan, "Did the Paris Mosque Save Jews?: A Mystery and Its Memory", Jewish Quarterly Review, Vol.102, No.2 (Spring 2012).

Laloum, Jean, "Cinéma et histoire. La mosquée de Paris et les Juifs sous l'Occupation", dans Archives Juives. Revue d'histoire des Juifs de France, Vol.45 (Janv. 2021).

Lefebvre-Fillau, Jean-Paul, *Les Résistants de Dieu : Chrétiens, juifs et musulmans unis contre le nazisme en France occupée* (Editions du Rocher, 2022).

Tolan, John, *Nouvelle histoire de l'islam: VIIe -XXIe siècle*, 박효은 옮김, 『세상 친절한 이슬람 역사』,(미래의 창, 2024)

Wieviorka, Annette, Auschwitz expliquée à ma fille, 최용찬 옮김, 『그들의 무덤은 구름 속에 : 엄마가 딸에게 들려주는 아우슈비츠 이야기』 (난장이, 2009)

히잡_불편한 기억의 터

염운옥, 「영국의 무슬림 '베일' 논쟁」, 『대구사학』, 101집(2010), 265-292쪽.

염운옥, 『낙인찍힌 몸: 흑인부터 난민까지 인종화된 몸의 역사』(돌베개, 2019)

Ahmed, Sara. *The Cultural Politics of Emotion*, 시우 옮김, 『감정의 문화정치』 (오월의봄, 2023).

Ameli, Saied R. and Arzu Merali, eds., Hijab, Meaning, Identity, Otherization and Politics: British Muslim

Chandra Talpade Mohanty, *Feminism without borders: Decolonizing theory, practicing solidarity*, 문현아 옮김, 『경계없는 페미니즘』 (여이연, 2005)

Saied R. Ameli Arzu Meral, "British Muslims Expectations of the Government series Hijab, Meaning, Identity, Otherization and Politics: British Muslim Women" (Islamic Human Rights Commission, 2006).

Bunting, Madeleine, "Jack Straw has unleashed a storm of prejudice and intensified division," *The Guardian*, (October, 2006). https://www.theguardian.com/commentisfree/2006/oct/09/comment.politics (검색일: 2024.10.31).

El Guindi, Fadwa, *Veil: Modesty, Privacy and Resistance* (Oxford: Berg, 1999),

Modood, Tariq, Anna Triandafyllidou and Ricard Zapata-Barrero, eds., *Multiculturalism, Muslims and Citizenship: A European Approach* (Routledge, 2006), pp.37-56.

Scott, Joan Wallach, *The Politics of Veil* (Princeton & Oxford: Princeton University Press, 2007).

Straw, Jack, "I want to unveil my views on an important issue," *The Lancashire Telegraph*, (October 6, 2006). http://www.lancashiretelegraph.co.uk/blog/index.var.488.0.i_want_to_unveil_my_views_on_an_important_issue.php (검색일: 2024.10.31).

Vertovec, Steven, "Islamophobia and Muslim Recognition in Britain," Yvonne Yazbeck Haddad, eds., *Muslims in the West: From Sojourners to Citizens* (Oxford University Press, 2002), pp.19-35.

초승달과 별로 읽는 유로메나

박현도, 「페르시아의 역사와 종교문화」, 『실크로드의 역사와 문화』 (국립제주박물관 / 서경문화사, 2008).

박현도, 『이슬람교를 위한 변명』 (불광, 2024.)

Chevallier, Jim, *August Zang and the French Croissant: How Viennoiserie Came to France*. 2nd. ed., (Createspace Independent Publishing Platform, 2009).

Davidson, Alan, "Croissant", *The Oxford Companion to Food*, 3rd. ed., (Oxford University Press, 2014), p.232.

Kadoi, Yuka, "Crescent", *The Encyclopaedia of Isla*m, 3rd ed., (Brill, 2014), pp. 47-48.

Schacht, J. and R. Ettinghausen, "Hilāl", *The Encyclopaedia of Islam,* 2nd ed., (Brill, 1986), pp.379-385

part 2 문화의 기억

엘 시드의 노래_기독교와 이슬람의 조우 속 저항의 기억

Bhabha, Homi K. *The Location of Culture*. 2nd ed. (Routledge, 1994).

Harney, Michael, "The Cantar de Mio Cid as Pre-War Propaganda," *Romance Quarterly*, Vol.60, No.2 (2013), pp.74~88.

Menéndez Pidal, Ramón, *The Cid and His Spain* (Routledge, 1934).

Tyerman, Christopher, *God's War: A New History of the Crusades* (Belknap Press: An Imprint of Harvard University Press, 2009).

Vicens Vives, Jaime, *Economic History of Spain* (Princeton University Press, [1969], 2016).

Watt, W. Montgomery, and Pierre Cachia, *A History of Islamic Spain* (Edinburgh University Press, 1996).

로제루 2세의 대관복_9세기 이후 시칠리아에 남은 아랍-이슬람 문화

김정하, 강지훈, 김수정, 「중세 시칠리아의 문명교류 유형 분석」, 『사총』 No.105, (2022).

김차규, 「아랍의 시칠리아 정복과 비잔티움의 대응」, 『중동문제연구소』, 13권 4호, (2014).

김차규, 「12세기 시칠리아의 노르만-아랍-비잔티움 문화의 융합과 발전-로제2세 시대와 윌리엄 2세 시대를 중심으로」, 『지중해지역연구』, 15권 제4호 (2013).

Dalli, Charles, "From Islam to Christianity: the Case of Sicily." *Religion, Ritual and Mythology. Aspects of Identity Formation in Europe* (Pisa University Press, 2006)

Metcalfe, Alex, "The Musilms of Sicily under Chistian Rule." *The Society of Norman Italy*, ed., G.A. Loud, A. Metcalfe (Brill, 2002).

Tronzo, William, "The Mantle of Roger II of Sicily" *Robes and Honor: The Medieval World of Investiture, edited by Stewart Gordon* (Palgrave Macmillan, 2001).

Vernon, Clare, "Dressing for Succession in Norman Italy: The Mantle of King Roger II." *Al-Masaq* Vol.31, No.1 (2019)

Watson, Andrew M., "The Arab Agricultural Revolution and Its Diffusion, 700-1100." *The Journal of Economic History*, Vol.34, No.1 (1974).

알람브라 궁전이 전하는 과거와 현재의 기억

Bargebuhr, Frederick P, "The Alhambra Palace of the eleventh century." *Journal of the Warburg and Courtauld Institutes* Vol.19, No.3-4 (1956), pp.192-258.

Braga, Ariane Varela, "How to visit the Alhambra and be home in time for tea: Owen Jones's Alhambra court in the Crystal Palace of Sydenham." *A Fashionable Style: Carl von Diebitsch und das maurische Revival* (2017), pp.71-84.

Brothers, Cammy, "The Renaissance reception of the Alhambra: The letters of Andrea Navagero and the Palace of Charles V." *Muqarnas Vol.11, (Brill., 1994), pp.79-102.*

Eggleton, Lara, "History in the making: the ornament of the Alhambra and the past-facing present." *Journal of Art Historiography* Vol.6, No.1, (2012).

Fernández-Puertas, Antonio, Godfrey Goodwin, and Owen Jones, *The Alhambra. Saqi books London*, (UK, 1997).

Irving, Washington, *Tales of the Alhambra* (Simon and Schuster, 2015).

Irwin, Robert, *The Alhambra*. Vol.2. (Harvard University Press, 2004).

McSweeney, Anna, "Versions and visions of the Alhambra in the nineteenth-century Ottoman world." West 86th: A Journal of Decorative Arts, Design History, and Material Culture *Vol.22*, No.1 *(Spring, 2015)*, pp.44-69.

Willmert, Todd, "Alhambra palace architecture: an environmental consideration of its inhabitation." *Muqarnas*, Vol.27 (Brill, 2011) pp.157-188.

르네상스 시대 베네치아 예술_이슬람 세계를 보여주는 거울

Arcangeli, Catarina Schmidt, "Orientalis paintings in Venice, 15th - 17th centuries," Stefano Carboni, ed., *Venice and the Islamic world 828-1797* (Yale University Press, 2007), pp.120-139.

Braudel, Fernand, *La Méditerranée et le monde méditerranéen à l'époque de Philippe II - Tome 3: 3. Les événements, la politique et les hommes*, 주경철 외 옮김, 『지중해: 펠리페 2세 시대의 지중해 세계』 (까치, 2019).

Brown, Patricia Fortini, *Venice and Antiquity: the Venetian sense of the past* (Yale University Press, 1996).

Carboni, Stefano, ed., *Venice and the Islamic world, 828-1797* (Yale University press, 2006).

Howard, Deborah, *Venice and the East: the impact of the Islamic world on Venetian architecture 1100-1500* (New Haven and London, 2000).

Martin, J. and Romano, D., eds., *Venice reconsidered: the history and civilization of an Italian city-state, 1297-1797* (Johns Hopkins University, 2000).

McNeill, William, *Venice: the hinge of Europe, 1081-1797* (Chicago, 1974).

Southern, Richard William, *Western view of Islam in the Middle Ages* (Cambridge, MA and London, 1962).

Wood, Paul, "Aspects of art in Venice: encounters with the East," Kathleen Christian and Leah R. Clark, eds., *European art and the wider world 1350-1550*, ed. (Manchester University Press, 2017), pp.133-166.

세이버(sabre), 악마의 무기에서 근대화의 상징까지_유럽에 남긴 오스만의 군사적 유산

Blackmore, David, *British Cavalry in the Mid-18th Century* (Partizan Press, 2008).

Ibn Fadlan, Translation by Paul Lunde, Charlotte Stone, *Ibn Fadlan and Land of Darkness: Arab Travellers to the Far North* (Penguin Books, 2011).

Harl, Kenneth W., *Empires of the Steppes: The Nomadic Tribes Who Shaped Civilisation* (Bloomsbury Publishing, 2023),

Murphey, Rhoads, *Ottoman Warfare, 1500-1700* (UCL Press, 1999).

Ostrowski, Jan, Bochnak, Wojciech, "Polish Sabres: their origins and evolution," Robert Held ed., *Art, Arms and Armour: An International Anthology* (Chiasso, 1979), pp. 220-230.

Tibble, Steve, *The Crusader Armies 1099-1187* (Yale University Press, 2018).

Tyerman, Christopher, *The World of the Crusades: An Illustrated History* (Yale University Press, 2019).

Martyn Rady, *The Habsburgs: The Rise and Fall of a World Power*, 박수철 옮김, 『합스부르크, 세계를 지배하다』 (까치, 2022).

〈네 명의 무어인 상(像)〉_리보르노의 무슬림 노예들

Braudel, Fernand, *La Méditerranée et le monde méditerranéen à l'époque de Philippe II*, 남종국, 윤은주 옮김, 『지중해: 펠리페 2세 시대의 지중해 세계. 집단적 운명과 전체적 움직임 II-2』 (까치, 2017).

De Brosses, Charles, *Lettres familières écrites d'Italie en 1739 et 1740* (Brussels: Editions Complexe, 1995).

Lo Basso, Luca. *Uomini da remo. Galee e galeotti del Mediterraneo in età moderna* (Milano: Selene, 2003).

Matteoni, Dario, *Le città nella storia d'Italia. Livorno* (Rome: Laterza, 1985).

Misson, "François Maximillien", *A new voyage to Italy*, Vol.2 (London, 1695).

Ostrow, Steven, "Pietro Tacca and his Quattro Mori: The Beauty and Identity of the Slaves," *Artibus et Historiae*, Vol.36, No.71 (2015).

Rosen, Mark, "Pietro Tacca's Quattro Mori and the Conditions of Slavery in Early Seicento Tuscany," *The Art Bulletin*, Vol.97, No.1 (2015).

Santus, Cesare, *Il 'turco' a Livorno: Incontri con l'Islam nella Toscana del Seicento* (Officina Libraria, 2019).

Villani, Stefano, LivorNo.Diversis gentibus una, Giovanni Tarantino, Paola von Wyss-Giacosa, eds., *Twelve Cities – One Sea. Early Modern Mediterranean Port Cities and their Inhabitants* (Edizioni Scientifiche Italiane, 2023).

파리 아랍세계연구소_프랑스와 아랍세계를 연결하는 '문화의 집'

나애리, 「1980년대 이후 프랑스 박물관의 변화와 문화정책」, 『프랑스문화예술연구』, 18집, (2006).

박단, 「프랑스 공화국과 무슬림 여학생의 교내 히잡(헤드스카프) 착용 금지」, 『역사학보』, 185집, (2004).

박단, 「시리아 난민, 파리 테러 그리고 프랑스-파리 테러의 내적 배경을 중심으로」, 『통합유럽연구』, 7권 1집, (2016).

신종훈, 「정치적 기획으로서의 '유럽 역사의 집' 건립과 그 비판」, 『현대사와 박물관』, 1권, (2018).

한미애, 「분리와 통합의 기제로서 '혐오' 프레임에 관한 연구: 프랑스 극우 정당의 사례를 중심으로」, 『유럽 연구』, 40권 3호, (2022).

황혜진, 「국가주도형 프랑스 문화정책과 시사점」, 『유라시아연구』, 7권 제1호, (2010).

part 3 사상·언어의 기억

아베로에스와 중세 서유럽의 지적 대변동

Averroës, (Decisive Treatise), 이재경 옮김 『결정적 논고』(책세상, 2005).

Étienne Gilson, (La philosophie au moyen-âge), 김기찬 옮김 『중세철학사』(현대지성사, 1997).

이재경, 「단테의 『제정론』에 드러난 아베로에스주의」, 『철학논집』 45집 (2016), pp. 119-142.

Charles Homer Haskins, (The renaissance of the twelfth century), 이희만 옮김 『12세기 르네상스』(혜안, 2017).

정현석, 「죽은 몸과 되살아난 몸의 수적 동일성 문제를 통한 1277년 단죄의 재조명」, 『가톨릭철학』 27집 (2016).

호르헤 루이스 보르헤스, 「아베로에스의 탐색」, 『알레프』 (민음사, 2012).

홍용진, 「1277년 중세 파리 대학의 금지령: 무엇을 위한 통제인가?」, 『역사와세계』, 59집 (2021), pp.1-34.

Kantorowicz, Ernst H., *The King's Two Bodies. A Study in Mediaeval Political Theology* (Princeton University Press, 1957).

Piché, D., *La condamnation parisienne de 1277* (J.Vrin, 1999).

이븐 할둔_주목받아야 할 생소한 기억

Yves Lacoste, *Ibn Khaldun:The Birth of History and the Past of the Third World*, 노서경 옮김, 『이븐 할둔: 역사의 탄생과 제3세계의 과거』, (알마, 2009).

Montesquieu, *De l'esprit des lois*, 진인혜 옮김, 『법의 정신』, (나남, 2023).

Francis Bacon, *Novum Organum Scientiarum*, 김홍표 옮김, 『신기관』, (Olje(올재), 2020).

Giambattista Vico, *Scienza Nuova*, 조한욱 옮김, 『새로운 학문』, (아카넷, 2019).

Oswald Spengler, *Der Untergang des Abendlandes: Umrisse einer Morphologie der Weltgeschichte*, 양해림 옮김, 『서구의 몰락』(개정 1판), (책세상, 2019).

Adam Smith, *An Inquiry into the Nature and Causes of the Wealth of Nations*, 이종인 옮김, 『국부론: 여러 국가의 국부의 본질과 원인에 대한 탐구』, (현대지성, 2024).

Ibn Khaldun, *Muqaddimah*, 김정아 옮김, 『무깟디마: 이슬람 역사와 문명에 대한 기록』, (소명출판, 2020).

Isidore Marie Auguste François Xavier Comte, *Discours pr?liminaire sur l'ensemble du Positivisme*, 김점석 옮김, 『실증주의 서설』, (한길사, 2001).

al-Attas, Syed Farid, *Ibn Khaldun*, (Oxford University Press, 2013).

Molainville, Barthélemy d'Herbelot de, *Bibliothèque orientale, ou dictionnaire universel contenant tout ce qui regarde la connoissance des peuples de l'Orient*, (Compagnie des Libraries, 1697).

Sacy, Antoine-Isaac Silvestre de, *Chrestomathie arabe, ou extraits de divers écrivains arabes: tant en prose qu'en vers, à l'usage des élèves de l'École spéciale des Langues Orientales vivantes*, 3 Vols. (Imprimerie royale, 1806).

Toynbee, Arnold J., *A Study of History:The Growths of Civilizations*, 3 Vols. (Oxford University Press, 1962).

코페르니쿠스의 『회전』에 나타난 이슬람 천문학의 흔적

* 모든 웹페이지 주소는 2024.7.15. 접속 확인

Copernicus, Nicolaus, *Commentariolus*, Edward Rosen's English translation, "Three Treatises on

Copernican Theory", (Dover Publications, 2018), pp.57-65.

Copernicus, Nicolaus, *De Revolutionibus Orbium Coelestium Libri VI*, Translation by Edward Rosen (Polish Scientific Publications, 1978); reprinted as "On the Revolutions with commentary" (Johns Hopkins University Press, 1992); digitalized (Octavo Corporation, 1999) http://zolaist.org/wiki/images/9/94/DeRevolutionibus.pdf

* Compare Latin text:

https://rharriso.sites.truman.edu/post-classical-figures/copernicus/copernicus_de_revolutionibus

김도현, 「아폴로니우스와 프톨레마이오스의 천동설」(2023.2.12); 「코페르니쿠스의 지동설」(2023.2.26), 『가톨릭신문』 그림 출처:

https://m.catholictimes.org/mobile/article_view.php?aid=377770 https://m.catholictimes.org/mobile/article_view.php?aid=378444

남호영, 『코페르니쿠스의 거인 뉴턴의 거인』, (솔빛길, 2020).

정동욱·정원호, 「위기 없는 혁명: 코페르니쿠스 혁명을 중심으로」, 『과학철학』 Vol.23, No.2 (2020), pp.1-51.

그림: http://zolaist.org/wiki/index.php/프톨레마이오스_체계와_코페르니쿠스_체계_사이의_변환

Fletcher, Richard A, *The Cross and the Crescent*, Penguin, 박홍식·구자섭 옮김, 『십자가와 초승달, 천년의 공존: 그리스도교와 이슬람의 극적인 초기 교류사』 (21세기북스, 2020), 전자책.

Kuhn, Thomas S, *The Copernican Revolution: Planetary Astronomy in the Development of Western Thought*, Harvard, 1992; 정동욱 옮김, 『코페르니쿠스 혁명』, (지식을만드는지식, 2016), 전자책.

Blasjo, Viktor, "A Critique of the Arguments for Maragha Influence on Copernicus", *History of Astronomy*, Vol.45, No.2 (2014), pp. 183-195.

Lyons, Jonathan, *The House of Wisdom: How the Arabs transformed Western civilization*, Bloomsbury, 2010; 김한영 옮김, 『지혜의 집: 이슬람은 어떻게 유럽 문명을 바꾸었는가』 (책과함께, 2013).

Neugebauer, Otto, *The Exact Sciences in Antiquity* (1957); reprint, (Dover publications, 1969)

참고 영상: https://catalogue.museogalileo.it/multimedia/CopernicanSystem.html

Saliba, George, *Islamic Science and the Making of Renaissance Europe* (MIT Press, 2007).

Saliba, George, *Rethinking the Roots of Modern Science* (Center for Contemporary Arab Studies, 1999), pp.8-9.

Saliba, George, "Whose Science is Arabic Science in Renaissance Europe?" (Columbia University, 1999).

참고 그림: https://www.columbia.edu/~gas1/project/visions/case1/sci.2.html

Saliba, George, *The Astronomical Work of Mu'ayyad al-Din al-'Urdi: A Thirteenth-Century Reform of Ptolemaic Astronomy* (Center for Arab Unity Studies, 1990).

Saliba, George, "The First Non-Ptolemaic Astronomy at the Maraghah School," Vol.70, No.4 (1979), pp.571-76,

Swerdlow, N. M. "An Essay on Thomas Kuhn's First Scientific Revolution," *American Philosophical Society*, Vol.148, No.1 (Mar 2004), 114.

Ragep, F. Jamil "Copernicus and His Islamic Predecessors: Some Historical Remarks," *History of Science*, Vol.45, No.1 (2007), pp. 65-81

독일어 속 아랍어 차용어_'문화 간 협력'의 결과물

김형민, 「독일어 속 아랍어 차용어. '문화 간 협력'의 결과물」, 『외국어로서의 독일어』, 55호 (2024), pp. 75-106.

김형민·이재호, 「아랍어 기원의 독일어 단어. 독일어로의 직접 차용과 독일어로의 간접 차용」, 『독일연구』, 55호 (2024), pp. 145-175.

Lévi-Strauss, Claude, *Race and History* (UNESCO, 1952a).

Lévi-Strauss, Claude, *Race et histoire* (UNESCO, 1952b).

Lévi-Strauss, Claude, *Rasse und Geschichte* (Suhrkamp Verlag, 1972).

Littmann, Enno, *Morgenländische Wörter im Deutschen, Zweite, vermehrte und verbesserte Auflage nebst Anhang über die amerikanischen Wörter* (J.C.B. Mohr, 1924).

Müller, Gerhard, "Admiral und Laute, Papagel und Zucker. Arabische Wörter im Deutschen. Eine allgemeine Übersicht," *Der Sprachreport* (2012), pp. 2-9.

Rubio, Gonzalo, "Raja Tazi: Arabismen im Deutschen. Lexikalische Transferenzen vom Arabischen ins Deutsche," *Linguistic Society of America* Vol.77, No.4 (2001), p. 871.

Salzmann, Zdenek & Stanlaw, James & Adachi, Nobuko, *Language, Culture, and Society. An Introduction to Linguistic Anthropology Sixth Edition* (Westview Press, 2015).

Tazi, Raja, *Arabismen im Deutschen. Lexikalische Transferenzen vom Arabischen ins Deutsche* (Walter de Gruyter, 1998).

Zhan, Wei, "Loanword: Mirror of Social Contact," *Open Journal of Social Sciencesn* Vol.11. (2023), pp. 274-283.

Zweig, Stefan, *Die Welt von Gestern. Erinnerungen eines Europäers* (Fischer Taschenbuch Verlag, 2012).

https://www.ethnologue.com/insights/how-many-languages/ (검색일: 2024.10.18.)

스페인어 속의 아랍어

이강국, 「아랍 기원 스페인어 어휘들의 원 어원 분석을 통한 문화전파 흔적 연구」, 『중남미연구』,

Vol.34 No.1 (2015), 29-52쪽.

이강국, 『스페인 언어문화사 II』 (한국외국어대학교 지식출판콘텐츠원, 2022).

http://www.nueva-acropolis.es/granada/pagina.asp?art=2925 (검색일: 2024. 10. 2.).

https://dle.rae.es/ (검색일: 2024. 10. 3.).

https://medinaceli.es/conocenos-ayto/ (검색일: 2024. 10. 3.).

https://www.malaga.eu/la-ciudad/historia-de-la-ciudad/ (검색일: 2024. 10. 2.).

Lapesa, Rafael, *Historia de la lengua española* (Gredos, 1981).

Pascual Barea, Joaquín, "De Coripe(Corrivium) a Sevilla(Hispal) por Utrera(Lateraria): formación y deformación de topónimos en el habla", *Actas VII Jornadas de Patrimonio Histórico y Cultural de la provincia de Sevilla: Toponimia y hablas locales* (Diputación de Sevilla, 2013), pp.65-74.

Villar, Francisco, *Indoeoripeos y no indoeuropeos en la Huspania prerromana* (Universidad de Salamanca, 2000).

part 4 일상의 기억

플라멩코_아랍 부모에게서 태어난 스페인 춤

"안달루시아 집시에서 스페인 문화의 아이콘으로… 플라멩코 춤 이야기", https://arabicpost.net/2019/11/28 (검색일: 2019.11.28)

"플라멩코, 아랍의 춤", https://www.alaraby.co.uk/2015/05/26 (검색일: 2015.05.26)

"플라멩코, 슬픔의 춤과 이야기", https://www.youm7.com/story/2022/7/18 (검색일:2022.07.18)

"무슬림들의 이베리아 반도 입성을 기념하여 안달루시아 이야기", https://www.bbc.com/arabic/world-48084694 (검색일: 2025.04.22)

"아랍 노래 마왈", https://arabmusicmagazine.org/item/981-2020/10/13/14-06-07 (검색일: 추가필요)

https://www.legadoandalusi.es/magazine/ziryab-the-amazing-story-of-the-singer-from-baghdad-2/?lang=en (검색일: 2025.04.22)

"아랍인들의 입성을 기념하여… 안달루시아의 원조는 무엇이며, 무슬림들은 그 곳을 왜 이베리아라고 불렀나", https://www.youm7.com/story/2019/4/27 (검색일: 2019.4.27)

"아부 압둘라 알싸기르, 역사의 억울한 희생자…〈안달루시아의 마지막 왕〉은 많은 사람들이 상상하는 것처럼 반역자가 아니었다", https://espanaenarabe.com/2022/04/28 (검색일: 2022.4.28)

"그들 중 누군가는 안달루시아 내 선조들이 살던 곳의 열쇠를 갖고 있다. 모리스코인들은 누구인가?", https://www.alhurra.com/morocco/2019/11/13 (검색일: 2019.11.13)

홀바인 카펫_유럽인의 일상 공간에 색을 더하다

Aslanapa, Oktay, *Türk Halı Sanatı'nın Bin Yılı* (İnkılap yayınevi, 2005)

Demirarslan, Deniz, "Batı Saraylarında Türk Halısının Kullanımı ve Önemi," *Milli Folklor*, Vol.132 No.17, (2021), pp. 208-225.

Denny, Walter B., "Carpets, Textiles, and Trade in the Early Modern Islamic World," Finbarr Barry Flood and Gülru Necipoğlu, eds., *A Companion to Islamic Art and Architecture* (John Wiley & Sons, Ltd, 2017), pp. 972-995.

King, Donald, David Sylvester, Hayward Gallery, and Arts Council of Great Britain, *The Eastern Carpet in the Western World from the 15th to the 17th Century Hayward Gallery, London, 20 May - 10 July 1983* (Arts Council of Great Britain, 1983)

Mack, Rosamond E., *Dogu Mali Bati Sanatı* (Ötüken Nesriyat, 2022)

Perdahcı, Nurcan, "Hans Holbein Resimlerine Anadolu Halılarının Etkileri," *Sanat ve Tasarım Dergisi*, Vol.7, No1 (2011), pp. 91-108.

Perdahcı, Nurcan, "Rönesans Resim Sanatında Lorenzo Lotto Ve Uşak Halıları," *Trakya Üniversitesi Sosyal Bilimler Dergisi*, Vol.12, No.2 (2010), pp. 306-322.

Perdahcı, Nurcan, "XVI-XVIII. Yüzyil Avrupa Resim Sanatı'nda Uşak Halıları," *Trakya Üniversitesi Sosyal Bilimler Dergisi*, Vol.13, No.1 (2011), pp. 275-291.

Tezcan, Hülya, "Yerli Ve Yabancı Kaynakların Işiğında 16. Yüzyıldan 20. Yüzyıla Türk Halı Dokumaciliği," *Arış Dergisi*, Vol.22 (2023), pp. 116-139.

Yetkin, Şerare, *Türk halı sanatı* (İş bankası, 1991)

포막족의 결혼식_불가리아 내 이슬람 문화의 증언

이하얀. 「중동부유럽 국가의 공산체제 전환과 청산과정에 대한 연구: 불가리아 사례를 중심으로」, 『EU연구』, No.60 (2021), 240쪽.

Georgiev, V., and S. Trifonov, eds. *Pokrustvaneto na bulgarite mohamedani 1912-13. Dokumenti* (Akademichno Izdatelstvo, 1995).

Neuburger, Mary, "Pomak Borderlands: Muslims on the Edge of Nations." *Nationalities Papers*, Vol.28, No.1 (2000), pp. 181-198.

Shishkov, S, *Pomatsi v trite bulgarski oblasti: Trakiya, Makedoniya, Miziya* (Pechatnitsa Makedoniya, 1914).

Груев, Михаил, и Алексей Кальонски. Възродителният процес. Мюсюлманските общности и комунистическият режим (Сиела, 2008).

Матов, Милан, За премълчаното в историята на ВМРО: Спомени (НБ "Св. св. Кирил и Методий", 2007).

Христов, Христо. Из миналото на българите мохамедани в Родопите (БАН, 1958).

Internet Archive, "The Human Rights Of Muslims In Bulgaria In Law And Politics Since 1878" http://archive.org/details/the-human-rightsof-muslims-in-bulgaria-in-law-and-politics-since-1878 (검색일: 2024.8.22.)

되너 케밥_'기억의 장소'에서 독일의 국민 거리 음식으로

양재혁, 「'기억의 장소' 또는 '망각의 장소'」, 『사림』 Vol.57 (2016), 71-100쪽.

Aygün, Tanju, *Deutschtürkisches Konsumentenverhalten. Eine empirische Untersuchung zur Einkaufsstättenwahl im Lebensmitteleinzelhandel* (Köln 2005).

Belasco, Warren, "Food Matters: Perspectives on an Emerging Field.", Warren Belasco and Philip Scranton, ed., *Food Nations: Selling Taste in Comumer Societies*. (Routledge, 2002). pp.2-23.

Blaschke, Jochen, "Herkunft und Geschäftsaufnahme türkischer Kleingewerbetreibender in Berlin" *Reihe Forschungsmaterialien Migration; M 3*, (Berlin, 1987).

Çağlar, Ayşe, "McDoner. Doner Kebap and the Social Positioning Struggle of German Turks", Janeen Arnold Costa/Gary J. Bamossy, ed., *Marketing in a Multicultural World. Ethnicity, Nationalism, and Cultural Identity* (SAGE Publications,1995), pp.209-230.

Çaglar, Ayse, "11. MC Kebap: Döner Kebap and the Social Positioning Struggle of German Turks", *Changing food habits 263* (2013).

Çağlar, Ayşe, "Jenseits des Ghettos. Kreolisierung, Identität und räumliche Repräsentation der Deutsch-Türken in Berlin", Renate Amann, Barbara von Neumann-Cosel, eds., *Berlin. Eine Stadt im Zeichen der Migration* (Darmstadt, 1997), pp.110-113

"Die Türken kommen – rette sich, wer kann", *Der Spiegel*, Vol.31 (1973.7.19), pp.24-34.

"Döner Kebab. Türkischer Spießbraten am Holzkohlefeuer", *Neue gastronomische Zeitschrift*, Vol.13/15 (1960), pp.26-28.

Glaser, Paul, "Ein bisschen Harem, ein bisschen Schultheiß", Irene Lusk/Christiane Zieseke,ed., *Stadtfront. Berlin West Berlin*, (Berlin 1982), pp. 149-150.

Henderson, H., "Beyond currywurst and döner: The role of food in German multicultural literature and society. Glossen 20." (2004). https://scholarworks.boisestate.edu/cgi/viewcontent.cgi?article=1001&context=lang_facpubs (검색일: 2024.11.15)

Iyidirli, Ahmet, "Vom Gastarbeiter zum Unternehmer. Türkische Selbständige in Deutschland", *Dialog der Kulturen*, Vol.2 (1995), pp.7-9.

Kunath, Wolfgang, "Dreißig Jahre Döner-Drehen", *Frankfurter Rundschau*, (2001)

Merle Benbow, Heather. "Food, gender and cross-cultural consumption in Turkish-German chick lit", *Food and Foodways* Vol.23 No.3, (2015), pp.141-162.

Seidel, Eberhard. *Döner: eine türkisch-deutsche Kulturgeschichte* (März Verlag, 2022).

Prantl, Heribert, "Reichtum im Gepäck: Geschichtslos, erinnerungslos; die Crux unserer Ausländerpolitik", *Süddeutsche Zeitung* (Dec., 2003).

Wachter, Richard, "Bella Italia", *Hessische Gastronomie. Fachmagazin für die Hotellerie und Gastronomie* Vol.12 (2003), pp.18-22.

기억의 장소: 유럽 속 이슬람 유산

ⓒ 김지영, 김희원, 박단, 염운옥, 박현도, 민원정, 양정아, 이수정, 남종국, 윤덕희, 임동현, 김유정, 홍용진, 최성철, 이진현, 김형민, 이강국, 김재희, 최선아, 이하얀, 윤용선

초판 1쇄 2025년 5월 30일

지은이	김지영, 김희원, 박단, 염운옥, 박현도, 민원정, 양정아, 이수정, 남종국, 윤덕희, 임동현, 김유정, 홍용진, 최성철, 이진현, 김형민, 이강국, 김재희, 최선아, 이하얀, 윤용선
디자인	유랙어
펴낸이	이채진
펴낸곳	틈새의시간
출판등록	2020년 4월 9일 제406-2020-000037호
주소	경기도 파주시 하늘소로16, 104-201
전화	031-939-8552
이메일	gaptimebooks@gmail.com
페이스북	@gaptimebooks
인스타그램	@time_of_gap

ISBN 979-11-93933-13-8(03900)

* 책값은 뒤표지에 있습니다. 잘못 만들어진 책은 구입하신 서점에서 교환해드립니다.
* 이 책 내용의 일부 또는 전부를 재사용하려면 반드시 저작자와 틈새의시간 양측의 서면 동의를 받아야 합니다.